人文传统经典

战国策译注

{上}

王锡荣
韩峥嵘

注译

人民文学出版社

图书在版编目（CIP）数据

战国策译注：上下/王锡荣，韩峥嵘注译. --北京：人民文学出版社，2024
（人文传统经典）
ISBN 978-7-02-018544-3

Ⅰ.①战… Ⅱ.①王… ②韩… Ⅲ.①《战国策》-译文②《战国策》-注释 Ⅳ.①K231.04

中国国家版本馆 CIP 数据核字(2024)第 052050 号

责任编辑　高宏洲
装帧设计　陶　雷
责任印制　张　娜

出版发行　人民文学出版社
社　　址　北京市朝内大街 166 号
邮政编码　100705

印　　刷　三河市鑫金马印装有限公司
经　　销　全国新华书店等

字　　数　752 千字
开　　本　880 毫米×1230 毫米　1/32
印　　张　34.875　插页 4
印　　数　1—8000
版　　次　2024 年 4 月北京第 1 版
印　　次　2024 年 4 月第 1 次印刷

书　　号　978-7-02-018544-3
定　　价　118.00 元(全二册)

如有印装质量问题,请与本社图书销售中心调换。电话:010-65233595

目 录

前言 ·· 1

卷一 东周

秦兴师临周而求九鼎 ································ 3
秦攻宜阳 ·· 5
东周与西周战 ······································· 7
东周与西周争 ······································· 8
东周欲为稻 ··· 9
昭献在阳翟 ··· 10
秦假道于周以伐韩 ·································· 11
楚攻雍氏 ·· 12
周最谓石礼 ··· 13
周相吕仓见客于周君 ······························· 14
周文君免工师藉 ···································· 14
温人之周 ·· 16
或为周最谓金投 ···································· 17
周最谓金投 ··· 18
石行秦谓大梁造 ···································· 19
谓薛公 ·· 20

齐听祝弗 ………………………………………… *21*
苏厉为周最谓苏秦 ……………………………… *22*
谓周最曰仇赫之相宋 …………………………… *23*
为周最谓魏王 …………………………………… *24*
谓周最曰魏王以国与先生 ……………………… *25*
赵取周之祭地 …………………………………… *26*
杜赫欲重景翠于周 ……………………………… *27*
周共太子死 ……………………………………… *28*
三国隘秦 ………………………………………… *29*
昌他亡西周之东周 ……………………………… *30*
昭翦与东周恶 …………………………………… *31*
严氏为贼 ………………………………………… *32*

卷二 西周

薛公以齐为韩、魏攻楚 ………………………… *37*
秦攻魏将犀武军于伊阙 ………………………… *38*
秦令樗里疾以车百乘入周 ……………………… *40*
雍氏之役 ………………………………………… *41*
周君之秦 ………………………………………… *43*
苏厉谓周君 ……………………………………… *44*
楚兵在山南 ……………………………………… *45*
楚请道于二周之间 ……………………………… *46*
司寇布为周最谓周君 …………………………… *47*
秦召周君 ………………………………………… *48*
犀武败于伊阙 …………………………………… *49*
韩、魏易地 ……………………………………… *51*

2

秦欲攻周 ································· 52
宫他谓周君 ······························· 53
谓齐王 ··································· 54
三国攻秦反 ······························· 55
犀武败 ··································· 56

卷三　秦一

卫鞅亡魏入秦 ····························· 61
苏秦始将连横 ····························· 62
秦惠王谓寒泉子 ··························· 70
冷向谓秦王 ······························· 71
张仪说秦王 ······························· 72
张仪欲假秦兵以救魏 ······················· 82
司马错与张仪争论于秦惠王前 ··············· 83
张仪之残樗里疾 ··························· 86
张仪欲以汉中与楚 ························· 87
楚攻魏，张仪谓秦王 ······················· 88
田莘之为陈轸说秦惠王 ····················· 89
张仪又恶陈轸于秦王 ······················· 91
陈轸去楚之秦 ····························· 92

卷四　秦二

齐助楚攻秦 ······························· 97
楚绝齐，齐举兵伐楚 ······················· 101
秦惠王死，公孙衍欲穷张仪 ················· 103
义渠君之魏 ······························· 104

医扁鹊见秦武王 …… 105
秦武王谓甘茂 …… 106
宜阳之役冯章谓秦王 …… 110
甘茂攻宜阳 …… 111
宜阳未得 …… 112
宜阳之役楚畔秦而合于韩 …… 113
秦王谓甘茂 …… 113
甘茂亡秦 …… 114
甘茂相秦 …… 117
甘茂约秦、魏而攻楚 …… 118
陉山之事 …… 119
秦宣太后爱魏丑夫 …… 122

卷五 秦三

薛公为魏谓魏冉 …… 125
秦客卿造谓穰侯 …… 126
魏谓魏冉 …… 129
谓魏冉曰和不成 …… 131
谓穰侯 …… 132
谓魏冉曰楚破 …… 132
五国罢成皋 …… 134
范子因王稽入秦 …… 135
范雎至 …… 138
应侯谓昭王 …… 148
秦攻韩围陉 …… 150
应侯曰郑人谓玉未理者璞 …… 152

天下之士合从相聚于赵 ·················· 153
谓应侯曰君禽马服乎 ··················· 154
应侯失韩之汝南 ····················· 156
秦攻邯郸 ························ 158
蔡泽见逐于赵 ······················ 161

卷六　秦四

秦取楚汉中 ······················· 171
薛公入魏而出齐女 ···················· 172
三国攻秦 ························ 174
秦昭王谓左右 ······················ 175
楚、魏战于陉山 ····················· 177
楚使者景鲤在秦 ····················· 179
楚王使景鲤如秦 ····················· 180
秦王欲见顿弱 ······················ 181
顷襄王二十年 ······················ 183
或为六国说秦王 ····················· 192

卷七　秦五

谓秦王曰 ························ 197
秦王与中期争论 ····················· 200
献则谓公孙消 ······················ 201
楼啎约秦、魏 ······················ 202
濮阳人吕不韦贾于邯郸 ·················· 203
文信侯欲攻赵 ······················ 208
文信侯出走 ······················· 211

四国为一 215

卷八　齐一

楚威王战胜于徐州 223
齐将封田婴于薛 224
靖郭君将城薛 225
靖郭君谓齐王 226
靖郭君善齐貌辨 227
邯郸之难 230
南梁之难 231
成侯邹忌为齐相 233
田忌为齐将 234
田忌亡齐而之楚 236
邹忌事宣王 237
邹忌修八尺有馀 238
秦假道韩、魏以攻齐 240
楚将伐齐 242
秦伐魏 244
苏秦为赵合从说齐宣王 246
张仪为秦连横说齐王 249

卷九　齐二

韩、齐为与国 253
张仪事秦惠王 254
犀首以梁为齐战于承匡而不胜 257
昭阳为楚伐魏 258

秦攻赵 ·· 260
权之难 ·· 261
秦攻赵长平 ·· 262
或谓齐王 ·· 263

卷十　齐三

楚王死 ·· 265
齐王夫人死 ·· 270
孟尝君将入秦 ····································· 271
孟尝君在薛 ·· 273
孟尝君奉夏侯章 ·································· 274
孟尝君讌坐 ·· 275
孟尝君舍人有与君之夫人相爱者 ············· 277
孟尝君有舍人而弗悦 ···························· 278
孟尝君出行国至楚 ······························· 280
淳于髡一日而见七人于宣王 ··················· 282
齐欲伐魏 ·· 283
国子曰秦破马服君之师 ························· 284

卷十一　齐四

齐人有冯谖者 ····································· 287
孟尝君为从 ·· 292
鲁仲连谓孟尝 ····································· 294
孟尝君逐于齐而复反 ···························· 296
齐宣王见颜斶 ····································· 297
先生王斗造门而欲见齐宣王 ··················· 302

7

齐王使使者问赵威后 ·················· 304
齐人见田骈 ························ 306
管燕得罪齐王 ······················ 307
苏秦自燕之齐 ······················ 308
苏秦谓齐王 ························ 310

卷十二　齐五

苏秦说齐闵王 ······················ 313

卷十三　齐六

齐负郭之民有狐咺者 ················ 329
王孙贾年十五 ······················ 331
燕攻齐取七十余城 ·················· 332
燕攻齐,齐破 ······················ 338
貂勃常恶田单 ······················ 340
田单将攻狄 ························ 344
濮上之事 ·························· 346
齐闵王之遇杀 ······················ 347
齐王建入朝于秦 ···················· 349
齐以淖君之乱秦 ···················· 351

卷十四　楚一

齐、楚构难 ························ 355
五国约以伐齐 ······················ 356
荆宣王问群臣 ······················ 357
昭奚恤与彭城君议于王前 ············ 359

邯郸之难 ………………………………………………… 359
江尹欲恶昭奚恤于楚王 ………………………………… 361
魏氏恶昭奚恤于楚王 …………………………………… 361
江乙恶昭奚恤 …………………………………………… 362
江乙欲恶昭奚恤于楚 …………………………………… 363
江乙说于安陵君 ………………………………………… 364
江乙为魏使于楚 ………………………………………… 367
郢人有狱三年不决者 …………………………………… 368
城浑出周 ………………………………………………… 369
韩公叔有齐、魏 ………………………………………… 370
楚杜赫说楚王以取赵 …………………………………… 372
楚王问于范环 …………………………………………… 373
苏秦为赵合从说楚威王 ………………………………… 375
张仪为秦破从连横 ……………………………………… 378
张仪相秦 ………………………………………………… 384
威王问于莫敖子华 ……………………………………… 386

卷十五　楚二

魏相翟强死 ……………………………………………… 393
齐、秦约攻楚 …………………………………………… 394
术视伐楚 ………………………………………………… 395
四国伐楚 ………………………………………………… 396
楚怀王拘张仪 …………………………………………… 397
楚王将出张子 …………………………………………… 399
秦败楚汉中 ……………………………………………… 400
楚襄王为太子之时 ……………………………………… 401

9

女阿谓苏子 ································· 406

卷十六　楚三

苏子谓楚王 ································· 407
苏秦之楚 ··································· 408
楚王逐张仪于魏 ····························· 409
张仪之楚贫 ································· 410
楚王令昭雎之秦重张仪 ····················· 413
张仪逐惠施于魏 ····························· 414
五国伐秦 ··································· 416
陈轸告楚之魏 ······························· 417
秦伐宜阳 ··································· 418
唐且见春申君 ······························· 419

卷十七　楚四

或谓楚王 ··································· 421
魏王遗楚王美人 ····························· 422
楚王后死 ··································· 424
庄辛谓楚襄王 ······························· 424
齐明说卓滑以伐秦 ··························· 430
或谓黄齐 ··································· 430
长沙之难 ··································· 431
有献不死之药于荆王者 ····················· 432
客说春申君 ································· 433
天下合从 ··································· 437
汗明见春申君 ······························· 438

楚考烈王无子 …………………………………………… 441
虞卿谓春申君 …………………………………………… 445

卷十八　赵一

知伯从韩、魏兵以攻赵 ………………………………… 451
知伯帅赵、韩、魏而伐范、中行氏 …………………… 453
张孟谈既固赵宗 ………………………………………… 462
晋毕阳之孙豫让 ………………………………………… 466
魏文侯借道于赵攻中山 ………………………………… 470
秦、韩围梁，燕、赵救之 ……………………………… 471
腹击为室而钜 …………………………………………… 472
苏秦说李兑 ……………………………………………… 473
赵收天下且以伐齐 ……………………………………… 477
齐攻宋，奉阳君不欲 …………………………………… 483
秦王谓公子他 …………………………………………… 484
苏秦为赵王使于秦 ……………………………………… 490
甘茂为秦约魏以攻韩宜阳 ……………………………… 491
谓皮相国 ………………………………………………… 492
或谓皮相国 ……………………………………………… 494
赵王封孟尝君以武城 …………………………………… 495
谓赵王曰三晋合而秦弱 ………………………………… 496

卷十九　赵二

苏秦从燕之赵始合从 …………………………………… 503
秦攻赵 …………………………………………………… 513
张仪为秦连横说赵王 …………………………………… 520

武灵王平昼闲居 …… 524
王立周绍为傅 …… 538
赵燕后胡服 …… 542
王破原阳 …… 544

卷二十　赵三

赵惠文王三十年 …… 549
赵使机郝之秦 …… 552
齐破燕,赵欲存之 …… 553
秦攻赵,蔺、离石、祁拔 …… 555
富丁欲以赵合齐、魏 …… 557
魏因富丁且合于秦 …… 560
魏使人因平原君请从于赵 …… 561
平原君请冯忌 …… 562
平原君谓平阳君 …… 564
秦攻赵于长平 …… 565
秦攻赵,平原君使人请救于魏 …… 573
秦、赵战于长平 …… 574
秦围赵之邯郸 …… 577
说张相国 …… 588
郑同北见赵王 …… 590
建信君贵于赵 …… 592
卫灵公近雍疽、弥子瑕 …… 594
或谓建信君之所以事王者 …… 596
苦成常谓建信君 …… 597
希写见建信君 …… 598

魏魀谓建信君 …………………………………… 600
秦攻赵，鼓铎之音闻于北堂 …………………… 601
齐人李伯见孝成王 ……………………………… 602

卷二十一　赵四

为齐献书赵王 …………………………………… 605
齐欲攻宋 ………………………………………… 607
齐将攻宋而秦、楚禁之 ………………………… 612
五国伐秦无功 …………………………………… 616
楼缓将使伏事辞行 ……………………………… 622
虞卿请赵王 ……………………………………… 624
燕封宋人荣蚠为高阳君 ………………………… 626
三国攻秦，赵攻中山 …………………………… 630
赵使赵庄合从 …………………………………… 631
翟章从梁来 ……………………………………… 632
冯忌为庐陵君谓赵王 …………………………… 633
冯忌请见赵王 …………………………………… 634
客见赵王 ………………………………………… 636
秦攻魏取宁邑 …………………………………… 638
赵使姚贾约韩、魏 ……………………………… 642
魏败楚于陉山 …………………………………… 643
秦召春平侯 ……………………………………… 644
赵太后新用事 …………………………………… 645
秦使王翦攻赵 …………………………………… 650

卷二十二　魏一

知伯索地于魏桓子 ……………………………… 655

韩、赵相难 ……………………………… *656*

乐羊为魏将而攻中山 …………………… *657*

西门豹为邺令 …………………………… *658*

文侯与虞人期猎 ………………………… *659*

魏文侯与田子方饮酒而称乐 …………… *660*

魏武侯与诸大夫浮于西河 ……………… *661*

魏公叔痤为魏将 ………………………… *664*

魏公叔痤病 ……………………………… *666*

苏子为赵合从 …………………………… *668*

张仪为秦连横说魏王 …………………… *672*

齐、魏约而伐楚 ………………………… *677*

苏秦拘于魏 ……………………………… *678*

陈轸为秦使于齐 ………………………… *679*

张仪恶陈轸于魏王 ……………………… *682*

张仪欲穷陈轸 …………………………… *683*

张仪走之魏 ……………………………… *684*

张仪欲以魏合于秦、韩 ………………… *685*

张子仪以秦相魏 ………………………… *687*

张仪欲并相秦、魏 ……………………… *688*

魏王将相张仪 …………………………… *689*

楚许魏六城 ……………………………… *691*

张仪告公仲 ……………………………… *692*

徐州之役 ………………………………… *693*

秦败东周 ………………………………… *694*

齐王将见燕、赵、楚之相于卫 ………… *696*

魏令公孙衍请和于秦 …………………… *698*

公孙衍为魏将 ………………………………………… 698

卷二十三　魏二

犀首、田盼欲得齐、魏之兵以伐赵 ………………… 701
犀首见梁君 ………………………………………… 702
苏代为田需说魏王 ………………………………… 704
史举非犀首于王 …………………………………… 706
楚王攻梁南 ………………………………………… 707
魏惠王死 …………………………………………… 708
五国伐秦 …………………………………………… 710
魏文子田需、周宵相善 …………………………… 717
魏王令惠施之楚 …………………………………… 718
魏惠王起境内众 …………………………………… 719
齐、魏战于马陵 …………………………………… 720
惠施为韩、魏交 …………………………………… 723
田需贵于魏王 ……………………………………… 724
田需死 ……………………………………………… 725
秦召魏相信安君 …………………………………… 727
秦、楚攻魏，围皮氏 ……………………………… 731
庞葱与太子质于邯郸 ……………………………… 732
梁王魏婴觞诸侯于范台 …………………………… 734

卷二十四　魏三

秦、赵约而伐魏 …………………………………… 737
芒卯谓秦王 ………………………………………… 738
秦败魏于华，走芒卯而围大梁 …………………… 741

15

秦败魏于华,魏王且入朝于秦 …………………… 746
华军之战 ……………………………………………… 750
齐欲伐魏 ……………………………………………… 752
秦将伐魏 ……………………………………………… 754
魏将与秦攻韩 ………………………………………… 757
叶阳君约魏 …………………………………………… 766
秦使赵攻魏 …………………………………………… 767
魏太子在楚 …………………………………………… 768

卷二十五　魏四

献书秦王 ……………………………………………… 773
八年谓魏王 …………………………………………… 775
魏王问张旄 …………………………………………… 778
客谓司马食其 ………………………………………… 779
魏、秦伐楚 …………………………………………… 780
穰侯攻大梁 …………………………………………… 781
白珪谓新城君 ………………………………………… 782
秦攻韩之管 …………………………………………… 783
秦、赵构难而战 ……………………………………… 785
长平之役 ……………………………………………… 786
楼梧约秦、魏 ………………………………………… 787
芮宋欲绝秦、赵之交 ………………………………… 788
为魏谓楚王 …………………………………………… 789
管鼻之令翟强与秦事 ………………………………… 790
成阳君欲以韩、魏听秦 ……………………………… 791
秦拔宁邑 ……………………………………………… 792

16

秦罢邯郸 ………………………………………… 793

魏王欲攻邯郸 …………………………………… 794

周肖谓宫他 ……………………………………… 795

周最善齐 ………………………………………… 796

周最入齐 ………………………………………… 797

秦、魏为与国 …………………………………… 798

信陵君杀晋鄙 …………………………………… 800

魏攻管而不下 …………………………………… 802

魏王与龙阳君共船而钓 ………………………… 805

秦攻魏急 ………………………………………… 807

秦王使人谓安陵君 ……………………………… 810

卷二十六　韩一

三晋已破智氏 …………………………………… 817

大成午从赵来 …………………………………… 818

魏之围邯郸 ……………………………………… 819

申子请仕其从兄官 ……………………………… 820

苏秦为楚合从说韩王 …………………………… 821

张仪为秦连横说韩王 …………………………… 825

宣王谓摎留 ……………………………………… 829

张仪谓齐王 ……………………………………… 830

楚昭献相韩 ……………………………………… 831

秦攻陉 …………………………………………… 831

五国约而攻秦 …………………………………… 833

郑强载八百金入秦 ……………………………… 834

郑强之走张仪于秦 ……………………………… 835

17

宜阳之役 …………………………………………… 836

秦围宜阳 …………………………………………… 837

公仲以宜阳之故仇甘茂 …………………………… 838

秦、韩战于浊泽 …………………………………… 839

颜率见公仲 ………………………………………… 843

韩公仲谓向寿 ……………………………………… 844

或谓公仲曰听者听国 ……………………………… 848

韩公仲相 …………………………………………… 851

王曰向也子曰天下无道 …………………………… 853

或谓魏王王儆四强之内 …………………………… 854

观鞅谓春申 ………………………………………… 855

公仲数不信于诸侯 ………………………………… 857

卷二十七　韩二

楚围雍氏五月 ……………………………………… 859

楚围雍氏,韩令冷向借救于秦 …………………… 862

公仲为韩、魏易地 ………………………………… 865

锜宣之教韩王取秦 ………………………………… 866

襄陵之役 …………………………………………… 867

公叔使冯君于秦 …………………………………… 868

谓公叔曰公欲得武遂于秦 ………………………… 869

谓公叔曰乘舟 ……………………………………… 870

齐令周最使郑 ……………………………………… 871

韩公叔与几瑟争国,郑强为楚王使于韩 ………… 873

韩公叔与几瑟争国,中庶子强谓太子 …………… 874

齐明谓公叔 ………………………………………… 875

18

公叔将杀几瑟 …… 876
公叔且杀几瑟 …… 877
谓新城君曰 …… 878
胡衍之出几瑟于楚 …… 879
几瑟亡之楚 …… 880
冷向谓韩咎 …… 881
楚令景鲤入韩 …… 882
韩咎立为君而未定 …… 883
史疾为韩使楚 …… 884
韩傀相韩 …… 886

卷二十八　韩三

或谓韩公仲 …… 893
或谓公仲 …… 895
韩人攻宋 …… 897
或谓韩王 …… 900
谓郑王 …… 902
韩阳役于三川而欲归 …… 908
秦大国 …… 909
张丑之合齐、楚讲于魏 …… 910
或谓韩相国 …… 911
公仲使韩珉之秦求武隧 …… 912
韩相公仲珉使韩侈之秦 …… 913
客卿为韩谓秦王 …… 915
韩珉相齐 …… 918
或谓山阳君 …… 919

赵、魏攻华阳 …………………………………… 920
秦招楚而伐齐 …………………………………… 921
韩氏逐向晋于周 ………………………………… 923
张登请费绁 ……………………………………… 924
安邑之御史死 …………………………………… 925
魏王为九里之盟 ………………………………… 926
建信君轻韩熙 …………………………………… 926
段产谓新城君 …………………………………… 928
段干越人谓新城君 ……………………………… 928

卷二十九　燕一

苏秦将为从 ……………………………………… 933
奉阳君李兑甚不取于苏秦 ……………………… 935
权之难 …………………………………………… 937
燕文公时 ………………………………………… 938
人有恶苏秦于燕王者 …………………………… 940
张仪为秦破从连横谓燕王 ……………………… 944
宫他为燕使魏 …………………………………… 946
苏秦死其弟苏代欲继之 ………………………… 947
燕王哙既立 ……………………………………… 951
初苏秦弟厉因燕质子而求见齐王 ……………… 955
燕昭王收破燕后即位 …………………………… 957
齐伐宋，宋急 …………………………………… 960
苏代谓燕昭王 …………………………………… 964
燕王谓苏代 ……………………………………… 969

卷三十　燕二

- 秦召燕王 ·· *971*
- 苏代为奉阳君说燕于赵以伐齐 ·············· *977*
- 苏代为燕说齐 ······································· *983*
- 苏代自齐使人谓燕昭王 ························ *985*
- 苏代自齐献书于燕王 ···························· *987*
- 陈翠合齐、燕 ······································· *989*
- 燕昭王且与天下伐齐 ···························· *992*
- 燕饥,赵将伐之 ···································· *992*
- 昌国君乐毅为燕昭王合五国之兵而攻齐 ··· *994*
- 或献书燕王 ·· *1000*
- 客谓燕王 ··· *1003*
- 赵且伐燕 ··· *1005*
- 齐、魏争燕 ·· *1006*

卷三十一　燕三

- 齐、韩、魏共攻燕 ······························· *1007*
- 张丑为质于燕 ······································ *1008*
- 燕王喜使栗腹以百金为赵孝成王寿 ······· *1009*
- 秦并赵北向迎燕 ··································· *1014*
- 燕太子丹质于秦亡归 ···························· *1016*

卷三十二　宋卫

- 齐攻宋,宋使臧子索救于荆 ·················· *1033*
- 公输般为楚设机 ··································· *1034*

21

犀首伐黄	1036
梁王伐邯郸	1037
谓大尹	1039
宋与楚为兄弟	1040
魏太子自将过宋外黄	1040
宋康王之时有雀生鹯	1042
智伯欲伐卫	1043
智伯欲袭卫	1044
秦攻卫之蒲	1045
卫使客事魏	1047
卫嗣君病	1048
卫嗣君时胥靡逃之魏	1049
卫人迎新妇	1050

卷三十三　中山

魏文侯欲残中山	1055
犀首立五王	1055
中山与燕、赵为王	1058
司马憙使赵	1062
司马憙三相中山	1063
阴姬与江姬争为后	1064
主父欲伐中山	1067
中山君飨都士大夫	1068
乐羊为魏将	1069
昭王既息民缮兵	1070

主要参考书目	1077

前　言

《战国策》是记载战国时期纵横游说之士的策谋和言行的一部重要典籍，既有很高的历史价值，又有很高的文学价值。今天能把我们为它所作的全注全译付梓，以正于读者和方家，这是令人十分欣慰的。

一

《战国策》是西汉末年刘向校订、整理"中秘书"（宫廷藏书）所取得的一大成果。刘向《战国策叙录》云：其底本众多，"或曰《国策》，或曰《国事》，或曰《短长》，或曰《事语》，或曰《长书》，或曰《修书》。臣向以为战国时游士辅所用之国，为之策谋，宜为《战国策》"。其文字混乱而且体例不一，"中书余卷，错乱相糅莒，又有国别者八篇，少不足。臣向因国别者略以时次之，分别不以序者以相补，除复重，得三十三篇"。由此可见，《战国策》乃是刘向采录若干同类文献，采取国别体加以校正、删汰、补充、编次，并命名而成。显然，作为群书荟萃的《战国策》，其作者绝非一人，相传乃是各国史官或策士。他们究竟是谁，已不可考。

《战国策》的流传曾有一番周折。东汉末年，延笃作《战国策论》一卷，高诱作《战国策注》二十一卷，或谓三十二卷。到北宋时，据王尧臣《崇文总目》云，刘向校录本尚有二十二卷（清钱绎按："《隋志》《通志略》并二十一卷。"），高诱注释本仅存八卷。于是曾巩寻访校补之,其《战国策目录序》云:"刘向所定著《战国策》三十三篇,《崇文总目》称十一篇者阙。(按:宋元间马端临《文献通考》云:《崇文总目》谓'第二至十、三十一至三十三阙'。然则此'十一'当作'十二'。)臣访之士大夫家,始尽得其书,正其误谬,而疑其不可考者,然后《战国策》三十三篇复完。"遗憾的是散佚的高诱注,他并没有找到。尽管如此,曾巩对于《战国策》的流传是立了大功的。

南宋初年,在曾巩校补的基础上,接连出现两种新本子,一种是成书于绍兴十六年(1147)的姚宏续注本,一种是成书于绍兴十七年(1148)的鲍彪新注本。姚本三十三卷,卷数、篇次悉如曾本之旧,其中二至四卷、六至十卷为尚存的高诱注,其余各卷为姚宏的续注。姚宏还以北宋的几种本子加以对校,点勘较为精审。其自序云:"不题校人并题续注者,皆余所益。"所题校者,"曾"即曾巩,"钱"即钱藻,"刘"即刘敞,"集"即集贤院。可贵的是,姚宏已开始运用《史记》等书与《战国策》加以比较的研究方法,有新的创获。明代毛晋汲古阁翻刻姚本,各卷皆题"高诱注",这是传写的错误。鲍本十卷,其特点是:移《西周策》于《东周策》之前,按年月调整部分策文的次序,每国策文分别加标王号,不采高诱注而自为之注,对本文有所增删改动。鲍彪用尽毕生精力,四易其稿,疏通诠解之功不可埋没。后来,赵与时《宾退录》评论说:"《战国策》旧传高诱注,残阙疏略,殊不足观。姚令威宽补注(按:补注者为姚宏,此误为姚宽)亦未周尽。独缙云鲍氏校注为优,虽间有小疵,殊不害大体。惟东西二周一节,极其舛谬,深误学者,反不若二氏之说。"

到了元代,吴师道认为鲍本仍多未善,遂在鲍本的基础上加以补阙订正,完成《战国策校注》十卷。吴师道取姚本与鲍本参校,并杂引诸书进行考证,凡增其所阙者谓之"补曰",凡纠其所失者谓之"正曰"。因鲍本篇次有所移易，故附录刘向、曾巩所校三十三卷四百八十六篇的目次，以存其旧。吴师道也采用了运用《史记》等书与《战国策》加以比较的研究方法，而且做得更为认真。

清代研治《战国策》颇有成绩的是黄丕烈和王念孙。黄丕烈据宋椠重刊姚本，并用家藏吴本互勘，撰写《战国策札记》三卷。其中详列鲍本、吴本之异同，并参照《史记》等书校订姚本，采用了同时代的段玉裁、顾广圻等人的说法。王念孙参考大量有关资料，以其文字、声韵、训诂的非凡功力，撰写《战国策杂志》三卷，对今本《战国策》的讹误多所匡正，极为精到，非前人可比。

晚近以来，考释《战国策》的著作又有数部，其中重要的有金正炜的《战国策补释》、缪文远的《战国策考辨》和《战国策新校注》、诸祖耿的《战国策集注汇考》等。另外，上海古籍出版社1978年出版的校点本《战国策》，以姚本为底本，汇集鲍彪、吴师道的注文及黄丕烈的札记，乃是《战国策》流传至今较为完善的本子。1984年重版时，它又把1973年马王堆三号汉墓出土的《战国纵横家书》附在后面，不仅可以补今本《战国策》之不足，而且在校勘上也颇有价值。

二

《战国策》是一部无以取代的珍贵的历史文献。战国时代的历史文献，由于秦始皇下令"非秦记皆烧之"，大都荡然无存，惟有战国策书和《竹书纪年》有限几部。这是仅就以记载历史事件和世系为主的文献而论的，没有把重点不在记录史实的诸子计算在内。《竹书纪年》所载战国史事只是魏国之事，与史料甚丰的《战国策》不可相提并论。司马迁撰写《史记》，所述战国史事,大都取资战国策书,宋人姚宽统计凡九十三事,今人郑良树统计共一百四十九处。

《战国策》可谓战国时代的一面镜子。"战国"作为时代名称始于刘向,他指的是"继春秋以后讫楚汉之起",而一般则依据《史记·六国年表》定为周元王元年(前475)至秦始皇二十六年(前221)。战国时代是从封建领主制向地主制过渡、由割据走向统一的巨大变革时代。当时新兴的封建制度刚刚确立,各诸侯国独占一方,割据称雄,几个强大的诸侯国都想创建一个统一的中央集权制的封建王朝,于是在两百多年的时间内,各诸侯国之间在政治、经济、军事、外交等领域展开了错综复杂的斗争。与此同时,各诸侯国内部也不断进行着争权夺势的斗争。所有这一切,都在《战国策》所载的谋臣、策士的言行之中有不同程度的反映。

统观《战国策》十二国策,可谓战国七雄秦、齐、楚、赵、魏、韩、燕以及其他五国东周、西周、宋、卫、中山的兴衰史,经过诸家如林春溥、顾观光、雷学淇、于鬯、陈梦家、杨宽、范祥雍的系年,莫不可见来龙去脉。其中战国前期之事所载不多,仅有赵魏韩"三家分晋"、齐"围魏救赵"等几件大事;而战国中、后期之事则纂辑甚丰,展现了各国之间合纵与连横的外交策略斗争,激烈而频繁的兼并战争和秦统一六国的过程。此间的重大事件,诸如齐大破魏军于马陵(前341);秦败楚取其汉中地(前312);燕与秦、楚、三晋合谋伐齐(前284);楚败于秦失鄢、郢(前278);秦、赵争夺上党大战于长平(前260);韩、魏、楚、燕、赵、齐六国相继灭亡(前230—前221),皆有所载。尤其可贵的是,其中暴露了统治者的荒淫残暴、愚蠢自私,反映了人民在兼并战争之中的痛苦生活。

《战国策》作为一部游说之士的言行辑录,肯定了士这一阶层在政治上的地位和在外交上的作用。士这一阶层是在当时社会大变革的形势下应运而生的,他们或是随着世卿世禄制度的崩溃由贵族没落下来的,或是随着社会经济的变化由小生产者上升而来的。他们大都是文化人,凭借自己的知识和经验,纷纷阐述并千方百计施行自己的主张和策略,在诸侯竞相争雄的过程中起着举足轻重的作用。因此,有些开明的国君(如齐威王、魏惠王、燕昭王等)和权贵(如孟尝君、信陵君、平原君、春申君四公子等)都把他们作为"智囊"多方招纳,大批豢养。他们则仰首伸眉,敢说敢为。例如王斗当面讽刺齐宣王"好马、好狗、好酒、好色",惟独"不好士";颜斶面对"忿然作色"的齐宣王,断然回答"士贵耳,王者不贵";冯谖替孟尝君"收债于薛",竟"以债赐诸民,因烧其券",为孟尝君"市义"。虽则如此,尽忠效力于统治者,才是士这一阶层得以存在的前提。

战国中后期,通过商鞅变法,秦国日益富强起来,企图蚕食六国,统一海内。在这种情况下,谁胜谁负固然在很大程度上取决于武力的强弱,但是更重要的则取决于策略的得失,正如刘向所说:"横则秦帝,纵则楚王。"因此,当时绝大多数的士,用韩非的话说,不是主张"合众弱以攻一强"的合纵派,就是"事一强以攻众弱"的连横派,统称纵横家。其中虽然有像鲁仲连那样"义不帝秦""为人排患、释难、解纷乱而无所取"的"高士",但大多数是像苏秦、张仪、公孙衍、陈轸那样的贪图功名利禄的两面派。他们以三寸不烂之舌,游说于诸侯之间,言无真理,行无准则,纵横捭阖,朝秦暮楚。例如苏秦起初以"连横"说秦王,"书十上而说不行",乃转而以"合纵"说赵王;陈轸先仕秦而后仕楚,既仕楚而又贰于秦。他们这两手制约着七国相争的局势,他们在战国时期的历史舞台上所扮演的角色不可忽视,就此而论,《战国策》也是有重要历史价值的。

《战国策》虽然具有重要的历史价值,但它并非皆为信史,其中某些篇章纯属虚构。在全书四百九十五章中,大体可信的占五分之四以上,多所虚拟的不足五分之一。这种情形,司马迁早已发现,他说:"世言苏秦多异,异时事有类之者皆附之苏秦。"(《史记·苏秦列传赞》)兹举《秦策一·苏秦始将连横》为例,其中苏秦说秦惠王云:"大王之国,西有巴、蜀、汉中之利,北有胡貉、代马之用,南有巫山、黔中之限,东有崤、函之固。"这完全是子虚乌有的臆想之辞。理由是:(1)据帛书《战国纵横家书》,苏秦活动在齐闵王、燕昭王时代,于秦相当于昭王之时,上距秦惠王三十余年;(2)据《史记·秦本纪》,秦灭蜀在惠王后元九年,取汉中在后元十三年,取巫、黔在昭王三十年,至此惠王已死三十四年;(3)胡、代在赵国之北,皆非秦地。有鉴于此,从历史角度读《战国策》是不可不考辨虚实真伪的。

　　南宋晁公武《郡斋读书志》改变以往书目入《战国策》于史部杂史类而归之于子部纵横家,他说:"历代以其纪诸国事,载于史类。予谓其纪事不皆实录,难尽信,盖出于学纵横者所著,当附于此。"尔后,元马端临《文献通考》因之。清《四库全书总目提要》云:"案:班固称司马迁作《史记》,据《左氏》《国语》,采《世本》《战国策》,述《楚汉春秋》,接其后事,迄于天汉。则《战国策》当为史类,更无疑义。且子之为名,本以称人,因以称其所著,必为一家之言乃当此目。《战国策》乃刘向裒合诸记,并为一编,作者既非一人,又均不得其主名,所谓子者安指乎?"

　　关于《战国策》的思想内容和文献价值,刘向认为其中"皆高才秀士,度时君之所能行,出奇策异智,转危为安,运亡为存。亦可喜,皆可观。"这是比较公允的。而曾巩不以为然,他说:"[刘向]率以谓此书战国谋士度时君之所能行,不得不然,则可谓惑于流俗,而不笃于自信者也。"他认为谋士之言虽为"邪说",但"岂必灭其籍哉?放而绝之,莫善于是!……至于此书之作,则上继春秋,下至秦汉之起,二百四五十年之间,载其行事,固不得而废也。"他还是充分肯定了《战国策》的史料价值。而吴师道《书曾序后》则极力发挥曾巩"放而绝之"的主张,认为邪不压正,即使是小人"得是书而究之,则将有不为者矣"。清代陆陇其认为:"其机变之巧,足以坏人心术。子弟识见未定而读之,其不为之渐染者鲜矣!"他便撰写《战国策去毒》,使之"不中其毒"。我们认为,《战国策》是一部内容丰富、文献价值不可低估的书,因它记载了某些策士的丑恶行径,就把它视为大毒草,这是非常不公正的。

二

《战国策》的文学价值很高,古往今来,学者们无不津津乐道,就连视之为"邪说"者也不例外。宋李格非说:"其事浅陋不足道,然而人读之,则必乡其说之工而忘其事之陋者,文辞之胜移之而已。"(《书战国策后》)王觉说:"虽非义理之所存,而辞丽横肆,亦文辞之最,学者所不宜废也。"(《题战国策》)鲍彪说:"其文辩博,有焕而明,有婉而微,有约而深。"(《战国策注序》)清陆陇其说:"其文章之奇,足以悦人耳目。"(《战国策去毒跋》)吴曾祺说:"其文章之美,在乙部中,自《左》《史》外,鲜有能及之者。"(《战国策补注叙例附言》)

长于叙事,有如小说,这是《战国策》首屈一指的特点。近人胡怀琛说:"《战国策》原为史类之书,由今观之,吾人可云,其书大半是小说。"这就是《战国策》使人爱不释手的根本原因。《战国策》叙事的小说性,表现在以下三方面:

一是富有故事情节,引人入胜。例如《齐策四·齐有冯谖者》,写的是策士冯谖为孟尝君效力的故事:一写冯谖寄食到孟尝君门下,自谓"无好""无能",竟三次弹铗而歌,迫使孟尝君待他为上客;二写冯谖自告奋勇为孟尝君收债于薛,竟"起矫命,以债赐诸民",声称为孟尝君"市义",一年后孟尝君罢相回薛,"民扶老携幼"迎接他,他才发现冯谖足智多谋;三写冯谖为孟尝君经营"三窟",遂使孟尝君复位,"为相数十年无纤介之祸"。这"三部曲"写得迂回曲折,出人所料;首尾一贯,详略得体;生动深刻,耐人寻味。再如《韩策二·韩傀相韩》,也可以说是"三部曲":其一为序曲,写严遂为报与韩傀之仇,特与聂政结交,颇能理解聂政赡养母亲的孝心,并不急于要求聂政为他行刺;其二为正曲,写聂政母死除服,便挺身而出为严遂报仇,竟然谢绝所派车骑人徒,独闯戒备森严的东孟之会,直刺韩傀兼中哀侯,遂"自皮面抉眼,自屠出肠"而死;三为尾声,写聂政之姊去韩国认尸,"不避菹醢之诛","抱尸而哭之",大扬聂政之名,遂"自杀于尸下"。这"三部曲"一气呵成,真是波澜起伏而动人心魄,之所以连续推出直臣、勇士、烈女三个人物,一则以言士为知己者死,二则以彰聂氏姊弟之情,从而突出了聂政孝悌与豪爽的性格。

二是善于刻画人物,栩栩如生。例如《秦策二·苏秦始将连横》所塑造的苏秦形象,血肉相当丰满,给人留下十分深刻的印象。它以语言、肖像、行动、心理的多方面描写,把苏秦以连横说秦失败和以合纵说赵成功前后的表现加以对比,揭示了苏秦能言善辩、刻苦自励、投机钻营的性格特点和贪求功名利禄的内心世界。最精彩的是以下两段结合环境描写的心理描写:一段是"归至家,妻不下纴,嫂不为炊,父母不与言。苏秦喟然叹曰:'妻不以我为夫,嫂不以我为叔,父母不以我为子,皆秦之罪也。'"一段是"将说楚王,路过洛阳。父母闻之,清宫除道,张乐设饮,郊迎三十里;妻侧面而视,倾耳以听;嫂蛇行匍伏,四拜自跪而谢。苏秦曰:'嫂!何前倨而后卑也?'嫂曰:'以季子之位尊而多金也。'苏秦曰:'嗟乎!贫穷则父母不以为子,富贵则亲戚良惧,人生世上,势位富贵,盖可忽乎哉?'"由此可见,当时的炎凉世态,对苏秦的重要影响。再如《赵策三·秦围赵之邯郸》所塑造的鲁仲连形象,则不同凡响,光彩照人。它通过鲁仲连与辛垣衍就"帝秦"与否这一生死攸关的重大问题所展开的激烈论战,歌颂了鲁仲连坚持正义,不畏强暴,疾恶如仇的英雄品格;通过鲁仲连迫使秦军退却一再推辞封赏的言行,赞美了鲁仲连"为人排患、释难、解纷乱而无所取"的高尚情操。鲁仲连这个"天下之士"的形象,几乎都是用语言描写树立起来的。

三是对话颇似戏剧,令人喝彩。例如《赵策四·赵太后新用事》,记叙了触龙劝谏赵太后"以长安君为质"的一番对话。当时赵太后十分恼怒,声称"有复言令长安君为质者,老妇必唾其面"。然而触龙居然能够打破僵局而取得圆满成功:他关切地问候生活起居,赵太后不能不答,气氛由紧张而缓和;他以"爱怜少子"为由请求关照,赵太后言"妇人异甚"暗示舍不得以少子为质,气氛由融洽转对立;他大胆指出赵太后爱子不若爱女,赵太后不同意,虽有争议气氛还算平和;他进而以赵国历史为鉴,动之以深情,晓之以大义,终于使赵太后心服口服地接受了令长安君"有功于国"的主张。这番对话写得如此入情入理,扣人心弦,一场好戏莫过于此。再如《魏策四·秦王使人谓安陵君》,更是一篇充满戏剧冲突的杰作。写的是唐雎受安陵君之命出使秦国,以大智大勇、唇枪舌剑驳回了秦王的易地要求,胜利地完成了使命。唐雎与秦王的对话,真是"魔高一尺,道高一丈",斗至第四回合,他义愤填膺地说:"若士必怒,伏尸二人,流血五步,天下缟素,今日是也!"随即"挺剑而起","怫然怒"的秦王,顿时"色挠,长跪而谢之",连连告饶:"先生坐!何至于此!寡人谕矣。夫韩、魏灭亡,而安陵以五十里之地存者,徒以有先生也。"这么一场激昂慷慨的正气歌,如果搬上舞台,必将取得掌声雷鸣的艺术效果。

上述叙事的小说笔法,始见于《左传》,譬如《郑伯克段于鄢》《晋重耳之亡》《晋灵公不君》等就在不同程度上具有以上长处。《战国策》较之《左传》,可谓"青出于蓝胜于蓝",那就是它做了相当大的艺术概括和加工。固然某些篇章史无所载或史有出入,史学家以为是"拟托",没有史料价值;然而文学家则视之为"创作",很有文学价值。譬如上面所举的《苏秦以连横说秦》《鲁仲连义不帝秦》《唐雎不辱使命》以及《秦策二·医扁鹊见秦武王》《齐策一·邹忌修八尺有余》《齐策四·先生王斗造门而欲见齐宣王》诸篇,都是艺术性较高的文学作品,皆为《战国策》的精华。

其次,长于议论,可比诸子,乃是《战国策》另一显著特点。清人张士元以之比于孟子:"《战国策》与《孟子》纯驳绝异,然《赵策》魏牟见赵王,论为冠之必待工,及客论买马之必待相马工,二者风治天下之不用贤,皆与《孟子》论巨室璞玉相似;《魏策》惠子为田需言杨树易生,亦与《孟子》论齐王不智相似。"(《嘉树山房集·书战国策后》)就其文采而论,清人章学诚说:"其辞敷张而扬厉,变其本而加恢奇焉。"(《文史通义·诗教上》)这种风格表现在以下三方面:

一是论辩善于抓住要害,单刀直入,鞭辟入里,既有针对性,又有逻辑性。例如《赵策三·秦攻赵战于长平》虞卿对楼缓"赂秦"论的批驳,《秦围赵之邯郸》鲁仲连对辛垣衍"帝秦"论的批驳,都是一针见血,有理有据,最终使对方理屈辞穷的。

二是说理常用寓言故事,深入浅出,言简意赅,既有明快感,又有幽默感。例如《楚策一》江乙以狐假虎威对楚宣王,《燕策二》苏代以鹬蚌相持谏赵惠王,《魏策四》季梁以南辕北辙说魏惠王，《燕策一》郭隗以千金买骨谓燕昭王等等，无不把抽象的道理形象化，具有感人的艺术魅力。

三是表达讲求语言艺术，比喻夸张，对偶排比，既有形象美，又有形式美。例如《秦策一》苏秦以连横之策说秦惠王，利用大量骈辞俪句，极尽铺排渲染之能事；《楚策四》庄辛以图治之说谏楚襄王，以物喻人，由小及大，句用对偶，段用排比，步步紧逼反复讽说。章炳麟云："短长诸策，实多口语。寻理本旨，无过数言，而务为纷葩；期于造次可听。溯其流别，实不歌而诵之赋也。秦、代、仪、轸之辞，所以异于《子虚》《大人》者，亦有韵、无韵云尔。"（《检论》卷五）

四

《战国策》对后世的影响是多方面的，相当深远的。

从史学史的角度来看，《战国策》上承《左传》下启《史记》，在史书体裁由编年体向纪传体过渡之际起了桥梁作用。纪传体是以人物传纪为中心的史书体裁，创始于司马迁的《史记》。但是以人物为中心的写法，《战国策》已有一些雏形，譬如《齐策四·齐有冯谖者》有如一篇《冯谖传》，《韩策二·韩傀相韩》可谓严遂、聂政、聂政之姊的三人合传。《史记》许多篇"本纪""世家""列传"取材于《战国策》，写法自然要受到《战国策》的影响。

从文学史的角度来看，《战国策》这种以人物为中心的写法，对于后代的传纪文学和传奇小说是有直接影响的。再者，《战国策》的驰骋俪句和排比敷陈的风格，对于汉代大赋的产生，大抵也有催化作用。譬如西汉枚乘的《七发》在构思和布局方面，同《楚策四·庄辛谓楚襄王》就十分相似。另外，《战国策》中还有几篇奇文，如《中山策·中山与燕赵为王》章，张登与望诸君对话时,竟让望诸君扮演齐王,由他来游说,并让望诸君断其成败,犹如现在曲艺表演的"一赶二"(张清常《战国策笺注·前言》)。如此说来,这样的奇文,或许还是说唱艺术的滥觞呢。

若就《战国策》对后世作家的影响而论,亦不乏其例。汉初贾谊、晁错、邹阳等人的文章,如《过秦论》《论贵粟疏》《狱中上梁王书》,都有明显的战国纵横辞说之风。当时《战国策》尚未成书,固然不能说他们受了《战国策》的影响,但是说他们受了《战国策》所本的《国策》《国事》之类的影响,则是不容置疑的。唐代韩愈、柳宗元、陆龟蒙等人的"杂说""小品",显然是与《战国策》那些脍炙人口的短文一脉相承的。《战国策》对于宋代苏洵、苏轼父子议论文的影响尤为显著,"苏洵的《权书》《衡论》及其他史论,苏轼的《策略》《策别》《策断》《志林》诸论及其他策论、上书,论人论事,都在学习《战国策》中获得丰富的有益的经验。"(游国恩等主编《中国文学史》一)

从汉语史的角度来看,《战国策》的巨大影响,那就是它"实多口语"(章炳麟语),为日趋形成的上古汉语书面语注入了大量的鲜活的血液,使之更加富于表现力。《战国策》中的口语从哪里来?自然是可谓"辎轩使者"的策士们连同寓言故事从民间采集来的。如此说来,战国策士周旋于各国之间的纵横游说,为中华民族共同语的形成与发展,是有所贡献的。以《战国策》的语言与《左传》《国语》以及诸子之书的语言相较,显然它是有过之无不及的,语汇更加丰富,句法更加严谨,修辞更加考究。以《战国策》的语言与《史记》以及贾谊、晁错之文的语言相较,恐怕很难找出它有哪些差距,几乎是同样通俗易懂、生动活泼、富有魅力的。

过去在以儒家思想为正统的历史条件下,作为"纵横家所著"的《战国策》连个合法地位都没有,明代李梦阳把它宣判为"畔经离道之书",但是它的影响是谁也消除、限制不了的。李梦阳说:"然而天下传焉,后世述焉。"谓之有四方面的影响:"录往者迹其事,考世者证其变,工文者模其辞,好谋者袭其智。袭智者谲,模辞者巧,证变者会,迹事者该。"(《空同集·刻〈战国策〉序》)可见他至少认为《战国策》有一个不良影响,不可因袭其智谋以欺诈。这种把智谋与欺诈等同起来的观点是极其迂腐可笑的。我们认为,《战国策》所保留的当时各国在外交上的大量斗智资料,有许多是值得借鉴至今仍有现实意义的,正像《孙子兵法》那样。张清常先生说:"外交策略上面的智谋关系到国家的安危存亡,怎么能够痛诋之为诡计呢?"(《战国策笺注·前言》)这是一个有待深入研究的重要问题。

五

本书是以上海古籍出版社 1985 年重印《战国策》为底本注释、翻译的。分章、标题、划段基本上一仍其旧,个别地方略作调整。

统观《战国策》全书,绝大多数篇章还是明白晓畅的,但是难以卒读之处实在不少,尚有许许多多难拔的"钉子"。究其根源有三:一是全书裒合众籍纂辑而成,多所抵牾,难以梳理;二是其文讹夺衍舛俯拾即是,校不胜校,难以勘正;三是其事或虚或实层见叠出,众说纷纭,难以考辨。这些"钉子"拔不掉,全注全译就不可能。好在刘向以后至于现今,致力于勘正、考辨《战国策》的学者不少,著述良多,今天才有了全注全译的可能性。兹将我们的主要参考书目附后,用以表明我们对这些著作的珍重与师承,对其作者们的仰慕与感谢。

本书的体例是:(1)题解,加在各国策文之前,介绍该国的历史沿革、地理位置、策文情况等。(2)注释,每篇题目之下皆有注[1],为该篇所述史实系年,有与史不合处则指出,若于史无征属于虚拟者则视为拟托;其余各条注文,一般按校正文字、训释词语、串述大意的顺序排列,必要时则施以必要的考证和评论,以补译文之不足。(3)译文,以直译求其"信",以意译求其"达",尽量兼顾读者学习语言与文史的需要。

本书分工:东周、西周、秦、齐、楚、燕、宋卫、中山诸策的注译,由王锡荣担任;赵、魏、韩诸策的注译,由韩峥嵘担任。

由于我们学殖不深,功底浅薄,虽则黾勉从事,切磋琢磨,亦不敢自信,无以自安。亟望海内外专家、读者予以批评指正。

韩峥嵘
1997年4月于剔吸居

卷一　东周

【题解】

西周末,周幽王被犬戎所杀。平王为了躲避西北部敌人入侵的直接威胁,公元前770年把国都由镐京(旧址在今西安市长安区)迁徙到今河南洛阳市西北部的王城(前516年敬王以子朝之乱,又从王城迁至在今洛阳市东郊的雒阳城),开启了历史上所称东周的时期。东周的前294年,史义称"春秋"(前770—前476)。那时,齐、秦、晋、宋、楚等五国相继称霸,其特点是打着"尊周室"的旗号,征服不守本分的别国,有时还能够把被侵灭的国家光复起来,所谓"存亡继绝"。但是,到了后254年,发展到史称"战国"的时期(前475—前221),情况就大不相同了。许多中小国家(除东周、西周、宋、卫、中山之外)都逐渐被消灭,剩下的秦、齐、楚、赵、魏、韩、燕等几个大国相互争雄、吞并。这时,周王虽然尚存,但形同虚设,只保有王畿附近一小块地盘。这样的局面,共经历了元、贞定、哀、思、考、威烈、安、烈、显、慎靓、赧等十一王。

东周考王(前440—前426在位),是弑兄自立的。初立时,为了缓解矛盾,把其弟姬揭封于河南(即当时的王城),称西周桓公。历威公、惠公。惠公时,复封他的少子姬班于巩(今河南省巩义市),而使之居雒阳城服事周王。死后谥亦曰"惠",是为东周惠公。东周惠公卒,子昭文君代立。因巩在雒阳城以东,河南在雒阳城以西,东、西二周由此而得名。

由于东、西二周各自形成自己的政治势力,大约在周赧王继位(前314)后,在韩、赵的支持下,形成西周与东周两个独立的小国。东、西周居天下中心,政治、地理位置十分重要,各大国都对它垂涎三尺,同时谁又不敢轻易动它。这就形成它能够在夹缝里求生存的有利条件。但它们既属小国,又在三晋,特别是韩国领土的包围之中,所以常受来自大国的威胁。而它们也只好窥伺时局形势,小心翼翼而又不乏狡狯地服事大国,以图生存。

周从敬王由王城迁至雒阳城,至赧王复迁回王城,皆名存实亡。《策》称周君,乃指东、西周二国之君。关于两国的各自领地,雷学淇《竹书纪年义证》说:"两周初分时,谷城、缑氏与王城,为西周;平阴、偃师与巩,为东周;天子居雒阳:周止此七城而已。"程恩泽《国策地名考》则以雒阳亦属东周,这可能是以后之事。

公元前249年,东周国为秦所灭。

姚本首东周二十一章,次西周十七章。鲍本卷一为西周凡十九章,卷二为东周凡二十六章。今按,鲍本为重编本,编次多所更动,而姚本则多依旧次,且战国时周天子常居雒阳(只赧王时短期迁回西周王城),故《世本》谓东周惠公封于巩而居雒阳秉政,雒后属东周,故东、西之序以姚本编次为是。每编章数,鲍本多依内容异同而定,姚本则往往将内容不同之多章合为一章,故鲍分章有时较姚为合理。今参校二本,定《东周》为二十八章,《西周》为十七章。今人又谓两周《策》中仍有若干篇章互相混淆。是否如此,请读者辨之。

秦兴师临周而求九鼎[1]

秦兴师临周而求九鼎,周君患之[2],以告颜率。颜率曰:"大王勿忧,臣请东借救于齐。"颜率至齐,谓齐王曰:"夫秦之为无道也,欲兴兵临周而求九鼎。周之君臣内自尽计[3]:与秦,不若归之大国。夫存危国,美名也;得九鼎,厚宝也[4]。愿大王图之!"齐王大悦,发师五万人,使陈臣思将[5],以救周,而秦兵罢。

齐将求九鼎,周君又患之。颜率曰:"大王勿忧!臣请东解之。"颜率至齐,谓齐王曰:"周赖大国之义,得君臣父子相保也,愿献九鼎,不识大国何途之从而致之齐?"齐王曰:"寡人将寄径于梁。"颜率曰:"不可。夫梁之君臣,欲得九鼎,谋之晖台之下,少海之上[6],其日久矣。鼎入梁,必不出。"齐王曰:"寡人将寄径于楚。"对曰:"不可。楚之君臣,欲得九鼎,谋之于叶庭之中[7],其日久矣。若入楚,鼎必不出。"王曰:"寡人终何途之从而致之齐?"颜率曰:"弊邑固窃为大王患之。夫鼎者,非效醯壶酱甀耳[8],可怀挟提挈以至齐者;非效鸟集乌飞兔兴马逝,漓然止于齐者[9]。昔周之伐殷,得九鼎,凡一鼎而九万人挽之,九九八十一万人,士卒师徒器械被具所以备者称此。今大王纵有其人,何途之从而出?臣窃为大王私忧之。"齐王曰:"子之数来者,犹无与耳!"颜率曰:"不敢欺大国,疾定所从出,弊邑迁鼎以待命。"齐王乃止。

【注释】

〔1〕此章,学者多据吕祖谦《大事记》系于周显王三十三年(前336),秦惠文王、齐威王之时。九鼎:相传为夏禹所铸,以象征九州。成汤迁之于商邑,周武王迁之于洛邑郏鄏(即王城),遂成为传国之宝。春秋、战国诸侯,屡有问鼎、求鼎之事。按,此篇恐非属史实,孔颖达《左传正义》、洪迈《容斋随笔》、陆深《燕闲录》、钟凤年《国策勘研》、马叙伦《读书续记》诸书辨之已悉。

〔2〕周君:指东周君。当时鼎在洛邑的王城(属西周国),东周君采邑虽在巩县,然在王朝执政,故忧之也。

〔3〕尽:姚本引刘、曾、集诸本,一作"画"。

〔4〕宝:黄丕烈《战国策札记》云,今本作"实"。

〔5〕陈臣思:《齐策一》作"田臣思"。按,陈与田古字通。或说即田忌。

〔6〕晖台、少海:《太平御览》一七八引《郡国志》作"蝉台""沙海"。《读史方舆纪要》谓沙海在开封府城西北十二里。

〔7〕叶庭:鲍彪以为即南阳之叶地。《春秋后语》作"章华之庭",徐广曰:"华容有章华亭。"

〔8〕醯(xī):醋。甀(chuí):小口瓮、坛。鲍本作"瓺"。

〔9〕漓:《集韵》:"渗流貌。"止:姚本一作"可至"。

【译文】

秦国兴师,兵临周国,索求周天子的传国重器九鼎。东周君十分忧虑,把它告诉给颜率。颜率说:"大王不要忧愁,臣请往东方,借助大国齐的力量来解救危难。"颜率来到齐国,对齐宣王说:"秦做事不讲道义,发兵到周国,想索求周天子重宝九鼎。东周的君臣,在国内经过详尽谋划,觉得与其把九鼎给了秦,还

4

莫如送给大国齐。保护危国,是一桩美名啊;获得九鼎,是贵重的宝物啊!愿大王能够过问这件事。"齐王听了很是高兴,发五万大兵,命令陈臣思率领去救周。秦军闻讯,只好收兵。

齐国将要索取九鼎,又引起东周君的忧虑。颜率说:"大王不必发愁,臣请到齐国去为您排除忧难。"颜率来到齐国,对齐王说:"周国托赖大国道义相助,能够君臣父子相安无事,愿献上九鼎,不知大国从哪条道路把它运回到齐?"齐王说:"寡人将借路于魏国。"颜率说:"不可以。魏国的君臣想要得到九鼎,谋划于晖台之下,沙海之上,为时很久了。鼎一到魏国,肯定不会让它出来。"齐王说:"寡人将借路于楚国。"颜率回答说:"不可以。楚国的君臣想要得到九鼎,在叶地的庭中谋划它,为时很久了。如果经楚,鼎必定照样会出不来。"齐王说:"那么,寡人究竟从哪条路才能把鼎运回齐国呢?"颜率说:"敝邑一开始就私下替大王感到难办。想那鼎,不像醋瓶酱坛一样,可以用怀揣手拎就能到齐;不像鸟集鸦飞、兔走马奔一样,很快就能归齐。昔日我周朝讨伐殷商,得到九只大鼎,一只鼎就用九万人去拉它,九只鼎九九八十一万人。兵士徒众、器械被服之物,所用于后备的,与这个数字相当。眼下大王即使有这么多人,又从哪条路把鼎运回?臣下私自为大王暗中担忧此事。"齐王说:"你到齐国来好几趟,等于没有把鼎给齐国。"颜率说:"实在不敢欺骗大国,您赶快把搬运的道路定下来,敝国迁移九鼎以听候您的命令。"齐王出于无奈,也就只好停止索取九鼎。

秦 攻 宜 阳 [1]

秦攻宜阳,周君谓赵累曰[2]:"子以为何如?"对曰:

"宜阳必拔也。"君曰:"宜阳城方八里,材士十万,粟支数年,公仲之军二十万[3],景翠以楚之众临山而救之[4]。秦必无功。"对曰:"甘茂[5],羁旅也。攻宜阳而有功,则周公旦也;无功,则削迹于秦。秦王不听群臣父兄之义而攻宜阳[6],宜阳不拔,秦王耻之。臣故曰拔。"君曰:"子为寡人谋,且奈何?"对曰:"君谓景翠曰:'公爵为执圭[7],官为柱国。战而胜,则无加焉矣;不胜,则死。不如背秦援宜阳[8],公进兵。秦恐公之乘其弊也,必以宝事公;公中慕公之为己乘秦也[9],亦必尽其宝。'"

秦拔宜阳,景翠果进兵。秦惧,遽效煮枣[10]。韩氏果亦效重宝。景翠得城于秦,受宝于韩,而德东周。

【注释】

〔1〕按《通鉴》、吕祖谦《大事记》,秦攻宜阳在周赧王七年(前306),攻克在次年。宜阳:韩邑,在今河南省宜阳县西北,洛水北岸。

〔2〕赵累:东周臣。鲍本"赵"作"周"。

〔3〕公仲:名朋,韩国公族。又称公仲朋、韩公仲。

〔4〕景翠:楚将。楚有景氏。

〔5〕甘茂:楚国下蔡人,秦武王时为左丞相。

〔6〕义:鲍本作"议",是。

〔7〕执圭:楚国最高爵位,意为执圭而朝。或称"上执圭"。

〔8〕按文意,此句"背"应作"乘","援"应作"拔"。

〔9〕公中:鲍本作"公仲"。中、仲通。慕:希冀。

〔10〕煮枣:在今山东东明县南。郭希汾曰:"当为魏地,秦无由献之也。"

【译文】

秦国攻打韩国的宜阳,东周君对周臣赵累说:"你以为这一仗的结果将会如何?"赵回答说:"宜阳一定会被攻破。"东周君说:"宜阳城方圆八里,精兵十万,粮食可以支持好几年。韩丞相公仲朋的兵有二十万,楚将景翠率领楚国军队驻扎在山下来援救它,秦国的军队一定不会取得什么实绩。"赵回答说:"秦主将甘茂非秦土著,如果攻宜阳有功,就会像周公旦那样显赫;如果无功,在秦就不能立足。秦(武)王不听众人臣和宗室长辈的建议,而决定攻打宜阳,宜阳不下,秦王也感到羞耻。臣因此说会被攻破。"东周君说:"你为寡人出个主意,将怎么办才好?"赵回答说:"君您应跟楚将景翠说:'你的爵位是最高的执珪,官品是最高武官柱国,仗打赢了,也不能够加官进爵了;打不赢,就会犯死罪。你莫如乘秦之弊,待秦攻破宜阳之后,你再进兵威胁他。秦军惧怕你乘其疲惫攻击他,必拿宝物来奉献你;韩丞相公仲感谢你为韩而乘秦之弊,也一定尽其所有宝物来献给你。'"

秦军攻破宜阳,景翠果然进兵。秦人恐惧,赶紧献纳煮枣之地;韩人果真也来贡献重宝。景翠从秦国得到城邑,接受韩国的宝物,而感激东周君为他出谋划策。

东周与西周战[1]

东周与西周战,韩救西周。为东周谓韩王曰[2]:"西周者,故天子之国也[3],多名器重宝。案兵而勿出,可以德东周,西周之宝可尽矣。"

【注释】

〔1〕《史记·周本纪》载此章于赧八年与十五年之间(前307—前

300),确切年代已无从稽考。据钟氏《勘研》,此章应次下章《东周与西周争》之后。

〔2〕韩王:韩襄王。

〔3〕"西周"二句:周自平王东迁直至敬王,历一十三王,均居西周王城。故云。

【译文】

东周与西周两国打起仗来,韩国欲援救西周。有人替东周向韩王说:"西周国,原来是周天子的都城所在,有的是著名器物和贵重宝贝。现今韩国如按兵不出,不但可以使东周感戴韩的恩德,而且可以全部得到西周的宝物。"

东周与西周争[1]

东周与西周争,西周欲和于楚、韩。齐明谓东周君曰[2]:"臣恐西周之与楚、韩宝,令之为己求地于东周也。不如谓楚、韩曰:'西周之欲入宝,持二端,今东周之兵不急西周,西周之宝不入楚、韩。'楚、韩欲得宝,即且趣我攻西周[3]。西周宝出,是我为楚、韩取宝以德之也。西周弱矣。"

【注释】

〔1〕本章事应在上章之前。

〔2〕齐明:辩士。两见《齐策》与《楚策》,未明国籍。

〔3〕趣(cù):督促、催促。

【译文】

东周与西周两国互相争胜,西周企图与楚、韩两大国和好,来对付东周。辩士齐明对东周君说:"臣下唯恐西周贿给楚、韩宝物,使他们替自己向东周求得地盘。东周最好是跟楚、韩说:'西周虽想送给他们宝物,但心持犹豫观望。现在东周之兵如果不急着攻打西周,那么,西周的宝物就不会立即送给楚、韩。'楚、韩真想获得宝物,就会马上敦促我们尽快出兵攻打西周。如此,西周献出宝物,等于是咱东周从西周取宝献给楚、韩,对他们施加恩惠。这样,西周自然会被削弱了。"

东周欲为稻[1]

东周欲为稻,西周不下水[2],东周患之。苏子谓东周君曰:"臣请使西周下水,可乎?"乃往见西周之君曰:"君之谋过矣!今不下水,所以富东周也。今其民皆种麦,无他种矣。君若欲害之,不若一为下水,以病其所种。下水,东周必复种稻,种稻而复夺之[3]。若是,则东周之民可令一仰西周,而受命于君矣。"西周君曰:"善。"遂下水。苏子亦得两国之金也。

【注释】
〔1〕田艺衡《留青日札》以此篇为寓言,非史实。
〔2〕下水:谓使河、洛之水下流,经东周也。
〔3〕复夺之:谓复夺其水。

【译文】
东周国想要种稻,西周国居河的上游,不给放水,东周人对这件事感到十分头痛。苏子对东周国君说:"臣下请出使西周,让它放水,可以吗?"于是去求见西周的国君,说:"您的计策太失算啦!如今不放水,是使东周富起来呀!现在东周的老百姓都去种麦,没有别的庄稼可以栽种的了。君王您如果想要加害东周,不如给东周放一次水,来祸害他们所种的麦子(麦性宜燥不宜水)。放水,东周必定再来种稻;等东周种上稻子,您再把水停下。果真像这样,那就可使东周的老百姓皆仰仗西周,而来听任您的指使了。"西周的国君说:"太好了。"终于放了水。苏子也就兼得两国的酬金。

昭献在阳翟[1]

昭献在阳翟[2],周君将令相国往,相国将不欲。苏厉为之谓周君曰[3]:"楚王与魏王遇也,主君令陈封之楚,令向公之魏。楚、韩之遇也,主君令许公之楚,令向公之韩。今昭献非人主也,而主君令相国往。若其王在阳翟,主君将令谁往?"周君曰:"善。"乃止其行。

【注释】
〔1〕金正炜《战国策补释》系此章于赧王十五年(前300)。据《韩策》《史记·韩世家》,金说是也。
〔2〕昭献:当为"昭献"之讹,《史记·韩世家》作"昭鱼"。楚相国。阳翟:韩地。在今河南省禹县。
〔3〕苏厉:苏秦弟。下文陈封等人,未详。

【译文】
昭献在阳翟,东周国君将要派相国去与他会晤,而相国并不愿意去。策士苏厉替相国对东周君说:"昔日,楚王与魏王会见,您派陈封到楚国去,派向公到魏国去致贺。楚王与韩王会见,您派许公到楚国去,派向公到韩国去致贺。如今昭献并不是一国的君主,而您派相国去与他会晤;假如他们的国王在阳翟,您又将派谁去呢?"东周君说:"你说得很对。"便没有派相国去。

秦假道于周以伐韩[1]

秦假道于周以伐韩,周恐假之而恶于韩,不假而恶于秦。史黶谓周君曰[2]:"君何不令人谓韩公叔曰[3]:'秦敢绝塞而伐韩者[4],信东周也。公何不与周地[5],发重使使之楚?秦必疑,不信周。是韩不伐也。'又谓秦王曰:'韩强与周地,将以疑周于秦,寡人不敢弗受。'秦必无辞而令周弗受。是得地于韩,而听于秦也。"

【注释】

〔1〕林春溥《战国纪年》系此章于赧王七年(前308)。缪文远《战国策考辨》云:"秦攻韩宜阳之役,《史记·六国年表》《通鉴》《大事记》均于赧七年书'击',赧八年书'拔',则此章当如林氏之说,系于赧七年。"

〔2〕史黶(yǎn):姚云:一作"史厌"。《史记》亦作"史厌"。疑为东周史官。鲍彪谓韩史,恐非。

〔3〕韩公叔:韩国公族,丞相。

〔4〕绝塞:越过险隘之地。《史记》"塞"作"周"。

〔5〕强(qiǎng):竭力、极力。

【译文】

秦国向东周国借路,出兵攻打韩国。东周恐怕答应秦的请求而得罪韩国,不答应又得罪秦国。史厌对东周君说:"您为何不派人跟韩公叔说:'秦国所以敢于越过险隘来攻打韩国,是因为信得过东周。您何不给东周土地,使周派重臣到楚国去?周与楚交往,必定会引起秦国的疑心而不再相信它。这样,韩国就受不到攻伐了。'您再跟秦(武)王说:'韩国非要给周土地不可,企图使秦国对周产生怀疑,寡人又不敢不接受。'秦国肯定没有理由让周不接受土地。这样,是周既得到了韩国的土地,又表示听从秦的命令而不会得罪它。"

楚攻雍氏[1]

楚攻雍氏,周粻秦、韩[2]。楚王怒周,周之君患之。为周谓楚王曰:"以王之强而怒周,周恐,必以国合于所与粟之国,则是劲王之敌也,故王不如速解周恐。彼前得罪而后得解,必厚事王矣。"

【注释】

〔1〕按马骕《绎史》,楚围雍氏有三:一为周赧王三年,一为八年,另为十五年。缪氏《考辨》据《史记集解》并参以《六国表》、《秦本纪》及《楚、韩世家》,定是役为赧三年(前312)。是也。雍氏:韩地。旧址在今河南省扶沟县西南。

〔2〕粻(zhāng):《尔雅·释言》:"粮也。"这里作动词用。

【译文】

楚国攻打雍氏,东周以粮米资助秦、韩联军。楚(怀)王对周十分恼怒,东周国君很担心这件事。有人替周君对楚王说:

"拿大王的强大来恼怒周国,周很恐惧,必定会用全国来投靠其所资助的秦、韩两国,这岂不是使大王的敌人更加强盛吗?所以,大王莫如赶快息怒,解除周人的恐惧。他们开始得罪于您,而后得到宽宥,一定会用很重的礼节来侍奉您的呀!"

周最谓石礼[1]

周最谓石礼曰:"子何不以秦攻齐?臣请令齐相子[2],子以齐事秦,必无处矣[3]。子因令周最居魏以共之[4],是天下制于子也。子东重于齐,西贵于秦。秦、齐合,则子常重矣。"

【注释】

〔1〕周最(jù):最,原作"冣",一作"聚"。周公子。初在周,后仕齐、魏,其事迹多载《东周策》,但亦见于《西周策》,故其身份隶属难明。后世学者多倾向东周。石礼:鲍本作"吕礼",《史记·穰侯传》亦作"吕礼"。黄丕烈《札记》云:"吕字是也。"初仕秦,为避魏冉,奔齐。缪文远《考辨》引黄少荃云:"吕礼奔齐,在周赧王廿一年,而最廿二年尚在周(参《西周策·秦攻魏将犀武军于伊阙》),则最自周入齐说吕礼,最早当在王赧廿二年(前293)稍后事。"

〔2〕齐为了避免秦攻,所以有可能用吕礼作相。

〔3〕处:高诱注:"犹病也。"鲍本作"虑",义近。

〔4〕鲍彪曰:"'周'字衍。"共:谓同以齐事秦。

【译文】

周最对吕礼说:"您何不使秦国攻打齐国呢?我可以因此请求齐国用您做丞相。如此,您凭借齐国来侍奉秦国,一定不会

13

有任何忧患了。您再借着这样的地位,使令我居住在魏国,做您的外围助手,这样,天下就可以控制在您的手中了。您在东边受齐国的重视,在西边受秦国的尊敬,如果秦与齐合作,那么您的身价就可以长久贵重了。"

周相吕仓见客于周君[1]

周相吕仓见客于周君。前相工师藉恐客之伤己也[2],因令人谓周君曰:"客者,辩士也。然而所以不可者,好毁人。"

【注释】
〔1〕周君:东周文君,即昭文君。此章系年不详。
〔2〕工师藉:鲍本"藉"作"籍"。即《楚策》的工陈籍。

【译文】
周相国吕仓介绍一位客人,使得见周君。前任相国工师藉惧怕客人在国君面前毁伤自己的名誉,因此让人对周君说:"客人是一位能言善辩之士,然而甚不可信,因为他好诋毁别人。"

周文君免工师藉[1]

周文君免工师藉,相吕仓,国人不说也。君有闵闵之心[2]。

谓周文君曰:"国必有诽誉。忠臣令诽在己,誉在上。宋君夺民时以为台〔3〕,而民非之,无忠臣以掩盖之也。子罕释相为司空〔4〕,民非子罕而善其君。齐桓公宫中七市〔5〕,女闾七百〔6〕,国人非之。管仲故为三归之家〔7〕,以掩桓公,非自伤于民也?《春秋》记臣弑君者以百数,皆大臣见誉者也。故大臣得誉,非国家之美也。故众庶成强,增积成山。"周君遂不免。

【注释】

〔1〕此章姚本缀于《周相吕仓见客于周君》之后,为一篇。鲍本另列一章,今从之。

〔2〕闵闵:忧貌。

〔3〕"宋君"句:事见《左传》襄公十七年。

〔4〕"子罕"句:据《左传》,子罕闻民之非宋君,乃亲执鞭朴为督工之事,而未言释相。又据《韩诗外传》,子罕相宋,谓宋君曰:"爵禄赏赐,人之所好也,君自行之;杀戮刑罚,民之所恶也,臣请当之。"

〔5〕七市:《酉阳杂俎》:"齐桓公宫内有七市。"

〔6〕女闾:类后之妓院。《广韵藻》:"娃馆女闾,上吴下齐。"

〔7〕三归之家:谓家藏有三姓妇女也。女子出嫁曰归。一说,三归,台名。《说苑》:"管仲故为三归之台,以自伤于民。"译文从后。

【译文】

周文君免去工师藉的丞相职务,任命吕仓为丞相,引起国内白姓的非议和不满。文君因此心中很忧闷。

吕仓的客人对周文君说:"一国之内的舆论,免不了有诽谤也有赞誉。忠臣让诽谤归于自己,赞誉归于君上。宋君平公妨碍农时来建筑高台,老百姓责怪他,是因为没有忠臣为他遮掩过错。宋国的子罕辞去丞相的职务而做主管土木工程的司空,亲执刑杖督工,老百姓厌恶子罕而喜欢国君。春秋齐桓公宫廷内设有七条街市，还有藏住七百个女子的闾巷，国人都非议他。齐相国管仲故意在家中筑起名叫"三归"的高台，转移百姓对桓公的责备，宁愿自己遭受老百姓的毁伤。《春秋》记载臣下杀掉国君的事用'百'来计数，无一例外，都是大臣受到百姓赞誉的结果。因此，大臣受到百姓赞誉，并不是国家的好事。所以说，老百姓众多能够强盛，土壤堆积能够成山。"文君终于用吕仓为相而没有免掉他。

温人之周[1]

温人之周，周不纳客。即对曰："主人也。"问其巷而不知也，吏因囚之。

君使人问之曰："子非周人，而自谓非客，何也？"对曰："臣少而诵《诗》，《诗》曰：'普天之下，莫非王土；率土之滨，莫非王臣。'[2]今周君天下，则我天子之臣，而又为客哉？故曰'主人'。"君乃使吏出之。

【注释】

〔1〕本章又见《韩非子·说林上》。林氏《纪年》、顾氏《编年》均系此章于赧王二十二年(前293)，黄氏《编略》系于二十三年(前292)，二说均以周已得温囤为据。然温人之周从策文中看不出与周已得温囤有什么关系，故皆不可从。温，魏地。

〔2〕这四句诗，见《诗经·小雅·北山》。

【译文】

魏国温地人到东周国来，周人不许客人入境。来人当即回答说:"我是周地主人。"问他住在哪条街巷,他也不知道。官吏因此把他拘留起来。

周君派人问他说:"你本不是周地人,而自称不是客人,这是为啥呢?"来人回答说:"臣下我年幼的时候读《诗》,《诗》说:'普天之下,莫非王土;率土之滨,莫非王臣。'现今是周天子君临天下,而我是天子的臣属,怎么反成了客人了呢?因此我说是主人。"周君于是让官吏把他放了出来。

或为周最谓金投[1]

或为周最谓金投曰:"秦以周最之齐疑天下,而又知赵之难子齐人战[2];恐齐、韩之合[3],必先合于秦[4]。秦、齐合,则公之国虚矣。公不如救齐[5],因佐秦而伐韩、魏,上党长子[6],赵之有已!公东收宝于秦[7],南取地于韩,魏因以因[8]。徐为之东,则有合矣。"

【注释】
〔1〕缪氏《考辨》引黄少荃云:"此乐毅使赵豹约诸国伐齐事也。《毅传》称:'燕昭王使乐毅约赵惠王,别使连楚、魏,令赵啖秦以伐齐之利'。金投时主赵事,周最入齐,故说之以存齐也。"《大事记》系此章于周赧王二十九年(前286)。

〔2〕子:姚云:"曾本作'予'。"王念孙曰:"作'予'者是也。"予读为与。

〔3〕韩:金正炜《补释》云:"疑当作'赵'。"

〔4〕秦:《补释》云:"疑当作'齐'。"

17

〔5〕救:《补释》云:"疑当作'收'。字之误也。"如下章"秦且收齐而封之";《为周最谓魏王》章"王不去周最,合与收齐"。此亦其义。秦、齐先合,故收齐即可以佐秦。

〔6〕上党:郡名,在今山西省东南部。时两属韩、魏。长子:鲍彪曰:"属上党,盖韩地。"

〔7〕东:《补释》云:"东,当为'西'字之误。"

〔8〕魏因以因:后"因"字鲍本作"困";黄丕烈《札记》云:"今本下'因'字作'困'。"

【译文】

某人为周最对赵人金投说:"秦国因周最往齐,而怀疑天下诸侯谋秦,又知道赵国不敢轻易与齐国开战。秦恐怕齐国与赵合好,必定先来与齐合好。如果秦、齐合好,那么您的国家就有被攻伐的危险而将成为丘墟了。您不如连络齐国,乘势助秦而攻打韩、魏,那么韩上党郡的长子(地名),就归赵所有了。您西收取秦的宝物(因助秦),南占取韩的地盘,魏国因此陷入困境,然后再慢慢向东与齐靠拢,则与齐合好就会成功。"

周最谓金投[1]

周最谓金投曰:"公负令秦与强齐战[2],战胜,秦且收齐而封之[3],使无多割而听天下之战;不胜,国大伤,不得不听秦。秦尽韩、魏之上党、大原,西止秦之有已[4]!秦地,天下之半也,制齐、楚、三晋之命。复国[5],且身危,是何计之道也!"

【注释】

〔1〕此章姚本缀于《或谓周最谓金投》之后为一篇。鲍本另列一章,今从之。

〔2〕负令:鲍本吴师道正曰:"负,恃也。'令'字疑'合'。"谓赵倚仗合秦与齐战也。

〔3〕封之:谓整画其国界。

〔4〕止:鲍本"止"作"土"。

〔5〕复:鲍本作"覆"。

【译文】

周最对赵人金投说:"先生倚仗联合秦国,来与强大的齐国交战。如果打得赢,秦国将要收容控制齐国来整画她的封疆,使令不要过多割地给战胜国,以此来激怒天下各国诸侯都来向齐进攻;如果打不赢,赵国元气大丧,就不得不听从秦国的摆布。秦国完全占有韩、魏的上党(韩地)、太原(魏地),西部土地就全归秦所有了。秦地,占居天下土地的一半,控制齐、楚和赵、魏、韩的命运。不但国家颠覆,而且您自身也很危险,先生这是遵行什么样的计策呢?"

石行秦谓大梁造[1]

石行秦谓大梁造曰[2]:"欲决霸王之名,不如备两周辩知之士。"谓周君曰:"君不如令辩知之士为君争于秦。"

【注释】

〔1〕缪文远《考辨》云:"审此章文义,当为周君在秦时事。《史记·秦本纪》于昭王二十九年书'周君来'。"按,此当为赧王三十七年(前

19

278)事。

〔2〕石行秦：鲍本吴师道《正》曰："一本'石'作'右'。右行，秦官也。"秦，一作"楚"，今从之。大梁造：又作"大良造"，亦秦官名。此应指白起。

【译文】

秦国右行楚对大良造白起说："想要决定取得霸主和王者的名号，莫如招徕并优待东、西周善辩有智的人士。"又对东周君说："君王您最好是派善辩与有智之士到秦国去，在那里为您争得更多的重视与信任。"

谓 薛 公[1]

谓薛公曰[2]："周最于齐王也而逐之[3]。听祝弗相吕礼者[4]，欲取秦。秦、齐合，弗与礼重矣。有周[5]，齐、秦必轻君。君弗如急北兵，趋赵以和秦、魏，收周最以为后行[6]。且反齐王之信，又禁天下之率。齐无秦，天下果[7]，弗必走，齐王谁与为其国？"

【注释】

〔1〕此策又见《史记·孟尝君列传》。《考辨》引黄少荃云："此策在吕礼初相齐时，较周最说吕礼时稍后。《秦本纪》：昭王十三年'五大夫礼出亡奔魏'。《孟尝君传》言'秦亡将吕礼相齐'，接叙于田甲劫齐湣王后。田甲劫湣王在周王赧二十一年，吕礼盖即于是年奔魏又奔齐。次年，因祝弗之说，遂为齐相。祝弗、吕礼皆主合齐、秦者，吕礼既相，因逐周最。"故此，当系赧王二十二年（前293）。此章姚本与上章合为一篇，鲍依刘本另列一章，今从之。

〔2〕谓薛公曰:《孟尝君传》作"(苏)代乃谓孟尝君曰"。孟尝君,齐公族,封于薛,故又称薛公。

〔3〕鲍本"王"下有"厚"字。《札记》云:"今本'王'下有'厚'字。"《孟尝君传》此句作"周最于齐,至厚也,而齐王逐之"。

〔4〕祝弗:人姓名。《孟尝君传》作"亲弗"。

〔5〕有周:鲍本"有"下衍"周"字。吴《补》曰:"《史》作'用'。"是。

〔6〕"收周最"句:《孟尝君传》作"收周最以厚行"。厚行,增加力量。

〔7〕"大卜"句:《孟尝君传》作"则大卜集齐"。谓诸侯之兵合而攻齐也。

【译文】

苏代对薛公田文说:"周最对齐湣王最尽力,而齐王终于把他赶走。对祝弗则言听计从,又用吕礼做相国,目的是为了取信于秦准备与它合作。如果秦与齐联合,那么祝弗与吕礼的地位就更加显赫了。二人用事,齐国和秦国必定不会看重您。您不如抓紧利用北方的兵力,催促赵国去联合秦国和魏国来对抗齐国,收留周最来增强您的实力。这样将会一反齐王合秦取信的企图,抑止天下形势朝着不利于您的方向发展。如此,齐失掉秦国,遭到天下诸侯的合力攻击,祝弗肯定难于在齐存身而离去。这时,齐王不用您又将靠谁来治理他的国家呢?"

齐听祝弗〔1〕

齐听祝弗,外周最。谓齐王曰:"逐周最、听祝弗、相吕礼者,欲深取秦也。秦得天下,则伐齐深矣。夫齐合〔2〕,则赵恐伐,故急兵以示秦。秦以赵攻〔3〕,与之齐伐赵,其实同理,必不处矣[4]。故用祝弗,即天下之理也[5]。"

【注释】

〔1〕姚本此章缀上篇之后,合为一章。鲍本另列一篇,今从之。缪氏《考辨》云:"此与上章为同时事。"钟氏《勘研》云:"《史》于上章称为苏代之辞,疑此亦彼说。"

〔2〕夫:金正炜《补释》以"夫"字为"秦"字坏文。是。

〔3〕赵攻:谓攻齐。

〔4〕处:疑为"虑"字之讹。忧也。

〔5〕"即天下"句:鲍本《正》曰:"言天下必将归秦。"

【译文】

齐国信用祝弗而疏远周最,苏代对齐王说:"齐国驱逐周最,信用祝弗,用吕礼为相国,不过是为了争取秦的合作。秦取得齐的支持,就能够得天下,秦得天下,那么伐齐的决心就更坚定了。须知秦与齐联合,赵国恐怕秦伐,所以要急于起兵攻齐来向秦表态。秦国知道赵国攻齐或齐国伐赵,它都可以坐收渔利,必高枕无忧。因此说,齐国任用祝弗,必定会受到赵国进攻的威胁,而秦国却会赢得天下。"

苏厉为周最谓苏秦[1]

苏厉为周最谓苏秦曰[2]:"君不如令王听最,以地合于魏,赵故必怒,合于齐。是君以合齐与强楚吏产子[3]。君若欲因最之事,则合齐者君也,割地者最也。"

【注释】

〔1〕钟氏《勘研》云:"此章似非周事,殆缘文义含混难辨,而苏厉等又适尽为周人,或遂姑入之此策耳。"又说:"结尾处'合齐者君也,割地者最也'二语,必与上'赵故必怒,合于齐'之文相关而为回应语。而'赵故必怒'云云,又为自首句'君不如令王以地合于魏'而生者。言赵因激于苏秦主从周最割地合魏之说,必怒而转以最欲合魏之地割而合于齐。即不啻苏秦为赵合齐,而割地之咎,则周最尸之。故首句之'王'字,乃指赵王。此章实应隶赵策,今误。"顾氏《编年》系此章于赧王二十九年(前286)。

〔2〕"苏厉"句:缪氏《考辨》云:"《史记》所记苏厉事多与苏秦相混,且苏氏兄弟不应处于对立地位,致使苏厉反为周最向苏秦进说,故黄丕烈云:'此有误。'据帛书《战国纵横家书》体例,章首均只言'谓某某曰',不载说者主名,则此章章首'苏厉'二字或系衍文。"苏秦,战国著名纵横家,字季子,东周洛阳人。兄弟代、厉均为一时著名说客。详《秦策一》有关章节。

〔3〕吏产子:鲍彪云:"时齐与楚善,合齐则得与楚为与国,可至再世。产子,言易世也。与,党与也。"吴师道补曰:"刘辰翁云:'吏'字当作'更',平声。"

【译文】

有人为周最(居齐,用事)对苏秦说:"您最好劝赵王听从周最的意见,用土地为代价取得与魏国的合作,赵王听了一定会很生气,反而割地去与齐国联合。这样,是您通过联合齐国而与齐的友邦强大的楚国长期结为同伴。您若是按着周最的话去办,那么立下合齐功劳的是您,而割地的责任则由周最来承担。"

谓周最曰仇赫之相宋[1]

谓周最曰:"仇赫之相宋[2],将以观秦之应赵、宋,败三国[3]。三国不败,将兴赵、宋合于东方以孤秦。亦将观韩、魏之于齐也。不固,则将与宋败三国,则卖赵、宋于三国。公何不令人谓韩、魏之王曰:'欲秦、赵之相卖乎?何不合周最兼相,视之不可离[4]?则秦、赵必相卖以合于王也。'"

【注释】
　　〔1〕缪氏《考辨》引黄少荃云:"此周最在齐,欲相韩、魏,正周王赧十七年(前298)孟尝君相齐,与韩、魏共击秦时。"
　　〔2〕仇赫:《史记》作"机郝"。宋相国。
　　〔3〕三国:齐、韩、魏。
　　〔4〕视:同"示"。

【译文】
　　某人对周最说:"仇赫来做宋的丞相,将要观察秦国对赵、宋的反应,并能否打败韩、魏、齐三国。如三国不败,就用赵、宋与三国联合,来孤立秦。同时也要观察韩、魏对齐国的态度。三国结合不牢固,就拿宋来合秦,以击败三国;击不败,就把赵、宋出卖给三国。您为何不使人对韩、魏的君王说:'想要让秦、赵两国互相出卖吗?为什么不让周最兼任韩、魏两国的丞相,显示韩、魏的不可分离呢?这样,秦、赵必定相卖,而来靠拢大王了。'"

为周最谓魏王[1]

　　为周最谓魏王曰[2]:"秦知赵之难与齐战也,将恐齐、赵之合也,必阴劲之[3]。赵不敢战,恐秦不已收也,先合于齐。秦、赵争齐而王无人焉,不可。王不去周最,合与收齐,而以兵之急则伐齐,无因事也。"

【注释】
〔1〕此章当系赧王二十七年(前288),周最将离魏往齐之时。
〔2〕魏王:昭王。
〔3〕阴劲之:暗地给它鼓劲。劲,用作动词。

【译文】
　　某人为周最对魏(昭)王说:"秦国知道赵畏难与齐开战,又恐怕齐、赵联合,必来暗地助赵,给它鼓劲。赵国不敢与齐开战,恐怕秦不联合自己,所以先来与齐合作。秦、赵争齐(秦想攻齐,赵想合齐),而大王却无人参与其事,是不可以的。大王不让周最离魏往齐,与他一同来拉拢齐国,而如果当秦紧急攻齐,就也去伐齐,将来就无法去事齐了。"

谓周最曰魏王以国与先生[1]

　　谓周最曰:"魏王以国与先生,贵合于秦以伐齐。薛公故主[2],轻忘其薛[3],不顾其先君之丘墓[4]。而公独修虚信为茂行,明群臣据故主[5],不与伐齐者,产以忿强秦[6],不可。公不如谓魏王、薛公曰:'请为王入齐,天下不能伤齐。而有变[7],臣请为救之;无变,王遂伐之[8]。且臣为齐奴也,如累王之交于天下,不可。王为臣赐厚矣,臣入齐,则王亦无齐之累也。'"

25

【注释】

〔1〕此章姚本与上章连篇,鲍另立一章,今从鲍。当系周赧王二十七年(前288),时孟尝君第二次做魏相,欲以联秦伐齐,而周最当未入齐。后二年(赧二十九年)最终于入齐。参见《魏策四·周最入齐》章。

〔2〕薛公故主:薛公,谓孟尝君田文;故主,谓齐湣王。鲍本吴师道《正》曰:"'故主'上恐缺一字。"按,时田文为湣王所逐,缺字似为"背"。

〔3〕薛:孟尝君封地。

〔4〕先君之丘墓:谓孟尝君父田婴坟墓。

〔5〕故主:谓齐湣王。周最曾仕齐。

〔6〕产:鲍云:"产,犹生也。"谓产生。金正炜以为是"座(坐)"之讹,因也。

〔7〕而:如。有变:谓秦伐齐。

〔8〕伐之:谓伐齐。

【译文】

某人对周最说:"魏昭王把国家交给先生,贵在跟随秦来攻打齐。薛公田文背叛了齐(湣)王,轻易忘掉封国薛,不顾先父的坟墓,而来仕魏。而您偏偏保守空头信义,坚持所谓美德,向魏群臣表示不欺故主齐王,不许伐齐,因此而激怒秦国。这不妥。您不如对魏王、薛公说:'请为大王前往事齐,使天下不能伤齐。如秦国伐齐,则为魏救齐;若秦不伐齐,则听任大王去伐齐。况且我曾是齐的臣仆,如果妨碍大王与天下诸侯的交往,是不妥当的。大王对待臣,可以算是优厚了,臣入齐,那么大王也就没有来自齐国的忧患了。'"

赵取周之祭地[1]

赵取周之祭地,周君患之,告于郑朝[2]。郑朝曰:

"君勿患也！臣请以三十金复取之[3]。"周君予之。郑朝献之赵太卜[4]，因告以祭地事。及王病，使卜之。太卜谴之曰："周之祭地为祟。"赵乃还之。

【注释】

〔1〕据《史记·赵世家》，成侯七年与韩攻周，八年与韩分周以为两，是东、西周的开始。则取周祭地之事或即此时。按，成侯八年为周显王二年（前367）。

〔2〕郑朝：周臣。

〔3〕三十金：三十镒。时一镒为二十两。

〔4〕太卜：占卜之官。

【译文】

赵国夺取东周的祭田，周君忧虑，告诉给郑朝。郑朝说："君不必担心，臣请用三十金再把它取回来。"周君给了他三十金。郑朝把它献给赵国的太卜，并把祭田的事告诉给他。等到赵王有病，使太卜占卦。太卜责问鬼神，乃说："周的祭田之神作祟。"赵遂把地还给周。

杜赫欲重景翠于周[1]

杜赫欲重景翠于周[2]，谓周君曰："君之国小，尽君子重宝珠玉以事诸侯[3]，不可不察也。譬之如张罗者，张于无鸟之所，则终日无所得矣；张于多鸟处，则又骇鸟矣；必张于有鸟无鸟之际，然后能多得鸟矣。今君将施于大人，大人轻君；施于小人，小人无可以求，又费财焉。

君必施于今之穷士不必且为大人者[4],故能得欲矣。"

【注释】
　　[1] 此事约发生在周显王三十六年(前333)。顾氏《编年》云:"《吕氏春秋》有杜赫以安天下说周昭文君,故附此。"
　　[2] 杜赫:周人,或云楚人。景翠:楚将。
　　[3] 君子:鲍本"子"作"之"。是。
　　[4] 不必:说不定。

【译文】
　　杜赫想使景翠在周得到重用,对周君说:"君的国小,竭尽您的重宝珠玉来服事诸侯,可不能不详加考虑。比如张设罗网,张设在无鸟的地方,就整天也得不到鸟;张设在鸟多的地方,则又使鸟惊飞;必须张设在有鸟和无鸟的间隙,才能多捕到鸟。如今您把财宝送给大人物,大人物轻视您的财礼;送给小人物,小人物又没有可求的,而且也送不过来。您一定要送给当今的贫士,说不定将来要变成大人物的,这样,您的愿望才能够得到实现。"

周共太子死[1]

　　周共太子死,有五庶子,皆爱之,而无适立也[2]。司马翦谓楚王曰[3]:"何不封公子咎而为之请太子?"左成谓司马翦曰[4]:"周君不听,是公之知困而交绝于周也。不如谓周君曰:'孰欲立也?微告翦,翦令楚王资之以地。'公若欲为太子,因令人谓相国御展子、廥夫空曰[5]:'王类欲令若为之。'此健士也,居中,不便于相国。"相国令之为太子。

【注释】

〔1〕此篇鲍彪本列入《西周策》。黄氏《编略》系此章于周赧王七年（前308），而谓:"古本《周策》编入东周,《史记》误作西周,鲍本从之,非也。"按,《西周策·司寇布为周最谓周君》与此为同时事。又《谓齐王曰》章与此章事极相类,当是一事而产生的不同反响。

〔2〕适:嫡。

〔3〕司马翦:鲍彪注:"楚卿。疑即昭翦。"因官居司马,故称。楚王:怀王也。

〔4〕左成:楚臣。

〔5〕厮夫:小官名。

【译文】

东周君的共太子死,有五位庶出公子,周君都很喜爱,而没有嫡子可立。楚国司马昭翦对楚怀王说:"楚何不封给公子咎（五庶子之一）土地,并请周君立他为太子?"左成对司马翦说:"如周君不听,则是您的谋划不行,而又断绝了与周的交情。莫如对周君说:'想立谁为太子呢？暗中告诉翦,翦使楚王拿土地来封他。'您若想扶助周太子,趁此对相国的驾车人展子和厮夫空说:'楚王的意思,像是想要派你们去扶助周太子。'他们是劲悍之徒,居国中对相国是不利的。"司马翦按照左成的话去办,相国果然派他二人去扶助周太子。

三 国 隘 秦[1]

三国隘秦[2]。周令其相之秦,以秦之轻也,留其行。有人谓相国曰:"秦之轻重,未可知也。秦欲知三国之情,公不如遂见秦王,曰:'请谓王听东方之处',[3]秦必重公。是公重周,重周以取秦也。齐重,故有周,而已取齐[4]。是周常不失重国之交也。"

【注释】

〔1〕《史记·周本纪》系此章于赧王五十八年(前257),并谓是西周国之事。

〔2〕三国:《周本纪》作"三晋",谓韩、赵、魏也。

〔3〕谓:《史记》及鲍本作"为"。处:鲍彪注:"其所为。"按,《史记》作"变"。听:侦察。

〔4〕"齐重"三句:《史记》作"齐重则固有周聚以收齐"。按,《史》文义明白,译文从之。周聚即周最,已见前注。

【译文】

韩、赵、魏三国绝秦。周君原拟派相国往秦,后因秦被三国遏绝,国势变轻,所以停止未行。有人对周相国说:"秦国的轻重,尚未可知。秦想了解三国的情况,您不如遂去见秦昭王,说:'请为王侦听东方三国的所做所为。'秦一定重视您。是您使周为秦所重,而取得了秦的信任。齐国重视周,已有周最在那里,因而已取得了齐的信任。这是周长久不失掉与大国交好的机会。"

昌他亡西周之东周[1]

昌他亡西周之东周[2],尽输西周之情于东周。东周大喜,西周大怒。冯且曰[3]:"臣能杀之。"君予金三十斤。冯且使人操金与书,间遗昌他。书曰:"告昌他:事可成,勉成之;不可成,亟亡来亡来[4]。事久且泄,自令身死!"因使人告东周之候曰:"今夕有奸人当入者矣。"候得而献东周,东周立杀昌他。

【注释】

〔1〕此章系年无可确考。缪氏《考辨》云:"顾氏《编年》系赧八年,盖以《史记·周本纪》此年有东西周相攻事也。"

〔2〕昌他(tuó):西周臣。一作"宫他"。

〔3〕冯且:西周臣。且,同"雎"。

〔4〕亟(jí):立刻。亡来亡来:一本只一"亡来"。亡,逃也。

【译文】

昌他逃出西周,来到东周,把西周的情况都告诉了东周。东周很喜欢,西周极恼怒。西周冯雎说:"臣能杀掉他。"西周君给他黄金三十斤。冯雎派人持黄金,暗地给昌他书信说:"告知昌他,事情可以办成,勉力办成它;事情办不成,赶紧逃回来。时间一久就要泄漏,自取身亡。"遂又使人告知东周的侦探,说:"今晚有奸细要来入境。"侦探抓住下书人,把金与书交与东周,东周立刻把昌他处死。

昭翦与东周恶[1]

昭翦与东周恶[2]。或谓照翦曰[3]:"为公画阴计。"昭翦曰:"何也?""西周甚憎东周,尝欲东周与楚

31

恶。西周必令贼贼公,因宣言东周也,西周之于王也[4]。"昭翦曰:"善。吾又恐东周之贼己而以轻西周恶之于楚[5]。"遽和东周。

【注释】
〔1〕此章顾氏《编年》系周赧王八年。参见前章注〔1〕。
〔2〕昭翦:楚臣。或说即前《周共太子死》之司马翦。
〔3〕照翦:照,应作"昭"。
〔4〕西周:鲍本作"以恶"。
〔5〕轻:王念孙曰:字当作"诬"。

【译文】
　　昭翦与东周关系恶化。有人对昭翦说:"为您筹划一条密计。"昭翦说:"是什么呢?"说:"西周十分憎恨东周,常想使东周与楚关系恶化。西周一定派刺客来暗害您,从而扬言是东周所为,以使楚(怀)王恼恨东周。"昭翦说:"很是。但我又怕东周来暗害自己,而来栽赃西周,使楚国恼恨西周。"遂赶紧与东周和好。

严 氏 为 贼[1]

　　严氏为贼[2],而阳竖与焉[3]。道周,周君留之十四日,载以乘车驷马而遣之。韩使人让周,周君患之。客谓周君曰:"正语之曰:'寡人知严氏之为贼,而阳竖与之,故留之十四日以待命也。小国不足亦以容贼[4],君之使又不至,是以遣之也。'"

【注释】

〔1〕严仲杀韩相侠累事,吴师道谓为周烈王五年(前371)。《考辨》引徐中舒曰:"《韩非子·内储说下》《国策·韩策二·韩傀相韩》《韩策三·东孟之会》皆谓韩傀(按,即侠累)被刺兼及哀侯。其事应在韩哀侯六年,即周烈工五年。"此篇鲍木列在《西周策》。

〔2〕指韩臣严遂使刺客聂政刺杀韩相侠累之事。鲍彪注:"杀人不以道曰贼。"

〔3〕阳坚:《韩策》作"阳坚"。

〔4〕鲍本"足"下衍"亦"字。

【译文】

严仲刺杀韩相国侠累,阳坚参与其事。出逃,路过东周。周君留他待了十四天,然后用四马驾车把他送走。韩国派人责备周,周君很忧愁。客对周君说:"直接跟韩使讲:'寡人知道严氏谋杀相国,而阳坚参与其事,所以扣留他十四天,以等候韩国的处分。小国不足以容纳贼寇,而君的使者又迟迟不至,所以把他放走了。'"

卷二　西周

【题解】

周考王初继位(前440年),在雒阳王畿以西的河南(即王城),封他的弟弟姬揭,称西周桓公。桓公卒,传子威公;威公卒,传子惠公;惠公卒,传子武公。

前256年,武公卒,立太子为文公,被秦迁于名叫惮狐聚的邑落。实际上西周已经灭亡。

薛公以齐为韩、魏攻楚[1]

薛公以齐为韩、魏攻楚[2],又与韩、魏攻秦,而借兵乞食于西周。韩庆为西周谓薛公曰[3]:"君以齐为韩、魏攻楚,九年而取宛、叶以北[4],以强韩、魏,今又攻秦以益之。韩、魏南无楚忧,西无秦患,则地广而益重,齐必轻矣。夫本末更盛,虚实有时[5],窃为君危之。君不如令弊邑阴合于秦,而君无攻,又无借兵乞食。君临函谷而无攻,令弊邑以君之情谓秦王曰:'薛公必破秦以张韩、魏[6]。所以进兵者,欲王令楚割东国以与齐也。'秦王出楚王以为和[7]。君令弊邑以此忠秦,秦得无破,而以楚之东国自免也,必欲之。楚王出,必德齐。齐得东国而益强,而薛世世无患。秦不大弱,而处之三晋之西,三晋必重齐。"

薛公曰:"善。"因令韩庆入秦,而使三国无攻秦,而使不借兵乞食于西周。

【注释】

〔1〕此篇当系周赧王十七年(前298)。据《史记·六国表》是年齐与魏、韩共击秦于函谷。薛公,孟尝君田文,时当政于齐。

〔2〕齐、韩、魏三国攻楚,在赧十二年(前303)。

〔3〕韩庆:韩人而仕于周者。

〔4〕九年:当为"五年"之讹。宛、叶:楚地。

〔5〕虚实:虚,弱;实,强也。

〔6〕此句"必"下缺一"不"字。

〔7〕出楚王:放出楚王。当时楚怀王被秦昭王以会盟名义骗入武关(秦地),扣押起来。

【译文】

薛公田文用齐来为韩、魏攻打楚,又与韩、魏攻打秦,而向西周借兵求粮。韩庆为西周对薛公说:"您拿齐国为韩、魏攻楚,五年才攻取宛和叶以北地区,来增强韩、魏。如今又攻秦,来增加韩、魏的强盛。韩、魏南边没有楚忧,西边没有秦患,则地多而愈尊,齐国必然轻贱了。犹如树木的本末更迭而盛,事物的强弱也会因时而兴,臣私下替您感到不安。您莫如使敝国西周暗中与秦合好,而您不要真的攻秦,也不要借兵求粮。您兵临函谷关而不要进攻,让敝国把您的意图对秦(昭)王说:'薛公肯定不会破秦来扩大韩、魏,他之所以进兵,是企图使楚国割让它的东国给齐。'秦王放回楚(怀)王来与齐求和,您使敝国以此来加惠秦国——秦国得以不被攻击,而拿楚的东国使自己免除灾难,肯定会愿意去做。楚王得以归国,必定感激齐,齐得到楚的东国而愈发强大,而薛地也就世世代代没有忧患了。秦国解除三国兵患,处于三晋(韩、赵、魏)的西邻,三晋必来尊事齐国。"

薛公说:"很好。"因而派遣韩庆入秦,使三国停止攻秦,从而让齐国不向西周来借兵求粮。

秦攻魏将犀武军于伊阙[1]

秦攻魏将犀武军于伊阙[2],进兵而攻周。为周最谓李兑曰[3]:"君不如禁秦之攻周。赵之上计,莫如令秦、魏复战。今秦攻周而得之,则众必多伤矣。秦欲待周之得[4],必不攻魏;秦若攻周而不得,前有胜魏之劳,后有攻周之败,又必不攻魏。今君禁之,而秦未与魏讲也[5],而全赵令其止[6],必不敢不听,是君却秦而定周也。秦去周,必复攻魏,魏不能支,必因君而讲,则君重矣。若魏不讲而疾支之,是君存周而战秦、魏也,重亦尽在赵。"

【注释】

〔1〕据《史记》,伊阙之战在周赧王二十二年(前293)。《韩世家》云:"釐王三年(按,即赧二十二年),使公孙喜率周、魏攻秦。秦败我二十四万,虏喜伊阙。"

〔2〕犀武:魏将,战死伊阙。伊阙,山名,即龙门山。在今洛阳西南。

〔3〕李兑:赵国司寇,后封奉阳君。

〔4〕待:鲍本作"持"。是。

〔5〕讲:谓媾和。

〔6〕全赵:谓未经战争损伤之赵。

【译文】

秦在伊阙击败魏将犀武的军队,遂又进兵而攻打西周。有人为周最对赵司寇李兑说:"您不如阻止秦来攻周。赵国的最佳计策,莫如使秦、魏再战。现在秦国攻周,如能胜利,那么它的军队必多损伤。秦国倚恃胜周,必定不再去攻魏;如果攻周不胜,前头有战胜魏军的劳累,后头有攻打西周的失败,也肯定不再去攻魏。如今您阻止秦攻周,而它又未与魏媾和,以完全之赵来阻止它,它必不敢不听,这是您退秦而定周的好机会。秦国如果不去攻周,必复去攻魏,魏军不支,必诵过您与秦媾和,那么您的地位就重要了;如果魏不与秦媾和,而极力支持下去,这是您保存西周,而使秦、魏重新开战。左右局势的重心也完全在赵的一方。"

秦令樗里疾以车百乘入周[1]

秦令樗里疾以车百乘入周[2],周君迎之以卒[3],甚敬。楚王怒,让周,以其重秦客。

游腾谓楚王曰[4]:"昔智伯欲伐厹由[5],遗之大钟,载以广车,因随入以兵。厹由卒亡,无备故也。桓公伐蔡也[6],号言伐楚,其实袭蔡。今秦者,虎狼之国也,兼有吞周之意,使樗里疾以车百乘入周,周君惧焉,以蔡、厹由戒之,故使长兵在前,强弩在后,名曰卫疾,而实囚之也。周君岂能无爱国哉?恐一日之亡国而忧大王。"楚王乃悦。

【注释】

〔1〕此章又见《史记·樗里子传》,诸家编年并系于周赧王八年(前307)。此事大约发生在秦攻破韩宜阳之后。

〔2〕樗里疾:秦惠王弟,生于渭南樗里,名疾。为人足智多谋,后为秦武王丞相。百乘:这里指使者的随车。战国时以随车多寡判定使者的轻重,百辆是随车的极限。

〔3〕卒:百人为卒。

〔4〕游腾:一作"游胜"。周臣。

〔5〕"昔智"句:晋卿荀瑶封于智(在今山西永济市北),称智伯。其

伐𠂤(同"仇")由事,详见《韩非子·说林下》。

〔6〕桓公伐蔡:齐桓公伐蔡事,见《左传·僖公二年》。

【译文】

秦派遣樗里疾用一百辆车到西周去,周君用百人来迎接他,非常恭敬。楚(怀)王恼怒,谴责周,因为它敬重秦国的客人。

周臣游腾对楚王说:"从前晋国智伯想要攻伐北狄之国仇由,送给它大钟一口,用大车装载,随后跟着军队。仇由终于灭亡,因为它没有防备。齐桓公伐蔡,声言伐楚,其实是袭击蔡。如今秦,是虎狼之国,兼有吞灭周的意图;派樗里疾用百辆车入周,周君很恐惧,拿蔡和仇由二国的教训来警戒自己,所以使戈矛在前,强弩在后,名为卫护樗里疾,而实际是囚禁他。周君哪能不爱护他的国家呢?恐怕一旦亡国,而给大王您增添烦恼。"楚王于是才高兴。

雍氏之役[1]

雍氏之役[2],韩征甲与粟于周,周君患之,告苏代[3]。苏代曰:"何患焉?代能为君令韩不征甲与粟于周,又能为君得高都[4]。"周君大悦,曰:"子苟能,寡人请以国听。"

苏代遂往见韩相国公中[5],曰:"公不闻楚计乎?昭应谓楚王曰[6]:'韩氏罢于兵[7],仓廪空,无以守城,吾收之以饥[8],不过一月,必拔之。'今围雍氏五月,不能拔,是楚病也。楚王始不信昭应之计矣。今公乃征甲及粟于周,此告楚病也。昭应闻此,必劝楚王益兵守雍

41

氏，雍氏必拔。"公中曰："善。然吾使者已行矣。"代曰："公何不以高都与周？"公中怒曰："吾无征甲与粟于周，亦已多矣！何为与高都？"代曰："与之高都，则周必折而入于韩。秦闻之，必大怒，而焚周之节[9]，不通其使。是公以弊高都得完周也，何不与也？"公中曰："善。"不征甲与粟于周而与高都。楚卒不拔雍氏而去。

【注释】

〔1〕此章又见《史记·周本纪》，然作"东周"。《东周策》有《楚攻雍氏》。鲍彪注系于赧十五年（前300）。是。

〔2〕参见《东周策·楚攻雍氏》注〔1〕。

〔3〕苏代：战国辩士。苏秦之兄。

〔4〕高都：韩地。在今河南洛阳西南。

〔5〕公中：韩相国公仲侈。

〔6〕昭应：楚将。

〔7〕罢：同"疲"。

〔8〕收：鲍本作"攻"。

〔9〕节：符信。国家间互通使者的证物。

【译文】

楚围攻韩雍氏，韩向西周征索衣甲和粮食，周君很忧虑，告诉了苏代。苏代说："何必忧愁呢？我能为您使韩不来向周索取衣甲和粮食，又能为您得到韩地高都。"周君非常高兴地说："你果然能够如此，寡人请拿国事听从你的吩咐。"

苏代遂去见韩相国公仲，说："公没有听说楚君臣的计议吗？将军昭应对楚（怀）王说：'韩国疲于兵战，仓廪空虚，没有粮食拿来守城，我趁饥饿来攻打它，不过一个月必定攻下。'如今包围雍氏，五个月还拿不下，这是楚军陷入疲困，楚王开始不相信昭应的话了。现在公向周索取衣甲和粮食,这是向楚显示周已陷入困境。昭应闻知此事,必劝楚王增兵包围雍氏,雍氏肯定被攻破。"公仲说:"你说得对。但我的使者已经出发了。"代说:"公为何不把高都给周?"公仲恼怒说:"我不向周索取衣甲和粮食,也就算满不错了。为何给它高都?"代说:"给周高都,那么周必定折服归韩。秦听说这件事一定会大怒,而烧掉遣使的符信,与周不通往来。这是公拿破敝的高都来换得完整的周国,为何不给?"公仲说:"好。"遂不向西周索取衣甲和粮食,而给它高都。楚军终于没有攻破雍氏而撤去。

周君之秦[1]

周君之秦。谓周最曰[2]:"不如誉秦王之孝也,因以应为太后养地[3],秦王、太后必喜,是公有秦也。交善,周君必以为公功;交恶,劝周君入秦者[4],必有罪矣。"

【注释】

〔1〕此章于鬯《战国策年表》据《史记·秦本纪》系于赧王三十七年(前278),时昭襄王当政。

〔2〕谓周最:有人谓周最,姓氏不详也。

〔3〕应:鲍本作"原"。姚云:"原,周邑也。"

〔4〕劝周君入秦者:暗指周最。

【译文】

西周君到秦国去。有人对随行公子周最说:"莫如称赞秦

(昭)王的孝顺,因而奉献原这个地方做太后的养地。秦王、太后一定喜欢,是您得意于秦。周、秦关系友好,周君必认为是您的功劳;关系恶化,劝周君入秦的人,必定有罪了。"

苏厉谓周君[1]

苏厉谓周君曰[2]:"败韩、魏,杀犀武,攻赵,取蔺、离石、祁者,皆白起[3]。是攻用兵[4],又有天命也。今攻梁,梁必破,破则周危,君不若止之。谓白起曰:'楚有养由基者,善射。去柳叶者百步而射之,百发百中。左右皆曰善。有一人过,曰:"善射,可教射也矣。"养由基曰:"人皆善,子乃曰可教射。子何不代我射之也?"客曰:"我不能教子支左屈右。夫射柳叶者,百发百中而不已善息,少焉气力倦,弓拨矢钩[5],一发不中,前功尽矣。"今公破韩、魏[6],杀犀武,而北攻赵,取蔺、离石、祁者,公也。公之功甚多。今公又以秦兵出塞,过两周,践韩而以攻梁。一攻而不得,前功尽灭。公不若称病不出也。'"

【注释】

〔1〕《史记·周本纪》系此事于赧王三十四年(前281)。

〔2〕苏厉:苏秦弟。

〔3〕蔺、离石、祁:均赵邑,今属山西省。白起,秦名将,昭王时官大良造,以战功封武安君。后为相国范雎所忌,被谗自杀。梁玉绳《史记志疑》谓秦取离石、蔺皆在白起为将之前,《策》言殊可疑。

〔4〕攻：《史记》作"善"。攻亦有"善"义。

〔5〕弓拨矢钩：拨，不正。钩，弯曲不直。

〔6〕"公"字似衍。

【译文】

苏厉对西周君说："击败韩、魏，擒杀魏将军犀武，攻打赵，夺取蔺、离石、祁的，都是白起。实在是善于用兵，而又有天助啊！如今来进攻魏都大梁，大梁必破无疑。大梁被攻破，周就有危险了。您不如阻止它勿攻，派人对白起说：'楚有一位叫养由基的人，善射；距柳叶一百步而来射它，百发百中。左右的人都说好。有一位过路的人说："箭射得好，可以教给射箭的道理了。"养由基说："人都说好，你却说可以教给射箭的道理。你为何不来射射看？"客说："我不是说能教给你伸直左臂、弯曲右臂来拉弓射箭。你仰射柳叶，百发百中，而不能见好就收，等一会儿，精疲力尽，弓歪箭扭，一次射不中，就前功尽弃了。"如今击破韩、魏，擒杀犀武，而北向攻打赵，夺取蔺、离石、祁的，都是您。您的功劳大得很。现在您又率领秦兵越过边塞，经过东、西两周，践踏韩地而来进攻大梁，一攻而不胜，前功尽弃。因此，您还是称病不出为好。'"

楚兵在山南[1]

楚兵在山南[2]，吾得将为楚王属怒于周[3]。或谓周君曰："不如令太子将军正迎吾得于境[4]，而君自郊迎，令天下皆知君之重吾得也。因泄之楚，曰：'周君所以事吾得者器，必名曰谋[5]。'楚王必求之，而吾得无效也[6],王必罪之。"

【注释】

〔1〕雷学淇《竹书纪年义证》系此条于赧十一年(前304)。可从。

〔2〕山南:雷氏《义证》谓嵩山之南。

〔3〕吾得:楚将。鲍本"五"作"伍"。怒:鲍本作"怨"。

〔4〕将军正:将,同;军正,犹军帅。

〔5〕必名曰谋:一无"必"字,"谋"作"某"。名曰某,谓命器之名为某某也。

〔6〕效:献。

【译文】

楚兵在嵩山之南,将军伍得将为楚怀王结怨于周君。有人对周君说:"不如让太子同军帅在边境迎接伍得,而君您到城郊去迎接,让天下人都知道您尊重伍得。同时用言语向楚泄漏说:'周君送给伍得的宝器,款识名叫某某。'楚王必定向伍得索取,而伍得却拿不出来,楚王必定要惩罚他。"

楚请道于二周之间[1]

楚请道于二周之间,以临韩、魏,周君患之。苏秦谓周君曰:"除道属之于河[2],韩、魏必恶之。齐、秦恐楚之取九鼎也[3],必救韩、魏而攻楚。楚不能守方城之外[4],安能道二周之间?若四国弗恶,君虽不欲与也,楚必将自取之矣。"

【注释】

〔1〕按,楚之正北直与韩、魏接壤,伐之无须假道于二周之间。此是以借道伐韩、魏,而谋取西周的九鼎。

〔2〕属:姚云:"犹至也,通也。"

〔3〕九鼎:见《东周策·秦兴师临周而求九鼎》注〔1〕。

〔4〕方城:楚国北部与秦、韩、魏三国之界城。

【译文】

楚国请求路过东、西二周之间,来攻伐韩、魏,周君深感忧患。苏秦对周君说:"清除道路,直到大河,这样做,韩、魏知道一定会恼恨楚国。齐、秦恐怕楚国取走九鼎,必定援救韩、魏而攻楚。楚国不能守卫自己边界方城以北,又怎能路过二周之间?假如四国不恼恨楚,君您虽不愿意给它九鼎,楚国一定会自己来取了。"

司寇布为周最谓周君[1]

司寇布为周最谓周君曰[2]:"君使人告齐王以周最不肯为太子也[3],臣为君不取也。函冶氏为齐太公买良剑[4],公不知善,归其剑而责之金。越人请买之千金,折而不卖。将死,而属其子曰:'必无独知[5]。'今君之使最为太子,独知之契也[6],天下未有信之者也。臣恐齐王之谓君实立果而让之于最[7],以嫁之齐也[8]。君为多巧,最为多诈。君何不买信货哉[9]?奉养无有爱于最也,使天下见之。"

【注释】

〔1〕缪氏《考辨》谓此与《东周策·周共太子死》为同时事,应隶东周。可从。按,周共太子乃东周君之子,说详《周共太子死》注〔1〕。

〔2〕司寇布:周司寇名布。司寇,司刑狱之官。周最,周公子,与齐善。详前有关章节。

〔3〕"君使"句:因周最与齐善,故周君使人告之。齐王,齐宣王。

〔4〕"函冶氏"句:高诱注:"函,姓。冶,官名也。因以为氏。知铸冶,晓铁理,能相剑。"又云:"齐太公,田常孙田和也。始代吕氏为齐侯,号曰太公。"

〔5〕独知:只有自己知道。

〔6〕契:契约。立约双方各执一纸,不能一方有另方没有。

〔7〕果:高诱曰:"周太子也。"金正炜曰:"果,疑本作'某'。"

〔8〕嫁:鲍彪曰:"嫁,犹卖也。言欺齐。"

〔9〕信货:大家都信得过的货物。

【译文】

周司寇布为周最对周君说:"君主使人告知齐王,说周最不肯做太子。这种做法臣以为不可取。函冶氏为齐太公田和买一口好剑,太公不识它的好处,把剑退还而讨回原价。越人用千金来买,函冶氏把剑折断而没有卖。临死前,嘱咐他的儿子说:'好货一定不能仅仅自己知道。'如今君主让周最做太子,是单方知道的契约,天下没有人相信。臣恐怕齐王以为君主实际是想立周果,而假说立最,来欺骗齐。君主的行为善于巧饰,而周最心里愿意,嘴上不说。君主为什么不买天下都信得过的东西呢?使供养的优厚,在诸公子中没有能够超过周最的,让天下人都看得见。"

秦召周君[1]

秦召周君,周君难往。或为周君谓魏王曰[2]:"秦召周君,将以使攻魏之南阳[3]。王何不出于河南[4]?周君闻之,将以为辞于秦而不往。周君不入秦,秦必不敢越河而攻南阳。"

【注释】

〔1〕按《史记·周本纪》,此章应系赧王四十五年(前270)。

〔2〕魏王:《史记》作"韩王"。梁玉绳曰:"韩王是,魏王非。西周与韩近也。"

〔3〕魏:《史记》作"王",指韩王。南阳:战国时韩、魏、楚均有南阳。顾观光《七国地理考》云:"楚南阳属荆州,魏南阳在河内,惟韩之南阳兼跨两地。"按,河内指太行山以南、黄河以北之地。

〔4〕出于河南:河南,泛指河南洛阳一带。关于西周君劝说魏(韩)出兵河南的目的,或说以近逼西周王城,或说以谋秦。译文从前说。

【译文】

秦国召见西周君,周君不愿意去。某人为周君对魏王说:"秦国召见周君,将要让他配合攻打魏国的南阳。大王为何不出兵河南(进逼西周王城)?周君听到后,好作为不去秦国的托辞。周君不入秦,秦肯定不敢渡过大河来进攻南阳。"

犀武败于伊阙[1]

犀武败于伊阙,周君之魏求救。魏王以上党之急辞之[2]。周君反,见梁囿而乐之也[3]。綦母恢谓周君曰[4]:"温囿不下此[5],而又近,臣能为君取之。"反见魏王,王曰:"周君怨寡人乎?"对曰:"不怨,且谁怨王?

臣为王有患也。周君,谋主也,而设以国为王扞秦,而王无之扞也,臣见其必以国事秦也。秦悉塞外之兵与周之众以攻南阳,而两上党绝矣[6]。"魏王曰:"然则奈何?"綦母恢曰:"周君形不小利事秦[7],而好小利。今王许成三万人与温囿,周君得以为辞于父兄百姓,而利温囿以为乐,必不合于秦。臣尝闻温囿之利,岁八十金,周君得温囿,其以事王者岁百二十金。是上党每患而赢四十金[8]。"魏王因使孟卯致温囿于周君[9],而许之成也。

【注释】

〔1〕按,秦、魏伊阙之战在公元前293年。周与韩参加魏的一方,失利,秦欲攻周。吕氏《大事记》与钟氏《勘研》均谓此周为东周,故应隶《东周策》。参见前《秦攻魏将犀武军于伊阙》。

〔2〕上党:见《东周策·或为周最谓金投》注。

〔3〕梁囿:魏都大梁(今开封)的园囿。吴师道曰:"囿者,蓄育鸟兽之所。"

〔4〕綦母恢:高诱注:"周臣也。"

〔5〕温囿:温县的园囿。温,亦魏地。

〔6〕两上党:上党郡在山西的东南部,时分属于韩、魏。

〔7〕小:黄丕烈云:"此小字因下文而衍。"

〔8〕每:鲍本作"无"。今从。

〔9〕孟卯:齐人,在魏任职。

【译文】

魏将军犀武被秦军在伊阙击败,秦进攻西周,周君到魏去求救,魏(昭)王以上党吃紧来推辞。周君回国后,喜爱上大梁的园囿。周臣綦母恢对周君说:"温园不比梁园差,而离西周又近,臣能够为君主把它索取来。"遂又去见魏王。魏王问道:"周君怨恨寡人吗？"回答说："他不怨恨还有谁能怨恨大王呢？臣为大王担忧啊！周君，曾是参与伐秦的谋主，而拿国家来为大王扞御秦，大王却没有拿来保卫周的，臣眼看他一定拿国家来服事秦。秦国用塞外的全部兵力，与周的师旅，来攻击南阳，而韩与魏的两个上党地都要被隔断了。"魏王说："既然如此，那么怎么办呢？"綦母恢说："周君的地形不利于服事秦，而他又贪图小利。现在大王答应用三万人来戍守周并以温园相赠，周君有辞来向父兄百姓交待，而又贪图温园拿来取乐，必定不肯与秦合作。臣曾听说温园的财利，国家一年收入八十（镒）金，周君得到温园，贡献给大王的，每年一百二十金。这就是说，不但上党无忧，而且净赚四十金。"魏王于是派遣孟卯，把温园送给周君，并且答应出兵来戍周。

韩、魏易地[1]

韩、魏易地，西周弗利。樊馀谓楚王曰[2]："周必亡矣。韩、魏之易地，韩得二县，魏亡二县。所以为之者，尽包二周，多于二县，九鼎存焉。且魏有南阳、郑地、三川[3]，而包二周，则楚方城之外危[4]；韩兼两上党以临赵[5]，即赵羊肠以上危[6]。故易成之日[7]，楚、赵皆轻。"楚王恐，因赵以止易也。

【注释】

〔1〕《水经注·河水注》引《竹书纪年》云："梁惠成王十三年，郑（韩）釐侯使许息来致地：平邱、户牖、首垣诸邑，及郑驰地。我取轵道，与

郑鹿。"即韩、魏易地之事。时当周显王十二年（前357）。参见《韩策二·公仲为韩魏易地章》。

〔2〕樊馀：周臣。姚宏谓曾本"樊馀"下有"为周"二字。楚王：楚宣王。

〔3〕南阳：见前《秦召周君》注〔3〕。郑地：谓郑国灭亡后被韩所吞并之地。包括今之河南郑州、新郑及荥阳一部。三川：指河、洛、伊一带。

〔4〕方城：见本策《楚请道于二周之间》注〔4〕。

〔5〕韩兼两上党：原韩、魏均有上党，今韩又换得魏之上党，故云。两上党，见本策《犀武败于伊阙》注〔6〕。

〔6〕羊肠：赵国险塞名，在今山西太行山上。

〔7〕曰：鲍本作"日"。是。

【译文】

韩与魏交换土地，对西周很为不利。周臣樊馀对楚王说："周必定要灭亡了。韩、魏交换土地，韩多得二县，魏丢失二县。魏所以要这样做，是因为新地包括东、西二周，面积大于二县，而且九鼎存于西周。况且魏有南阳、郑地、三川，再包括二周，那么楚方城之北就危险了；韩国兼有两个上党地，以临赵，则赵的险塞羊肠坂以上就危殆了。所以交易成功那一天，楚和赵两国的国势都要相对减轻。"楚王恐慌，遂会合赵国来阻止它们的交易。

秦欲攻周[1]

秦欲攻周，周最谓秦王曰[2]："为王之国计者，不攻周。攻周，实不足以利国，而声畏天下[3]。天下以声畏秦，必东合于齐。兵弊于周而合天下于齐，则秦孤而不王矣。是天下欲罢秦[4],故劝王攻周。秦与天下俱罢,则令不横行于周矣[5]。"

【注释】
〔1〕《史记·周本纪》系此章于赧四十五年(前270)。
〔2〕周最:已见《东周策》注。
〔3〕畏:畏惧、憎恶。
〔4〕罢:同"疲"。
〔5〕横行:谓畅行无阻。

【译文】
秦想要攻周,周最对秦(昭)王说:"为大王的国家考虑,最好不去攻周。攻周,其实对秦国并没有好处,而会声名狼藉天下。天下厌恶秦的名声,一定会东向与齐国联合。兵力疲弊于攻周,而使天下与齐联合,那么秦国就会孤立而难于称王了。这是天下想要使秦疲弊,所以才来劝大王攻周。秦国与天下诸侯对峙相攻,兵力俱疲,那么大王的号令就不能够在周国通行无阻了。"

宫他谓周君[1]

宫他谓周君曰[2]:"宛恃秦而轻晋[3],秦饥而宛亡;郑恃魏而轻韩,魏攻蔡而郑亡[4];邾、莒亡于齐[5],陈、蔡亡于楚[6]。此皆恃援国而轻近敌也。今君恃韩、魏而轻秦,国恐伤矣。君不如使周最阴合于赵以备秦,则不毁。"

【注释】

〔1〕林氏《纪年》系此章于赧王二十二年（前293），以为当周与韩、魏合军攻秦之时。参见前《秦攻魏将犀武军于伊阙》。

〔2〕宫他：周臣。疑即前《昌他亡西周之东周》之"昌他"。

〔3〕宛：故申伯国，旧址在南阳，春秋时被晋国所灭，三家分晋后属韩。

〔4〕郑亡：鲍彪云："郑，河南新郑。郑君乙二十一年，韩哀侯灭之。"蔡：金正炜谓当作"楚"，因韩灭郑时蔡已并于楚。

〔5〕邾、莒：均为周时小国。邾，即邹国，地在今山东邹县。莒，先灭于楚，后归齐，终入于楚，旧址在今山东莒县。

〔6〕陈、蔡亡于楚：在历史上陈、蔡曾屡被楚灭而又封之。其卒灭之时，大约在楚顷襄二十一年。

【译文】

周臣宫他对周君说："从前，宛国倚仗秦而轻视晋，秦国饥馑无暇顾宛，宛也就被晋所灭；郑国倚仗魏而轻视韩，魏去攻蔡无暇顾郑，郑也就被韩所灭；邹、莒被齐所灭亡，陈、蔡被楚所灭亡。这都是仗恃援国而轻视近敌的缘故。现在，君主倚仗韩、魏而轻视秦，国家恐怕要有损伤了。您莫如派周最暗中与赵国联合来防备秦，就不会有被摧毁的危险。"

谓 齐 王[1]

谓齐王曰："王何不以地赍周最以为太子也[2]？"齐王令司马悍以赂进周最于周[3]。左尚谓司马悍曰[4]："周不听，是公之知困而交绝于周也。公不如谓周君曰：'何欲置？令人微告悍，悍请令王进之以地。'"左尚以此得事。

【注释】

〔1〕此章当是与《东周策·周共太子死》为一事在不同诸侯国的不同反响,也有可能是一事的传闻异辞。参见该章注〔1〕。《考辨》引黄少荃云:"考周最平生土亲齐,宜齐为之请立也。时最在周。"

〔2〕赍(jī):以物送人。

〔3〕司马悍:齐人,名悍,官司马。

〔4〕左尚:齐人。

【译文】

有人对齐(湣)王说:"大王为何不拿土地送给周,来保举周最做太子呢?"齐王派司马悍用土地向周君推荐周最。左尚对司马悍说:"周如果不答应,是您的谋划受到挫折,而与周的交情也就吹了。您不如对周君说:'想立谁做太子呢?使人暗示给悍,悍请让齐王拿土地来保荐他。'"左尚由此得以在齐国任事。

三国攻秦反[1]

三国攻秦反,西周恐魏之借道也。为西周谓魏王曰:"楚、宋不利奉之德三国也[2],彼且攻王之聚以利秦[3]。"魏王惧,令军设舍速东[4]。

【注释】

〔1〕《考辨》引黄少荃云:"意者,秦昭王九年,孟尝君以齐、韩、魏三国击秦,因韩庆说而止军函谷,要秦出怀王以市楚地,而秦未许释楚王。次年,楚怀王走赵复归秦,三国兵临函谷未退也。又次年(秦昭十一年),

楚怀王死,孟尝君巾地之目的既失,乃与三国奋入关而击秦,乃有公子池以三城和三国事。"按,秦昭王十一年当赧王十九年(前296)。黄氏之说大体是对的,唯以为三国之军临函谷三年而未退,如此旷日持久,却属可疑。

〔2〕德三国:施德惠(谓割地)给三国。

〔3〕聚:城邑。或云蓄积。

〔4〕设舍:为赶路而夜设幕舍也。

【译文】

魏、韩、齐三国攻秦胜利而归,西周恐怕魏国军队要来借路讨财。某人为西周对魏王说:"楚、宋不愿意秦国割地给三国,它们要来进攻王的邑落,来为秦报仇。"魏王恐惧,命令军队夜宿幕帐,急速东归。

犀武败[1]

犀武败,周使周足之秦[2]。或谓周足曰:"何不谓周君曰:'臣之秦,秦、周之交必恶。主君之臣[3],又秦重而欲相者且恶臣于秦,而臣为不能使矣[4]。臣愿免而行[5],君因相之。彼得相,不恶周于秦矣。'君重秦,故使相往。行而免,且轻秦也[6],公必不免。公言是而行,交善于秦,是公之成事也;交恶于秦,不善于公[7],且诛矣。"

【注释】

〔1〕犀武败于伊阙在赧王二十二年(前293)。参见前《秦攻魏将犀武军于伊阙》注〔1〕。

〔2〕周足:周相国名。
〔3〕主君:臣下对君上的称呼,这里指周君。
〔4〕"而臣"句:鲍本"为"字在"能"字下。
〔5〕免:谓免掉相国职务。
〔6〕且:鲍本作"是"。
〔7〕鲍本"公"下补"者"字。

【译文】

魏将犀武被秦军打败,周使相国周足往秦。有人对周足说:"何不对周君说:'臣往秦,秦、周的关系必定要恶化。君主的臣某人,是秦所倚重而想让他相周的,将要向秦讲我的坏话,我也就不能出使了。臣愿免去我的相国再去出使。君主趁此让某人做相,他得到相位,也就不向秦说周的坏话了。'周君出于重视秦,所以才差遣相国往秦,往秦而免相,这是轻秦,您的相位肯定不会被免掉。您说这番话而去出使,如果与秦交好,将是您的成功;如果与秦交恶化,与您不善的某人,就要受到责罚了。"

卷三　秦一

【题解】

秦,嬴姓,始祖柏翳。十九世,非子为周养马,孝王封之于秦,号曰秦嬴,为附庸小国。其地在今甘肃省东南部之清水。西周末,秦襄公(前777—前766在位。下同)因勤王有功,始列为诸侯,居汧(今山西陇县南)。后屡经迁徙,都平阳(今陕西宝鸡东)、雍(今陕西凤翔)、栎阳(今陕西临潼),至秦孝公始定都咸阳(今陕西咸阳市东北)。《战国策》所载,始于孝公(前361—前338),历惠文王(前337—前311。先称惠文君,在位十一年始称王)、武王(前310—前307)、昭襄王(前306—前251)、孝文王(前250)、庄襄王(前249—前247),至秦王政(前246—前207)。

战国时,秦地居列国之西,南与楚接壤,而东与韩、魏搭界。初期领土大约包括今天的陕西西部、甘肃东部和四川北部等广大地区。孝公任用商鞅变法,使国力迅速强盛起来。惠、昭时凭借变法打下的基础,实行范雎"远交近攻"的策略,逐渐扩展地盘,侵吞诸侯,到秦始皇二十六年(前221)灭齐,最后结束了战国分裂的局面,建立了统一的秦帝国。

郭嵩焘曾谓:"战国所以盛衰,中山若隐为之枢辖。"实际上,无论从哪个角度来说,中山国都没有这个资格,而真正堪称"枢辖"的倒是秦国。那时反复长期的合纵连横斗争,就是六国针对秦国进行的。《战国策》中《秦策》分量最大,所记述的人物、事件十分丰富,而且也最为有声有色。

《秦策》姚本五卷:《秦一》十三章,《秦二》十六章,《秦三》十七章,《秦四》十章,《秦五》八章,共六十四章。鲍本一卷,凡六十七章。今仍依姚本之旧。近来有些新版本《战国策》,据鲍本将《秦三·范雎至》析为二章,似可不必。

卫鞅亡魏入秦[1]

卫鞅亡魏入秦[2]，孝公以为相，封之于商，号曰商君。商君治秦，法令至行，公平无私，罚不讳强大，赏不私亲近。法及太子[3]，黥劓其傅。期年之后，道不拾遗，民不妄取，兵革大强，诸侯畏惧。然刻深寡恩[4]，特以强服之耳。

孝公行之八年[5]，疾且不起，欲传商君，辞不受。孝公已死，惠王代后，莅政有顷[6]，商君告归。

人说惠王曰："大臣太重者，国危；左右太亲者，身危。今秦妇人婴儿皆言商君之法，莫言大王之法，是商君反为主，大王更为臣也。且夫商君，固大王仇雠也，愿大王图之！"商君归还，惠王车裂之，而秦人不怜。

【注释】

〔1〕卫鞅入秦在周显王八年（前361），被杀在三十一年（前338）。

〔2〕卫鞅：卫国公子，名鞅，又称公孙鞅。初为魏相公叔痤家臣，后逃亡到秦，说孝公，历仟左庶长、大良造。相秦有功封于商於之地，称商君。著作相传有《商君书》。《史记》有传。

〔3〕法及太子，黥劓其傅：秦孝公太子（名驷，继位为惠王，谥文）触犯了法律，《商君列传》载："太子，君嗣也，不可施刑。刑其傅公子虔，黥其师公孙贾。"黥（qíng），面部刺墨；劓（yì），割掉鼻子。

〔4〕刻深寡恩：严苛而少仁惠。

〔5〕八年：姚宏谓一作"十八年"。是。

〔6〕莅政：临政、亲政。

【译文】

卫鞅初在魏国做官，后逃到秦，秦孝公用他做丞相，封他在商地称作"商君"。商君治理秦国，法令大行，公平无私。惩罚不回避强宗大族，赏赐不偏袒亲故近习，太子犯法也不赦免，对他的老师和辅佐官分别给了刺墨和割鼻的处罚。一年之后，秦国出现路不拾遗、老百姓不是自己的财物不敢妄取的局面，兵力非常强盛，各诸侯国都很害怕。但是对待人民十分刻苛而缺乏仁惠，只不过是用强硬手段压服罢了。

孝公推行商鞅的政策十八个年头，得了重病没有痊愈的希望，想要把君位让给商君，商君坚辞不肯接受。孝公已死，太子代立为秦惠王，惠王临政未久，商君提出辞职，回到他的封地商去。

有人向惠王说："大臣的权势太重，国家就有危难；侍奉的人过于受宠，主身就有危险。如今秦国的妇人小孩都在谈论商君的法令，而不来议论大王您的法令，这等于商君反倒成了国君，大王反倒变成臣下了。况且商君本来就是大王的仇敌，请大王考虑除掉他。"商君逃魏不得而还秦，惠王对他处以车裂的极刑，秦国人也不怜悯他。

苏秦始将连横[1]

苏秦始将连横说秦惠王曰[2]："大王之国，西有巴、蜀、汉中之利[3]，北有胡貉、代马之用[4]，南有巫山、黔中之限[5]，东有肴、函之固[6]。田肥美，民殷富，战车万乘,奋击百万,沃野千里,蓄积饶多,地势形便,此所谓天府,天下之雄国也。以大王之贤,士民之众,车骑之用,兵法之教,可以并诸侯,吞天下,称帝而治。愿大王少留意,臣请奏其效。"

秦王曰:"寡人闻之:毛羽不丰满者,不可以高飞;文章不成者,不可以诛罚;道德不厚者,不可以使民;政教不顺者,不可以烦大臣。今先生俨然不远千里而庭教之[7],愿以异日。"

苏秦曰:"臣固疑大王之不能用也。昔者神农伐补遂[8],黄帝伐涿鹿而禽蚩尤[9],尧伐驩兜[10],舜伐三苗[11],禹伐共工[12],汤伐有夏[13],文王伐崇[14],武王伐纣,齐桓任战而伯天下。由此观之,恶有不战者乎?古者使车毂击驰[15],言语相结,天下为一;约从连横,兵革不藏;文士并饰[16],诸侯乱惑;万端俱起,不可胜理;科条既备[17],民多伪态;书策稠浊[18],百姓不足;上下相愁,民无所聊;明言章理[19],兵甲愈起;辩言伟服,战攻不息;繁称文辞,天下不治;舌弊耳聋,不见成功;行义约信,天下不亲。于是,乃废文任武,厚养死士,缀甲厉兵[20],效胜于战场。夫徒处而致利,安坐而广地,虽古五帝、三王、五伯[21],明主贤君,常欲坐而致之。其势不能,故以战续之。宽则两军相攻,迫则杖戟相橦[22],然后可建大功。是故兵胜于外,义强于内,威立于上,民服于下。今欲并天下,凌万乘,诎敌国[23],制海内,子元元[24],臣诸侯,非兵不可。今之嗣主,忽于至道,皆惛于教[25],乱于治,迷于言,惑于语,沉于辩,溺于辞。以此论之,王固不能行也!"

说秦王书十上,而说不行。黑貂之裘弊,黄金百斤尽。资用乏绝,去秦而归。赢縢履蹻[26],负书担橐,形容枯槁,面目犁黑[27],状有归色[28]。归至家,妻不下纴[29],嫂不为炊,父母不与言。苏秦喟叹曰[30]:"妻不以我为夫,嫂不以我为叔,父母不以我为子,是皆秦之罪也!"乃夜发书,陈箧数十,得太公《阴符》之谋[31],伏而诵之,简练以为揣摩[32]。读书欲睡,引锥自刺其股,血流至足,曰:"安有说人主不能出其金玉锦绣,取卿相之尊者乎?"期年,揣摩成,曰:"此真可以说当世之君矣!"

于是乃摩燕乌集阙[33],见说赵王于华屋之下[34],抵掌而谈。赵王大悦,封为武安君,受相印。革车百乘,锦绣千纯,白璧百双,黄金万溢[35],以随其后;约从散横,以抑强秦。故苏秦相于赵而关不通。

当此之时,天下之大,万民之众,王侯之威,谋臣之权,皆欲决于苏秦之策。不费斗粮,未烦一兵,未战一士,未绝一弦,未折一矢,诸侯相亲,贤于兄弟。夫贤人在而天下服,一人用而天下从。故曰:"式于政[36],不式于勇;式于廊庙之内[37],不式于四境之外。"当秦之隆,黄金万溢为用,转毂连骑,炫熿于道[38],山东之国,从风而服,使赵大重。且夫苏秦特穷巷掘门桑户棬枢之士耳[39],伏轼撙衔[40],横历天下,廷说诸侯之主,杜左右之口[41],天下莫之能伉[42]!

将说楚王,路过洛阳。父母闻之,清宫除道,张乐设饮,郊迎三十里。妻侧目而视,倾耳而听;嫂蛇行匍伏,四拜自跪而谢。苏秦曰:"嫂何前倨而后卑也?"嫂曰:"以季子之位尊而多金。"苏秦曰:"嗟乎!贫穷则父母不子,富贵则亲戚畏惧。人生世上,势位富贵,盖可忽乎哉!"

【注释】

〔1〕据近世学者考证,苏秦活动在齐湣王、燕昭王时期,在秦为昭王而非惠王,而且策文中苏秦所言之秦地,许多当时尚未属秦。故此篇当是关于苏秦的传闻故事而非史实。参见缪文远《考辨》。

〔2〕苏秦:注见《东周策》。连横:主张六国与秦合作的策略。与"合纵"主张六国联合抗秦相对而言。

〔3〕巴、蜀、汉中:巴、蜀,二国名。前者在今重庆巴南区,后者在今四川成都。汉中,在今陕南与鄂西北,原为楚地。三地秦置为郡,都在惠王晚年。

〔4〕胡貉(hé)、代马:胡地之貉与代地之马。泷川资言《史记会注考证》谓均为地名。如《荀子·强国》云:"今秦北与胡貉为邻。"又司马贞《史记索隐》云:代马"谓代郡马邑也。"然二者当时均非秦地。

〔5〕巫山、黔中:巫山在今四川巫县东;黔中,郡名,在今湖北西南与湖南西北一带。当时均为楚地,据《秦本纪》,昭王三十年(惠王死后三十四年)秦"取巫郡及江南为黔中郡"。

〔6〕肴、函:崤山与函谷关。

〔7〕俨然:郑重的样子。

〔8〕补遂:传说中古国名。一作"辅遂"。

〔9〕"黄帝"句:传说黄帝曾与九黎族首领蚩尤战于涿鹿之地(今河北涿鹿东南),擒杀蚩尤。禽:同"擒"。

〔10〕驩兜:尧臣,勾结共工作乱,尧听舜言把他流放到崇山。

〔11〕三苗:古代部族名。亦称有苗、苗民。居长江中游以南一带。因作乱而被舜迁徙到三危(在今甘肃境内)。

〔12〕共工:相传为尧臣。后因作乱被禹所攻伐。

〔13〕有夏:指夏桀。凶暴无道,被商汤王流放到鸣条,夏亡。

〔14〕崇:殷商末崇国之君虎,助纣为虐,被周文王剿灭。

〔15〕车毂:车轮中心与轴相接的部位。

〔16〕饰:姚宏谓一作"饬"。伪装。

〔17〕科条:法律章程。

〔18〕稠浊:多而且乱。浊,混乱。

〔19〕明言章理:使言语与道理讲得更加明白显露。章,同"彰"。彰显。

〔20〕缀甲厉兵:编制甲胄和磨快兵器。缀,编连。厉,磨。

〔21〕五帝:谓黄帝、颛顼、帝喾、尧、舜。三王:夏禹、商汤、周文武。五伯:春秋五霸。

〔22〕橦(chōng):刺、击。鲍本作"撞"。

〔23〕诎:同"屈"。屈服。

〔24〕子元元:子养百姓。元元,平民、百姓。

〔25〕惛(hūn):糊涂。

〔26〕嬴縢履屩(juē):裹着绑腿,穿着草鞋。嬴当作"臝",裹也。縢,裹腿。屩,草鞋。

〔27〕犁:同"黧"。黑也。

〔28〕归色:愧色。高注:"音相近,故作'归'也。"

〔29〕纴(rèn):织布帛的丝和线。

〔30〕喟叹:鲍本"喟"下有"然"字。

〔31〕《阴符》:姜太公的兵书。

〔32〕简练:选择习练。

〔33〕摩:迫近、循沿。燕乌集阙:当是由周至赵的两个地名。

〔34〕赵王:鲍彪谓为肃侯,盖以秦惠王推之。然赵称王自肃侯之子武灵王始。且下文言"封为武安君",据唐兰《苏秦事迹简表》为赵惠文王十二年事,去秦惠之初近五十年矣。华屋:华美之屋。《史记·滑稽列传》:"楚庄王之时有所爱马,衣以文绣,置之华屋之下。"

〔35〕溢:同"镒"。一镒二十四两。

〔36〕式:用。

〔37〕廊庙:指朝廷。

〔38〕炫熿:光耀辉煌。熿,同"煌"。

〔39〕掘门:凿墙为门。桑户:用桑条编的门。棬(quān)枢:柔木条做门轴。

〔40〕伏轼撙(zǔn)衔:坐在车上,揽着缰绳。轼,车上用以扶手的横木。撙,控。衔,马嚼子。

〔41〕左右:指君主左右的大臣、谋士。

〔42〕伉:一作"抗"。匹敌、抗衡。

【译文】

苏秦最初用连横亲秦的主张游说秦惠王道:"大王的国家,西边有巴、蜀、汉中三郡的丰饶物产,北边有胡地之貉和代地之马可以备用;南边有巫山和黔中的天险为界限,东边有崤山和函谷关的坚固屏障。土田肥美,人民殷富,战车足有万辆,士卒足有百万,沃野足有千里,物资积蓄多得很,地势便于进攻退守,这真算得上天赐宝地,天下的一等强国了!倚仗大王的贤能,士民的众多,车马的足备,兵法的习练,完全可以征服诸侯,并吞天下,称了皇帝去治理天下。希望大王能够稍稍关注这件事,我很愿为您出力来取得这样的成功。"

秦王道:"寡人听说,鸟雀毛羽未丰满不能够高飞,国家法令欠完备不能够杀罚,在上道德不广大不能够役使百姓,为君政教背逆人心不能够劳动大臣。如今先生您郑重地,不远千里来庭指教,我愿改天再聆听您的教诲。"

苏秦说:"臣下本来就怀疑大王不能听从臣的主张。从前神农伐补遂,黄帝在涿鹿打仗而擒杀蚩尤,唐尧攻打驩兜,虞舜攻打三苗,夏禹攻打共工,商汤攻打夏桀,周文王攻打崇侯虎,周武王伐纣,齐桓公凭战争而做了天下的霸主。从这些事例看来,

67

要想上霸天下,哪有不用战争的道理呢?古时候各国交往频繁,使车轮相撞击而奔驰,互相都用盟约相结,天下都是一样。不论约从或者连横,都用得着兵革,没有把它收藏起来的。后世文士并起,饰言巧说,使诸侯疑惑迷乱,万事头绪纷繁,复杂得治理不过来。法令条律愈完备,百姓更加欺伪。书策文牍众多杂乱,百姓生活更加不足。君臣愁怨,民不聊生。道理讲得愈清楚,战事反而愈频繁;巧言盛服的人愈多,打仗的事情一天也不停息;繁缛华美的辞章,反而使天下不太平。说的舌头疲了,听的耳朵聋了,仍然不见成功;施行仁义的事情,缔结诚信的盟约,各国却不能相亲。于是反过来废弃文治,任用武功,厚养那些敢死之士,缝制甲胄,磨砺兵戈,在战场上决一胜负。要知道,空待着就想求利,稳坐着就想扩地,虽是古时的五帝、三王、五霸,无数的明主贤君,常想这样做能够收效,但是情势实在办不到,所以只得用战争来解决问题。两军对垒,离得远就用战车相攻,离得近就兵刃相接,这样才可以建立丰功伟业。所以军队在外面打胜仗,美政在国内得到加强,君上的威信既然树立,下面的百姓自可服从了。如今想要并吞天下,居帝王之位,威服敌国,挟制海内,抚养百姓,役使诸侯,那是非用兵不行。现在继位的君主,忽略了这个大道理,大家都被政教弄得昏乱了,被言语弄得迷惑了,沉溺于辩辞巧说。如此说来,大王当然不能听用我的主张了。"

苏秦游说秦王的书奏,一连上了十次,他的主张终究未能实行。黑色的貂皮袄穿破了,百斤黄金也用完了,财用告乏,只得离开秦国回家。腿上绑着裹腿,足上穿着草鞋,背上背着书箱,肩上担着行李,形容枯瘦,面目黧黑,带有一副惭愧的模样。回到家里,他的妻子不下织机迎接,嫂子不给他烧饭,爹娘不同他讲话。苏秦叹息一声,说:"妻子不拿我当丈夫,嫂嫂不拿我当小叔,父母不拿我当儿子,这都是我的不好啊!"于是当天夜里拿出书来，摆列有好几十套，从中检得一部姜太公《阴符》兵法之书，伏案诵读，拿经过自己选择熟练的来揣摩以切合时势。读书困倦了，就用锥子刺自己的大腿，血一直流到脚跟，便说："大丈夫游说君主，哪有不叫他拿出黄金美玉、锦绣绸帛，并得到公卿、宰相尊位的呢？"隔了一年，揣摩既成，又说："这真可以游说当代的君主了。"

苏秦于是循经燕乌集阙，会见赵王（赵肃侯）于高大华美的宫舍之下，击掌侃侃而谈。赵王非常高兴，封他作武安君，授予丞相的印玺。又用一百辆兵车，成千捆锦绣，上百双洁白玉璧，几十万两黄金，跟随在苏秦的身后，供他役使，约成合纵，拆散连横，以此来压制强盛的秦国。所以苏秦在赵国做宰相，六国至秦的咽喉函谷关阻塞不通。

当这个时候，天下这样的大，百姓这样的多，王侯的威风，谋臣的权计，都要服从于苏秦的策略。没有耗费一斗粮食，没有役使一个兵卒，没有一位军士参战，没有一条弓弦断绝，没有一只羽箭折裂，诸侯互相亲附，胜过手足兄弟。真是贤人在位，天下的百姓都归服他；一人用事，天下的诸侯都听从他。所以有句话说："要图王称霸，只管在政治上用心，不必勇力；只管在朝廷上用心，不必在国境之外。"当苏秦兴旺的时候，几十万两黄金供他使用，车轮转动，骏马连接，在路上炫耀得很。崤山以东各国像经风之草那样顺从，使赵国地位大大提高。再说苏秦原不过是居陋巷凿墙窟做门，编桑条做门扇轴的寒士罢了，登车揽辔，横行天下，到各国宫廷去游说诸侯，堵住君主身边大臣之口，天下竟没有一人能够与他抗衡。

苏秦将要游说楚王，路过洛阳。他的爹娘听说这件事，洒扫屋室，清洁道路，陈设音乐，安排酒食，到郊外三十里处去迎接。妻子不敢正面看他，斜着耳朵听他讲话；嫂子伏地爬行，拜了四拜,长跪谢罪。苏秦说:"嫂嫂,为啥从前那样傲慢,现在却如此谦卑呢?"嫂子说:"因为兄弟你势位尊贵,而且钱财充裕啊。"苏秦说:"唉!贫穷了父母就不拿我当儿子,富贵了连亲戚都诣畏。这样说来,一个人活在世上,权势、地位、金钱,怎么可以不看重呢!"

秦惠王谓寒泉子[1]

秦惠王谓寒泉子曰[2]:"苏秦欺寡人,欲以一人之智,反覆山东之君[3],从以欺秦。赵固负其众,故先使苏秦以币帛约乎诸侯。诸侯不可一,犹连鸡之不能俱止于栖之明矣[4]。寡人忿然,含怒日久,吾欲使武安子起往喻意焉[5]。"寒泉子曰:"不可!夫攻城堕邑,请使武安子;善我国家,使诸侯,请使客卿张仪[6]。"秦惠王曰:"敬受命。"

【注释】

〔1〕此章也是关于苏秦的传说,非史实。参见前章注〔1〕。

〔2〕寒泉子:高诱曰:"秦处士也。"

〔3〕反覆:谓指使、操纵。

〔4〕栖(qī):指鸡架。

〔5〕武安子起:武安君白起,秦将。按,秦将白起封武安君在秦昭王二十九年,其时秦惠王已死去三十三年。

〔6〕张仪:战国魏人,著名的策士。秦惠王五年仕秦,为客卿。

【译文】

秦惠王对秦国处士寒泉子说:"苏秦欺侮寡人,想倚仗他个人的智谋,来左右崤山东各诸侯国的国君,用合纵的策略来对付秦国。赵国原本就仗恃自己兵众,所以抢先使苏秦用币帛财礼去约结诸侯。诸侯各执利害,是不可能步调一致的,就像把两只鸡拴在一条绳上那样,休想大家都安稳栖止在一座架上。这是很明白的道理。寡人对此非常气忿,含恨已久,我打算使武安君白起到各国去,让诸侯都能知道我的意思。"寒泉子说:"不妥。想那攻城陷邑的战争,请您派遣武安君;而要提高我们秦国的声誉,出使诸侯国,我请您派遣客卿张仪。"秦惠王说:"就按您的教诲办。"

冷向谓秦王[1]

冷向谓秦王曰[2]:"向欲以齐事王,使攻宋也。宋破,晋国危[3],安邑王之有也[4]。燕、赵恶齐、秦之合,必割地以交于王矣。齐必重于王。则向之攻宋也,且以恐齐而重王[5]。王何恶向之攻宋乎?向以王之明为先知之,故不言。"

【注释】

〔1〕此章于邑《战国策年表》系于赧王二十七年(前288),齐灭宋的前两年。但齐攻宋之役凡三次,此章事不好确定发生在哪一次。

〔2〕冷向:人名。冷,一作"泠"。高诱以为秦臣,鲍彪以为齐臣。韩、赵《策》也有此人。

〔3〕晋国:指韩、赵、魏。

〔4〕安邑:魏地,近秦。魏危,秦可乘机取安邑。

〔5〕恐齐：鲍彪曰："燕、赵交于秦，故齐必恐。"金正炜以为"恐"是"恣"字之误。恣、资通用，恣齐即资齐、助齐之义。

【译文】

冷向对秦王说："向想使齐国来服事大王，所以促使齐去攻打宋国。宋国被攻破，整个韩、赵、魏也就处在齐的危胁之中。这样，魏地安邑就任大王您来取了。燕、赵害怕齐与秦联合，必定会割让土地来与大王结交。秦国多得土地，齐会更加看重大王，那么向发动攻宋，正是用来使齐国惧您而使您的地位更加重要。大王又为何反对我去攻宋呢？向以为拿大王您的睿智，早就懂得这个道理，所以开始没有跟您说明。"

张仪说秦王[1]

张仪说秦王曰："臣闻之：弗知而言为不智，知而不言为不忠。为人臣，不忠当死，言不审亦当死。虽然，臣愿悉言所闻，大王裁其罪。臣闻天下阴燕阳魏[2]，连荆固齐[3]，收馀韩成从[4]，将西南以与强秦为难。臣窃笑之。世有三亡，而天下得之，其此之谓乎！臣闻之曰：'以乱攻治者亡，以邪攻正者亡，以逆攻顺者亡。'今天下之府库不盈，囷仓空虚[5]，悉其士民，张军数千百万，白刃在前，斧质在后[6]，而皆去走不能死。罪其百姓不能死也[7]，其上不能杀也[8]。言赏则不与，言罚则不行。赏罚不行，故民不死也。

"今秦出号令而行赏罚，不攻无攻相事也[9]。出其父母怀衽之中，生未尝见寇也，闻战，顿足徒裼[10]，犯白刃，蹈煨炭，断死于前者，比是也。夫断死与断生也不同，而民为之者，是贵奋也。一可以胜十，十可以胜百，百可以胜千，千可以胜万，万可以胜天下矣。今秦地形，断长续短，方数千里；名师数百万；秦之号令赏罚，地形利害，天下莫如也。以此与天下，天下不足兼而有也。是知秦战未尝不胜，攻未尝不取，所当未尝不破也。开地数千里，此甚大功也。然而甲兵顿，士民病，蓄积索[11]，田畴荒，囷仓虚，四邻诸侯不服，伯王之名不成，此无异故，谋臣皆不尽其忠也。

"臣敢言往昔。昔者，齐南破荆，中破宋，西服秦，北破燕，中使韩、魏之君[12]；地广而兵强，战胜攻取，诏令天下；济清河浊[13]，足以为限，长城巨坊[14]，足以为塞。齐，五战之国也[15]，一战不胜而无齐[16]。故由此观之：夫战者，万乘之存亡也。

"且臣闻之曰：'削株掘根，无与祸邻，祸乃不存。'秦与荆人战，大破荆，袭郢[17]，取洞庭五都、江南[18]，荆王亡奔走[19]，东伏于陈。当是之时，随荆以兵，则荆可举；举荆，则其民足贪也，地足利也；东以强齐、燕[20]，中陵三晋。然则是一举而伯王之名可成也，四邻诸侯可朝也。而谋臣不为，引军而退，与荆人和。今荆人收亡国，聚散民，立社主，置宗庙；令帅天下西面以与秦为难。此固已无伯王之道一矣。天下有比志而军华下[21]，大王以诈破之，兵至梁郭。围梁数旬，则梁可拔；拔梁，则魏可举；举魏，则荆、赵之志绝；荆、赵之志绝，则赵危；赵危，而荆孤；东以强齐、燕，中陵三晋。然则是一举而伯王之名可成也,四邻诸侯可朝也。而谋臣不为,引军而退,与魏氏和。令魏氏收亡国,聚散民,立社主,置宗庙。此固已无伯王之道二矣。前者穰侯之治秦也[22],用一国之兵,而欲以成两国之功[23],是故兵终身暴灵于外[24],士民潞病于内[25],伯王之名不成。此固已无伯王之道三矣。

"赵氏,中央之国也,杂民之所居也。其民轻而难用[26],号令不治,赏罚不信,地形不便,上非能尽其民力。彼固亡国之形也,而不忧民氓,悉其士民,军于长平之下[27],以争韩之上党[28]。大王以诈破之,拔武安[29]。当是时,赵氏上下不相亲也,贵贱不相信,然则是邯郸不守。拔邯郸,完河间[30],引军而去,西攻修武[31],逾羊肠,降代、上党[32]。代三十六县,上党十七县,不用一领甲,不苦一民,皆秦之有也。代、上党不战而已为秦矣;东阳、河外[33],不战而已反为齐矣;中呼池以北[34],不战而已为燕矣。然则是举赵则韩必亡,韩亡则荆、魏不能独立,荆、魏不能独立,则是一举而坏韩、蠹魏、挟荆,以东弱齐、燕,决白马之口[35],以流魏氏[36]。一举而三晋亡,从者败,大王拱手以须[37],天下遍随而伏,伯王之名可成也。而谋臣不为,引军而退,与赵氏为和。以大王之明,秦兵之强,伯王之业地[38],尊不可得[39],乃取欺于亡国,是谋臣之拙也。且夫赵当亡不亡,秦当伯不伯,天下固量秦之谋臣一矣。乃复悉卒乃攻邯郸[40],不能拔也,弃甲兵怒[41],战慄而却,天下固量秦力二矣。军乃引退,并于李下[42],大王又并军而致与战,非能厚胜之也,又交罢却[43],天下固量秦力三矣。内者量吾谋臣,外者极吾兵力。由是观之,臣以天下之从,岂其难矣?内者吾甲兵顿,士民病,蓄积索,田畴荒,囷仓虚;外者天下比志甚固。愿大王有以虑之也。

"且臣闻之:'战战栗栗,日慎一日。'苟慎其道,天下可有也。何以知其然也?昔者纣为天子,帅天下将甲百万,左饮于淇谷[44],右饮于洹水[45],淇水竭而洹水不流,以与周武为难。武王将素甲三千领,战一日,破纣之国,禽其身,据其地,而有其民,天下莫不伤[46]。智伯帅三国之众[47],以攻赵襄主于晋阳[48],决水灌之,三年[49],城且拔矣。襄主错龟数策占兆[50],以视利害,何国可降,而使张孟谈[51]。于是潜行而出,反智伯之约[52],得两国之众,以攻智伯之国,禽其身,以成襄子之功。今秦地断长续短,方数千里,名师数百万,秦国号令赏罚,地形利害,天下莫如也。以此与天下,天下可兼而有也。

"臣昧死望见大王,言所以举破天下之从[53],举赵亡韩,臣荆、魏,亲齐、燕,以成伯王之名,朝四邻诸侯之道。大王试听其说,一举而天下之从不破,赵不举,韩不亡,荆、魏不臣,齐、燕不亲,伯王之名不成,四邻诸侯不朝,大王斩臣以徇于国[54],以主为谋不忠者[55]。"

【注释】

〔1〕鲍彪注以为此篇所言皆张仪死后之事,故删去"张仪"二字。吴

师道据《韩非子·初见秦》文与此相同,以为是韩非说始皇之辞。今人郭沫若《青铜时代·韩非子初见秦篇发微》,考定此篇是吕不韦见秦昭王的说辞。今从郭说系此篇于赧王五十九年(秦昭王五十一年,公元前256)。

〔2〕鲍彪注:"阴,北;阳,南。"

〔3〕荆:楚。固:结。

〔4〕馀韩:鲍注谓"韩时弱,多丧地,今存者,其馀也"。

〔5〕囷(qūn)仓:粮仓。囷,圆形谷仓。

〔6〕斧质:刑具。质,同"锧",砍头所用的碪垫。

〔7〕罪:《韩非子》及鲍本均作"非"。

〔8〕杀:《韩非子》无此字。是。

〔9〕不攻无攻相事:此言有功无功,视其事迹而定。不攻无攻,姚宏云:"曾(本)作'有功无功'。"《韩非子》同。相,视、察。

〔10〕顿足徒裼(xī):跺脚与露出臂膀。表示狠下决心的状态。徒裼,赤脚露体。

〔11〕索:尽。

〔12〕"齐南"五句:南破荆,潜王初立,使匡章攻楚,败楚将唐眛。中破宋,公元前286年齐灭宋。中,《韩非子》作"东"。西服秦,公元前298年,齐与韩、魏击秦,秦乞和。北破燕,公元前296年,齐败燕于桓之曲。中使韩、魏之君,指齐与韩、魏共伐楚击秦之事。

〔13〕济清河浊:济水清澈,黄河混浊。

〔14〕长城巨坊:坊,《韩非子》《史记》均作"防"。《史记·苏秦列传正义》引《竹书纪年》云:"梁惠王二十年,齐闵王筑防以为长城。"是长城即巨防。《集解》引徐广曰:"济北卢县有防门,又有长城东至海。"则以巨防为"防门"。

〔15〕五战之国:鲍彪以为即上文所说的"南破""中破"……之类。

〔16〕一战不胜:指公元前284年燕将乐毅率兵伐齐,攻下齐七十余城,潜王奔莒。

〔17〕袭郢:公元前278年秦将白起率军攻破楚国郢都,顷襄王逃到陈城。

〔18〕洞庭五都:即洞庭五渚。《史记·苏秦列传》裴骃《集解》:"五渚在洞庭,沅澧资湘四水自南而入,荆江自北而过,洞庭潴其间,谓之五渚。"

〔19〕"荆王"句:《韩非子》作"荆王君臣亡走"。荆王,楚顷襄王。

〔20〕强:《韩非子》作"弱",是。下同。

〔21〕有:同"又"。比志:同心。军华下:鲍彪谓即华阳之战。据《史记·白起列传》秦昭王三十四年(前274),起率军攻魏,拔华阳。按,华阳,当时韩邑,在今河南新郑之北,秦军经此即可直逼魏都大梁。

〔22〕穰侯:魏冉,楚国人,秦昭王母宣太后异父弟。曾多次任秦相,封于穰,益封陶。详《秦策》。

〔23〕成两国之功:指秦和穰侯封地陶。

〔24〕灵:鲍本及《韩非子》作"露"。

〔25〕潞:《韩非子》作"疲"。

〔26〕轻:谓轻浮。鲍注:"轻则其志不坚。"

〔27〕长平:赵邑。在今山西高平西北。

〔28〕"以争"句:秦昭王四十五年(前262)攻韩,韩献上党。太守冯亭以上党降赵,赵发兵于长平以拒秦。赵中秦反间计,以赵括代廉颇将,大败。秦将白起坑杀赵降卒四十万。

〔29〕拔武安:秦昭王四十八年(前259),秦将王龁攻克赵邑武安(今河北武安西南)。

〔30〕完河间:保有河间之地。完,《韩非子》作"筦",管辖、管理。河间,赵邑,在今河北献县东南。

〔31〕修武:赵邑。在今河南修武。

〔32〕代:赵郡。在今山西东北部与河北蔚县一带。

〔33〕东阳:赵地。今太行山以东地区。河外:指清河之外。

〔34〕中呼池:《韩非子》作"中山、呼沱"。中山,古国名。呼沱,即今滹沱河。

〔35〕白马:白马津。在今河南滑县东北。

〔36〕流:《韩非子》作"沃",灌也。魏氏:高诱曰:"今魏郡县也。"

77

〔37〕拱手:闲适的样子。须:待。
〔38〕地:姚宏谓刘本作"也"。
〔39〕尊:《韩非子》作"曾",乃、竟之义。
〔40〕后"乃"字:鲍本及《韩非子》作"以"。
〔41〕兵怒:《韩非子》作"兵弩",金正炜以为当作"折弩","折"讹为"兵"。
〔42〕李下:地名。故城在河南温县。
〔43〕又交罢却:谓秦赵俱因疲劳而退兵。交,并、一起。
〔44〕淇谷:淇水之谷。淇水,发源于今河南林县与辉县交界之淇山,流入卫河。
〔45〕洹(huān)水:发源于今河南林县林虑山,至内黄入北卫河。
〔46〕不:《韩非子》无"不"字,姚宏谓刘本亦无"不"字。是。伤:高诱云:"愍也。"
〔47〕"智伯"句:公元前455年晋智伯求地于赵,不与,遂率智、韩、魏三家之兵伐赵。
〔48〕赵襄主:即赵襄子,晋六卿之一。晋阳:在今山西太原西南。当时赵邑。
〔49〕三年:《韩非子》作"三月"。
〔50〕错龟数策:古时两种占卜方法。错龟,即钻龟,以火灼龟甲的钻孔以观其裂纹(兆)。数策,用竹或蓍草来卜筮,以观其数(占)。
〔51〕张孟谈:赵襄子之臣。
〔52〕反智伯之约:使韩、魏背叛与智伯攻赵的盟约。
〔53〕黄丕烈谓"举"上脱"一"字。
〔54〕徇:警众、示众。
〔55〕"以主"句:《韩非子》作"以为王谋不忠者也"。陈奇猷《集释》曰:"'为'上当有'戒'字。"

【译文】

张仪游说秦王道:"臣听人讲,不知道就说,是不明智;知道而不说,是不忠诚。做臣子的不忠诚,罪该死;说话不真实,罪也该死。虽然如此,我还是愿意把我听到的都说出来,请大王裁夺治罪。臣听说,当今天下北有燕南有魏,复联络楚、齐以为固,再收拢残韩形成合纵的局面,将一致西向与秦国为敌。臣私下里觉得很可笑。想那世上有三件事可以导致灭亡,各诸侯国都占全了,这里说的就是合纵。臣听说过:'用乱国进攻治国的要灭亡,用邪恶进攻正义的要灭亡,用悖理进攻顺理的要灭亡。'如今天下藏货财的府库非常匮乏,装粮食的仓廪十分空虚,还要动员全体士民,扩充军队少则数千多至百万,利刃在前方开路,斧砧在后面督战,而士兵却纷纷逃走,不能效死疆场。这并不是百姓怕死,而是因为在上的无能。说赏而不赏,说罚也不罚,赏罚不行,所以百姓也就不能誓死效忠。

"如今秦发出号令而实行赏罚,依据事实来确定有功还是无功。许多人从幼出于父母怀抱之中,生来未曾见过寇盗,如今听说作战,能够踊跃赤膊,冒犯利刃,赴汤蹈火,个个争先恐后,决死敌前。想那决死与求生是大不相同的,而百姓乐于效死,完全是尚勇的缘故啊!这样,一可以胜十,十可以胜百,百可以胜千,千可以胜万,万就可以战胜天下了。如今秦国地形,截长补短,方圆好几千里,能征惯战的士兵有好几百万,再加秦的号令整饬,赏罚严明,土地广袤,形势有利,这都是别国所赶不上的。用这些条件与六国相较量,兼并天下是轻而易举的。由此可以知道,秦国为什么战未尝不胜,攻未尝不取,所敌未尝不破的原因啊!秦国能够开拓地盘几千里,这是非常伟大的功绩。然而军队兵卒困顿了,士子庶民疲病了,蓄积用完了,土地荒芜了,仓廪空虚了,四邻的诸侯都不宾服,霸王的名义还没争到手,这并不是其他缘故,而是谋划之臣都不能尽心忠于职守啊!

"臣愿冒昧谈谈往昔之事。过去齐国往南攻破楚国,往东攻破宋国,往西征服秦国,往北攻破燕国,中土韩、魏的国君也听从它的调遣。地广兵强,战必胜,攻必克,诏告号令天下。清的济水与浊的黄河做它的界限,长城的巨大防线做它的关塞。齐,是东西南北中五面临敌的国家,打了一次败仗就险些灭亡。所以由此看来,战争乃是关系万乘诸侯大国存亡的头等大事。

"而且臣听说:'斫掉枝干,刨去根子,不要使祸患接近,祸患才不会到来。'秦国与楚人作战,大破楚军,攻拔鄢都,占领洞庭的五渚和江南一带。楚襄王逃亡,跑到郢都东北的陈城栖身。当这个时候,乘胜攻楚,就可整个占领楚国。占领了楚国,就可满足拥有民众的欲望,实现扩展土地的希求。这样,东边可以削弱齐国和燕国,中间可以欺侮赵、韩、魏三国。如此就可一举而成霸王之名,可使四邻诸侯都来朝见秦国。然而谋臣不出此策,却率兵而还,与楚国媾和。如今楚国人收复失地,聚合流民,建立社稷,重修宗庙,统领天下诸侯一致向西与秦国为敌。这是必定会失去霸王时机的第一条理由。天下各国诸侯想共同对付秦国而陈兵于华山之下,大王您用计谋攻破他们的联军,兵临魏都大梁。如果能围上它几十天,那么大梁就可拿下。拿下大梁,就可占领魏国。占领了魏国,就可切断楚国与赵国的联络。楚与赵的联络被切断,那么赵国就很难保了。赵国危殆,楚国也就孤立了。这样,东边可以削弱齐国与燕国,中间可以欺侮赵、韩、魏三国。如此就可一举而成霸王之名,可使四邻诸侯都来朝见秦国。然而谋臣不出此策,却引兵而还,与魏国媾和,使魏国收复失地,聚集流民,建立社稷,修复宗庙。这是必定会失去霸王时机的第二条理由。从前穰侯魏冉治理秦国,使用秦国一国的军队,想要让秦国和他的私邑都能得到成功的好处,所以使兵卒终身暴露在外,士民疲病于内,而不能成就霸王之名。这是必定会失掉霸王时机的第三条理由。

"赵国处在天下的中央,是各诸侯国民众杂居的地方。它的百姓轻率浮躁而难于役使，号令不严明，赏罚不公平，地形很不便利，官府不能使民力都发挥出来。这些本来是亡国的形势，在上不知替民众着想，反而动员全部士民，陈兵于长平城下，以与秦国争夺韩的上党土地。大王您用智谋挫败赵兵，尽歼武安君赵括的四十万大军。就在此时，赵国君臣不能相亲，卿士不能相信，这样则是国都邯郸不能保守了。秦军攻克邯郸，保有河间之地，再引军而去，西攻修武，越过太行山的羊肠坂，则代地和上党不战自降。代地有三十六个县，上党有十七个县，不用一套盔甲，不劳一个百姓，就都归秦国所有了。代和上党既已不战归秦所有，原被赵所占领的齐地东阳、河外，也就不战而反归齐有；原本属赵的中山、呼沱，自然乘势被燕所取。这样，是占领赵而韩国肯定会亡，韩亡则楚、魏也就不能自立。楚、魏不能自立，就会一举而损韩，害魏，蚀楚，往东削弱齐、燕，并决白马津的渡口，以冲淹魏氏这个地方。如此，一举就可使韩、赵、魏灭亡，合纵也就失败。大王拱手以待，天下会都随着降服于您，霸王之名也就成功了。然而，谋臣不这样做，却引兵而还，与赵国言和。拿大王的明哲，秦兵的强盛，足以成霸王之业呵！却还没有得到，竟被行将败亡之赵所欺骗，这完全是谋臣的愚蠢。况且赵国应当亡而没有亡，秦国应当霸而没有霸，遂使天下各国怀疑秦国谋臣的智能。这是一。于是又动员全体兵众以攻赵的邯郸，未能攻克，丢弃盔甲、折断弩箭，仓惶退却，以致天下各国低估秦的力量。这是二。秦军引退之后，集于李下，大王又并全军之力与赵拼搏，仍未能获得较为理想的战绩，双方又因过于疲惫而退军，天下各国就更加轻视秦的兵力了。这是三。对朝内怀疑我秦国的谋臣，对朝外轻视我秦国的实力。由此看来，臣以为并非天下的合纵有多么了不起的强盛，难以对付。主要是因为，在内部来说，我们的甲兵劳弊，士民疲病，蓄积罄尽，土地荒芜，仓廪空虚；

在外部来说,各国诸侯联合抗秦的决心又很牢固呀！愿大王能认真考虑这种形势。

"况且臣听说:'要战战兢兢,一天比一天慎重。'如果真能够谨慎从事,就可以得到天下。何以见得能够这样呢？从前殷纣做天子,统帅天下将士甲兵百万之众,军队的左部饮于淇水,右部饮于洹水,两条河都被喝干,用来抵抗周武王的攻伐。武王帅领三千穿戴白色盔甲的士兵,只战斗一日,就攻破纣的国家,诛杀纣王本人,占领他的土地,而拥有他的民众,天下没有人为他的覆亡而悲伤。晋国的智伯率领智氏、韩氏、魏氏三家的军队,围攻赵襄子的城邑晋阳,决河水灌城,经过三个月,城眼看就要被攻破。赵襄子钻龟、数策来卜筮,占视它们的征兆,以探察利害得失,捉摸三家中谁可以劝降,而派遣张孟谈去行反间之计。张于是暗地出城,说服韩、魏使背叛与智伯的盟约,因而得到两国的兵众,来攻打智伯,擒杀智伯本人,遂使赵襄子得到成功。现今秦国土地截长补短,方圆有几千里,精锐的士卒有几百万,秦国的号令整饬,赏罚严明,地势险固,天下没有比得上的。用它来与各国的诸侯相争,兼有天下是不成问题的。

"臣冒死愿朝见大王,陈说所以挫败天下合纵,攻克赵,灭亡韩,臣伏楚、魏,笼络齐、燕,以取霸王之名,使四邻诸侯来朝的道理。大王试用臣之说,如一举而天下的合纵不败,赵国不被攻克,韩国不灭亡,楚、魏不来臣伏,齐、燕不来亲秦,不能取得霸王之名,四邻诸侯不来朝秦,大王可斩臣头遍示全国,作为为主谋而不忠的警戒。"

张仪欲假秦兵以救魏[1]

张仪欲假秦兵以救魏。左成谓甘茂曰[2]:"子不予之[3]。魏不反秦兵,张子不反秦;魏若反秦兵,张子得志于魏,不敢反于秦矣。张子不去秦,张子必高子。"

【注释】

〔1〕林春溥《战国纪年》系此篇于赧王五年(前310),秦武王初立,时仪将入魏为相。

〔2〕左成:楚臣。甘茂:见《东周策·秦攻宜阳》注〔5〕。

〔3〕子不:鲍本作"不如"。金正炜以"不"为"丌"之讹。丌即"其"之古文。

【译文】

张仪想要借秦兵来援救魏国。左成对左丞相甘茂说:"您不如答应他的请求。魏用秦兵,败死不能遣返,张仪惧诛必不敢返回秦国。魏若胜利,遣返秦兵,张仪亦因有功而得志于魏,怕秦怀疑他与魏有私,仍不敢回归秦国。张仪如果不离开秦,将来地位一定超过您。"

司马错与张仪争论于秦惠王前[1]

司马错与张仪争论于秦惠王前[2]。司马错欲伐蜀,张仪曰:"不如伐韩。"王曰:"请闻其说。"

对曰:"亲魏善楚,下兵三川[3],塞𫐄辕、缑氏之口[4],当屯留之道[5],魏绝南阳[6],楚临南郑[7],秦攻新城、宜阳[8],以临二周之郊,诛周主之罪,侵楚、魏之地。周自知不救,九鼎宝器必出[9]。据九鼎,按图籍[10],挟天子以令天下,天下莫敢不听,此王业也。今夫蜀,西辟之国,而戎狄之长也。弊兵劳众,不足以成名;得其地,不足以为利。臣闻:'争名者于朝,争利者于市。'今三川周室,天下之市朝也,而王不争焉,顾争于戎狄,去王业远矣。"

司马错曰:"不然! 臣闻之:'欲富国者务广其地,欲强兵者务富其民,欲王者务博其德。三资者备[11],而王随之矣。'今王之地小民贫,故臣愿从事于易。夫蜀,西辟之国也,而戎狄之长也,而有桀纣之乱[12]。以秦攻之,譬如使豺狼逐群羊也。取其地足以广国也,得其财足以富民,缮兵不伤众[13],而彼已服矣。故拔一国,而天下不以为暴;利尽西海[14],诸侯不以为贪。是我一举而名实两附,而又有禁暴正乱之名。今攻韩劫天子,劫天子,恶名也,而未必利也,又有不义之名,而攻天下之所不欲,危! 臣请谒其故[15]:周,天下之宗室也;齐,韩、周之与国也。周自知失九鼎,韩自知亡三川,则必将二国并力合谋,以因于齐、赵,而求解乎楚、魏。以鼎与楚,以地与魏,王不能禁。此臣所谓'危',不如伐蜀之完也。"

惠王曰:"善,寡人听子。"卒起兵伐蜀,十月取之,遂定蜀。蜀主更号为侯,而使陈庄相蜀[16]。蜀既属,秦益强富厚,轻诸侯。

【注释】
〔1〕本章又见《史记·张仪传》《新序·善谋》。鲍彪据《六国年表》系于慎靓王五年(前316),诸家并从之。

〔２〕司马错：惠王时秦将。

〔３〕三川：郡名，韩地。治所在今洛阳东北。

〔４〕镮（huán）辕、缑（gōu）氏：二山名，均在今河南偃师东南。

〔５〕屯留：韩邑。在今山西长治市东南。

〔６〕南阳：指韩的南阳。参见《西周策·秦召周君》注〔3〕。

〔７〕南郑：韩都。即今河南新郑。

〔８〕新城：韩邑。在今河南伊川县西南。宜阳：韩邑。见《东周策·秦攻宜阳》注〔1〕。

〔９〕九鼎：见《东周策》首篇注〔1〕。

〔10〕图籍：指国家重要的文献资料。

〔11〕三资：指上文所言的地、民、德。

〔12〕桀纣之乱：指当时巴、蜀相攻。详《华阳国志·蜀志》。

〔13〕缮兵：劲兵。犹言张军。缮，治之使劲。

〔14〕西海：指西部荒远之地。海，荒远之地。

〔15〕谒：陈述。

〔16〕陈庄：秦臣。

【译文】

　　秦将军司马错与张仪在秦惠王面前争论。司马错主张伐蜀，张仪说："不如伐韩有利。"秦惠王道："请听听你的说法。"

　　张仪回答说："与魏、楚结成盟国，出兵攻打韩的三川郡，阻断镮辕、缑氏二山的隘口，遮挡屯留的狭路（以杜绝上党的援军）。魏国断绝韩北部的南阳；楚国兵临韩东部的南郑；秦国攻打韩西部的宜阳，并深入它的腹地新城，兵临东周与西周的郊外，讨伐二周君的罪行，乘机侵夺楚、魏攻占的地盘。周君自知不可复保，必定献出九鼎和宝器。秦据有九鼎，并保有土地人民的图籍，挟持天子以号令天下，诸侯没有敢不听从的，这是千秋的王业啊！如今那蜀，乃是西部边陲僻远之国，戎狄部落的首领，疲兵劳民不足以成霸王之名，虽得到它的土地也没有多大益处。臣听说：'争名的在朝廷，争利的在集市。'现今三川之地、周王之室，就是天下的市朝，而王您不去争夺，反去争那戎狄，离开王业不是太远了吗？"

司马错说："并不是这样。臣听说：'想要使国家富足的，就要致力于扩展土地；想要使兵力强盛的，就要致力于富庶百姓；想要成就王业的，就要广修他的德行。这三种条件具备，王业就会随之而来。'如今大王的土地窄小，人民稀少，所以臣愿意去做那容易做到的事。那蜀，虽是西部偏远之国，然而是戎狄的首领，却有夏桀与殷纣时一样的动乱。拿秦国的兵力去攻打它，真如豺狼追赶群羊一样。占领它的土地，足以扩展国家的地盘；掠取它的财货，足以使民众富庶；兴师未及伤害士兵，而它就已经降服了。所以攻克一个国家，而天下不以为你凶暴；尽获西部广大地区的财货，而诸侯不认为你贪婪。这样，是我一举而名实双收，同时又有除暴治乱的出师之名。如今攻打韩国，劫持天子，那劫持天子，不但说出来不好听，而且也未必有好处，又有不义的名声。况且攻打天下所不愿攻打的，是很危险的呀！臣请说明它的缘故：周是天下的宗室，齐是韩、周的同盟国。周自知将失掉九鼎，韩自知将丧失三川，那么二国必将协力合谋，去投靠齐、赵，而求救于楚、魏。把鼎赐给楚，把土地割给魏，王您也无可奈何。这就是臣所说的危险，不如伐蜀能够获得全功。"惠王说："很好！寡人接受你的意见。"终于起兵伐蜀，经过十个月而后攻取，遂平定蜀国。蜀主改变名号为侯，而使秦臣陈庄做它的丞相。蜀既归附，秦国更加富庶强大，轻视各国诸侯了。

张仪之残樗里疾[1]

张仪之残樗里疾也[2]，重而使之楚，因令楚王为之请相于秦[3]。张子谓秦王曰:"重樗里疾而使之者,将以为国交也。今身在楚,楚王因为请相于秦。臣闻其言曰:'王欲穷仪于秦乎?臣请助王。'楚王以为然,故为请相也。今王诚听之,彼必以国事楚王。"秦王大怒,樗里疾出走。

【注释】

〔1〕黄氏《编略》、顾氏《编年》均系此章于赧王三年(前312)。或云,樗里疾为惠王异母弟,不应有张仪谗害之事。可备一说。

〔2〕张仪、樗里疾:分别见本策《秦惠王谓寒泉子》及《西周策·秦令樗里疾以车百乘入周》注。

〔3〕楚王:怀王。

【译文】

张仪陷害樗里疾,以很贵重的身份把他派往楚国,因而让楚(怀)王请求秦国用樗里疾做丞相。张仪反过来对秦王说:"秦国贵重樗里疾而派遣他,目的是结成秦楚两国友好。如今樗里疾身在楚国,楚王因而请求秦国用他为相。臣听樗里疾对楚王说:'王您不想使张仪在秦国困倒吗?臣请助您一臂之力。'楚王以为他说的对,所以才请求秦国用他做丞相。如今大王真的听从楚国的请求,樗里疾必将拿秦国来侍奉楚王。"秦王闻言大怒,樗里疾恐惧而逃往别国。

张仪欲以汉中与楚[1]

张仪欲以汉中与楚[2],请秦王曰:"有汉中,蠹。种树不处者，人必害之；家有不宜之财，则伤本。汉中南边为楚利，此国累也。"甘茂谓王曰："地大者固多忧乎？天下有变，王割汉中以为和楚，楚必畔天下而与王。王今以汉中与楚，即天下有变，王何以市楚也？"

【注释】

〔1〕按，秦惠王后元十三年（前312）甘茂佐魏章取楚汉中地，其后张仪欲以之还楚，并曰"有汉中"云云。是疾茂也。诸家并系此章于赧王四年（前311）。近之。

〔2〕汉中：在今陕西南部与湖北西北部，原为楚地，后被秦所占领。

【译文】

张仪想要把汉中地还给楚国，请示秦王说："占有汉中，是秦国的祸害。种树而不得其处，人都讨厌它；家有不义之财，就会伤家。如今汉中地处秦国南边对楚国有利，这是秦国的累赘。"甘茂对秦王说："土地广大就一定会增加忧虑吗？一朝天下有变，大王可以割让汉中地来与楚媾和，楚一定背叛天下诸侯而与王相亲。王如现在就把汉中还给楚，过后天下有变，王又用什么来跟楚做交易呢？"

楚攻魏，张仪谓秦王[1]

楚攻魏，张仪谓秦王曰："不如与魏以劲之[2]。魏战胜[3]，复听于秦[4]，必入西河之外[5]；不胜，魏不能守，王必取之。"王用仪言，取皮氏卒万人[6]，车百乘，以与魏。犀首战胜威王[7]，魏兵罢弊，恐畏秦，果献西河之外。

【注释】

〔1〕据《史记·六国年表》楚国攻魏败于陉山在周显王四十年(前329,楚威王十一年),翌年(楚怀元年)魏予秦上郡,即此章所言。是威王时楚败,而怀王时魏输地于秦也。《楚世家》称魏伐楚之丧,可能是威工已死而怀王未立。

〔2〕与:助。劲:强。作动词用。

〔3〕金正炜谓"胜"下有"罢(疲)"字。

〔4〕听:姚宏谓一作"德"。是。

〔5〕西河之外:指魏国西部黄河以外的地盘。

〔6〕皮氏:原魏邑,此时已归秦。在今山西河津西。

〔7〕犀首:公孙衍号,魏人,先仕魏,后相秦。

【译文】

楚(威王)攻打魏国,张仪对秦惠王说:"不如帮助魏国使它兵力更强。如果魏国打得赢,会感激秦的恩德,必拿西河外近秦的地方予秦;如果打不赢,魏国不能自守,河外的地盘必定也会归人王所取。"秦王采纳张仪的建议,发取皮氏之地的兵卒一万人,战车一百乘,来援助魏国。魏将犀首(公孙衍)战胜楚威王,魏兵十分疲弊,害怕秦国(乘机袭击),果然献出西河外的土地。

田莘之为陈轸说秦惠王[1]

田莘之为陈轸说秦惠王曰[2]:"臣恐王之如郭君[3]。夫晋献公欲伐郭,而惮舟之侨存[4]。荀息曰:'《周书》有言[5],美女破舌。'乃遗之女乐以乱其政。

89

舟之侨谏而不听,遂去。因而伐郭,遂破之。又欲伐虞[6],而惮宫之奇存[7]。荀息曰:'《周书》有言,美男破老。'乃遗之美男,教之恶宫之奇。宫之奇以谏而不听,遂亡。因而伐虞,遂取之。今秦自以为王,能害王之国者,楚也。楚智横门君之善用兵[8],与陈轸之智,故骄张仪以五国[9]。来,必恶是二人,愿王勿听也。"张仪果来辞[10],因言轸也,王怒而不听。

【注释】

〔1〕林氏《纪年》系此章于显四十年(前329)。据《史记·张仪列传(附陈轸传)》,秦惠王十年(前328)轸初至秦,与张仪俱事惠王,皆贵重,争宠。故有此相谗之事。翌年,秦乃以张仪为相。

〔2〕田莘之:一作"田莘"。鲍彪以为齐人。陈轸:楚人,或云齐人。战国著名策士,曾仕秦、楚、魏诸国。

〔3〕郭君:虢国君。郭、虢,古字同。这里指北虢。按,周文王始封弟仲于西虢,弟叔于东虢。北虢是虢仲的别支,旧址在今山西平陆县。

〔4〕晋献公:春秋晋国君主。舟之侨:虢国的贤大夫。

〔5〕周书:指《逸周书》。语见《武称》篇。

〔6〕虞:国名。周文王封其伯父虞仲的后人于虞。旧址在今山西平陆县。

〔7〕宫之奇:虞国的贤大夫。

〔8〕智:一本作"知"。按,二字有时通用。横门君:高诱曰:"秦将。"

〔9〕"故骄"句:其事未详。

〔10〕辞:指进谗言。

【译文】

田莘之为陈轸游说秦惠王道:"臣恐大王像春秋郭(虢)君一样。当年晋献公想要攻打郭,而畏难郭大夫舟之侨的存在。

晋大夫荀息说：'《周书》有言，美女可以破谏臣之舌。'于是赠送郭君歌女，以扰乱他的国政。舟之侨劝谏而郭君不听，终于离去。献公因而攻打郭，终于把它攻破。接着又想攻打虞国，而畏难虞大夫宫之奇的存在。荀息说：'《周书》有言，美男可以谗毁老成人。'于是赠送给虞君美男，使他诋毁宫之奇。宫之奇劝谏而虞君不听，终于逃离。献公因而攻打虞，终于把它拿下。如今秦要自成霸王之业，能够妨害大王国家的，只有楚啊。楚国知道秦将横门君的善于用兵，与陈轸的有智谋，所以使韩、魏、赵、燕、齐五国重用张仪来骄宠他。张仪来了，肯定要说这两个人的坏话。我希望大王您不要听信。"张仪果然来进说辞，因言陈轸的坏话，惠王很生气而不听信他的话。

张仪又恶陈轸于秦王[1]

张仪又恶陈轸于秦王，曰："轸驰秦、楚之间，今楚不加善秦而善轸，然则是轸自为而不为国也。且轸欲去秦而之楚，王何不听乎？"

王谓陈轸曰："吾闻子欲去秦而之楚，信乎？"陈轸曰："然。"王曰："仪之言果信也！"曰："非独仪知之也，行道之人皆知之。"曰："孝己爱其亲[2]，天下欲以为子；子胥忠其君[3]，天下欲以为臣；卖仆妾售乎闾巷者，良仆妾也；出妇嫁乡曲者，良妇也。吾不忠于君，楚亦何以轸为忠乎？忠且见弃，吾不之楚，何适乎？"秦王曰："善，乃必之也[4]。"

【注释】

〔1〕本章原连上篇,鲍本别分一篇。又见《史记·陈轸传》。林氏《纪年》系年同前。

〔2〕孝己:高诱以为是殷高宗武丁之子。高宗惑后妻之言,放之而死。《尸子》云:"孝己事亲,一夜而五起,视衣厚薄,枕之高下也。"

〔3〕子胥:姓伍,名员,字子胥,楚国人。楚平王杀其父,子胥逃到吴国辅助吴王阖庐,并报了父仇。后劝谏吴王夫差拒绝越国求和,触怒吴王,被赐死。

〔4〕必之:一定去。之,往。

【译文】

张仪又在秦惠王的面前说陈轸的坏话,道:"陈轸奔走于楚、秦两国之间,如今楚不更加喜欢秦而喜欢轸,这样就是陈轸专为个人而不是为了秦国啊!而且陈轸想要离秦而去楚,王您为何不让他走呢?"

秦王对陈轸说:"我听说你要离秦而去楚,这是当真吗?"陈轸说:"是的。"秦王说:"张仪的话果然是不欺了。"陈轸说:"不仅是张仪知道这件事,就是路上的人也都知道。"又说:"殷高宗武丁的儿子孝己爱他的父母,天下都想要他做儿子;春秋吴国宰相伍子胥忠于他的君主,天下都想用他做大臣。出售奴婢而不出街巷的,准是好奴婢;弃妇嫁到本乡里的,准是好妇人。如果我不忠于君您,楚国又怎会知道我忠诚呢?忠诚而被遗弃,我不到楚又到哪里去呢?"秦王说:"你说的对,去楚是理所当然的。"

陈轸去楚之秦[1]

陈轸去楚之秦,张仪谓秦王曰:"陈轸为王臣,常以国情输楚。仪不能与从事,愿王逐之。即复之楚,愿王杀之。"王曰:"轸安敢之楚也?"

王召陈轸,告之曰:"吾能听子言,子欲何之?请为子车约[2]。"对曰:"臣愿之楚。"王曰:"仪以子为之楚,吾又自知子之楚。子非楚,且安之也?"轸曰:"臣出,必故之楚,以顺王与仪之策,而明臣之楚与不也[3]。楚人有两妻者,人译其长者[4],詈之;译其少者,少者许之。居无几何,有两妻者死,客谓译者曰:'汝取长者乎?少者乎?'[5]'取长者。'客曰:'长者詈汝,少者和汝,汝何为取长者?'曰:'居彼人之所,则欲其许我也;今为我妻,则欲其为我詈人也。'今楚王,明主也;而昭阳[6],贤相也。轸为人臣,而常以国输楚王,王必不留臣,昭阳将不与臣从事矣。以此明臣之楚与不。"

轸出,张仪入,问王曰:"陈轸果安之?"王曰:"夫轸,天下之辩士也,孰视寡人曰:'轸必之楚。'寡人遂无奈何也。寡人因问曰:'子必之楚也,则仪之言果信矣。'轸曰:'非独仪之言也,行道之人皆知之。昔者,子胥忠其君,天下皆欲以为臣;孝己爱其亲,天下皆欲以为子。故卖仆妾不出里巷而取者,良仆妾也;出妇嫁于乡里者,善妇也。臣不忠于王,楚何以轸为?忠尚见弃,轸不之楚而何之乎?'"王以为然[7],遂善待之。

【注释】
〔1〕本章系年同前篇。"轸出"以下一段,显系错简,应续前篇之尾。
〔2〕车约:鲍本作"约车"。是。约,缚束。

〔3〕楚与:金正炜《补释》谓当作"与楚",下同。不:读为"否"。
〔4〕诮(tiǎo):逗引、诱惑。
〔5〕一本"乎"下有"曰"字。
〔6〕昭阳:楚相国。昭,为楚三大姓之一。
〔7〕《大事记·解题》引《策》文无"王以为然,遂善待之"八字,而有"轸居秦期年,惠王终相张仪而轸奔"十四字。

【译文】

　　陈轸从楚国来到秦国。张仪对秦惠王说:"陈轸做王您的臣,经常把秦国的机密泄漏给楚国。仪我不能与他共事,愿王您能驱逐他。如果他还到楚国去,愿王能够把他杀掉。"惠王说:"陈轸怎么敢到楚国去呢?"

　　惠王召见陈轸,告诉他说:"我可以答应你的请求,你想要到哪里去呢?好替你准备车辆。"陈轸回答道:"臣下愿意到楚国去。"王说:"张仪断定你要到楚国去,我也知道你想到楚国去。你除了楚国,难道不想到别国去吗?"陈轸说:"臣离秦,必定特地到楚国去,以实现王您与张仪杀臣的谋划,同时表明臣是不是与楚有什么私情。楚国有一个人同时娶两个老婆,旁人挑诱那个年岁大的,遭到一顿唾骂;挑诱那个年龄小的,小的顺从了他。过了不多久,有两个老婆的人死了。客对挑诱的人说:'你是娶年龄大的呢?还是娶年轻的呢?''娶年龄大的。'客说:'年龄大的骂了你,年轻的顺从你,你为什么娶年龄大的呢?'回答说:'做别人的妻子,就希望能够顺从我。如今做我的妻子,就希望她能够为了我而骂别人。'如今楚(怀)王是一位明主,而楚相昭阳是一位贤相。轸为秦臣,而经常把秦的机密泄漏给楚国,楚王肯定不会收留我,昭阳也会不肯与我共事。正想趁此机会证实一下臣是不是与楚有私。"

　　轸退出,张仪入见,问惠王说:"陈轸究竟到哪里去?"王答:

"陈轸是天下有名的能言之士,他好好地看了寡人一阵,而后说:'轸决心去楚。'寡人也真的拿他没有办法。寡人因问他说:'你决心去楚,那就证明张仪的话果然是真的了。'陈轸说:'不仅张仪这么说,走路的人都知道这件事。从前伍子胥忠于他的君主,天下都想用他做臣;孝己爱他的父母,天下都想要他做儿子。所以卖奴婢,不出里巷就有人要买,准是好奴婢;弃妇能够嫁到本乡本里的,准是好妇人。臣如果不忠于王您,楚为什么能够用臣呢?忠诚尚且遭到弃逐,轸不去楚国又有哪里可去呢?'"秦王认为陈轸的话有道理,终于很好地待他。

卷四　秦二

齐助楚攻秦[1]

齐助楚攻秦,取曲沃[2]。其后秦欲伐齐,齐楚之交善,惠王患之。谓张仪曰:"吾欲伐齐,齐楚方欢,子为寡人虑之,奈何?"张仪曰:"王其为臣约车并币[3],臣请试之。"

张仪南见楚王,曰:"弊邑之王所说甚者[4],无大大王;唯仪之所甚愿为臣者,亦无大大王。弊邑之王所甚憎者,亦无先齐王[5];唯仪之甚憎者[6],亦无大齐王[7]。今齐王之罪,其于弊邑之王甚厚,弊邑欲伐之,而大国与之欢,是以弊邑之王不得事令[8],而仪不得为臣也。大工苟能闭关绝齐,臣请使秦王献商於之地方六百里[9]。若此,齐必弱,齐弱则必为王役矣。则是北弱齐,西德于秦,而私商於之地以为利也。则此一计而三利俱至。"

楚王大说,宣言之于朝廷,曰:"不穀得商於之田方六百里[10]。"群臣闻见者毕贺[11],陈轸后见,独不贺。楚王曰:"不穀不烦一兵,不伤一人,而得商於之地六百里，寡人自以为智矣。诸士大夫皆贺，子独不贺，何也？"陈轸对曰："臣见商於之地不可得，而患必至也，故不敢妄贺。"王曰："何也？"对曰："夫秦所以重王者，以王有齐也。今地未可得，而齐先绝，是楚孤也。秦又何重孤国？且先出地绝齐，秦计必弗为也。先绝齐，后责地，且必受欺于张仪。受欺于张仪，王必惋之[12]。是西生秦患，北绝齐交，则两国兵必至矣。"楚王不听，曰："吾事善矣！子其弭口无言，以待吾事！"楚王使人绝齐，使者未来，又重绝之。

张仪反，秦使人使齐，齐、秦之交阴合。楚因使一将军受地于秦。张仪至，称病不朝。楚王曰："张子以寡人不绝齐乎？"乃使勇士往詈齐王。张仪知楚绝齐也，乃出见使者，曰："从某至某，广从六里[13]。"使者曰："臣闻六百里，不闻六里。"仪曰："仪固以小人[14]，安得六百里？"使者反报楚王，楚王大怒，欲兴师伐秦。陈轸曰："臣可以言乎？"王曰："可矣。"轸曰："伐秦非计也，王不如因而赂之一名都，与之伐齐，是我亡于秦而取偿于齐也。楚国不尚全乎？王今已绝齐，而责欺于秦，是吾合齐秦之交也，国必大伤！"

楚王不听，遂举兵伐秦。秦与齐合，韩氏从之，楚兵大败于杜陵[15]。故楚之土壤士民非削弱，仅以救亡者，计失于陈轸，过听于张仪。

【注释】

〔1〕此章诸家均据《楚世家》系于赧王二年（前313）。当秦惠王后

元十二年,楚怀王十六年。

〔2〕曲沃:原魏邑。魏有二曲沃,这里指在今三门峡西南之曲沃,公元前314年入于秦。

〔3〕约车并币:准备车辆和玉、帛一类礼物。并,聚积。

〔4〕说甚:依下文例,当作"甚说"。说,敬服。

〔5〕"亦"为衍文。

〔6〕依上文例,"甚"前当有"所"字。

〔7〕依上文例,"大"应作"先"。

〔8〕"是以"句:王念孙谓"事"字下当补"王"字;"令"字在下句"而"下"仪"上。

〔9〕商於:秦地。在楚方城以西(今陕西商南与河南西峡一带)。

〔10〕不穀:君主自称的谦词。穀,善。田:鲍本作"地"。

〔11〕闻见:闻知、听见。见,知。

〔12〕悇:怨恨。

〔13〕广从:宽长。广,宽;从(zòng),长。

〔14〕以:金正炜引《玉篇》:"为也。"

〔15〕杜陵:一作"杜阳",盖即丹阳。

【译文】

齐国协助楚国攻打秦国,夺取了曲沃。其后,秦想要攻伐齐国,齐、楚两国相亲,秦惠王很担忧。对张仪说:"我想要伐齐,而齐、楚正交好,你替寡人出个主意,怎么办才好?"张仪说:"大王为我准备好车辆和财礼,臣可以试一试。"

张仪南行晋谒楚(怀)王,说:"敝国秦王所十分敬佩的,没有超过大王您的;仪我所最愿意臣服侍奉的,也没有超过大王您的。敝国秦王所最痛恨的,没有赶上齐王的;仪我所最憎恶的,也没有赶上齐王的。如今齐王得罪敝国秦王甚重,敝国想要攻打它,而大国楚偏偏与它交好,所以敝国秦王不得事奉大王,而使仪我也不能够做您的臣子。大王如果能够闭关杜绝齐交,臣请让秦王献商於之地方圆六百里。如果这样,齐国必定孤弱,齐弱就一定要听大王您的指使了。这么一来,就是北边削弱齐国,西边有恩于秦,而自身得到商於六百里土地的好处。这是一计而获得三种大利。"

楚王听说,非常高兴,在朝廷公开扬言说:"不榖得到商於的土地,有六百里哩!"群臣听见的,都来祝贺,只有陈轸后来进见,却不道贺。楚王说:"不榖不劳一卒,不伤一人,就白得商於之地六百里,寡人自以为这件事办得十分明智,众士大夫都来道贺,只有你不道贺,这是为何呢?"陈轸回答说:"臣眼见商於之地不可能得到,而且还会招来祸灾,所以不敢妄加称贺。"王说:"这是为何?"陈轸回答说:"想那秦国所以看重王您,是因为您与齐国交好。如今土地未能得到而先与齐国绝交,是使楚国陷于孤立,秦又怎么能重视一个孤立的国家呢?如果先出地而后绝齐,秦肯定不打算这样做。先绝齐而后讨地,将肯定要受张仪的欺骗。受张仪欺骗,大王您肯定要憎恨他。这样,是西边发生秦患,北边断绝齐交,那么秦与齐两国的大军肯定就要到来了。"楚王不听陈轸忠告,说:"我办的这桩事好极了。你闭上嘴不要讲话,且等待事情的成功。"楚怀王派使者与齐绝交,使者尚未返命,又重派出使者绝齐。

张仪返秦,秦立即派人使齐,齐、秦暗中成交。楚国于是派遣一位将军到秦国去接受土地。张仪回到秦国,称病不上朝,以此来回避楚国使臣。楚王说:"张仪以为寡人没有绝齐吗?"于是派遣勇士到齐国去辱骂齐王。张仪知道楚国彻底与齐绝交,遂出见楚使说:"从某地到某地,长宽六里。"使者说:"臣下听说是六百里,没听说是六里。"张仪说:"我本来是个小人物,哪里有得六百里与楚?"使者回报楚王,楚王大怒,想要兴兵伐秦。陈轸说:"臣现在可以发言了吗?"楚王说:"可以了。"陈轸说:

"伐秦并非上策,大王不如因而赂给秦一座大城,与之联合伐齐,是我失之于秦,却从齐国那里得到报偿。楚国不还保全完整吗？王您如今已经绝齐,又来向秦讨还受骗这笔账,是我们促成齐、秦的联合啊,肯定会遭到更大的损伤。"

楚王不听陈轸之言,遂起兵攻秦。秦与齐联合,韩国附从其后。楚军在丹阳打了大败仗。所以楚国土地军民虽然并不弱小,却仅落得救亡不灭的下场,是由于没有听从陈轸的谋划,而误信张仪欺骗之言的缘故。

楚绝齐,齐举兵伐楚[1]

楚绝齐,齐举兵伐楚。陈轸谓楚王曰:"王不如以地东解于齐,西讲于秦[2]。"

楚王使陈轸之秦。秦王谓轸曰[3]:"子秦人也,寡人与子故也。寡人不佞,不能亲国事也[4],故子弃寡人,事楚王。今齐楚相伐,或谓救之便,或谓救之不便。子独不可以忠为子主计,以其馀为寡人乎？"陈轸曰:"王独不闻吴人之游楚者乎？楚王甚爱之,病,故使人问之,曰:'诚病乎？意亦思乎[5]？'左右曰:'臣不知其思与不思,诚思,则将吴吟。'今轸将为王'吴吟'。王不闻夫管与之说乎[6]？有两虎诤人而斗者[7],管庄子将刺之[8],管与止之曰:'虎者戾虫,人者甘饵也。今两虎诤人而斗,小者必死,大者必伤。子待伤虎而刺之,则是一举而兼两虎也。无刺一虎之劳,而有刺两虎之名。'

齐楚今战,战必败。败,王起兵救之,有救齐之利,而无伐楚之害。计听知覆逆者[9],唯王可也[10]。计者,事之本也;听者,存亡之机。计失而听过,能有国者寡也。故曰计有一二者难悖也,听无失本末者难惑。"

【注释】

〔1〕此章《史记·陈轸传》作韩、魏相攻。《水经·济水注》引《竹书纪年》云:"魏襄王七年,韩明率师伐襄丘。"或即此。其时当在赧王三年(前312)。

〔2〕讲:同"媾"。

〔3〕秦王:惠王。

〔4〕亲国事:鲍彪曰:"躬亲治国。"

〔5〕意:金正炜曰:"意与抑同。"

〔6〕管与:人名。《陈轸传》作"馆竖子"。

〔7〕诤:一作"争"。是。

〔8〕管庄子:一作"卞庄子"。梁玉绳曰:"岂庄子为卞邑大夫,而其姓为管乎?"

〔9〕覆逆:帛书第四十二章作"顺逆"。

〔10〕唯王:王念孙曰:"'唯'与'虽'同。王,读如'王天下'之'王'。"

【译文】

楚国与齐绝交,齐国兴兵伐楚。陈轸对楚王说:"王不如用割地的办法,东边解除齐国之难,西边与秦媾和。"

楚王派陈轸出使秦国。秦(惠)王对陈轸说:"你原是秦国的人,寡人与你是故旧啊。寡人不才,不能亲理国事,所以你离开寡人去服事楚王。如今齐、楚相攻,有人说救齐有利,有人说救齐不利。你难道不能忠心为你的君主谋虑之余,为寡人也筹划一下吗?"陈轸说:"王难道没有听说吴人仕楚的故事吗?楚王非常宠爱他,吴人病,王命左右探视。返,王问:'是真的有病呢,还是思念家乡呢?'左右说:'臣不知他是不是思念家乡,如真的思乡就会哼起吴地小调。'如今轸也为王您哼一曲'吴调'。王不曾闻听过管与的话吗?有两只猛虎为争食一人而斗了起来,管庄子将要刺杀虎,管与阻拦说:'老虎是很残暴的猛兽,人是它甘美的食物。如今两虎争人斗了起来,弱小的肯定会死,强大的肯定会伤。你等它受伤后再来刺杀,便是一举而兼得两虎。不用费刺一虎的劲,而有杀二虎的名。'齐、楚如今开战,必有一败。如齐败,王发兵援救,可收救齐之利,而不会冒伐楚的风险。计事听言知道正误顺逆的,虽王天下不难做到。谋虑,是做事的根本;听言,是存亡的关键。谋虑有失,听言有误,能够长久保有国家的是很少见的啊!所以说:'谋而深思熟虑者不误,听而不失本末者难惑。'"

秦惠王死,公孙衍欲穷张仪[1]

秦惠王死,公孙衍欲穷张仪[2]。李雠谓公孙衍曰[3]:"不如召甘茂于魏,召公孙显于韩[4],起樗里子于国。三人者,皆张仪之仇也。公用之,则诸侯必见张仪之无秦矣。"

【注释】

〔1〕诸家并系此章于赧王四年(前311)。钟氏《勘研》云:"《张仪传》称'仪已卒之后,犀首入相秦';且据《樗里子、甘茂传》,惠王死时,茂方在秦,疾亦未退废,此章所言恐误。"钟说是。

〔2〕见《秦策一·楚攻魏,张仪谓秦王》注。
〔3〕李雠(chóu):秦人。
〔4〕公孙显:鲍彪曰:"秦人。"

【译文】

秦惠王死,大良造公孙衍想要难倒张仪。秦人李雠对公孙衍说:"不如把甘茂从魏国召回,把公孙显从韩国召回,国内起用樗里疾。他们三个人都是张仪的仇敌,您如今起用他们,那么诸侯准会知道张仪在秦国失宠了。"

义渠君之魏[1]

义渠君之魏[2],公孙衍谓义渠君曰[3]:"道远,臣不得复过矣!请谒事情。"义渠君曰:"愿闻之。"对曰:"中国无事于秦,则秦且烧焫获君之国[4],中国为有事于秦,则秦且轻使重币而事君之国也[5]。"义渠君曰:"谨闻令。"

居无几何,五国伐秦[6]。陈轸谓秦王曰:"义渠君者,蛮夷之贤君,王不如赂之以抚其心。"秦王曰:"善。"因以文绣千匹,好女百人,遗义渠君。

义渠君致群臣而谋曰:"此乃公孙衍之所谓也。"因起兵袭秦,大败秦人于李帛之下[7]。

【注释】

〔1〕诸家均系此章于周慎靓王三年(前318)。
〔2〕义渠君:西北少数民族小国的君主。义渠旧址在今甘肃省合

水、环县、泾川一带。

〔3〕公孙衍时仕魏。

〔4〕烧焫（ruò）：焚烧。获：掠夺。

〔5〕轻使重币：快使与重礼。

〔6〕五国：据《六国年表》为魏、韩、赵、楚、燕。

〔7〕李帛：高诱注曰："秦邑。"帛，《史记》《后汉书·西羌传》均作"伯"。

【译文】

西戎义渠国君到魏国去，公孙衍对义渠君说："道路很远，臣再没机会相过拜见了，请奉告您一件事情。"义渠君说："我很愿听一听。"公孙衍回答说："如中原诸侯不来加兵于秦，那么秦就要灭毁君国，一旦中原诸侯来给秦找麻烦，那么秦就会不吝用快使重礼来服事君的国家了。"义渠君说："恭聆教命。"

过了不久，魏、韩、赵、楚、燕五国攻秦。陈轸对秦王说："义渠国君，是蛮夷的贤国君，王不如馈送他财币，用来笼络他的心。"秦王说："很好。"于是用一千匹锦绣、一百名美女，赠送给义渠国君。

义渠君召集群臣商量说："这就是公孙衍所说的那桩事。"于是遂发兵袭秦，大败秦兵于李城之下。

医扁鹊见秦武王[1]

医扁鹊见秦武王[2]，武王示之病，扁鹊请除[3]。左右曰："君之病，在耳之前，目之下，除之未必已也，将使耳不聪，目不明。"君以告扁鹊。扁鹊怒而投其石[4]："君与知之者谋之，而与不知者败之！使此知秦国之政

105

也$^{[5]}$,则君一举而亡国矣!"

【注释】

〔1〕据《史记·扁鹊传》,扁鹊和赵简子同时,下距秦武王(前310—前307在位)几二百年。故此策当为传闻依托之辞。

〔2〕扁鹊:春秋末名医。卢地人,字越人。或云越地人,姓秦,名少齐。今本《史记》本传则谓为渤海郡郑(按,当为"鄭")人,姓秦名越人。

〔3〕除:医除。

〔4〕石:治病用的石针。一本"石"下有"曰"字。

〔5〕知:掌管,料理。

【译文】

医生扁鹊进见秦武王,武王把自己的病告诉他,扁鹊请替他医除。王左右的人说:"君王的病,在耳朵的前部,眼目的下方,治疗未必奏效,而且会使耳的听力和眼的视力受影响。"武王把这话告诉扁鹊。扁鹊很生气,丢掉医病的砭石,说:"君王与内行人商量治病良策,而又与外行人推翻它。假使料理秦国的政事也像这样,那么君一举就可使国家灭亡了。"

秦武王谓甘茂$^{[1]}$

秦武王谓甘茂曰$^{[2]}$:"寡人欲车通三川$^{[3]}$,以窥周室,而寡人死不朽乎$^{[4]}$!"甘茂对曰:"请之魏,约伐韩$^{[5]}$。"王令向寿辅行$^{[6]}$。

甘茂至魏,谓向寿:"子归告王曰:'魏听臣矣!然愿王勿攻也!'事成,尽以为子功。"向寿归以告王,王迎甘茂于息壤[7]。

甘茂至,王问其故,对曰:"宜阳[8],大县也;上党、南阳[9],积之久矣[10],名为县,其实郡也。今王倍数险[11],行千里而攻之,难矣!臣闻张仪西并巴蜀之地[12],北取西河之外[13],南取上庸[14],天下不以为多张仪而贤先王[15]。魏文侯令乐羊将[16],攻中山[17],三年而拔之。乐羊反而语功,文侯示之谤书一箧,乐羊再拜稽首曰:'此非臣之功,主君之力也!'今臣,羁旅之臣也;樗里疾、公孙衍二人者[18],挟韩而议,王必听之,是王欺魏,而臣受公仲侈之怨也[19]。昔者,曾子处费[20],费人有与曾子同名族者而杀人。人告曾子母曰:'曾参杀人。'曾子之母曰:'吾子不杀人!'织自若。有顷焉,人又曰:'曾参杀人!'其母尚织自若也。顷之,一人又告之曰:'曾参杀人!'其母惧,投杼逾墙而走。夫以曾参之贤与母之信也,而三人疑之,则慈母不能信也。今臣之贤不及曾子,而王之信臣又未若曾子之母也,疑臣者不适三人[21],臣恐王之为臣投杼也!"王曰:"寡人不听也,请与子盟!"于是与之盟于息壤。

果攻宜阳,五月而不能拔也。樗里疾、公孙衍二人在,争之王,王将听之,召甘茂而告之。甘茂对曰:"息壤在彼!"王曰:"有之。"因悉起兵,复使甘茂攻之,遂拔宜阳。

【注释】

〔1〕据《六国年表》秦击宜阳在赧王七年(前308),攻克在翌年。

〔2〕秦武王:惠王子。甘茂:见《东周策·秦攻宜阳》注〔5〕。

〔3〕三川:韩郡。

〔4〕朽:黄丕烈曰:"今本作'朽'。"

〔5〕东、西周都在韩土包围之中,故伐韩。

〔6〕向寿:秦武王异母宣太后外族,时仕秦。

〔7〕息壤:秦邑。在今陕西咸阳市东郊。

〔8〕宜阳:韩邑。见《东周策·秦攻宜阳》注〔1〕。

〔9〕上党、南阳:韩二郡。分见《东周策·或为周最谓金投》注〔6〕与《西周策·秦召周君》注〔3〕。

〔10〕积:积蓄。

〔11〕倍数险:越过好几处险隘。倍,同"背"。数险,指肴、函。

〔12〕"臣闻"句:秦惠王后元九年(前316),使张仪、司马错伐巴蜀,灭之。参见《秦策一·司马错与张仪争论于秦惠王前》并注。

〔13〕北取西河:秦惠王八年(前330),魏被迫献西河郡地;十年又献上郡十五县。两地均属西河之外。

〔14〕上庸:楚县名(在今湖北竹山县西南),当时属汉中。秦惠王后元十三年(前312)为秦所取。

〔15〕为:鲍注:"衍'为'字。"多:赞许。

〔16〕魏文侯:魏君,名斯。战国魏的建立者。乐羊:魏将。

〔17〕中山:春秋末白狄族所建国名。详《中山策》。

〔18〕樗里疾:见《西周策·秦令樗里疾以车百乘入周》注〔2〕。公孙衍:当作"公孙郝"。郝,一作"奭"、"赫"或"显"。秦诸公子。《新序》曰:"樗里疾、公孙子,皆秦诸公子,其外家韩也。"

〔19〕公仲侈:韩相公仲佣。"侈"为"佣"之讹。

〔20〕曾子:曾参,孔子弟子。传说他最孝父母。费(bì):鲁邑。在今山东费县北。

〔21〕不适:不仅。适,同"啻"。

【译文】

秦武王对甘茂说:"寡人想要车子通过三川,以窥视洛阳王城,寡人虽死也就不朽了吧?"甘茂回答说:"臣请到魏国去,约它来共同攻伐韩国。"武王任命向寿做甘茂副手同行。

甘茂到了魏国,对向寿说:"你回国报告秦王,就说:'魏国应允了甘茂的请求,但是希望大王不要攻韩。'事成之后,这份功劳全归于你。"向寿回国把这话报告给秦王,秦王到息壤去迎接甘茂。

甘茂来到息壤,武王问所以不攻韩的缘故。甘茂回复说:"宜阳,是一个大县;上党和南阳的财赋在那里蓄积多年,名虽是县,其实是郡呵。如今大王越过许多险阻,且远行千里去攻韩,太难啦。臣听说张仪往西兼并巴、蜀的地盘,往北攻取魏的西河之外,往南攻克楚上庸城,天下并不因此推重张仪,而是赞美先王(惠王)的贤能。魏文侯任命乐羊为将,去攻打中山国,经过三年才攻取。乐羊回国论功,文侯拿出一筐诬谤他的书信让他看,乐羊一再叩头至地,说:'这不是臣的功劳,乃是君主您的力量啊!'如今我是外籍的臣子,樗里疾、公孙郝二人,抓住伐韩而构陷臣罪,王肯定会听信,这是王与魏约而不信,而使臣获得韩相公仲朋的怨恨。从前曾参居住鲁国费邑,费人有与他同姓名的杀了人,别人告诉曾参的母亲说:'曾参杀人了。'曾子的母亲说:'我儿不会杀人。'仍旧低头织布。隔了一刻,又有人说:'曾参杀人了。'他的母亲还是织布不停。过了一会儿,一个人又告诉她说:'曾参杀人了。'他的母亲很害怕,扔掉梭子就跳墙逃走了。就拿曾参的贤德,和母亲对儿子的信任,三个人使她怀疑,那么慈母也失掉信任了。如今臣的贤能赶不上曾子,而王的相信臣又赶不上曾母相信她的儿子,怀疑臣的何止三个人,臣恐怕大王也要为臣而'丢梭'啊!"秦王说:"寡人不听那些闲语,请与你于神前立誓缔约。"于是在息壤与甘茂立下盟约。

后来果然攻打宜阳,历时五个月而未能攻克。樗里疾、公孙郝在朝,于王前争言伐韩的弊病,武王打算听从他们的意见,召回甘茂告诉他这件事。甘茂应对说:"现有息壤的盟约在那里放着。"武王说:"是有这回事。"于是全部起兵,再次使甘茂进攻,终于拿下了宜阳。

宜阳之役冯章谓秦王[1]

宜阳之役冯章谓秦王曰[2]:"不拔宜阳,韩、楚乘吾弊,国必危矣!不如许楚汉中以欢之[3]。楚欢而不进,韩必孤,无奈秦何矣!"王曰:"善。"果使冯章许楚汉中,而拔宜阳。楚王以其言责汉中于冯章。冯章谓秦王曰:"王遂亡臣[4]。固谓楚王曰[5]'寡人固无地而许楚王'。"

【注释】
〔1〕见上章注〔1〕。顾氏《编年》隶此于赧八年(前307)。
〔2〕冯章:秦臣。
〔3〕汉中:原为楚地,秦惠王后元十三年(前312)为秦。
〔4〕"王遂"句:鲍彪曰:"诈为逐之。"
〔5〕固:鲍本作"因",是。

【译文】
宜阳之战秦人冯章对秦王说:"拿不下宜阳,韩、楚乘秦之弊而来攻,国家一定很危险了!不如答应给楚以汉中之地,使它高兴。楚国高兴而不出兵,韩国必然孤立无援,就不能把秦怎么样了!"秦王说:"很好!"遂派遣冯章做使者,答应割让给楚国以汉中之地,秦国遂拿下宜阳。楚(怀)王拿冯章的话,向秦讨汉中之地。冯章对秦王说："大王干脆下令驱逐臣，因而对楚王说：'寡人本来没有答应割给楚王土地。'"

甘茂攻宜阳[1]

甘茂攻宜阳，三鼓之而卒不上。秦之右将有尉对曰："公不论兵[2]，必大困。"甘茂曰："我羁旅而得相秦者，我以宜阳饵王[3]。今攻宜阳而不拔，公孙衍、樗里疾挫我于内[4]，而公中以韩穷我于外[5]，是无伐之日已[6]！请明日鼓之，而不可下，因以宜阳之郭为墓。"于是出私金以益公赏。明日鼓之，宜阳拔。

【注释】

〔1〕系年见前《秦武王谓甘茂》注〔1〕。
〔2〕论兵：谓以法治军。
〔3〕饵：高注："饵，犹喜也。"按，此以钓为喻。
〔4〕公孙衍：《史记》作"公孙奭"。参见《秦武王谓甘茂》注〔18〕。
〔5〕公中：即公仲朋，时为韩将。
〔6〕无伐：吴师道曰："一本作'无茂'，是，盖字讹。"

【译文】

甘茂率兵攻打宜阳，擂三通鼓而士卒也不向前冲锋。秦的右将麾下有一名军尉对甘茂说："公不用法治军，肯定会遭到更大挫败。"甘茂说："我以一个外籍之人而得为秦的丞相，我本来是想用进攻宜阳来使秦王高兴。如今进攻宜阳而不能拿下，公孙郝、樗里疾谗毁我于内，而公仲朋用韩困我于外，是没有我甘茂的好日子过了！明天如果三鼓仍然攻不下来,宜阳城就是我的葬身之处！"于是拿出个人的金钱来增加战功的奖赏。明天擂鼓进军,一举攻破宜阳。

宜阳未得[1]

宜阳未得,秦死伤者众,甘茂欲息兵。左成谓甘茂曰:"公内攻于樗里疾、公孙衍[2],而外与韩侈为怨[3],今公用兵无功,公必穷矣。公不如进兵攻宜阳,宜阳拔,则公之功多矣。是樗里疾、公孙衍无事也,秦众尽怨之深矣[4]！"

【注释】

〔1〕系年见《秦武王谓甘茂》注〔1〕。

〔2〕公孙衍:《史记》作"公孙奭"。详上文注〔4〕。

〔3〕韩侈:即公仲朋。侈,为"佣"之讹。参见上文注〔5〕。

〔4〕鲍彪曰:"使茂久攻,二人持之故也。"持,犹言掣肘。

【译文】

韩邑宜阳没有攻下,秦兵死伤的很多,甘茂想要休兵。左成对甘茂说:"您在国内被樗里疾和公孙郝所攻击谗毁,而在国外与韩相公仲朋结怨,您如今用兵没有功绩,必定无路可走了。您不如坚持进攻宜阳,宜阳攻破,那么您的战功就大了。那时樗里疾、公孙郝再也不会有攻击您的事了,秦国民众都会深怨他二人谋阻攻伐宜阳的行为。"

宜阳之役楚畔秦而合于韩[1]

宜阳之役楚畔秦而合于韩[2],秦王惧。甘茂曰:"楚虽合韩,不为韩氏先战,韩亦恐战而楚有变其后,韩楚必相御也[3]。楚言与韩而不馀怨于秦,臣是以知其御也。"

【注释】
〔1〕系年见《秦武王谓甘茂》注〔1〕。
〔2〕"宜阳"二句:秦攻韩宜阳,楚将景翠率军救韩。参见《东周策·秦攻宜阳》章。
〔3〕御:防备。

【译文】
宜阳战役楚国背叛秦国而与韩合好。秦(武)王很是忧惧。甘茂说:"楚虽与韩合好,却不可能为韩氏而先与秦交战;韩国也恐怕与秦打起仗来,楚国有变而攻其背后。韩、楚必互相戒备。楚国表面说是与韩合作,却避免秦国对它产生怨恨,臣因此知道韩、楚会互相防备。"

秦王谓甘茂[1]

秦王谓甘茂曰:"楚客来使者多健,与寡人争辞,寡人数穷焉。为之奈何?"甘茂对曰:"王勿患也!其健者来使者,则王勿听其事;其需弱者来使[2],则王必听之。然则需弱者用而健者不用矣,王因而制之。"

【注释】

〔1〕缪氏《考辨》云:"甘茂以秦惠文王后元十三年至秦,昭王元年奔齐,在秦时间长达七年,此章未能定在何年。"

〔2〕需弱:懦弱。需、懦通假。

【译文】

秦王对甘茂说:"楚国来使的客人大多都很善辩,寡人与他们争论,往往理屈辞穷,这可怎么办呢?"甘茂应对说:"大王无须忧虑!来使如果善辩,那么王不要听他说的那一套就是了;来使如果是懦弱的,王一定要认真听他的话。这样懦弱的用事,善辩的就退后了。大王从而就可以驾驭他们了。"

甘茂亡秦[1]

甘茂亡秦[2],且之齐。出关,遇苏子[3]。曰:"君闻夫江上之处女乎[4]?"苏子曰:"不闻。"曰:"夫江上之处女,有家贫而无烛者,处女相与语,欲去之。家贫无烛者将去矣,谓处女曰:'妾以无烛故,常先至扫室布席。何爱馀明之照四壁者?幸以赐妾,何妨于处女?妾自以有益于处女,何为去我?'处女相语以为然,而留之。今臣不肖,弃逐于秦而出关,愿为足下'扫室布席',幸无我逐也!"苏子曰:"善。请重公于齐。"

乃西说秦王曰："甘茂,贤人,非恒士也[5]。其居秦,累世重矣[6],自殽塞、豀谷[7],地形险易,尽知之。彼若以齐约韩、魏,反以谋秦,是非秦之利也。"秦王曰:"然则奈何?"苏代曰:"不如重其贽[8]、厚其禄以迎之。彼来,则置之槐谷[9],终身勿出。天下何从图秦?"秦王曰:"善。"与之上卿,以相迎之齐。

甘茂辞不往。苏秦伪谓王曰[10]:"甘茂,贤人也。今秦与之上卿,以相迎之;茂德王之赐[11],故不往,愿为王臣。今王何以礼之?王若不留,必不德王。彼以甘茂之贤,得擅用强秦之众,则难图也!"齐王曰:"善。"赐之上卿,命而处之[12]。

【注释】

〔1〕鲍彪曰:"《茂传》,昭元年,击魏皮氏,未拔,去。"顾氏《编年》系此于赧王九年(前306)。

〔2〕"苦茂"句:时甘茂为向寿、公孙郝所谗,故惧而逃亡。亡,一作"去"。

〔3〕苏子:《史》作"苏代"。

〔4〕处女:谓群居的女子。处,居。

〔5〕恒士:普通的士人。

〔6〕累世:谓秦惠王、武王、昭王三世。

〔7〕殽塞:即殽山。豀谷:《史记》作"鬼谷"。姚宏又谓应作"槐谷",即槐里之谷。

〔8〕贽:见面的礼物。

〔9〕槐谷:姚宏引《后语》注云:"今京兆始平之地。"始平,郡治槐里,在今陕西兴平东南。

〔10〕苏秦:《史记》作"苏代",是。

〔11〕德:感激恩德。作动词用。

〔12〕命:当面受命。

【译文】

甘茂逃离秦国,将要到齐国去。出函谷关遇上苏代,说:"你听说过江上女子群居的事吗?"苏代说:"没有听说过。"甘茂说:"江上群居女子,有一位因家贫而买不起蜡烛的,别的女子互相商量,想要把她赶走。买不起蜡烛的那位女子准备要离开了,对大家说:'我因为买不起蜡烛的缘故,每天都先到,打扫屋子,铺好席子。你们何必吝惜照射四壁的余光?希望能够赐给我,这对大家又有什么妨碍呢?我个人以为对大家有好处,又何必赶我走呢?'群居女子大家商议,觉得她说的话有道理,就把她留下了。如今敝人不才,被秦弃逐出关,愿为足下'扫室铺席',希望不要把我赶掉啊!"苏代说:"好。我请求齐国重用您。"

苏代于是西行,游说秦王道:"甘茂是一位很有才干的人,并非平庸之辈啊!他在秦国历经几朝,都居重位,自殽塞、谿谷地形的险易,他都了如指掌。他如果用事于齐约了韩、魏,反过来图谋秦国,这可是对秦不利呀!"秦王说:"那么怎办才好呢?"苏代说:"不如馈以重礼,许以厚禄,把他接回秦国来。他如果回来,就安置在槐谷那个地方,终身不放他出来,天下又从哪里图谋秦国呢?"秦王说:"很好。"许甘茂以上卿之位,准备从齐国把他迎回来。

甘茂辞秦不往。苏代为甘茂对齐(湣)王说:"甘茂是一位贤人。如今秦国许他上卿之位,来迎回他,甘茂感戴大王赏赐之恩,所以不回去,愿意做大王的臣下。现在大王准备用什么来礼遇他呢?大王如果不挽留他,他一定不会感激您。强秦倚靠甘茂的才能来指挥它的军队,那就不好对付了!"齐王说:"你说得对。"于是赐给甘茂上卿之位,让他留在齐国。

甘茂相秦[1]

甘茂相秦。秦王爱公孙衍,与之间有所立[2],因自谓之曰:"寡人且相子。"甘茂之吏道而闻之[3],以告甘茂。甘茂因入见王,曰:"王得贤相,敢再拜贺。"王曰:"寡人托国于子,焉更得贤相?"对曰:"王且相犀首。"王曰:"子焉闻之?"对曰:"犀首告臣。"王怒于犀首之泄也,乃逐之。

【注释】

〔1〕此篇姚本与上章连篇,鲍本另列一篇。《大事记》系此于赧王八年(前307),解题云:"茂虽为衍所引,权利相倾,固不足怪者。衍既去秦,其事不复见。《韩非子》载:'犀首与张寿为怨。陈需新入,不善犀首,因使人微杀张寿,魏王以为犀首也,乃诛之。'然则衍去秦之后,终为魏所杀也。"或谓此乃拟托之辞,不足信。

〔2〕立:王引之谓当作"言",《韩非子·外储说》正作"言"。

〔3〕道而闻之:《韩非子》"而"作"穴",谓凿穴窃听。

【译文】

甘茂做秦国的丞相。秦王喜爱公孙衍,跟他闲暇的时候站立在一起,因而主动地对他说:"寡人将用你做丞相。"甘茂的下属偶而听到这个消息,把它告诉给甘茂。甘茂于是入见秦王,说:"王得到贤能的丞相,臣冒昧前来拜贺。"秦王说:"寡人把国家托付给你,哪里又得什么贤相?"甘茂应对说:"王将要用犀首

(公孙衍官名)做丞相。"王说："你从哪里听到这话？"甘茂应对说："是犀首告诉臣的。"秦王恼恨犀首泄漏机密,遂把他赶出秦国。

甘茂约秦、魏而攻楚[1]

甘茂约秦、魏而攻楚。楚之相秦者屈盖[2],为楚和于秦[3],秦启关而听楚使。甘茂谓秦王曰："怵于楚而不使魏制和[4],楚必曰:'秦鬻魏[5]。'不悦而合于楚[6],楚魏为一,国恐伤矣。王不如使魏制和,魏制和,必悦。王不恶于魏,则寄地必多矣。"

【注释】

〔1〕顾氏《编年》系此于赧王三年(前312),云："是年,秦败楚于蓝田,魏又袭楚至邓,故附此。"按,此策与史实多所龃龉,恐有误。

〔2〕"楚之"句:屈盖相秦之事无考,"相"字疑误。屈盖,一作"屈匄",楚大夫,楚秦丹阳之战为楚军大将,被秦所俘。

〔3〕"为楚"句:或蓝田战后,秦曾有想通过屈盖与楚讲和之事。诸史无书,待考。

〔4〕怵(xù):鲍本作"诉(xù)",劝诱。

〔5〕鬻(yù):卖。

〔6〕"不"前当补一"魏"字。

【译文】

甘茂约了秦、魏去攻打楚国。楚国推荐给秦国做丞相的屈盖(楚人),为楚国向秦国媾和,秦打开函谷关允许楚国使者入境。甘茂对秦王说："劝说楚国单独媾和,而不让魏国来主持和约,楚肯定会说:'秦出卖了魏国。'魏国不高兴而与楚国合作,楚、魏为一,秦国恐怕就要受到损害啦!大王莫如让魏国去主持和约,魏王肯定会高兴。大王不得罪魏国,那么魏国会有大片土地寄放在那里,准备割让给秦国哩。"

陉山之事[1]

陉山之事[2],赵且与秦伐齐。齐惧,令田章以阳武合于赵[3],而以顺子为质[4]。赵王喜,乃案兵,告于秦曰:"齐以阳武赐弊邑[5],而纳顺子,欲以解伐,敢告下吏[6]。"

秦王使公子他之赵[7],谓赵王曰:"齐与大国救魏而倍约[8],不可信恃,大国不义[9],以告弊邑,而赐之二社之地[10],以奉祭祀。今又案兵,且欲合齐而受其地,非使臣之所知也!请益甲四万,大国裁之!"

苏代为齐献书穰侯曰:"臣闻往来之者言曰[11]:'秦且益赵甲四万人以伐齐。'臣窃必之弊邑之王曰[12]:'秦王明而熟于计,穰侯智而习于事,必不益赵甲四万人以伐齐。'是何也?大三晋相结,秦之深仇也。三晋百背秦,百欺秦,不为不信,不为无行。今破齐以肥赵,赵,秦之深仇,不利于秦,一也。秦之谋者必曰:'破齐弊晋,而后制晋、楚之胜。'夫齐,罢国也[13],以天下击之,譬犹以千钧之弩溃痈也[14]。秦王安能制晋、楚哉!二也。秦少出兵,则晋、楚不信;多出兵,则晋、楚为制于秦。齐恐,则必不走于秦,且走晋楚。三也。齐割地以实晋、楚,则晋、楚安;齐举兵而为之顿剑[15],则秦反受兵。四也。是晋、楚以秦破齐,以齐破秦,何晋、楚之智而齐、秦之愚?五也。秦得安邑[16],善齐以安之,亦必无患矣。秦有安邑,则韩、魏必无上党哉!夫取三晋之肠胃[17],与出兵而惧其不反也,孰利?故臣窃必之弊邑之王曰:'秦王明而熟于计,穰侯智而习于事,必不益赵甲四万人以伐齐矣。'"

【注释】

〔1〕本章又见于《史记·穰侯列传》。鲍彪曰:"魏背秦,与齐从亲,秦使穰侯攻赵、韩、魏于华阳下,且益赵以兵伐齐,则此役也。"事在秦昭三十四年、周赧王四十二年(前273)。唐兰则以为事在周赧王三十年(前285)乐毅约五国伐齐之前(《司马迁所没有见过的珍贵史料》附注二十九,载《战国纵横家书》)。今按,此恐为赧十四年(前301)稍后之事。据《赵策四·魏败楚于陉山》,钟氏《勘研》云:"此云'禽唐明',盖即《楚记》怀二十八年'秦与齐、韩、魏共攻楚,杀唐眛,取重丘'事。《秦纪》昭八年(依《楚记》及《表》应在昭六年)作'齐使章子,魏使公孙喜,韩使暴鸢,共攻楚方城,取唐眛'。《吕氏春秋·处方》篇所谓'齐令章子将而与韩、魏攻荆,荆合唐蔑将而应之。……夹泚水而军。……杀唐蔑'当亦系一事。此殆缘著作非自一手,故于人、地遂各有异。"据《赵策四》,唐明(眛)被擒,楚王惧,派昭应遣太子至齐求和,未成。先是赵武灵王想击败楚国,遂与秦、宋缔交,后赵、宋又与楚和,其约秦伐齐当是此时之事,或齐有背赵约之事而赵伐之也。魏败楚陉山在楚怀二十八、秦昭六,即赧十四,则本章之事应在其后。今系于赧王十五年(前300)。

〔2〕陉(xíng)山:指在楚南阳郡一段。此山在楚北、韩南,绵亘甚远,故苏秦说楚曰:"北有陉塞。"说韩曰:"南有陉山。"高诱以为赵之井陉塞,唐兰亦主此说,恐非。

〔3〕田章:齐将。或云即匡章、章子。见注〔1〕。阳武:当为章武,齐邑,在今河北沧州。

〔4〕顺子:齐公子。

〔5〕弊邑:赵自指。

〔6〕告下吏:谓告知秦王下属官吏。不言直告秦王,这是表示尊贵对方君主的外交辞令。

〔7〕公子他:秦公子。他,亦作"池"。

〔8〕大国:指赵。

〔9〕不义:不以为义。不,或作"弗"。

〔10〕二社:二邑。古时邑中立社,故云。

〔11〕之者:鲍、吴俱谓宜作"者之"。诸祖耿云:"《初学记》二十二、《御览》三五五引,俱作'臣闻往来者之言曰'。"

〔12〕必之:对……打保票。

〔13〕罢:同"疲"。

〔14〕"譬犹"句:意是说极其轻而易举。

〔15〕顿剑:挥剑。顿,上下抖动。这里指出兵。

〔16〕秦得安邑:谓秦攻占安邑。得,取得,观下文自明。安邑,鲍注云:"魏地,亦属韩,犹上党两属。"或以秦昭王二十一年,魏以安邑入秦之事实之,恐非。

〔17〕肠胃:高诱曰:"喻腹心。"指安邑、上党。

【译文】

魏攻楚北陉山,赵与齐约助魏,而齐国背约,赵将与秦共同伐齐。齐国很害怕,派遣田章割让章武之地与赵讲和,并用公子顺子做人质。赵王很高兴,于是按兵不动,告诉秦王说:"齐国用章武赐给敝国,又送顺子到赵做人质,以解除对它的攻伐。赵国敢以此告知您的下属官吏。"

秦王使公子他至赵,对赵王说:"齐与大国赵谋救魏,却撕毁盟约,实不可信赖。大国赵以为齐国不义,曾经以此下告敝国,约以伐齐,并赐与敝国两邑之地,承命祀奉那里的社神。今大国赵反而按兵不动,将要和齐而接受它的土地,使臣我不知道这是怎么回事。如今再予增派四万伐齐甲兵,请大国决断如何办理。"

苏代为齐国上书给秦相穰侯魏冉,道:"臣听来往的人说:'秦将增援赵国四万甲兵来伐齐。'臣私下曾向敝国齐王打过保票,说:'秦王明察而谋虑深远,穰侯智慧而办事老练,肯定不会给赵增派四万甲兵来伐齐。'为啥这样说呢?须知三晋(赵、魏、韩)相结合,是秦国很重大的敌人。三晋一百次背叛秦,一百次欺侮秦,也不能说无信,也不能算无行。如今破齐来养肥赵,赵是秦的大敌,不利于秦。这是一。秦的谋臣一定会说:'使赵攻破齐国,赵也将疲敝,而后对付晋、楚,可稳操胜券。'须知齐已经是一个很疲敝的国家,用天下的兵来攻击它,好比用千钧的弩箭来射破脓疖啊。(齐破而赵不疲)秦王更怎能制服晋、楚呢?这是二。秦国出兵少了,则晋、楚不相信秦能伐齐;多出兵,则晋、楚将受到秦的挟制。齐国恐慌,就必然不投靠秦而投奔晋、楚。这是三。齐国割地来充实晋、楚,则晋、楚得安。齐既投奔晋、楚,必发兵为其挥剑冲杀,则秦反而遭受刀兵之灾。这是四。这样,是晋、楚利用秦来攻破齐,再利用齐来攻破秦,晋、楚为何这么明智,而齐、秦又为何这么愚蠢呢!这是五。秦占领韩魏的安邑,亲善齐而使自己安宁,也就一定不会有忧患了。秦有安邑,则韩、魏的上党也就岌岌可危了。试想,攻取三晋的心腹之地,跟出兵而担心它回不来,哪一个有利呢?所以臣私下向敝国的君王打保票说:'秦王明察而谋虑深远,穰侯智慧而办事老练,肯定不会给赵增发四万甲兵来伐齐。'"

秦宣太后爱魏丑夫[1]

秦宣太后爱魏丑夫[2]。太后病,将死,出令曰:"为我葬,必以魏子为殉!"魏子患之。

庸芮为魏子说太后曰[3]:"以死者为有知乎?"太后曰:"无知也。"曰:"若太后之神灵,明知死者之无知矣,何为空以生所爱,葬于无知之死人哉?若死者有知,先王积怒之日久矣[4],太后救过不赡[5],何暇乃私魏丑夫乎?"太后曰:"善。"乃止。

【注释】

〔1〕据《史记·秦本纪》及《六国表》,秦宣太后之死在昭襄王四十二年,当赧王五十年(前265)。顾观光谓当赧王四十九年。

〔2〕宣太后,高诱曰:"惠王之后,昭襄王母,故曰太后也。"魏丑夫:魏人,仕秦。《御览》五五三引作"魏徐"。

〔3〕庸芮:秦臣。

〔4〕先王:指秦惠王。

〔5〕赡:足。

【译文】

秦昭王母宣太后宠爱魏丑夫。太后患病将死,下令说:"给我安葬的时候,必用魏丑夫来从葬。"丑夫对这件事很忧愁。

秦臣庸芮替魏丑夫对宣太后说:"您以为死人是有知觉的吗?"太后说:"当然是无知的了。"庸芮说:"像太后的聪颖睿智,明知死者没有知觉,为何白白用生前所宠爱的人,给无知的死人做陪葬呢?如果说死者有知,先王对您积怒恐怕不是一天两天了,太后您悔过还来不及,哪有工夫私爱魏丑夫呢?"太后说:"你说得是。"遂不用魏丑夫殉葬。

卷五　秦三

薛公为魏谓魏冉[1]

薛公为魏谓魏冉曰[2]："文闻秦王欲以吕礼收齐[3]，以济天下，君必轻矣。齐、秦相聚以临三晋，礼必并相之，是君收齐以重吕礼也。齐免于天下之兵，其仇君必深。君不如劝秦王令弊邑卒攻齐之事[4]。齐破，文请以所得封君。齐破晋强[5]，秦王畏晋之强也，必重君以取晋[6]；齐予晋弊邑[7]，而不能支秦，晋必重君以事秦。是君破齐以为功，操晋以为重也[8]。破齐定封，而秦、晋皆重君；若齐不破，吕礼复用，子必大穷矣。"

【注释】

〔1〕据吕祖谦《大事记》，此事发生在齐湣王灭宋之前，孟尝君去齐相魏之时。当周赧王二十九年（前286）。

〔2〕薛公：孟尝君田文在齐袭封于薛，故称。魏冉：秦相。

〔3〕吕礼：时由秦至齐。参见《东周策·周最谓石礼》注〔1〕。收：联合。

〔4〕弊邑：当时各国对外的谦称。这里指魏。卒：完成。

〔5〕晋：这里指魏。魏为三晋之一，故称。

〔6〕"必重"句：必倚重魏冉以联络魏国。取，合。

〔7〕"齐予"句：齐与魏战而交敝。予，同"与"；"邑"字涉上而衍。此句与下句，《史记》径作："晋国敝于齐而畏秦。"

〔8〕操：《史记》作"挟"。

【译文】

薛公田文为魏对秦相魏冉说："文听说秦王打算因吕礼相齐的事，来联合齐国，以成称霸天下之功。如此，您的地位就不稳固了。齐、秦相合来对付三晋，吕礼必兼为齐、秦的丞相，这是您联合齐国来抬高吕礼啊！齐国免于各国诸侯的兵患，将反过来图秦，必定深以您为仇。您莫如劝说秦王，让敝邑魏完成攻齐的事业。如齐被攻破，田文请用所获土地来益封您。齐国败破，魏国强盛，秦王恐怕魏强大，必倚重您来联合魏国。魏与齐战而疲惫，无力来对抗秦国，魏一定倚重您来事秦。这样，破齐就是您的功劳，还可以挟魏以自重。攻破齐国，您不仅肯定拿到封地，秦、魏又会都以您为重；如果齐国不破，吕礼再度用事，您的日子就很不好过了。"

秦客卿造谓穰侯[1]

秦客卿造谓穰侯曰[2]："秦封君以陶[3]，藉君天下数年矣。攻齐之事成，陶为万乘，长小国，率以朝天子，天下必听，五伯之事也；攻齐不成，陶为邻恤[4]，而莫之据也[5]。故攻齐之于陶也，存亡之机也。

"君欲成之,何不使人谓燕相国曰[6]:'圣人不能为时,时至而弗失。舜虽贤,不遇尧也不得为天子;汤、武虽贤,不当桀、纣不王。故以舜、汤、武之贤,不遭时,不得帝王。令攻齐[7],此君之大时也已!因天下之力,伐仇国之齐,报惠王之耻[8],成昭王之功[9],除万世之害,此燕之长利,而君之大名也。《书》云:树德莫如滋[10],除害莫如尽。吴不亡越,越故亡吴[11];齐不亡燕,燕故亡齐[12]。齐亡于燕,吴亡于越,此除疾不尽也。以非此时也成君之功,除君之害,秦卒有他事而从齐,齐、赵合[13],其仇君必深矣。挟君之仇以诛于燕[14],后虽悔之,不可得也已!君悉燕兵而疾憯之[15],天下之从君也,若报父子之仇。诚能亡齐,封君于河南[16],为万乘,达途于中国,南与陶为邻,世世无患。愿君之专志于攻齐而无他虑也。'"

【注释】

〔1〕 此章黄氏《编略》、于氏《年表》系于赧王四十四年(前271)。是。

〔2〕 造:秦客卿名。《史记》作"灶"。穰侯:秦相魏冉。

〔3〕 陶:魏冉的封邑之一。本为齐地,曾一度归宋。旧址在今山东菏泽市定陶区西北。

〔4〕 邻恤:靠近危难。邻,近;恤,危难。金正炜谓"恤"为"殈(xù)"之讹,裂也。

〔5〕 据:依恃、凭借。

〔6〕 燕相国:燕武成王之相。缪氏《考辨》引马雍说,谓即杀死燕惠王的公孙操。

〔7〕令:鲍本作"今"。是。

〔8〕报惠王之耻:燕惠王时,齐将田单在即墨击破伐齐燕军,收复失地七十余城。惠王,昭王之子。

〔9〕成昭王之功:燕昭王为报王哙时齐伐燕之仇,命乐毅率军攻齐,下七十余城。

〔10〕滋:增益。

〔11〕"吴不"二句:公元前494年吴王夫差在夫椒打败越王勾践,乘机攻破越都。伍子胥建议夫差灭越,不听,后反被勾践所灭。

〔12〕"齐不"二句:齐宣王时燕国君主哙让位给相国子之,酿成燕国大乱。宣王乘机伐燕,燕国士卒不战,燕王哙在乱中身亡。燕人立公子平为昭王。后昭王伐齐,湣王被杀,齐险些亡国。

〔13〕赵:鲍本改作"秦"。是。

〔14〕诛:讨伐。

〔15〕僭:鲍本作"攻"。

〔16〕河南:指黄河以南、定陶以北之地。

【译文】

秦国的客卿名造的,对穰侯魏冉说:"秦国用陶地益封您,借您的威望来控制天下的权柄有好几年了。如果攻齐的事业能够成功,陶将具有万乘大国的资格,来做众小国之首领,率领它们去朝见周天子,天下必闻风而动,这是春秋五霸的事业啊!如果攻齐不成,陶邑将要遭到危难,而孤立无援。所以,攻打齐国对于陶来说,是生死存亡的契机啊!"

"您想要伐齐之事成功,为何不派人去对燕的相国说:'圣人不能创造时机,能够时机到了不让它失掉。舜虽然贤能,遇不到尧,不能够做天子;商汤、周武虽然贤能,碰不上夏桀和商纣,也不能成就王业。所以,拿舜、汤、武的贤能,不遇到时机也做不成帝王。如今攻齐,这是您的大好时机啊!凭借天下的力量,攻伐仇敌齐国,雪报惠王的耻辱,成就昭王的功绩,除掉永世的祸害,这是燕国长远的利益,而能够使您成大名。《书》上说:树立恩德要广大,除掉祸害要干净。春秋时吴国没有灭掉越国,越国所以灭掉吴国;齐国没有灭掉燕国,燕国所以灭掉齐国。齐国亡于燕,吴国亡于越,这都是因为除掉祸患而不能彻底。不趁这个时机,成就您的功业,除掉您的敌害,秦国如一旦有事而跟随齐,齐、秦联合,必定深以您为仇。秦挟持您的仇敌齐向燕攻伐,往后您虽然后悔,可就来不及了。您如果尽发燕军而迅速攻打齐国,天下各国跟随您,就像替父亲或儿子报仇那样痛快。如真能灭亡齐国,封您在黄河之南,相当万乘大国,通往中原诸国,南与陶国为邻,千年万代永无祸患。希望您能专心一意攻齐,而不要再做别的打算。'"

魏谓魏冉[1]

魏谓魏冉曰[2]:"公闻东方之语乎?"曰:"弗闻也。"曰:"辛、张、阳毋泽说魏王、薛公、公叔也[3],曰:'臣战[4],载主契国[5],以与王约[6],必无患矣。若有败之者,臣请挈领[7]。然而臣有患也:夫楚王之以其臣请挈领然而臣有患也[8]。夫楚王之以其国依冉也,而事臣之主[9],此臣之甚患也。'今公东而因言于楚,是令张之言为禹[10],而务败公之事也。公不如反公国,德楚,而观薛公之为公也;观三国之所求于秦而不能得者,请以号三国以自信也;观张仪与泽之所不能得于薛公者也,而公请之以自重也。"

【注释】

〔1〕或云事在周赧王十二年(前303)以前,顾氏《编年》隶此于赧王五年(前310)。

〔2〕鲍本"魏"上补"为"字。是。魏冉:时相秦。《史记》谓其用事于秦武王时(前310—前307),此时冉欲往楚,魏恐两国和好,故使人说之。

〔3〕辛:疑齐人。张:张仪,时相魏。阳毋泽:疑齐人。魏王:襄王。薛公:田婴。孟尝君之父,时相齐。公叔:即韩公叔。韩臣,公族。

〔4〕战:鲍谓与楚战。

〔5〕载主契国:鲍彪曰:"主,木主,军行载之,祷且告焉。契,言以国为约。"

〔6〕王:指魏王。

〔7〕挈领:犹言断头。挈,绝;领,项。

〔8〕"夫楚"句:为衍文。

〔9〕事:征伐。

〔10〕张:张仪。禹:夏禹。禹善谋,故云。

【译文】

某人为魏国对秦相魏冉说:"您听说崤山以东诸侯谋臣的话了么?"冉说:"没听说。"某人说:"辛、张仪、阳毋泽劝魏王、薛公田婴、公叔,说道:'臣与楚战,载着神灵的牌位,拿国家名义做契约,来与大王订盟,肯定会取胜而不会有什么灾患的。假如打了败仗,臣请拿了颈项来甘受斧钺之诛。然而臣有忧患:楚怀王拿他的国家来倚靠魏冉,而来攻伐臣等的君主,这是臣等最大的忧患呀。'如今您东行而与楚修好,是使张仪等人的谋略可与大禹相媲美了。三国(魏、齐、韩)听仪等之说,必定会一同来挫败您的合楚之事。您不如返回秦国,给楚一些好处,而来观察薛公对您反应如何。考察三国向秦索取而又得不到的,替他们说情,并向三国宣布此事,以取信于三国。再考察张仪与毋泽不能

130

够从薛公那里得到的,而为他们求情,以提高自己的地位。"

谓魏冉曰和不成[1]

谓魏冉曰:"和不成,兵必出,白起者且复将。战胜,必穷公[2];不胜,必事赵从。公[3],公又轻。公不若毋多[4],则疾到[5]。"

【注释】
〔1〕钟氏《勘研》谓此章当是苏代为赵说范雎之辞,与同策之《谓应侯曰君禽马服乎》章命意相同。"魏冉"当是"应侯"之讹。《谓应侯》章,顾氏《编年》系于赧王五十六年(前259)。
〔2〕必穷公:鲍彪曰:"起,冉所荐,其言'穷公',起似不尔。"
〔3〕公:金正炜《补释》谓当作"从"。合纵也。
〔4〕毋多:金正炜曰:"《周礼》,战功曰多。毋多,言当速和。"
〔5〕到:姚宏洐谓当作"封"。金正炜曰:"'到'作'封'当是。此策盖为赵解伐,托于为冉虑封耳。"

【译文】
(魏冉欲与赵和,)有人为赵对魏冉说:"和赵不能成功,秦必出兵,白起将要再度出任主将。如果打胜了,必逼使您陷入困窘的境地;打不胜,肯定要服事赵而听凭合纵。如合纵成功,您的身价也会降低许多了。您不如不要考虑其他事情,只以和赵为务,那么您很快就会得到封地。"

谓穰侯[1]

谓穰侯曰:"为君虑封,若于除[2]。宋罪重,齐怒须[3]。残伐乱宋,德强齐,定身封,此亦百世之时也已!"

【注释】

〔1〕按此章之语,见于《赵策一·齐攻宋》章,又见于《赵策四·齐将攻宋而秦楚禁之》章。乃苏秦说奉阳君李兑助齐攻宋以定身封者。缪氏《考辨》云:"此章为《赵策四》(按,应为《赵策一、四》)之重出残简,其缺文误字,多可据《赵策》之文订正。"

〔2〕若于除:王念孙曰:"'若'上当有'莫'字,'除'当为'陶'之误也。"按,《赵策四》作"莫如于阴"。阴与陶相邻,后虽为穰侯别邑,然苏秦曾劝李兑图之。故此章误作或说魏冉之语。

〔3〕齐怒须:"须",王念孙谓当为"深"。时宋君偃欲称霸天下,起兵灭滕,败齐、楚、魏诸国,取地数百里,故齐国恼怒它。

【译文】

有人对穰侯魏冉说:"为您考虑封地的事情,哪里也不如陶地。现在是宋的罪孽很重,齐的积怒甚深。必须狠狠惩罚昏乱的宋国,施恩惠给强大的齐国,来确定您终身的封地,这可是百世不遇的良好时机啊!"

谓魏冉曰楚破[1]

谓魏冉曰:"楚破,秦不能与齐县衡矣[2]。秦三世积节于韩魏[3],而齐之德新加与。齐、秦交争,韩、魏东听,则秦伐矣。齐有东国之地,方千里。楚苞九夷[4],又方千里,南有符离之塞[5],北有甘鱼之口[6]。权县宋、卫,宋、卫乃当阿、甄耳[7]。利有千里者二,富擅越隶[8],秦乌能与齐县衡?韩魏支分方城膏腴之地以薄郑[9],兵休复起,足以伤秦,不必待齐。"

【注释】

〔1〕此章于《表》系于赧王十二年(前303)。缪氏《考辨》云:"此章当即《楚世家》所载'怀王二十六年,齐、韩、魏为楚负其从亲而合于秦,三国共伐楚'事。楚使太子横入质于秦以求救,因使人说穰侯也。"

〔2〕且衡:犹言抗衡。轻重相等。

〔3〕积节:谓屡派使者。这里指多次发生战事。节,使者所持的凭证。

〔4〕苞:同"包"。九夷:指今湖北西部一带的少数民族地区。当时属楚。

〔5〕符离:楚宋交界之塞名。在今安徽省宿县东北。

〔6〕甘鱼:楚地。在今湖北省天门市西北。策文"南""北"二字疑互倒。

〔7〕阿:齐邑,在今山东东阿。甄:或作"鄄(juàn)",在今山东鄄城北。

〔8〕"富擅"句:越(今浙江)原属楚,今齐破楚则拥有其地之民隶也。

〔9〕薄郑:金正炜云:"惟穰侯相秦之时,韩已并郑。此云薄'郑',当是'邓'字之讹。"薄,迫近。

【译文】

某人为楚对魏冉说:"齐如攻破楚,秦就不能与齐国争衡了。秦国三世与韩、魏屡有战事,而齐国新近却对韩、魏有恩。齐、秦互相争夺,韩、魏听从齐国,那么秦国就要受到攻伐了。齐拥有东方的土地,方圆千里。楚包裹九夷之地,方圆也有千里,南边有符离的要塞,北面有甘鱼的隘口。如果与宋、卫两国比较,宋、卫只不过相当于齐国的阿、甄两个城邑。齐破楚就是有两个方圆千里的财货,而且拥有越地的民隶,秦国哪能够与齐国争衡?韩、魏两国如乘机再来瓜分方城一带的肥美沃土而迫近楚的邓邑,如果休兵复起,只韩、魏就足以挫伤秦,更不必等待齐国来参与了。"

五国罢成皋[1]

五国罢成皋[2],秦王欲为成阳君求相韩、魏[3],韩、魏弗听。秦太后为魏冉谓秦王曰[4]:"成阳君以王之故,穷而居于齐[5],今王见其达而收之,亦能禽其心乎[6]?"王曰:"未也。"太后曰:"穷而不收,达而报之,恐不为王用。且收成阳君,失韩、魏之道也。"

【注释】

〔1〕此章林氏《纪年》系于赧王二十七年(前288)。

〔2〕《赵策四》云:"五国伐秦无功,罢于成皋。赵欲构于秦,楚与魏、韩将应之,齐弗欲。"则五国乃赵、魏、韩、楚、齐也。成皋:关名,一名虎牢。在今河南汜水县西。

〔3〕"秦王"句:金正炜曰:"《赵策》:天下争秦,秦王内韩珉于齐,内成阳君于韩;《魏策》:成阳君欲以韩、魏听秦;《韩策》:成阳君为秦去韩。则成阳君固韩之有秦重者,秦故为之求相二国也。"

〔4〕"秦太后"句:鲍彪云:"冉,后弟。时主五国之成,后恐成阳害其事,故为之言。"后,指昭王母宣太后。

〔5〕"穷而"句:金正炜曰:"按韩珉相齐,令逐成阳君,即此所云:'穷

而不收'也。"

〔6〕翕(xī)：鲍彪曰："翕，犹收也。"

【译文】

赵李兑约赵、魏、韩、楚、齐等五国攻秦，无功兵罢而留于成皋，秦昭王想要替成阳君请求韩、魏用他为相，韩、魏没有答应。时秦穰侯魏冉主持与五国媾和，昭王母宣太后恐成阳君相韩、魏，妨害和议成功，于是替魏冉对昭王说："成阳君因为你的缘故，困窘居齐，现在你见他显达而收拢他，便能够平服他的心吗？"昭王说："未必能啊。"太后说："困窘时不予收纳，显达时而来报答，恐怕他不会为你服务。况且收纳成阳君，韩、魏也不会高兴的。"

范子因王稽入秦[1]

范子因王稽入秦[2]，献书昭王曰："臣闻明主莅正[3]，有功者不得不赏，有能者不得不官；劳大者其禄厚，功多者其爵尊，能治众者其官大。故不能者不敢当其职焉，能者亦不得蔽隐。使以臣之言为可，则行而益利其道；若将弗行，则久留臣无为也。语曰：'人主赏所爱而罚所恶[4]；明主则不然，赏必加于有功，刑必断于有罪。'今臣之胸不足以当椹质[5]，要不足以待斧钺[6]，岂敢以疑事尝试于王乎？虽以臣为贱而轻辱臣，独不重任臣者后无反覆于王前耶？

"臣闻周有砥厄，宋有结绿，梁有悬黎，楚有和璞[7]。此四宝者,工之所失也[8],而为天下名器。然则圣王之所弃者,独不足以厚国家乎?

"臣闻善厚家者,取之于国;善厚国者,取之于诸侯。天下有明主,则诸侯不得擅厚矣。是何故也?为其凋荣也[9]。良医知病人之死生,圣主明于成败之事,利则行之,害则舍之,疑则少尝之,虽尧舜禹汤复生,弗能改已!语之至者,臣不敢载之于书;其浅者,又不足听也。意者臣愚而不阖于王心耶[10]?已其言臣者将贱而不足听耶[11]?非若是也,则臣之志,愿少赐游观之间[12],望见足下而入之。"

书上,秦王说之,因谢王稽,使人持车召之。

【注释】

〔1〕据《史记·范雎传》,雎入秦在秦昭王三十六年,献书在翌年(前270)。书中"久留臣无为也"云云,可证。林氏《纪年》同。

〔2〕范子:范雎,字叔,魏人。初事魏中大夫须贾,被谗,笞几死。适秦谒者王稽出使于魏,因入秦。后相秦昭王,献"远交近攻"之策,封应侯。王稽:秦国的谒者(官名,掌接待宾客)。

〔3〕莅正:临政。正,同"政"。

〔4〕人主:人,《春秋后语》、《史记》均作"庸"。《吕览·有度》篇注:"人主,谓俗主。"则"人"字亦通。

〔5〕椹(zhēn)质:斫木用的铁枕。质,同"锧",铁枕。司马贞谓即铡刀。

〔6〕要:同"腰"。钺(yuè):亦斧。

〔7〕砥厄、结绿、悬黎、和璞:四种美玉名。

〔8〕失:谓因不知而至于失掉。

〔9〕凋荣:这里指诸侯国损害天下的繁荣。

〔10〕阖:通"合"。
〔11〕已:姚宏注:"一作'抑'。"
〔12〕游观之间:游览的空暇时间。间,空隙。

【译文】

　　魏人范雎跟随王稽来到秦国,上书给秦昭王说:"臣听说明主临政,有功劳的不得不奖赏,有才能的不得不任官。效力多的,俸禄就优厚;功绩大的,爵位就尊贵;能够治理百姓的,官职就崇高。所以没有能力的不敢居其位,有能力的也不得被埋没。假使认为臣的话为可用,那么就去实行而使它的道理收到效益;如果不要实行,那么臣久留也无所作为。俗话说:'庸君赏赐他所昵爱的人,而惩罚他所憎恶的人。明君就不这样,赏赐必给予有功的人,刑罚必加于有罪的人。'如今臣的胸脯挡不住杀人的垫板,腰腹挡不住斩斫的斧钺,怎敢在王前用疑事来做试验呢?虽然因为臣出身微贱而轻慢并屈辱臣,难道连推荐臣下的人在王前担保日后不会出现反复差错,王也不相信吗?

　　"臣听说周朝有砥厄,宋国有结绿,魏国有悬黎,楚国有和璞。这四种宝玉,是工匠所不能识别的,而是天下著名的宝器。然则圣明君王所抛弃的人,难道就不足以对国家有所贡献吗?

　　"臣听说善于富家的,从国内汲取人才;善于富国的,从天下诸侯汲取人才。天下如有贤明的君主,那么诸侯就不能独自富厚。这是什么道理呢?因为它妨害天下的繁荣。良医知道病人的死生,圣主晓得事情的成败,有利的就实行,有害的就舍掉,可疑的就稍微尝试一下,虽然尧、舜、禹、汤再生,也不能改变这个道理。有些说到家的话,臣不敢写到书面上,一般的道理又不足一听。我想,是臣愚暗而不合于王的心吗?还是推荐臣的人,地位微贱,他的话不值您听呢?如若不是这样,那么臣有些想法,愿大王拨出一点散步游观的时间,见到陛下向您陈说。"

书信呈上,秦王很高兴,因而感谢王稽,并命人用车召见范雎。

范　雎　至[1]

范雎至,秦王庭迎,谓范雎曰:"寡人宜以身受令久矣[2]!今者义渠之事急[3],寡人日自请太后。今义渠之事已,寡人乃得以身受命,躬窃闵然不敏[4]。"敬执宾主之礼,范雎辞让。

是日见范雎,见者无不变色易容者。秦王屏左右,宫中虚无人。秦王跪而请曰:"先生何以幸教寡人?"范雎曰:"唯唯!"有间,秦王复请,范雎曰:"唯唯!"若是者三。

秦王跽曰[5]:"先生不幸教寡人乎?"

范雎谢曰:"非敢然也!臣闻始时吕尚之遇文王也[6],身为渔父而钓于渭阳之滨耳。若是者,交疏也。已一说,而立为太师,载与俱归者,其言深也。故文王果收功于吕尚,卒擅天下,而身立为帝王。即使文王疏吕望而弗与深言,是周无天子之德,而文、武无与成其王也。今臣,羁旅之臣也,交疏于王,而所愿陈者,皆匡君之之事[7],处人骨肉之间,愿以陈臣之陋忠,而未知王心也,所以王三问而不对者是也。臣非有所畏而不敢言也,知今日言之于前,而明日伏诛于后,然臣弗敢畏也。大王信行臣之言,死不足以为臣患,亡不足以为臣忧,漆身而为厉[8],被发而为狂,不足以为臣耻。五帝之圣而死,三王之仁而死,五伯之贤而死,乌获之力而死[9],奔、育之勇焉而死[10]。死者,人之所必不免也。处必然之势,可以少有补于秦,此臣之所大愿也,臣何患乎?伍子胥橐载而出昭关[11],夜行而昼伏,至于菱水[12],无以饵其口,坐行蒲服[13],乞食于吴市,卒兴吴国,阖庐为霸。使臣得进谋如伍子胥,加之以幽囚,终身不复见,是臣说之行也,臣何忧乎?箕子、接舆,漆身而为厉,被发而为狂,无益于殷、楚。使臣得同行于箕子、接舆,漆身可以补所贤之主,是臣之大荣也,臣又何耻乎?臣之所恐者,独恐臣死之后,天下见臣尽忠而身蹶也[14],是以杜口裹足,莫肯即秦耳!足下上畏太后之严,下惑奸臣之态;居深宫之中,不离保傅之手;终身暗惑,无与照奸;大者宗庙灭覆,小者身以孤危。此臣之所恐耳!若夫穷辱之事,死亡之患,臣弗敢畏也。臣死而秦治,贤于生也。"

秦王跽曰:"先生是何言也!夫秦国僻远,寡人愚不肖,先生乃幸至此,此天以寡人恩先生[15],而存先王之庙也。寡人得受命于先生,此天所以幸先王而不弃其孤也。先生奈何而言若此?事无大小,上及太后,下至大臣,愿先生悉以教寡人,无疑寡人也!"范雎再拜,秦王亦再拜。

范雎曰:"大王之国,北有甘泉、谷口[16],南带泾、渭,右陇、蜀[17],左关、阪[18],战车千乘,奋击百万。以秦卒之勇,车骑之多,以当诸侯,譬若驰韩卢而逐蹇兔也[19],霸王之业可致。今反闭而不敢窥兵于山东者[20],是穰侯为国谋不忠,而大王之计有所失也!"

王曰:"愿闻所失计。"

雎曰:"大王越韩、魏而攻强齐,非计也。少出师,则不足以伤齐;多之,则害于秦。臣意王之计欲少出师而悉韩魏之兵,则不义矣[21]!今见与国之不可亲,越人之国而攻,可乎?疏于计矣!昔者,齐人伐楚[22],战胜,破军杀将,再辟千里,肤寸之地无得者,岂齐不欲地哉?形弗能有也。诸侯见齐之罢露[23],君臣之不亲,举兵而伐之[24],主辱军破,为天下笑。所以然者,以其伐楚而肥韩、魏也。此所谓借贼兵而赍盗食者也[25]。王不如远交而近攻,得寸则王之寸,得尺亦王之尺也。今舍此而远攻,不亦缪乎[26]?且昔者,中山之地方五百里[27],赵独擅之,功成、名立、利附,则天下莫能害。今韩、魏,中国之处,而天下之枢也。王若欲霸,必亲中国而以为天下枢,以威楚、赵。赵强则楚附,楚强则赵附,楚、赵附则齐必惧,惧必卑辞重币以事秦,齐附而韩魏可虚也。"

王曰:"寡人欲亲魏,魏多变之国也,寡人不能亲。请问亲魏奈何?"范雎曰:"卑辞重币以事之;不可,削地而赂之;不可,举兵而伐之。"于是举兵而攻邢丘[28],邢丘拔而魏请附。

曰:"秦、韩之地形,相错如绣。秦之有韩,若木之有蠹,人之病心腹。天下有变,为秦害者,莫大于韩。王不如收韩。"王曰:"寡人欲收韩,韩不听,为之奈何?"范雎曰:"举兵而攻荥阳[29],则成皋之路不通;北斩太行之道,则上党之兵不下;一举而攻荥阳,则其国断而为三。魏、韩见必亡,焉得不听?韩听,而霸事可成也。"王曰:"善。"

范雎曰:"臣居山东,闻齐之内有田单[30],不闻其王;闻秦之有太后、穰侯、泾阳、华阳[31],不闻其有王。夫擅国之谓王,能专利害之谓王,制杀生之威之谓王。今太后擅行不顾,穰侯出使不报,泾阳、华阳击断无讳[32],四贵备而国不危者,未之有也。为此四者下,乃所谓无王已!然则权焉得不倾,而令焉得从王出乎?臣闻:善为国者,内固其威,而外重其权。穰侯使者操王之重,决裂诸侯,剖符于天下[33],征敌伐国,莫敢不听。战胜攻取,则利归于陶,国弊,御于诸侯[34];战败,则怨结于百姓,而祸归社稷。《诗》曰[35]:'木实繁者披其枝,披其枝者伤其心,大其都者危其国,尊其臣者卑其主。'淖齿管齐之权[36],缩闵王之筋县之庙梁[37],宿昔而死;李兑用赵[38],减食主父[39],百日而饿死。今秦,太后、穰侯用事,高陵、泾阳佐之[40],卒无秦王,此亦淖齿、李兑之类已!臣今见王独立于庙朝矣,且臣将恐后世之有秦国者,非王之子孙也!"

秦王惧,于是乃废太后,逐穰侯,出高陵,走泾阳于关外。

昭王谓范雎曰:"昔者齐公得管仲[41],时以为'仲父'。今吾得子,亦以为父。"

【注释】

〔1〕此章系年同上章。吴师道谓自"曰秦、韩之地形"以下,当别为一章。今按,此章所言固非一时之事,如谓"邢丘拔而魏请附",据《大事记》为昭王四十一年(前266)事;而说攻韩,据《史记》则是拔邢丘后事。《策》附载一章言之,有原始要终之义,果如吴说而腰截之,则文意不圆贯矣。

〔2〕令:诸祖耿云:"《史记》作'命'。"

〔3〕义渠之事:鲍彪曰:"盖修李帛之怨。"参见《秦策二·义渠君之魏》章。王念孙曰:"'义渠之事急'二句乃追叙之词,不得言'今者'。《史记·范雎传》作'会义渠之事急',是也。……'今者'二字,即一'会'字之讹。"

〔4〕躬窃闵然不敏:自伤不敏。闵,伤。

〔5〕跽(jì):长跪,两膝支地。

〔6〕吕尚:姓姜(吕是氏),故又称姜尚。相传他未遇时曾在渭水钓鱼,后遇周文王聘为太师,并辅佐周武王灭商,开创周家八百年天下。

〔7〕"皆匡"句:黄丕烈曰:"上'之'字,鲍本作'臣'。"诸祖耿谓:"此句当与下文为偶语,疑'匡'下脱'人'字。上'之'字,当依姚注作'臣'。"

〔8〕厉:司马贞曰:"厉音赖,癞病也。言漆涂身,生疮如病癞。"

〔9〕乌获:秦武王时力士。

〔10〕奔、育:孟奔、夏育。皆古时卫地勇士。

〔11〕伍子胥:原为楚人,楚平王杀其父、兄,他投奔吴国,辅佐吴王阖庐成就霸业。橐(tuó):皮袋。昭关:楚关名,在今安徽含山北。

〔12〕淩(líng)水:即今之溧水。

〔13〕蒲服:同"匍伏"。

〔14〕蹶:跌倒。这里当"死亡"讲。

〔15〕溷:同"溷",浊貌。这里作动词用。

〔16〕甘泉:山名。在陕西省泾阳西北。谷口:今宁夏六盘山东麓,泾水发源地。

〔17〕陇:陇山。在陕、甘北部交界。

〔18〕关、阪:函谷关与殽山。

142

〔19〕韩卢：韩地所产黑犬名。卢，黑色。蹇(jiǎn)：跛。

〔20〕闭：鲍本、《史记》"闭"下均有"关"字。

〔21〕义：宜。

〔22〕齐人伐楚：指齐湣王十三年(前288)南攻楚。

〔23〕罢露：指百姓疲弊而城郭败露。

〔24〕"举兵"句：鲍彪曰："魏昭十三年，与秦、赵、韩、燕伐齐，败之。"

〔25〕赍(jī)：把东西送人。

〔26〕缪：同"谬"。

〔27〕中山：国名。详《中山策》说明。

〔28〕邢丘：魏邑。在今河南温县东南。

〔29〕荥阳：韩邑。在今河南郑州以西。《史记·韩世家》："桓惠王二十四年，秦拔我城皋、荥阳。"

〔30〕田单：齐公族。因光复齐国有功，齐襄王时任为相。

〔31〕泾阳：昭王同母弟公子悝封号。华阳：宣太后同父弟芈戎封号。或云，华阳盖高陵别名(见后"高陵"注)。《史记·范雎传》作"太后、穰侯、华阳、高陵、泾阳"。穰侯以后，即下文所说的"四贵"。

〔32〕击断：刑人。

〔33〕剖符：指封赠爵号。

〔34〕御：制。

〔35〕《诗》：古书引书有时通称《诗》。

〔36〕淖齿：楚人，齐湣王宰相。

〔37〕缩：《史记》作"擢"。抽，拉也。具：同"悬"。

〔38〕李兑：赵司寇，后为相。

〔39〕主父：赵武灵王。后让位给太子赵惠文王，自称主父。其长子章谋惠王位，败逃，主父纳之，因被李兑等困于沙丘宫，饿死。

〔40〕高陵：秦昭王同母弟显的封号。

〔41〕齐公：指春秋时齐桓公。管仲：名夷吾，相齐桓公成就霸业。

【译文】

范雎来到，秦王出庭迎接，对范雎说："寡人应当很早就亲身接受教命啊！前些天攻伐义渠国的事情很紧张，寡人每日都要亲自请示太后。如今义渠的事情已经结束了，寡人方得接受教命。我私下里对没有及时见到您很感内疚。"秦王恭敬地行宾主相见的礼节，范雎辞谢推让。

这一天接见范雎，同见的人觉到气氛异常，没有不变色改容的。秦王屏退左右侍从，宫中虚无他人。秦王跪坐在席上请教说："先生以何教导寡人呢？"范雎说："噢！噢！"隔了一会儿，秦王再次请教，范雎还是说："噢！噢！"像这样反复了三次。

秦王直身跪起说："先生不屑教导寡人么？"

范雎谢罪说："不敢这样呵！臣听说，以前姜太公遇到周文王的时候，身为一个渔父，在渭阳的水边钓鱼罢了。像这光景，交情是很疏淡的。后来向文王一说，就被立为太师，载了他一同归国，因为他所说的话很是深切啊。所以文王果然在太公身上收到了大功，子孙终于赢得了天下，自身获得帝王的尊号。假使当时文王疏远太公，而不与他深谈，那就是周家没有做天子的德行，又有谁来跟文王和武王共同创造王业呢？如今臣是寄居的臣子啊，与王的交情是很疏淡的，而所想要陈说的，都是纠正君臣失误的事情，牵涉到人家骨肉关系，虽然愿意效臣愚陋的忠诚，而不知道王的心思，这就是王三次发问得不到回答的缘故呀！臣不是有什么害怕而不敢说，知道今天言说在前，而明天就可能被杀于后，然而臣终究不敢有什么惧怕。大王如真能实行臣的话，就是死了也不足以算作臣的灾患，出亡了也不足以算作臣的忧愁，漆了身体去做癞子，披了头发去做疯子，也不足以算作臣的羞辱。五帝那样圣哲也要死，三王那样仁德也要死，五伯那样贤能也要死，乌获那样有力也要死，孟奔、夏育那样勇敢也要死。死亡，是人们所必不可免的事情。身处必死之势，却可以对秦国小有裨益，这就是臣最大的愿望，臣又有什么忧患呢？伍子胥装在袋子里载在车上，混出了楚国的昭关，夜间行走，白天隐伏，到达溧水，没有东西吃，匍匐膝行，在吴国的街市上讨饭，终于使吴国兴盛，成就了阖庐的霸业。使臣能够像伍子胥那样进献谋略，虽然受到囚禁，终身不出来，是臣甘心愿做的，臣忧愁什么呢？殷朝的箕子、楚国的接舆，漆了身做癞子，披了发做疯子，对于殷、楚没有什么裨益。使令臣得有箕子、接舆同样的行为，却可以有补于所仰慕的君主，是臣最大的荣耀，臣又有什么可羞辱的呢？臣所惧怕的，只是恐臣死之后，天下之士见臣尽忠而身死，所以闭口不言，裹足不前，没有人肯到秦国来罢了。陛下往上畏惧太后的严厉，往下迷惑于奸臣的媚态，居住在深宫里面，离不开保姆师傅的手里，一世暗昧愚惑，没有人和你说明奸诈的情形，往大说可以使宗庙社稷倾覆灭亡，往小说也要弄得自身孤立危险。这才是臣所畏惧的呀！至于那穷困羞辱的事情，死殁逃亡的祸患，臣是不敢畏怕的呀！如果臣死而秦国却能得到治理，这是比生存还要好的呢！"

秦王跪说："先生这是说的哪里话呢！秦是僻远的国家，寡人也很愚昧不肖，先生有幸来到此地，这是上天让寡人来辱没先生，而使秦国能够保存先王的祀庙。寡人能够获得先生的教命，这是上天用来宠幸先王，而且不忍丢弃他们的后代。先生为何这样说呢？事情没有大小，上到太后，下到大臣，望先生都来教导寡人，不要怀疑寡人的诚意啊！"范雎一再地拜谢，秦王也一再地拜谢。

范雎说："大王的国家，北部有甘泉、谷口，南面连带泾水和渭水的广大地区，西面有陇山、蜀地，东面有函谷关、崤山；战车有千辆，精兵有百万。拿秦国兵卒的勇敢，车骑的众多，来抵挡诸侯国，就如驰猛犬去追赶跛兔一般，轻易就可造成霸王的功业。如今反而闭锁函谷关门，兵卒不敢向崤山之东诸侯窥视一下,这是穰侯魏冉为秦国谋划不忠实,而大王的策略有所失误啊!"

秦王说:"愿闻所以失计之处!"

范雎说:"大王越过韩、魏的国土去进攻强齐,这不是好的计谋。出兵少了,并不能够损伤齐国;多了,则对秦国有害。臣揣测大王的计谋,是想本国少出兵,而让韩、魏全部出兵,这就不相宜了。如今明知盟国不可以信任,却越过他们的国土去作战,这可以吗?显然是疏于计算了!从前,齐国攻伐楚国,打了大胜仗,攻破了楚国军队,擒杀了它的将帅,两次拓地千里,终于连寸土也没有得到,难道是齐国不想得到土地吗?疆界形势不允许它占有啊!诸侯见齐国士卒疲弊,君臣不和睦,起兵来攻打它,齐湣王出走,军队被攻破,遭到天下人的耻笑。所以落得如此下场,就因为它伐楚而使韩、魏获得土地壮大起来的缘故。这就是所说的借给强盗兵器而资助小偷粮食啊!大王不如采取结交远国而攻击近国的策略,得到寸土是王的寸土,得到尺地是王的尺地。如今舍近而攻远,这不是很错误的吗?且说从前,中山国的土地,方圆有五百里,赵国单独把它吞并,功业也成就了,声名也树立了,财利也归附了,天下也没能把赵国怎么样。如今韩、魏的形势,居各诸侯国的中央,是天下的枢纽。大王如果想要成就霸业,一定先要亲近居中的国家而用它做天下的枢纽,来威胁楚国和赵国。赵国强盛,那么楚就要附秦;楚国强盛,那么赵就要附秦。楚、赵都来附秦,齐国一定恐慌,齐国恐慌肯定会卑下言辞、加重财礼来服事秦国。如果齐国归附,那么韩、魏就有虚可乘了。"

秦王说:"寡人本想亲睦魏国,但魏的态度变幻莫测,寡人无法亲善它。请问怎么办才能亲魏呢?"范雎说:"卑下言辞、加重财礼来服事它。这样不行,就割地来赂赠它;这样还不行,就起兵来攻伐它。"于是起兵攻打邢丘,邢丘被攻陷,而魏国来请求归附。

范雎说:"秦、韩两国的地形,相交错有如锦绣。秦旁有韩存在,就像树木有蠹虫,人有心腹之疾一样。天下一朝有变,危害秦国的,没有比韩国再大的。王不如使韩归附于秦。"秦王说:"寡人打算使韩来附,韩国不听从,可怎么办呢?"范雎说:"起兵而攻打荥阳,那么成皋的道路就不通了;北部截断太行的道路,那么上党的兵也就不能南下了;一举而拿下荥阳,那么韩国将分成孤立的三块(谓新郑、成皋、泽潞)。韩国看到自身将要覆亡,怎么能得不听从呢?韩国一顺从,那么霸业就可以成功了。"秦王说:"这很好!"

范雎说:"臣留居在崤山之东时,听说齐国有一个田单,没有听说齐王;听说秦国有宣太后、穰侯魏冉、泾阳君、华阳君,没听说秦国有王。须知专有国家才称作王,能独断利害才称作王,掌握生杀大权才称作王。如今太后擅自行动而不理睬王,穰侯遣使而不报告王,泾阳、华阳刑人而不避忌王,国有四贵而不危险的,是不可能的呀!秦国在这四个人的统治下,就是所说的没有王啊!如此权力怎能不倾覆,而号令又怎能从王发出呢?臣听说,善于治理国家的,对内巩固他的威严,而对外重视他的权柄。穰侯的使者操持王权,割分诸侯土地,擅封爵禄于天下,征讨敌人,攻伐异国,没有敢不听从他命令的。打了胜仗,攻取了城邑,则利益归于穰侯的封邑,却使国力疲弊,受制于诸侯;打了败仗,则结怨于百姓,而灾祸归于国家。《诗》说:'树木果实过多,会折断树枝;折断树枝的,会损伤根本。城邑太大,会危害国家;大臣过于尊贵,会使君主卑微。'齐相淖齿操纵齐国大权,抽了齐湣王的筋,把王悬在庙梁上,经宿就死掉了。李兑在赵国做司寇,把主父困在沙丘宫而不接济他的粮食,百天就被饿死。如今秦国，太后、穰侯掌政，高陵君、泾阳君辅佐她，竟不把秦王放在眼里，这也是淖齿、李兑一类呀！臣如今见大王在朝廷上已经孤立了，而且臣恐怕后世据有秦国的，并不是大王的子孙啊！"

秦王恐惧，于是遂夺太后权，把穰侯、高陵君、泾阳君逐出函谷关外。

昭王对范雎说："从前，齐桓公得到管仲，称他作仲父。现在我得到你，也以你为父。"

应侯谓昭王[1]

应侯谓昭王曰[2]："亦闻恒思有神丛与[3]？恒思有悍少年，请与丛博，曰：'吾胜丛，丛籍我神三日[4]；不胜丛，丛困我。'乃左手为丛投，右手自为投，胜丛。丛籍其神。三日，丛往求之，遂弗归。五日而丛枯，七日而丛亡。今国者王之丛，势者王之神，籍人以此，得无危乎？臣未尝闻指大于臂、臂大于股。若有此，则病必甚矣。百人舆瓢而趋，不如一人持而走疾；百人诚舆瓢，瓢必裂。今秦国，华阳用之，穰侯用之，太后用之，王亦用之；不称瓢为器则已[5]，已称瓢为器，国必裂矣。

"臣闻之也：'木实繁者枝必披，枝之披者伤其心；都大者危其国，臣强者危其主。'其令邑中自斗食以上[6]，至尉、内史[7]，及王左右，有非相国之人者乎？国无事则已；国有事，臣必闻见王独立于庭也！臣窃为王恐，恐万世之后，有国者非王子孙也！臣闻古之善为政也,其威内扶,其辅外布,四治政不乱不逆[8];使者直道而行,不敢为非。今太后使者分裂诸侯,而符布天下;操大国之势,强征兵,伐诸侯。战胜攻取,利尽归于陶[9];国之币帛,竭入太后之家;竟内之利[10],分移华阳。古之所谓危主灭国之道,必从此起。三贵竭国以自安,然则令何得从王出?权何得毋分?是我王果处三分之一也[11]。"

【注释】

〔1〕此章辞意与上章后一部分相重。钟氏《勘研》谓:"疑缘记事非自一人而然。"

〔2〕应侯:范雎封号。应,地名,在今河南平顶山之西。

〔3〕恒思:地名。神丛:鲍氏谓:"灌木中有神灵托之。"

〔4〕籍:同"藉",借。

〔5〕称:鲍彪曰:"称,犹等也。谓比国于瓢。"

〔6〕其令:当作"且今"。斗食:《汉书·外戚志》颜师古注:"斗食,谓佐吏也。谓之斗食者,言一岁(俸)不满百石,日食一斗二升。"

〔7〕尉:军尉。内史:掌治理京师之官。

〔8〕四:鲍本作"而"。是。

〔9〕陶:穰侯魏冉封邑。

〔10〕竟:通"境"。

〔11〕我:一本无此字。

【译文】

应侯范雎对秦昭王说:"曾听说恒思那里有神灌木丛吗?恒思有一位勇猛的少年,请求与神丛做六博的游戏,说:'我如果赌胜丛,丛把神灵借给我三天;如果输给丛,丛可以降灾给我。'遂用左手替丛掷采,用右手为自己掷采,结果战胜了丛。

丛把神灵借给了他。过了三天,丛去讨还,少年竟不还给它。过了五天丛就干枯了,过了七天丛就死掉了。如今国家就是王的丛,权势就是王的神灵,把这东西借给人,能没有危险吗?臣未曾听说指头比胳臂还粗,胳臂比大腿还粗,如果有这种现象,那么疾病一定很重了。一百个人扛着一只瓢奔跑,不如一个人拿着跑得快。如果一百个人真的扛着一只瓢,瓢一定会四分五裂。现今一个秦国,华阳君利用它,穰侯利用它,太后利用它,王也利用它。不把瓢比作国家,便罢了;若把瓢比作国家,则国家必如瓢破裂。臣听说:'树木果实太多,树枝一定折断;树枝折断就会损伤根本。都邑过大,就要危害国家;大臣过强,就要威胁君主。'且说如今城中,从日俸斗食以上的佐吏,到军尉、内史,乃至王的左右侍从,有不是相国魏冉的人吗?国家没有事,就罢了;国家一旦有事,臣肯定会看到大王在朝廷之上孤立无援。臣私下为大王忧惧,恐怕万世之后据有秦国的,不是大王的子孙!

"臣听说古代善于治理国政的,威严树立于内,股肱分布于外,而且治理政事有条不紊,畅行无阻,被差遣的人按正道办事,不敢为非作歹。如今太后的使臣分割诸侯的土地,而封官赐爵的符玺布满天下,仗恃秦国的势力,征调精兵猛将,来攻打诸侯国。打胜了敌兵,攻取了城邑,利益都归于穰侯;国家的货币都流进太后的家里;境内的财利,有相当部分被华阳君所获得。古时所说的'危主灭国之道'肯定要从这里兴起。太后等'三贵'榨空了国家,拿来自己安享,既然如此,那么号令哪里能够从大王发出,权力哪里能够不被分割呢?是大王名符其实地只占有三分之一的权力呀!"

秦攻韩围陉[1]

秦攻韩,围陉[2]。范雎谓秦昭王曰:"有攻人者,有攻地者。穰侯十攻魏而不得伤者,非秦弱而魏强也,其所攻者地也。地者,人主所甚爱也。人主者,人臣之所乐为死也。攻人主之所爱,与乐死者斗,故十攻而弗能胜也。今王将攻韩围陉,臣愿王之毋独攻其地,而攻其人也。王攻韩围陉,以张仪为言[3]。张仪之力多,且削地而以自赎于王,几割地而韩不尽?张仪之力少,则王逐张仪,而更与不如张仪者市。则王之所求于韩者,言可得也[4]。"

【注释】
〔1〕据《史记·韩世家》,秦拔陉在韩桓惠王九年,秦昭王四十三年,周赧王五十一年(前264)。
〔2〕陉:韩邑。在今临汾南。
〔3〕张仪:睢相秦,上距仪死已四十四年,疑有误。钟氏《勘研》据《留侯世家》,以为良父张平此时正相韩,故"仪"当是"平"之讹。
〔4〕言:鲍本"言"作"尽"。可从。

【译文】
秦攻打韩国,包围陉邑。范睢对秦昭王说:"作战,有攻人的,有攻地的。穰侯十次攻打魏国而不能损伤它,并不是因为秦国弱而魏国强,是因为他所攻的是地啊!土地,是君主所最爱惜的;君主,是臣下所愿意为他而牺牲的。攻取君主所最爱惜的,与甘愿牺牲的人去搏斗,所以进攻十次也不能取得胜利。如今王将要攻打韩国而包围陉邑,臣希望大王不要专为攻取土地,而要讨伐它的某些人。大王攻韩围陉,用讨伐张仪为借口。如果张仪在韩的势力大,韩将割地拿来向王赎罪。经过几次割地,韩的土地能不被割尽?如果张仪在韩的势力小,那么王就可驱逐张仪,而与智慧不如张仪的人来打交道。这样,大王向韩所索求的东西就都可以得到。"

应侯曰郑人谓玉未理者璞[1]

应侯曰:"郑人谓玉未理者璞,周人谓鼠未腊者朴。周人怀朴过郑贾,曰:'欲买朴乎?'郑贾曰:'欲之。'出其朴。视之,乃鼠也,因谢不取。今平原君自以贤显名于天下[2],然降其主父沙丘而臣之[3]。天下之王,尚犹尊之,是天下之王不如郑贾之智也,眩于名,不知其实也。"

【注释】

〔1〕林氏《纪年》、顾氏《编年》并系此章于赧王四十九年(前266)。钟氏《勘研》云:"按《年表》,赵惠文王元年称'以公子胜为相,封平原君。四年,围杀主父'……此殆正讥胜操相权不救君父之难,故弗得为贤公子。"

〔2〕平原君:赵公子,惠文王之弟,武灵王之子。以能得士知名于时。

〔3〕"然其"句:缪氏《考辨》以为当是"围其主父沙丘而杀之"之误。按,赵武灵王让位于太子惠文王,自贬为臣,称主父,居于沙丘之宫。应侯言止于此,未见为误。

【译文】

应侯范雎说:"郑地(韩)人把没有经过治理的玉叫做'璞',周地人把没有腌制过的鼠称作'朴'。周人怀揣着'朴'到郑地商人那里说:'想要买朴吗?'郑商说:'要买。'周人拿他的'朴',郑商一看,乃是老鼠,因而辞谢不收。如今平原君自以为贤能,扬名于天下,然而贬降主父在沙丘那里做臣子。天下各国君王还来尊崇他,是各国君王反不如郑国商人智慧,皆因迷乱于名而不知其实的缘故。"

天下之士合从相聚于赵[1]

天下之士合从相聚于赵,而欲攻秦[2]。秦相应侯曰:"王勿忧也!请令废之。秦于天下之士,非有怨也,相聚而攻秦者,以己欲富贵耳。王见大王之狗,卧者卧,起者起,行者行,止者止,毋相与斗者;投之一骨,轻起相牙者[3],何则?有争意也。"于是唐雎载音乐[4],予之五十金[5],居武安[6],高会[7],相与饮,谓:"邯郸人谁来取者[8]?"于是,其谋者固未可得予也[9],其可得与者,与之昆弟矣。

"公与秦计功者[10],不问金之所之,金尽者功多矣。今令人复载五十金随公。"唐雎行至武安,散不能三千金,天下之士大相与斗矣。

【注释】

〔1〕林氏《纪年》系此章于赧王五十八年(前257),信陵君救赵,大破秦军于邯郸之时。按,《策》谓唐雎载金居武安,武安乃邯郸近邑,此时秦已得之,明其已围邯郸矣。

〔2〕攻秦:谓破秦围赵之事。金正炜引《周书·大武》篇注云:"攻,谓夺其计,使不成也。"

〔3〕轻起相牙:鲍彪曰:"轻,犹忽也。牙,言以牙相噬。"

〔4〕"唐"字上,鲍补"使"字。

153

〔5〕 五十金:十,鲍本作"千"。黄丕烈案:"'千'字是也。下'复载五十金'同。"

〔6〕 武安:赵邑。在今河北省邯郸市西北。

〔7〕 高会:大会。

〔8〕 邯郸:赵都。时天下谋士相聚之地。

〔9〕 "予"字上应补一"尽"字。

〔10〕 与秦计功:犹说"为秦立功打算"。金正炜曰:"与,犹'为'也。"按,这句之前疑有缺文。

【译文】

　　天下(六国)的谋士,相聚到赵国,想要合纵破秦。秦相应侯范雎说:"大王不必忧愁,臣请让他们停止这个举动。秦国对于天下的谋士并没有什么恩怨,他们相聚而谋划攻秦,不过想要借此而达到富贵罢了。大王看见你的狗,卧的卧,起的起,行的行,止的止,没有互相争斗的。如丢给它们一根骨头,忽然互相咬起来。这是为什么呢?是起了争夺之心啊!"于是命令唐雎用车装载着音乐,给了他五千两黄金,居住在武安,举行盛大宴会,互相敬酒,说:"赵国邯郸的人,谁来取黄金啊?"于是因为金少,谋士们当然没有完全分到,其中能够分到的,与秦国像兄弟一样和好了。

　　范雎对唐雎说:"您只须为秦立功着想,不问黄金送给具体哪一个人,只要把黄金散尽的就算功多。现在再命人载五千两黄金跟随您。"唐雎出发,走到武安,散去还不到三千两,六国的谋士就互相争斗起来了。

谓应侯曰君禽马服乎[1]

　　谓应侯曰:"君禽马服乎[2]?"曰:"然。""又即围邯郸乎？"曰："然。""赵亡，秦王王矣，武安君为三公[3]。武安君所以为秦战胜攻取者七十馀城，南亡鄢、郢、汉中[4]，禽马服之军，不亡一甲，虽周、召、吕望之功[5]，亦不过此矣。赵亡，秦王王，武安君为三公，君能为之下乎？虽欲无为之下，固不得之矣！秦尝攻韩邢[6]，困于上党[7]，上党之民皆返为赵。天下之民不乐为秦民之日固久矣！今攻赵，北地入燕，东地入齐，南地入楚、魏[8]，则秦所得不一几何。故不如因而割之，因以为武安功[9]。"

【注释】

〔1〕《史记·白起传》载此为苏代说应侯之语。《传》云："秦复定上党，分军为二：王龁攻皮牢，拔之；司马梗定太原。韩、赵恐，使苏代说应侯，云云。"盖事在秦破赵长平之后，进围邯郸之时。当秦昭王四十八年，周赧王五十六年（前259）。

〔2〕"君禽"句：《史记·白起传》作"武安君禽马服子乎"。武安君，即秦将白起。马服子，即赵将马服君赵奢之子赵括，袭父爵。禽，同"擒"。

〔3〕三公：司马、司徒、司空。

〔4〕鄢：楚别都，在今湖北宜城市西南。郢：楚都，在今湖北江陵市。汉中：楚地，汉水中游一带。

〔5〕周：周公姬旦。召：召公姬奭。吕望：即姜太公。姓姜，以吕为氏，名望，字尚。

〔6〕邢：王念孙谓是"陉"之借字。陉，韩邑。参见前《秦攻韩围陉》章。

〔7〕此句《史》作"困上党"，《策》衍"于"字。当从。

〔8〕楚：《史》作"韩"。是。

〔9〕因：金正炜曰："《史记》'因'作'无'。此本作'毋'，故误为'因'。"

【译文】

（韩、赵使苏代）对应侯范雎说："武安君白起擒杀了马服君之子赵括了吗？"雎说："是的。"代说："又当即围困了邯郸吗？"雎说："是的。"代说："赵国灭亡，秦王的王业就成功了，武安君白起要做到三公。武安君为秦国战胜攻取有七十多座城池，往南直到楚国的鄢、郢、汉中；俘获马服子的军队，没有损失一甲一士，虽然周公、召公、太公的功绩，也不过如此而已。赵国灭亡，秦王成就王业，武安君做三公，你能居他的下位吗？虽想不居他下，肯定是办不到的。秦曾攻打韩国的邢丘，围困上党，上党的百姓都返归于赵。天下的百姓，不乐意去做秦国的民众，已经不是一天的了。如今进攻赵国，北部土地归燕，东部土地归齐，南部土地归韩、魏，那么秦国所得就寥寥无几了。所以不如许赵割地求和，不要让武安君去立功劳。"

应侯失韩之汝南[1]

应侯失韩之汝南[2]。秦昭王谓应侯曰："君亡国，其忧乎？"应侯曰："臣不忧。"王曰："何也？"曰："梁人有东门吴者，其子死而不忧。其相室曰[3]：'公之爱子也，天下无有，今子死而不忧，何也？'东门吴曰：'吾尝无子，无子之时不忧；今子死，乃即与无子时同也，吾奚忧焉？'臣亦尝为子[4]，为子时不忧[5]；今亡汝南，乃与即为梁馀子同也[6]，臣何为忧？"

秦王以为不然，以告蒙傲曰[7]："今也寡人一城围，食不甘味，卧不便席；今应侯亡地而言不忧，此其情

156

也?"蒙傲曰:"臣请得其情。"

蒙傲乃往见应侯,曰:"傲欲死!"应侯曰:"何谓也?"曰:"秦王师君,天下莫不闻,而况于秦国乎?今傲势得为秦王将,将兵。臣以韩之细也,显逆诛[8],夺君地,傲尚奚生?不若死。"应侯拜蒙傲曰:"愿委之卿!"蒙傲以报于昭王。

自是之后,应侯每言韩事者,秦王弗听也,以其为汝南虏也[9]。

【注释】

〔1〕据《秦策三·秦攻韩围陉》章,昭王四十三年(前264)秦攻韩围陉,应侯进"攻人"之谏。又据《韩非子·定法》云:"应侯攻韩八年,成其汝南之封。"则失韩之汝南应在攻韩围陉八年之后。黄氏《编略》及于《表》系此章于秦昭王五十年,当报王五十八年(前257),近是。

〔2〕应侯:范雎封号。汝南:张琦曰:"盖汝水之南耳,即应乡矣……即其(应侯)封邑也。"按,应乡在今河南平顶山市之西。

〔3〕相室:女管家;男管家叫"家老"。

〔4〕子:这里指庶子,即下文的"馀子"。

〔5〕子时不忧:意谓此时无封地而不忧。

〔6〕即:当是"乡(向)"之讹。向,往昔。梁馀子:魏国的庶子。雎魏人,故自称如此。

〔7〕蒙傲:秦国名将。傲,一作"骜"。

〔8〕显逆诛:金正炜以为应作"逆显诛",意谓逆乱之行显著而突出。诛,同"殊",突出。

〔9〕虏:金正炜以为当作"虑",形近而讹。

【译文】

应侯范雎汝南乡封地为韩所夺。秦昭王对应侯说:"你丢掉封地，不忧愁吗？"应侯说："臣不忧愁。"王说："为什么呢？"应侯说："魏大梁有一位名叫东门吴的人，他的儿子死了也不忧愁，女管家说：'那是您的爱子啊，天下再也寻不到，如今死了而不忧愁，是为什么呢？'东门吴说：'我原来没有儿子，那时并不忧愁；如今儿子死了，也就跟没有儿子的时候一样了。我有什么愁的呢？'臣也曾做过庶子，那时无地并不忧愁；现在丢掉汝南，也就跟臣过去在魏国做庶子时一样。臣为什么忧愁呢？"

秦王很不以为然，告诉蒙骜说："如今，寡人一座城池被围便食不甘味，卧不安席，而应侯丢掉封地却说不忧愁，这是他的真实感情吗？"蒙骜说："臣请探一探他的真情。"

蒙骜于是往见应侯，说："骜不想活了。"应侯道："这是怎么说呢？"骜说："秦王以您为师，天下无人不晓，而何况在秦国呢？如今骜能得秦王信任，命为将帅，带领兵马。臣以为区区之韩，竟敢显露叛逆之行，掠夺您的封地，骜尚有何面目生存于世，不如死了的好。"应侯拜谢蒙骜说："愿把收复封地这件事托付给您了。"蒙骜把应侯的话报告给秦昭王。

从此以后，应侯每提到韩国的事，秦王就听不进了，以为他是为了汝南封地的缘故。

秦攻邯郸[1]

秦攻邯郸，十七月不下。庄谓王稽曰[2]："君何不赐军吏乎？"王稽曰："吾与王也，不用人言。"庄曰："不然！父之于子也，令有必行者，必不行者。曰'去贵妻，卖爱妾'，此令必行者也；因曰'毋敢思也'，此令必不行者也。守闾妪曰：'其夕，某儒子内某士[3]。'贵妻已去，爱妾已卖，而心不有[4]。欲教之者[5]，人心固有。今君虽幸于王，不过父子之亲；军吏虽贱，不卑于守闾妪；且君擅主轻下之日久矣。闻'三人成虎，十夫楺椎[6]，众口所移，毋翼而飞'。故曰：不如赐军吏而礼之。"王稽不听。军吏穷，果恶王稽、杜挚以反。

秦王大怒，而欲兼诛范雎。范雎曰："臣，东鄙之贱人也[7]，开罪于楚、魏[8]，遁逃来奔。臣无诸侯之援、亲习之故，王举臣于羁旅之中，使职事。天下皆闻臣之身与王之举也。今遇惑或与罪人同心[9]，而王明诛之，是王过举显于天下，而为诸侯所议也。臣愿请药赐死，而恩以相葬臣。王必不失臣之罪，而无过举之名。"王曰："有之。"遂弗杀而善遇之。

【注释】

〔1〕缪氏《考辨》云："据云梦秦简《大事记》，秦昭王五十二年，书'王稽、张禄死'。张禄即范雎，二人之死连书，衡以此章《策》文所叙，殆昭王之于范雎始虽'弗杀'，终亦'兼诛'之欤？《史记·六国表》秦昭王五十二年徐广曰：'丙午，王稽弃市。'参以云梦秦简，今系此《策》于秦昭王五十二年。"林氏《纪年》、顾氏《编年》亦系是年。按，《史记》不书昭王欲杀应侯之事，《战国策》亦未言其死（详下章）。

〔2〕庄：鲍云："人名也。"

〔3〕儒子：一本作"孺子"。俞正燮谓古时王公至士民，妾通名"孺子"。内：同"纳"。

〔4〕有：鲍彪曰："犹'欲'也。"

〔5〕教：鲍曰："犹'告'也。"

〔6〕楺：一作"揉"。椎（chuí）：捶击用的短木棒。

〔7〕东鄙:东部村野。东,指魏,在秦东。

〔8〕黄丕烈曰:"今本无'楚'字。"

〔9〕遇:借为"愚"。或:衍文,宜删。罪人:指王稽。雎曾用他为河东守。秦法,用人不善者与同罚。

【译文】

秦国攻打邯郸,经过十七个月仍攻不下。有一个名字叫庄的人对将军王稽说:"您为何不用金钱赏赐军吏呢?"王稽说:"我对秦王负责,不听别人的话。"庄说:"不能这样说。父亲对于儿子,命令有必须照办的,有必不能办的。说'赶走你的正妻,卖掉你的爱妾',这是必须照办的;又说'不能想念她们',这是肯定不能办到的。看门的老妇说:'有一天夜里,某妇人私通某男人。'前一件事,正妻已经离去,爱妾已经卖掉,而做儿子的并不心甘情愿。后一件事,老妇想要告人这一举动,是人心都赞同的。如今您虽然受秦王的宠幸,也不会超过父子之亲;军吏虽然微贱,也不会比看门妇还低下。所以,秦王的话您不必尽听,军吏的心愿您却不能不考虑。况且您专靠君主而轻慢下属,已经不是一天两天的了。庄听说'三个人都说市上有老虎,人们就会相信。十个人的口,把直木都能说弯了。大家都说某物能动,没有翅膀也就会飞'。所以我说,您不如赏赐军士,并且礼貌对待他们。"王稽不听。军吏穷困,果然因憎恨而诬王稽和他的副手杜挚谋反。

秦王大怒,而想同时把范雎也处死。范雎说:"臣是秦东魏国鄙野的微贱之人,开始时得罪了魏国,逃避而投奔来秦。臣没有诸侯做后盾,也非王的近习故旧,王提拔臣于羁旅当中,使主掌国事,天下都知道臣的身份与大王的提拔。如今臣愚昧惑乱,而与罪人王稽同心,大王如公开诛杀臣,这是使王误举之名暴显于天下,而必被诸侯所议论啊!臣愿请饮药赐死,而加恩用相国的礼节来埋葬臣。这样,王既不至于失察臣罪,又避免误举的恶名。"秦王说:"一时失察,这是谁也避免不了的。"终于没有处死范雎,而且很好地礼遇他。

蔡泽见逐于赵[1]

蔡泽见逐于赵[2],而入韩、魏,遇夺釜鬲于涂[3]。闻应侯任郑安平、王稽[4],皆负重罪,应侯内惭,乃西入秦。将见昭王,使人宣言以感怒应侯,曰:"燕客蔡泽,天下骏雄弘辩之士也。彼一见秦王,秦王必相之而夺君位。"

应侯闻之,使人召蔡泽。蔡泽入,则揖应侯。应侯固不快,及见之,又倨。应侯因让之,曰:"子常宣言代我相秦[5],岂有此乎?"对曰:"然。"应侯曰:"请闻其说。"蔡泽曰:"吁!何君见之晚也?夫四时之序,成功者去。夫人生手足坚强,耳目聪明圣知,岂非士之所愿与?"应侯曰:"然。"蔡泽曰:"质仁秉义[6],行道施德于天下,天下怀乐敬爱,愿以为君王,岂不辩智之期与?"应侯曰:"然。"蔡泽复曰:"富贵显荣,成理万物,万物各得其所;生命寿长,终其年而不夭伤;天下继其统,守其业,传之无穷,名实纯粹,泽流千世,称之而毋绝,与天下终。岂非道之符而圣人所谓吉祥善事与[7]?"应侯曰:"然。"泽曰:"若秦之商君[8],楚之吴起[9],越之大夫种[10],其卒亦可愿矣[11]。"应侯知蔡泽之欲困己以说,复曰："何为不可？夫公孙鞅事孝公，极身毋二，尽公不还私，信赏罚以致治，竭智能，示情素[12]，蒙怨咎，欺旧交，虏魏公子卬[13]，卒为秦禽将，破敌军，攘地千里。吴起事悼王，使私不害公，谗不蔽忠，言不取苟合，行不取苟容，行义不固毁誉[14]，必有伯主强国，不辞祸凶。大夫种事越王，主离困辱[15]，悉忠而不解[16]，主虽亡绝，尽能而不离，多功而不矜，贵富不骄怠。若此三子者，义之至，忠之节也。故君子杀身以成名，义之所在，身虽死，无憾悔。何为不可哉？"蔡泽曰："主圣臣贤，天下之福也；君明臣忠，国之福也；父慈子孝，夫信妇贞，家之福也。故比干忠[17]，不能存殷；子胥知，不能存吴；申生孝[18]，而晋惑乱。是有忠臣孝子，国家灭乱。何也？无明君贤父以听之。故天下以其君父为戮辱[19]，怜其臣子。夫待死而后可以立忠成名，是微子不足仁[20]，孔子不足圣，管仲不足大也。"于是应侯称善。

蔡泽得少间，因曰："商君、吴起、大夫种，其为人臣，尽忠致功，则可愿矣。闳夭事文王[21]，周公辅成王也，岂不亦忠乎？以君臣论之，商君、吴起、大夫种，其可愿孰与闳夭、周公哉？"应侯曰："商君、吴起、大夫种不若也。"蔡泽曰："然则君之主慈仁任忠，不欺旧故，孰与秦孝公、楚悼王、越王乎？"应侯曰："未知何如也！"蔡泽曰："主固亲忠臣，不过秦孝、越王、楚悼；君之为主，正乱、批患、折难、广地、殖谷、富国、足家、强主，威盖海内，功章万里之外，不过商君、吴起、大夫种。而君之禄位贵盛，私家之富，过于三子，而身不退，窃为君危之。语曰：

'日中则移,月满则亏。'物盛则衰,天之常数也;进退、盈缩、变化,圣人之常道也。昔者,齐桓公九合诸侯,一匡天下,至葵丘之会[22],有骄矜之色,畔者九国;吴王夫差无敌于天下[23],轻诸侯,凌齐、晋[24],遂以杀身亡国;夏育、太史启叱呼骇三军[25],然而身死于庸夫[26]。此皆乘至盛不及道理也[27]。夫商君为孝公平权衡,正度量,调轻重,决裂阡陌[28],教民耕战,是以兵动而地广,兵休而国富,故秦无敌于天下,立威诸侯。功已成,遂以车裂。楚地持戟百万,白起率数万之师,以与楚战,一战举鄢、郢,再战烧夷陵[29],南并蜀、汉,又越韩、魏攻强赵,北坑马服,诛屠四十馀万之众,流血成川,沸声若雷,使秦业帝。自是之后,赵、楚慑服,不敢攻秦者,白起之势也。身所服者,七十馀城。功已成矣,赐死于杜邮[30]。吴起为楚悼罢无能,废无用,损不急之官,塞私门之请,壹楚国之俗,南攻杨越[31],北并陈、蔡,破横散从,使驰说之士无所开其口。功已成矣,卒支解。大夫种为越王垦草创邑,辟地殖谷,率四方士,上下之力,以禽劲吴,成霸功。句践终棓而杀之[32]。此四子者,成功而不去,祸至于此。此所谓信而不能诎[33],往而不能反者也。范蠡知之[34],超然避世,长为陶朱。君独不观博者乎?或欲分大投[35],或欲分功,此皆君之所明知也。今君相秦,计不下席,谋不出廊庙,坐制诸侯,利施三川[36],以实宜阳[37],决羊肠之险,塞太行之口,又斩范、中行之途[38],栈道千里于蜀汉,使天下皆畏秦。秦之欲得矣,君之功极矣,此亦秦之分功之时也!

如是不退,则商君、白公、吴起、大夫种是也!君何不以此时归相印,让贤者而授之?必有伯夷之廉,长为应侯,世世称孤,而有乔、松之寿[39]。孰与以祸终哉?此则君何居焉?"应侯曰:"善。"乃延入坐,为上客。

后数日,入朝,言于秦昭王曰:"客新有从山东来者蔡泽,其人辩士。臣之见人甚众,莫有及者。臣不如也!"秦昭王召见,与语,大说之,拜为客卿。应侯因谢病,请归相印。昭王强起应侯,应侯遂称笃,因免相。昭王新说蔡泽计画,遂拜为秦相,东收周室。

蔡泽相秦王数月,人或恶之,惧诛,乃谢病归相印,号为刚成君。秦十余年[40],昭王、孝文王、庄襄王[41],卒事始皇帝,为秦使于燕,三年而燕使太子丹入质于秦[42]。

【注释】

〔1〕此章又见《史记·蔡泽传》,各家并系于秦昭王五十二年(前255)。

〔2〕蔡泽:燕国人。

〔3〕釜鬲(lì):锅与空足鼎。涂:同"途"。

〔4〕郑安平:魏人,曾暗向秦使王稽荐范雎。雎事秦昭王,举安平为将军、王稽为河东守。后安平兵败降赵,王稽与诸侯暗通关节。

〔5〕常:通作"尝",曾经。

〔6〕质:《汉书·石奋传》颜注:"质,重也。"犹言重视。

〔7〕符:效应。

〔8〕商君:商鞅。

〔9〕吴起:卫国人,仕魏,后相楚悼王改革内政。悼王死,被贵族射杀。

〔10〕种:文种。相越王勾践灭吴,后被赐死。

〔11〕矣:金正炜说此处同"欤"。

〔12〕素:通"愫"。诚。

〔13〕公子卬:魏公子,商鞅仕魏时旧交。

〔14〕固:姚宏引曾本作"顾",鲍本同。

〔15〕"主离"句:谓越王勾践初败于吴,困守会稽。离,同"罹",遭遇。

〔16〕"悉忠"句:勾践困于会稽,文种勤慎侍侧,建议贿赂吴太宰嚭,使越得免亡国之灾。解,同"懈"。

〔17〕比干:纣王叔父,因忠谏而被剖心。

〔18〕申生:晋献公之孝子,献公惑于骊姬而将他赐死。

〔19〕戮辱:羞辱。

〔20〕微子:名启,纣王的庶兄,因数谏不被采纳而出走。殷灭后,武王封之于宋。

〔21〕闳夭:周文王的贤臣。

〔22〕葵丘之会:《左传·僖公九年》:"秋,齐侯盟诸侯于葵丘。"葵丘,春秋宋地,在今河南兰考县东。

〔23〕夫差:吴王阖庐之子,伍子胥辅之以成霸业。

〔24〕凌齐、晋:吴王夫差败越之后,又屡北伐齐,并会诸侯于黄池而与晋定公争为诸侯长。

〔25〕太史启:未详。诸祖耿以"太史启"三字为"大嗷"二字之讹。嗷,号呼之声,"则大嗷叱呼骇三军者,亦如项羽之喑呜叱咤,千人皆废"。

〔26〕身死丁庸夫:《史记·索隐》引高诱云:"夏育为田搏所杀。"

〔27〕及:鲍本作"近"。

〔28〕决裂阡陌:谓毁坏井田制度。阡陌,田亩界域。

〔29〕夷陵:楚国先王的陵墓名,后为县。

〔30〕"赐死"句:据《史记·白起传》,昭王五十年(前257)因白起拒绝领兵作战,被逐出咸阳,出西门十里至杜邮,秦王赐之剑,使自裁。

〔31〕杨越:越地古属扬州,故称。或云即为越(或百粤),在长江中下

游以南广大地区。

〔32〕棓(bàng):杖。

〔33〕信:读如"伸"。诎:同"屈"。

〔34〕范蠡:春秋越王勾践的臣,灭吴后知勾践不可与共富贵,遂北游于齐终归定陶,改姓朱,经商致富,号陶朱公。

〔35〕分:一本无此字。大投:鲍彪谓:"大,言全胜也。"

〔36〕利施三川:《史记》张守节正义:"施,犹展也。言伐得三川之地。"

〔37〕以实宜阳:以到达宜阳。金正炜曰:"《礼记·杂记》注:实,当为'至'。此读周秦人声之误也。"宜阳,原为韩邑,公元前308年为秦所攻取。

〔38〕"又斩"句:谓断绝三晋的道路。范、中行,春秋末晋六卿之二,此指三晋的东部。

〔39〕乔松之寿:谓长寿。乔松,王子乔与赤松子,传说中的二位仙人。

〔40〕《史记》"秦"前有"居"字。

〔41〕《史记》"昭"上有"事"字。

〔42〕"三年"句:谓燕与秦和好。

【译文】

燕人蔡泽被赵国驱逐,来到韩、魏,在途中锅和鼎又被人劫了去。听说应侯范雎任用郑安平、王稽,二人都犯了重罪,应侯感到很内疚,便西入于秦。蔡泽将要晋见昭王,使人扬言以激怒应侯,说:"燕国客人蔡泽,是天下雄杰善辩之士啊!他一见秦王,秦王肯定会用他做相国而夺去应侯的位置。"

应侯听说,使人召见蔡泽。蔡泽走进相府,只是向应侯作揖而不下拜。应侯本来就不高兴,等到见蔡泽很傲慢,因而责备说:"你曾扬言要代替我而相秦,果有此言吗?"泽回答说:"是啊。"应侯道:"请听一听你的说法。"蔡泽说:"唉!您怎么这样没有预见呢？想那四时的顺序，完成其功用的就要退去。人生手足结实，耳目聪明圣智，难道不是士所愿望的吗？"应侯说："是的。"蔡泽说："主持仁义，施行道德于天下，天下怀念敬爱你，愿以你为君王（的辅佐），难道不是辩智之士所期待的吗？"应侯说："是的。"蔡泽又说："富贵荣显，使万物得到治理，万物从而各得其所；寿命长久，终享天年而不夭折；天下继承他的传统，恪守他的基业，永远传递下去；名不虚，实不欺，恩泽流布千古，后世称颂不绝，与天地相终始。这难道不是行道的效验，而圣人所说的吉祥美事吗？"应侯说："是的。"蔡泽说："像秦国的商君，楚国的吴起，越国的大夫文种，他们的下场也是可以追求的喽？"应侯知道蔡泽的话是想要难倒自己。乃说："有什么不可以呢？商鞅辅佐秦孝公，竭己无二，尽公而不顾私，赏罚分明以达到境内大治；竭尽智能，袒露襟怀，甘冒责怨，得罪旧交，俘虏魏国的公子卬，终于为秦国擒将破敌，夺取土地千里。吴起辅佐楚悼王，使私不得害公，谗不得蔽忠，直言而不苟合别人，正行而不取得别人苟容，行义而不顾旁人的毁誉，一定要使主霸国强，而自身不避祸灾凶险。大夫文种辅佐越王勾践，君王遭遇困辱，尽忠而不怠慢；君主虽然险些亡国绝祀，尽其所能而不忍离去，功劳虽多而不夸耀，富贵两全而不骄怠。像这三个人的作为，实在是仁义之至，忠悃之极呀！所以君子讲求杀身以成全名节，正义所在，身虽死也不遗憾反悔。有什么不可以的呢？"蔡泽说："君王圣哲，臣子贤能，这是天下的幸福；君主明智，臣下忠良，这是一国的幸福；父亲慈爱，儿子孝顺，丈夫诚实，妻子贞洁，这是一家的幸福。比干忠良而不能保存殷商，伍子胥睿智而不能保存吴国，申生孝顺而晋国动乱。有这些忠臣孝子，国家反而灭亡动乱，这是什么缘故呢？是因为没有明君贤父来听取他们的话。所以天下把君父认作该诟辱的对象，而怜悯臣下和儿子。如果等到杀身以后才可以立忠成名,那就是说微子不能算作仁,孔子不能算作圣,管仲不能算作伟大了。"于是应侯点头称善。

蔡泽觉得少少有隙可乘,因说:"商君、吴起、文种,他们做人臣,尽忠竭力,当然可以成为愿意效仿的榜样。闳夭服事文王,周公辅佐成王,难道不也是忠心耿耿吗?从君臣关系来看,商君、吴起、文种比起闳夭、周公,谁更值得效法呢?"应侯说:"商君、吴起、文种比不上闳夭、周公啊。"蔡泽说:"然则您的君上,慈爱任用忠臣,不侮故旧,与秦孝公、楚悼王、越王来比,谁更胜一筹呢?"应侯说:"还看不出孰高孰低。"蔡泽说:"君上亲信忠臣,当然超不过秦孝、越王、楚悼。您的为君上拨乱、除患、解难,拓地殖谷,富国、足家、强兵,威盖海内,功彰万里之外,也超不过商君、吴起、大夫种。然而您俸禄爵位的贵盛,私家的富有,却超过他们三人,而您还不急流勇退,我私下里替您的危险担心。俗话说:'日头中午就要偏移,月亮圆盈就要缺损。'物盛而衰,这是上天的常理啊;进退、盈亏、变化,是圣人常道啊!从前,齐桓公九次会见诸侯,使天下得到统一救正,到葵丘会盟,桓公有骄矜的表现,就有九国叛他而去。吴王夫差无敌于天下,轻蔑诸侯,欺凌大国齐、晋,终于杀身亡国。夏育、太史启,叱咤使三军骇惧,然而身死于凡夫俗子之手。这都是趁极盛而不知返的道理。那商君为孝公平准权衡,矫正度量,调整轻重,废止井田,教民耕战,所以兵动而土地扩展,兵休而国家富足,因此秦国无敌于天下,威风立于诸侯。大功已经告成,遂遭到车裂的极刑。楚国精兵百万,秦将白起率领几万人马,来与楚战,一战拿下鄢、郢,再战烧毁楚先王墓夷陵,南并蜀国与汉中地;又越过韩、魏去攻打强大的赵国,在北方坑杀马服君赵括军四十多万,流血成河,喊声如雷,使秦成就帝王之业。从此以后,赵、楚畏服,不敢攻打秦国,是白起创下的局面啊!亲身所征服的,有七十多座城池。大功已经告成,被赐死在杜邮。吴起为楚悼王罢黜无能,废止无用,减少冗员,杜绝私门请托之弊,统一楚国的风俗,南攻扬越之地,北并陈、蔡之国,打破连横,拆散合纵,使游说之士不能开口。大功已经告成了,卒被斩断四肢。大夫文种为越王垦草荒,建城邑,扩土地,种五谷,统领四方之士,齐合上下之力,来消灭强吴,完成霸业。勾践终于逼他自杀。这四个人,都因为功成不去而遭此横祸。这就叫作能伸而不能屈,能往而不能返啊!范蠡懂得这个道理,心境超脱,避开尘世,得长为陶朱公而终。您难道没看六博的游戏吗?或想大获全胜,或想分得彩头,这都是您所明知的。如今您做秦相,计议不离筵席,谋划不出朝庙,稳坐来制服诸侯;出兵攻伐韩三川郡之地,一直到达它的重镇宜阳;阻断羊肠坂的险路;堵住三晋北部太行山的隘口,又截斩三晋东部范、中行的道途;修筑栈道千里,以通往蜀国、汉中,使令天下诸侯都畏惧秦国。秦的企图得到了,您的功绩也到顶了,这也正是秦人分得彩头的时机啊!如是而不作急流勇退之计,就成了商君、白公(起)、吴起、大夫文种了。您何不趁此机会归还相印,把它交给贤能之人,必获得如伯夷的廉洁名声;长做应侯,世代称孤道寡,而又有仙人王乔、赤松子的寿数。这比得祸而终的下场,哪个更好呢?这就看您如何选择了。"应侯说:"很好。"于是遂请进相府,奉为上宾。

过了几天,应侯入朝,对秦昭王说:"有新从山东来的客人名叫蔡泽,那人是一位辩士。臣阅人很多,没有能赶得上他的,臣不如他啊!"秦昭王召见蔡泽,跟他谈话,非常喜欢他,拜他做客卿。应侯于是辞谢有病,请归还秦国的相印。昭王极力挽留应侯,应侯遂声称病笃,于是免掉丞相。昭王新近很喜欢蔡泽的计策,遂拜他做秦国丞相,向东收取周室王畿之地。

蔡泽做秦王的丞相才几个月，有人厌恶谗毁他，泽恐怕被杀，便辞谢有病归还相印，称作刚成君。居住在秦国十多年，历事昭王、孝文王、庄襄王，卒事秦始皇帝。为秦出使于燕国，居燕三年，燕国遣送太子丹入秦来做人质。

卷六　秦四

秦取楚汉中[1]

秦取楚汉中,再战于蓝田[2],大败楚军。韩、魏闻楚之困,乃南袭至邓[3],楚王引归。后三国谋攻楚,恐秦之救也,或说薛公[4]:"可发使告楚曰:'今三国之兵且去楚,楚能应而共攻秦,虽蓝田岂难得哉!况于楚之故地[5]?'楚疑于秦之未必救己也,而今三国之辞去[6],则楚之应之也必劝[7],是楚与三国谋出秦兵矣。秦为知之,必不救也。三国疾攻楚,楚必走秦以急,秦愈不敢出。则是我离秦而攻楚也,兵必有功。"

薛公曰:"善。"遂发重使之楚,楚之应之果劝。于是三国并力攻楚,楚果告急于秦,秦遂不敢出兵。大臣有功[8]。

【注释】

〔1〕林氏《纪年》、钟氏《勘研》系此于赧王十二年(前303)。钟云:"'秦取楚汉中'至'楚王引归'诸语,见于《楚记》怀十八年。下文则无之,疑即怀二十六年,齐、韩、魏共攻楚事。其时楚与秦合,三国为其负从亲而

伐之。唯《史》称'秦救楚,三国引去',此言'秦不敢出兵,大胜有功',为不合耳。或是《策》著者为三国人,所书不尽实也。"

〔2〕蓝田:亦称蓝,秦邑。在今陕西蓝田县西。

〔3〕邓:楚邑。在今河南省漯河市东南。

〔4〕薛公:田文,齐人。时相魏。

〔5〕楚之故地:这里指被秦占领之汉中地。

〔6〕辞去:去,当作"云"。指使者所言。

〔7〕劝:鲍彪云:"乐之也。言乐从,从三国攻秦。"

〔8〕臣:一作"胜"。是。

【译文】

　　秦国夺取楚国的汉中地,与楚再战于蓝田,大败楚国军队。韩、魏听说楚军在前方被击败,便南袭楚国,到达邓邑,楚王闻报把军队撤了回来。后来,齐、韩、魏谋划攻打楚国,恐怕秦国来援救它。有人劝说魏相薛公田文:"可以派使者告诉楚说:'现在三国的兵马将要撤出楚国,如果楚国能够答应共同攻打秦国,虽然蓝田也不难得,更何况楚国被秦占领的旧地呢?'楚国怀疑秦国不一定来援救自己,如今三国既这么说,那么楚国答应三国的请求一定会很痛快,这就等于是楚国与三国阴谋引诱秦国出兵了。秦国如知道这件事,肯定不会出兵来救楚啊!三国赶快攻楚,楚一定到秦国去告急,秦国就愈加怀疑而不敢出兵了。这便是我们离间秦国而去攻打楚国呀,出兵必定会取得战功。"

　　薛公说:"好。"遂派高品级的使者到楚国去,楚国应允的果然十分痛快。于是三国合力攻楚,楚国当真到秦国去告急求援,秦国终于没敢出兵。三国攻楚大获全胜。

薛公入魏而出齐女[1]

　　薛公入魏而出齐女[2]。韩春谓秦王曰[3]:"何不取为妻？以齐、秦劫魏,则上党秦之有也。齐、秦合而立负刍[4],负刍立,其母在秦,则魏,秦之县也已！眠欲以齐、秦劫魏而困薛公[5],佐欲定其弟[6],臣请为王因眠与佐也。魏惧而复之,负刍必以魏殁世事秦;齐女入魏而怨薛公,终以齐奉事王矣。"

【注释】

〔1〕杨宽谓公元前294年,在孟尝君指使下,齐国发生贵族田甲用暴力"劫王"事件,即所谓"田甲劫王"。由于叛乱失败,孟尝君出奔到薛,旋即到魏,任魏昭王相国(详《战国史》)。时当周赧王二十一年。此篇姚本与《秦取汉中》为一章,鲍本另列一篇。今从鲍本。

〔2〕出齐女:谓使魏王休弃齐国女子为后妃者。鲍彪曰:"魏公子负刍之母。薛公恶齐,故逐之。"出,休弃。

〔3〕韩春:秦臣。

〔4〕负刍:魏昭王公子。

〔5〕眠:韩眠。眠,或作"珉"。魏臣。

〔6〕佐:鲍彪谓为负刍庶兄。定:立。

【译文】

薛公田文去齐入魏为相,而把齐国在魏国做后妃的女子休出魏国。韩春对秦(昭)王说:"何不娶她为妻,用齐、秦两国力量来攻打魏国,那么上党地带就归秦所有了。齐、秦合力来拥立负刍为魏君,负刍得立,他的母亲在秦国,那么魏国就等于是秦国的一个县了呀！魏臣眠想要借着齐、秦攻打魏国来难倒薛公,魏公子佐想要定立弟弟负刍为魏君,臣请为大王买通眠与佐二人。如果魏国害怕而把齐女再迎回去,负刍一定会拿魏来没世报答秦国。齐女回魏而怨恨薛公驱逐自己,也终究会用齐国来服事大王的。"

三国攻秦[1]

三国攻秦,入函谷。秦王谓楼缓曰[2]:"三国之兵深矣,寡人欲割河东而讲[3]。"对曰:"割河东,大费也;免于国患,大利也。此父兄之任也,王何不召公子池而问焉[4]?"

王召公子池而问焉,对曰:"讲亦悔,不讲亦悔。"王曰:"何也?"对曰:"王割河东而讲,三国虽去,王必曰:'惜矣!三国且去,吾特以三城从之。'此讲之悔也。王不讲,三国入函谷,咸阳必危,王又曰:'惜也!吾爱三城而不讲。'此又不讲之悔也。"王曰:"钧吾悔也[5],宁亡三城而悔,无危咸阳而悔也。寡人决讲矣。"卒使公子池以三城讲于三国,之兵乃退[6]。

【注释】

〔1〕缪文远《考辨》引黄少荃云:"秦昭王八年,孟尝君田文入相,为人所潜,几不免而归,由是怨秦。次年(秦昭王九年),孟尝君相齐,与韩、魏共击秦,军至函谷。又二年(秦昭王十一年),三国与秦和,始罢兵。"时当赧王十九年(前296)。

〔2〕楼缓:赵人。秦昭王七年至九年(前300—前298)相秦。

〔3〕讲:和。

〔4〕公子池(tuó):秦公子。池,亦作"他"。

〔5〕钧:等同、一样。

〔6〕"之"上应补"三国"二字。

【译文】

齐、韩、魏三国攻打秦国,兵入函谷关。秦王对楼缓说:"三国军队深入到秦国内地了,寡人想割让河东的土地来媾和。"楼缓回答说:"割让河东,这是大的损失啊!国家避免灾患,这是大的好处啊!这关系秦国公族的责任。大王为何不召见公子池,来问一问他的意见呢?"

秦王召见公子池来问这件事,公子池回答说:"媾和也要后悔,不媾和也要后悔。"王说:"怎么讲呢?"回答说:"王割让河东而来媾和,三国虽然退却,王一定要说:'可惜呀!三国要退了,我却用三座城来陪送他们。'这是媾和的悔恨。王如不媾和,三国进入函谷,咸阳必然危急,王又说:'可惜呀!我吝惜三座城而没有媾和。'这又是不媾和的悔恨。"王说:"虽说我都要悔恨,宁可丢掉三座城而悔恨,也不要危及咸阳城而悔恨。寡人决心要媾和了。"终于派遣公子池用三座城来与三国媾和,敌兵于是退去。

秦昭王谓左右[1]

秦昭王谓左右曰:"今日韩、魏,孰与始强?"对曰:"弗如也。"王曰:"今之如耳、魏齐[2],孰与孟尝、芒卯之贤[3]?"对曰:"弗如也。"王曰:"以孟尝、芒卯之贤,帅强韩、魏之兵以伐秦,犹无奈寡人何也!今以无能之如耳、魏齐,帅弱韩、魏以攻秦,其无奈寡人何亦明矣!"左右皆曰:"甚然。"

中期推琴对曰[4]:"三之料天下过矣[5]!昔者六

晋之时[6],智氏最强[7],灭破范、中行,帅韩、魏以围赵襄子于晋阳[8],决晋水以灌晋阳[9],城不沉者三板耳[10]!智伯出行水[11],韩康子御,魏桓子骖乘。智伯曰:'始吾不知水之可亡人之国也,乃今知之。汾水利以灌安邑[12],绛水利以灌平阳[13]。'魏桓子肘韩康子,康子履魏桓子,蹑其踵。肘、足接于车上,而智氏分矣!身死国亡,为天下笑。今秦之强,不能过智伯;韩、魏虽弱,尚贤在晋阳之下也[14]。此乃方其用肘、足时也,愿王之勿易也!"

【注释】

〔1〕此章姚本与《三国攻秦入函谷》连篇。鲍本另列一章,今从之。各家并系于赧王四十九年(前266)。

〔2〕如耳:魏人,仕韩。魏齐:魏臣。

〔3〕孟尝:孟尝君田文。芒卯:即孟卯,魏将。

〔4〕中期:秦臣。期,《史记》作"旗"。鲍云:"(秦)武王时已出此人,至是四十四五年矣。"或谓即钟期、钟子期。

〔5〕三:鲍本作"王"。是。

〔6〕六晋:指战国初晋的智、范、中行、魏、韩、赵六家大夫。

〔7〕智氏:智伯。姓荀,名瑶,又称智伯瑶。智宣子之子。

〔8〕晋阳:赵襄子封邑。在今山西太原市。

〔9〕晋水:《史记正义》引《括地志》:"晋水,出并州晋阳县西,东南流注汾水。"

〔10〕三板:九尺。鲍云:"板,高三尺。"

〔11〕行(xìng):巡视、巡查。

〔12〕安邑:晋卿魏桓子封邑。今山西安邑县西。

〔13〕平阳:晋卿韩康子封邑。今山面临汾西南。

〔14〕贤:胜。

【译文】

秦昭王对左右的人说:"今天的韩、魏,与过去相比较,哪一时更强盛呢?"回答说:"不如过去。"王说:"今天的如耳、魏齐,比孟尝君、芒卯,谁更贤能呢?"回答说:"比不上。"王说:"拿孟尝、芒卯的贤能,率领强盛时的韩、魏军队来伐秦,还不能把寡人怎么样!如今拿无能的如耳、魏齐,率领已经削弱了的韩、魏来攻秦,它不能把寡人怎么样,不是很明白了吗!"左右的人都异口同声地说:"大王说的太对了。"

秦臣中期推开琴应对说:"大王预料天下形势有失误啊!从前晋国六卿(智、范、中行、魏、韩、赵)当政的时候,智氏最强大,破灭范氏、中行氏,率领韩、魏在晋阳包围了赵襄子,决开晋水来灌晋阳,城墙只差九尺没有淹没。智伯出去察看水情,韩康子驾车,魏桓子居右做陪乘。智伯说:'开始,我不晓得水能够灭亡人的国家,然而今天知道了。汾水灌安邑很便利,绛水灌平阳很便利。'魏桓子用臂肘触一下韩康子,康子用脚踩魏桓子,踩到他的后脚踵。肘和脚在车上一接触,而智氏的土地就被瓜分了。身死了,国亡了,为天下人所耻笑。如今秦国的强盛,不能超过智伯,韩、魏虽然削弱,还比当年在晋阳城下的时候要强。这正是他们用肘触足蹑的时候啊,愿大王不要掉以轻心啊!"

楚、魏战于陉山〔1〕

楚、魏战于陉山〔2〕。魏许秦以上洛〔3〕,以绝秦于楚。魏战胜,楚败于南阳〔4〕。秦责赂于魏,魏不与。营浅谓秦王曰[5]:"王何不谓楚王曰:'魏许寡人以地,今战胜,魏王倍寡人也。王何不与寡人遇?魏畏秦、楚之合,必与秦地矣。是魏胜楚而亡地于秦也;是王以魏地德寡人,秦之楚者多资矣[6]。魏弱,若不出地,则王攻其南,寡人绝其西,魏必危。'"秦王曰:"善。"以是告楚。楚王扬言与秦遇,魏王闻之,恐,效上洛于秦。

【注释】

〔1〕此章各家均系于显王四十年(前329)。《楚世家》云:"威王卒,魏因丧取我陉山。"当楚威王十一年、秦惠王九年。于鬯谓魏效上洛为显王四十一年。

〔2〕陉山:在韩南楚北。详《秦策二·陉山之事》注。

〔3〕上洛:魏地。在今陕西商县。

〔4〕南阳:楚郡。陉山在其辖内。

〔5〕营浅:秦人。营,或作"管"。

〔6〕之:往、至。资:财币。

【译文】

楚、魏两国在陉山摆开战场。魏国答应割让上洛之地给秦,来断绝秦与楚国的交往。魏打了胜仗,楚国在南阳吃了败仗。秦国向魏讨要上洛,魏国不给。秦人管浅对秦惠王说:"大王为何不对楚王说:'魏国答应割让给寡人土地,如今打了胜仗,魏惠王却违背了与寡人的约言。王何不与寡人会晤?魏国害怕秦、楚合作,就一定会割让给秦国土地了。魏国虽然战胜了楚国,却丢掉土地给秦国呀,是王您用魏国的土地加惠于寡人,秦会送给楚国一份厚礼。如今魏国已经疲弱,假若它不割地,那么王您攻它的南面,寡人攻它的西面,魏国必定灭亡。'"秦王说:"很妙。"遂用这番话通告楚国。楚王扬言要与秦王遇会,魏王听到这个消息很害怕,主动把上洛之地送给秦国。

楚使者景鲤在秦[1]

楚使者景鲤在秦[2],从秦王与魏王遇于境。楚怒,秦合周最为楚王曰[3]:"魏请无与楚遇而合于秦,是以鲤与之遇也。弊邑之于与遇善之[4],故齐不合也。"楚王因不罪景鲤而德周、秦。

【注释】
〔1〕此章姚本与《楚魏战于陉山》连篇,鲍本另列一篇,今从之。顾氏《编年》及于《表》系于赧王二年(前313)。是。钟氏《勘研》云:"此与《韩策一·韩公仲相齐章》为一事,鲍、吴均论及之。"
〔2〕景鲤:楚怀王相。诸祖耿《集注汇考》云:"朱起凤《辞通》九屑,以景鲤、景缺、景快为一人。"
〔3〕"秦合"句:吴师道补,此句"合"作"令","为"作"谓"。是。
〔4〕弊邑:指秦。

【译文】
楚国使者景鲤在秦,参预秦(惠)王与魏(襄)工在秦境的会晤。楚土很生气。秦派周最对楚工说:"魏国想与秦合作而亲善齐,有意不让楚国参加会晤,所以鲤才参加此次会见。敝国对于参加会晤的成员很是友善,所以齐国必生疑忌而不与秦、魏合作。"楚王听说,因而不怪罪景鲤,并十分感激周最和秦国。

楚王使景鲤如秦[1]

楚王使景鲤如秦。客谓秦王曰："景鲤，楚王使景所甚爱[2]，王不如留之以市地。楚王听，则不用兵而得地；楚王不听，则杀景鲤，更不与不如景鲤留[3]。是便计也。"秦王乃留景鲤。

景鲤使人说秦王曰："臣见王之权轻天下，而地不可得也！臣之来使也，闻齐、魏皆且割地以事秦。所以然者，以秦与楚为昆弟国。今大王留臣，是示天下无楚也，齐、魏有何重于孤国也？楚知秦之孤，不与地而外结交诸侯以图，则社稷必危。不如出臣。"秦王乃出之。

【注释】

〔1〕与上章同时。钟氏《勘研》云："此称'入秦'，上章称'在秦'，二章若同时，则此应在前。"

〔2〕使景：姚云："一本无'使景'二字。"是。

〔3〕"更不"句：一本无前"不"字；"留"，曾、刘本作"者"。均是。

【译文】

楚（怀）王派景鲤到秦国。客人对秦王说："景鲤，是楚王所十分宠爱的人物，大王不如留住他让楚国拿土地来赎。楚王同意，那么不用兵就可以得地；楚王不同意，那么就杀掉景鲤，而后与不如景鲤的人周旋。这是一个很便当的计策呀。"秦王于是扣留了景鲤。

景鲤使人游说秦王道："臣眼见大王的权威被天下所看轻，

而土地也不会得到。臣的来使,听说齐、魏都要割地来服事秦。所以能得如此,是因为秦与楚为兄弟之国。如今大王扣留臣,是向天下显示与楚国并不友善啊,齐、魏又为何看重一个孤立无援的国家呢?楚国知道秦国孤立,不给秦地,而外结诸侯来图谋秦,那么秦国必很危险。所以不如放臣为好。"秦王于是放景鲤归楚。

秦王欲见顿弱[1]

秦王欲见顿弱[2],顿弱曰:"臣之义不参拜。王能使臣无拜,即可矣;不,即不见也。"秦王许之。于是顿子曰:"天下有其实而无其名者[3],有无其实而有其名者,有无其名又无其实者,王知之乎?"王曰:"弗知。"顿子曰:"有其实而无其名者,商人是也。无把铫推耨之势[4],而有积粟之实,此有其实而无其名者也。无其实而有其名者,农夫是也。解冻而耕,暴背而耨,无积粟之实,此无其实而有其名者也。无其名又无其实者,王乃是也已!立为万乘,无孝之名;以千里养,无孝之实。"秦工悖然而怒。

顿弱曰:"山东战国有六,威不掩于山东而掩于母[5],臣窃为大王不取也。"秦王曰:"山东之建国可兼与[6]?"顿子曰:"韩,天下之咽喉;魏,天下之胸腹。王资臣万金而游,听之韩、魏,入其社稷之臣于秦,即韩、魏从。韩、魏从而天下可图也。"秦王曰:"寡人之国贫,恐不能给也。"顿子曰:"天下未尝无事也,非从即横也。横成则秦帝,从成则楚王。秦帝,即以天下恭养;楚王,即王虽有万金,弗得私也。"

秦王曰:"善。"乃资万金,使东游韩、魏,入其将相;北游燕、赵,而杀李牧[7]。齐王入朝,四国必从[8],顿子之说也。

【注释】

〔1〕鲍彪谓,说始皇在十年还太后前。缪氏《考辨》云:"《策》载顿弱曰:'横成则秦帝,从成即楚王。'楚于秦始皇六年已东徙寿春,苟延残喘于一隅,乌有所谓'从成即楚王'者乎?又据《始皇本纪》,谏始皇复太后者为齐人茅焦,教秦以金散六国之从者为梁人尉缭,此章殆连缀彼二人之事而附会者。"

〔2〕顿弱:秦人。

〔3〕姚注:"一本'有'字下更有'有'字。"是。

〔4〕铫(yáo):大锄。耨(nòu):小手锄。势:鲍本作"劳"。是。

〔5〕掩:盖,施。高诱曰:"秦王,名正也。以母淫通于嫪毐,闭之于雍门宫。"

〔6〕建:鲍本作"战"。是。

〔7〕李牧:赵良将。赵王迁七年,被杀。

〔8〕四国:韩、魏、燕、赵也。必:应作"毕"。

【译文】

秦王想要召见顿弱,顿弱说:"臣的原则是见君不行参拜之礼,王如果答应臣不拜,就可以相见。否则,就不必见了。"秦王答应了他。于是顿弱说:"天下有有其实而无其名的,有无其实而有其名的,有无其名又无其实的。王晓得这个道理吗?"王说:"不晓得。"顿弱说:"有其实而无其名的,是商人啊。没有挥

182

锄握铲的劳苦,而有囤积粮食的实惠,这是有其实而无其名的呀!无其实而有其名的,是农夫啊。春天刚刚解冻就要种地,夏天太阳暴晒肩膀来锄草,而没有蓄积谷物的实惠,这是无其实而有其名的呀!无其名而又无其实的,是君王啊!立为万乘之主,而没有孝的名;用千里土地的收入来自养,而没有孝的实。"秦王恼怒改变了颜色。

顿弱说:"崤山以东能战的大国有六个,王的威风不施加于六国而施加于母后,臣私下里为大王所不取。"秦王说:"崤山以东六国可以兼并吗?"顿弱说:"韩国,是天下的咽喉;魏国,是天下的胸腹。王给臣万两黄金去游说,让我到韩、魏去,使它们的社稷重臣都到秦国来,那么韩、魏就会听从秦。韩、魏听从秦,天下就可谋取了。"秦王说:"寡人的国家很穷,恐怕供给不了那么多黄金。"顿弱说:"目前天下还不是太平无事,不是合纵就是连横。连横成功,则秦国称帝;合纵成功,则楚国称王。秦国称帝,就可以让天下来供养您;楚国称王,那么王虽有万金,也不能够爱惜了。"

秦王说:"很对。"遂拿出万金,听顿弱东游说韩、魏,使它们的将相来到秦国;北游说燕、赵,而使赵杀死它的大将李牧。齐王入秦朝贡,燕、赵、韩、魏四国全都服从秦国,这都是顿弱游说的功绩。

顷襄王二十年[1]

顷襄王二十年,秦白起拔楚西陵[2],或拔鄢、郢、夷陵[3],烧先王之墓。王徙东北,保于陈城[4],楚遂削弱,为秦所轻。于是白起又将兵来伐。

楚人有黄歇者[5],游学博闻,襄王以为辩,故使于秦。说昭王曰:

"天下莫强于秦、楚,今闻大王欲伐楚,此犹两虎相斗,而驽犬受其弊,不如善楚。臣请言其说。臣闻之:'物至而反,冬夏是也。致至而危,累棋是也。'今大国之地半天下,有二垂[6],此从生民以来,万乘之地未尝有也。先帝文王、庄王、王之身[7],三世而不接地于齐,以绝从亲之要。今王三使盛桥守事于韩[8],成桥以北入燕[9]。是王不用甲,不申威,而出百里之地。王可谓能矣!王又举甲兵而攻魏,杜大梁之门,举河内,拔燕、酸枣、虚、桃人,楚、燕之兵云翔而不敢校[10],王之功亦多矣!王申息众二年[11],然后复之,又取蒲、衍、首垣[12],以临仁、平丘[13],小黄、济阳婴城[14],而魏氏服矣。王又割濮、磨之北属之燕[15],断齐、秦之要[16],绝楚、魏之脊。天下五合六聚而不敢救也,王之威亦惮矣!王若能持功守威,省攻伐之心而肥仁义之诚[17],使无复后患,三王不足四,五伯不足六也!

"王若负人徒之众,材兵甲之强[18],壹毁魏氏之威[19],而欲以力臣天下之主,臣恐有后患。《诗》云:'靡不有初,鲜克有终。'[20]《易》曰:'狐濡其尾。'[21]此言始之易,终之难也。何以知其然也?智氏见伐赵之利,而不知榆次之祸也[22];吴见伐齐之便,而不知干隧之败也[23]。此二国者,非无大功也,设利于前,而易患于后也[24]。吴之信越也,从而伐齐,既胜齐人于艾陵[25]，还为越王禽于三江之浦[26]。智氏信韩、魏，从而伐赵，攻晋阳之城，胜有日矣，韩、魏反之，杀智伯瑶于凿台之上[27]。今王妒楚之不毁也，而忘毁楚之强魏也[28]，臣为大王虑而不取。《诗》云：'大武远宅不涉。'[29]从此观之，楚国，援也；邻国，敌也。《诗》云：'他人有心，予忖度之。跃跃毚兔，遇犬获之。'[30]今王中道而信韩、魏之善王也，此正吴信越也！臣闻'敌不可易，时不可失'。臣恐韩、魏之卑辞虑患[31]，而实欺大国也！此何也？王既无重世之德于韩、魏，而有累世之怨矣。韩、魏父子兄弟接踵而死于秦者，百世矣[32]。本国残，社稷坏，宗庙隳[33]，刳腹折颐[34]，首身分离，暴骨草泽，头颅僵仆，相望于境；父子、老弱系虏[35]，相随于路，鬼神狐祥无所食[36]，百姓不聊生，族类离散，流亡为臣妾，满海内矣。韩、魏之不亡，秦社稷之忧也。今王之攻楚，不亦失乎？

"是王攻楚之日[37]，则恶出兵？王将借路于仇雠之韩、魏乎？兵出之日，而王忧其不反也。是王以兵资于仇雠之韩、魏。王若不借路于仇雠之韩、魏，必攻阳右壤[38]。随阳右壤，此皆广川大水、山林溪谷不食之地，王虽有之，不为得地。是王有毁楚之名，无得地之实也！且王攻楚之日，四国必应悉起应王[39]。秦、楚之构而不离，魏氏将出兵而攻留、方与、铚、胡陵、砀、萧、相[40]，故宋必尽。齐人南面，泗北必举[41]。此皆平原四达膏腴之地也，而王使之独攻。王破楚于以肥韩、魏于中国而劲齐[42]，韩、魏之强，足以校于秦矣；齐南以泗为境,东负海,北倚河,而无后患,天下之国,莫强于齐。齐、魏得地葆利[43],而详事下吏[44],一年之后,为帝若未能,于以禁王之为帝有馀。夫以王壤土之博,人徒之众,兵革之强,一举众而注地于楚[45],诎令韩、魏归帝重于齐[46],是王失计也!

"臣为王虑,莫若善楚。秦、楚合而为一临以韩[47],韩必授首[48]。王襟以山东之险,带以河曲之利,韩必为关中之候[49]。若是,王以十成郑[50],梁氏寒心,许、鄢陵婴城[51],上蔡、召陵不往来也[52]。如此,而魏亦关内候矣。王一善楚,而关内二万乘之主注地于齐[53],齐之右壤可拱手而取也。是王之地,一任两海[54],要绝天下也[55]。是燕、赵无齐、楚,无燕、赵也[56]。然后危动燕、赵,持齐、楚,此四国者,不待痛而服矣[57]。"

【注释】

〔1〕此章开头至"说昭王曰"与下文非一时之事,疑为误接。"天下莫强于秦、楚"以下所言,最晚为始皇十二年(前235)之事,此时黄歇已死,说者定非其人。详缪文远《战国策考辨》。

〔2〕西陵:楚邑。在今湖北省宜昌市西北。

〔3〕或:又。鄢、郢、夷陵:俱楚地。已见前注。按《史记》,白起拔郢在顷襄二十一年(前278)。

〔4〕陈城:楚地。在今河南省淮阳县。

〔5〕黄歇:楚人,号春申君。顷襄王时任左徒,考烈王时任令尹。考烈王死后被刺身亡。

〔6〕二垂:指大地西北两个尽头。垂,谓天地相会处。

〔7〕"先帝"句：指秦孝文王、庄襄王及王政。高诱曰："文王，始皇祖；庄王，始皇父；故曰三世。"

〔8〕"今王"句：黄丕烈曰："今本无'三'字，'盛'作'成'。"按，《史记》《新序》所载皆无"三"字。"成""盛"字同。成桥，秦庄襄王子，始皇弟。

〔9〕"成桥"句：此句《史记》《新序》并作"以其地入秦"。是。

〔10〕"拔燕"二句：燕，南燕。在今河南汲县。酸枣，魏邑。在今河南省延津西南。虚，指河南延津以东殷墟之地。在酸枣东北。属魏。桃人，魏地。在今河南省延津县北。按，这两句《史记·春申君列传》《新序》及《文选》注，并作"拔燕、酸枣、桃，入邢，魏之兵云翔而不敢救"。是。详程恩泽《国策地名考》。又，据《秦始皇本纪》，秦定酸枣、燕、虚在始皇五年。

〔11〕申：重，又。按，此句一作"王休甲息众二年"。

〔12〕蒲：原卫地，后并入魏。在今河南省长垣市。衍：魏邑。在今河南郑州以北。首垣：魏地。在今河南省长垣东北。按，此当即《六国表》魏景湣五年（始皇九年）所书之"秦拔我垣、蒲阳、衍"也。

〔13〕临仁、平兵："兵"，《史记》《新序》均作"丘"，是。《索隐》曰："仁及平邱二县名，谓兵临此二县。"仁，原为晋之任邑，后为魏所分，其地未详。平丘，在今河南封丘东。

〔14〕小黄、济阳婴城：谓二地以兵环城自守也。婴，环绕。小黄即外黄，或单称黄，在今河南开封东北。济阳，在今河南兰考东北。离小黄不远。

〔15〕濮：即濮上，原属卫，后并入魏，在河南省东北部。磨：本作"磿"（歷），讹为"磨"。即历山，属魏。在今山东菏泽东北。属之燕：谓连之于南燕也。属，连接。燕，指南燕。

〔16〕秦：金正炜曰："秦字疑当作'赵'。"是。要：同"腰"。

〔17〕诚：《史记》《新序》、鲍本均作"地"。高诱注："省，减；肥，犹厚也；地，犹道。"

〔18〕材：黄丕烈据《史记》以为是"杖"字之讹。是。

〔19〕壹:《史记》《新序》作"乘"。金正炜云:"按《说文》,壹,专也……于义自通,不必从'乘'。"

〔20〕"靡不"二句:见《诗·大雅·荡》。

〔21〕狐濡其尾:见《周易·未济》。言狐能渡水,但如果尾巴沾湿,就渡不过去。比喻始易终难。

〔22〕"智氏"二句:智伯伐赵,已见前《秦昭王谓左右》注。榆次,赵地,在今山西省太原市榆次区。智伯被杀后埋葬于此。

〔23〕干隧:春秋吴邑,在今江苏苏州市。吴王夫差兵败为越王勾践所擒之处。

〔24〕易患:轻视祸患。

〔25〕艾陵:齐地。在今山东省莱芜东北。

〔26〕禽:通"擒"。三江之浦:指娄江、松江与东江的水滨。按,古三江均在吴地,干隧在其流域之内。

〔27〕凿台:台名。《水经》云:"榆次县南,洞涡水侧有凿台。"

〔28〕魏:《史记》《新序》均作"韩、魏"。是。

〔29〕"大武"句:逸诗。吴师道云:"威武之大者,远安定之,不必涉其地也。"

〔30〕"他人"四句:见《诗·小雅·巧言》。毚(chán),狡。

〔31〕虑患:忧虑祸患。《史记》《新序》并作"除患"。

〔32〕百世:高诱注:"'百',一作'累'。"是。

〔33〕隳(huī):毁坏。

〔34〕刳(kū):剖开。折颐:折断下巴。颐,颔、下巴。

〔35〕系虏:鲍彪云:"系累为虏。虏,获也。"

〔36〕狐祥:鲍云:"狐之为妖者。"

〔37〕是:鲍本作"且",《史记》《新序》同。

〔38〕攻阳右壤:姚宏云:"一本'攻'下有'随'字。"是。《史记正义》曰:"楚都陈,而随故国在西南,是楚之右壤。"

〔39〕应:《史记》《新序》均无。

〔40〕留、方与……:高诱曰:"七邑,宋邑也。宋,战国时属楚,故言

'故宋必尽'也。"

〔41〕"齐人"二句:《史记》作:"齐人南面攻楚,泗上必举。"程恩泽曰:"案言泗北,则为今山东兖州、济宁等处矣。此皆齐地,意必有与楚境相错者。"

〔42〕于以:吴师道补注:"《史》《新序》'以'上无'于'字。"是。

〔43〕葆:同"保"。

〔44〕详事下吏:谓假意事秦。详,同"佯",伪也。下吏,指秦或秦王。《陉山之事》章高诱注:"不斥王,故言'下吏'。"

〔45〕众:《史记》《新序》作"事"。是。高诱注:"事,战事也。"注地:应作"注怨"。《史记》《新序》作"树怨"。注怨即属怨,与"树怨"意近。

〔46〕诎:反。

〔47〕临以:《史记》《新序》作"以临"。是。

〔48〕授首:《史》作"敛手",《新序》作"拱手"。此处"首"借为"手"。授手,表示随对方绑缚而服罪之意。

〔49〕候:候吏,前方哨兵。

〔50〕以十成郑:《史记》作"以十万成郑"。《新序》"成"作"伐"。

〔51〕许、鄢陵:均魏邑。许,在今河南许昌市;鄢陵,在今鄢陵县西南。婴城:见本策前注。

〔52〕上蔡、召陵:均楚地,与魏接壤。或时属魏也。上蔡,在今河南上蔡西南。召陵,在今河南漯河市东北。

〔53〕注地:疑当作"注怨"。参见本策注〔45〕。

〔54〕一仟两海:谓肩挑东西两海之地也。任,或作"经",亦通。程恩泽曰:"谓自西海至东海,其地一为秦所有也。"

〔55〕要:同"腰"。

〔56〕"无燕"句:"无"字前应有"齐楚"二字。

〔57〕痛:高注云:"急也。不待急攻而服从也。"

【译文】

楚顷襄王二十年,秦将军白起率兵攻破楚的西陵,又攻克鄢、郢、夷陵,烧毁楚先王的陵墓。襄王迁到东北部的陈城自保,楚遂削弱,被秦国所轻视。于是,白起又率兵来攻伐。

楚国有一位叫黄歇的,游学四方,博闻广识,顷襄王认为他口才能辩,所以派他出使到秦国。游说秦昭王道:

"天下没有比秦、楚两国再强的了,如今听说大王想要伐楚,这就像两只猛虎相斗,而使劣犬乘其弊,不如与楚友善为好。臣请申明它的道理。臣听说:'物极必反,冬夏就是呀;到顶而危,累棋就是呀。'如今大国秦的地盘占天下之半,有西北绵长的边陲,这是从有人类以来,万乘之国所未曾有过的。先帝孝文王、庄襄王,乃至王身,三世而不与齐交往,来杜绝合纵的盟约。如今王派遣成桥在韩国待事,成桥使韩割地效秦。是王不用甲兵,不伸军威,而使韩献出百里土地,王可称得上是能主了。王又兴甲兵来攻魏,堵塞魏都大梁的城门,占领河内,攻取南燕、酸枣、虚、桃等地,兵入邢丘,以使魏兵云散而不敢抵抗,王的功绩已经很大啦!王重又息兵二年,然后用它,又攻取蒲、衍、首垣,而兵临任邑、平丘,小黄和济阳二城被迫环城自守,魏氏终于降服。王又割取濮水和历山之北广大地区,以与南燕相连接,拦截齐、赵的腰腹,切断楚、魏的脊背。天下五六次聚会兵力也不敢援救,王的威风使各国诸侯畏慑不前。王如果能坚持功绩,保守成业,减少攻伐的用心,而大讲仁义的道理,使秦不再发生后患,那么三王就会成为四王,五霸就会变为六霸了。

"王如倚恃人徒众多,仰仗兵甲坚强,直乘胜魏的余威,而想用武力臣服天下的诸侯,臣恐怕会生后患。《诗》说:'无不有开始,少能有善终。'《周易》说:'狐狸过大河,到头湿尾巴。'这都是说,开始很容易,坚持到底就困难了。何以见得是如此呢?智伯只看见伐赵的好处,而不知道被埋葬在榆次的祸患;吴王夫差只看见伐齐的便宜,而不知道在干隧的惨败。这二人并不是没有建过大功啊,只是沉溺眼前之利,而轻忽脑后之患。吴国相信越国的卑服，从而去攻伐齐国，已经在艾陵战胜了齐人，师还，被越王从三江入寇所打败。智氏相信韩、魏，从而去攻伐赵国，袭击晋阳城，眼看快成功了，韩、魏背叛，把智伯瑶杀死在城外的土台上。如今王嫌楚国未伤，而忘掉伤楚却加强韩、魏。臣为大王考虑，以为这不可取。《诗》说：'大武维扬，不涉远方，远方自服。'由此看来，楚国是您的外援，邻国魏才是您的心腹之患呀。《诗》说：'人心难知，或可忖度。狡兔善走，遇犬能获。'如今王处在中途，而相信韩、魏对您好，这正如吴相信越一样。臣听说，敌人不可轻慢，时机不可错过。臣恐怕韩、魏惧祸才对您低声下气，实际上是欺骗秦国啊！这话怎讲呢？大王既然对韩、魏没有累世的恩德，而有累世的怨恨。韩、魏的父子兄弟，接连死于秦国手中的，已经多世了。国内凋残，社稷损坏，宗庙倾圮；剖腹断颈，首身分离，暴骨荒郊，头颅坠地，在国境上可以望见；父子老弱，系累为虏，在道路上络绎不绝；鬼神狐妖，无人供奉血食；民不聊生，亲族失散，颠沛流离，沦为奴婢，充斥于海内了。所以说，韩、魏不灭亡，是秦国的重大忧患。如今王去攻打楚国，不是一种失策吗？

"况且王攻楚那一天，又从哪里出兵呢？王将向仇敌韩、魏借路吗？出兵的那一天，王就要忧虑能不能返回。这是王用兵来资助仇敌韩、魏。王如果不向仇敌韩、魏借路，就必须去攻打右壤随阳。右壤随阳这里都是旷地大水，山林溪谷不毛之地，王虽然占有，跟没有无异。是王空有犯楚之名，而没有得地之实啊！而且王攻楚那天，赵、韩、魏、齐四国必然都来响应大王。秦、楚之兵交战不停，魏国将出兵攻占楚国的留、方与、铚、胡陵、砀、萧、相，这些旧日宋地必全为魏人所得。齐兵南下，泗水之北，必皆为其所取。这都是平原四达的肥美土地，而大王使齐、魏独自攻得。大王攻破楚国来壮大地处中原的韩、魏，而使齐更加强劲。韩、魏壮大也足以对抗秦国了。齐国南面以泗水为境,东负大海,北靠黄河,而没有后顾之忧,天下各国,没有比齐再强的了。齐、魏得了土地,保其财利,而假意事秦,一年之后,即或不能称帝,但对于扼止大王的称帝,还是绰绰有余的。就拿大王土地的广阔,人口的众多,兵革的强盛,一举事就以楚国为怨敌,这将反而会促使韩、魏把称帝的重利让给齐国。这是大王的失策啊!

"臣为大王考虑,不如亲楚。秦、楚两国合一,来对付韩国,韩必拱手归服。崤山以东之险做王的衣襟,河曲之利做王的腰带,韩必定成为秦的前哨。如此,王以十万兵来戍守新郑,魏氏胆寒,许、鄢陵将以兵环城自卫,则地处其南的上蔡、召陵与大梁的联系就被切断了。如此,魏也成为秦国的前沿了。王一旦亲楚,而使韩、魏两个万乘之国的君主与齐结成怨敌,那么齐国的西部土地平陆一带,就拱手可得了。是大王的国土肩担两海,腰截天下呀!这样,燕、赵不能挨靠齐、楚,齐、楚也就不能挨靠燕、赵了。然后,来威慑燕、赵,劫持齐、楚,那么这四个国家,不待攻伐就可降服了。"

或为六国说秦王[1]

或为六国说秦王曰:"土广不足以为安,人众不足以为强。若土广者安,人众者强,则桀、纣之后将存!昔者,赵氏亦尝强矣。曰赵强何若?举左案齐,举右案魏。厌案万乘之国二[2],国千乘之宋也[3]。筑刚平[4],卫无东野[5],刍牧薪采,莫敢窥东门。当是时,卫危于累卵。天下之士相从谋曰:'吾将还其委质[6],而朝于邯郸之君乎?'于是天下有称伐邯郸者,莫不令朝行[7]。魏伐邯郸,因退为逢泽之遇[8],乘夏车[9],称夏王[10],朝为天子[11],天下皆从。齐太公闻之[12],举兵伐魏,壤地两分,国家大危。梁王身抱质执璧,请为陈侯臣[13],天下乃释梁。郚威王闻之[14],寝不寐,食不饱,帅天下百姓以与申缚遇于泗水之上[15],而大败申缚。赵人闻之,至枝桑[16];燕人闻之,至格道[17]。格道不通,平际绝[18]。齐战败不胜[19],谋则不得,使陈毛释剑掫[20],委南听罪[21],西说赵,北说燕,内喻其百姓,而天下乃齐释[22]。于是夫积薄而为厚,聚少而为多,以同言郚威王于侧纣之间[23]。臣岂以郚威王为政衰谋乱以至于此哉?郚为强,临天下诸侯,故天下乐伐之也。"

【注释】

〔1〕此章确年不可考。高诱以为说始皇,亦无确证。

〔2〕厌案:制伏。厌,同"压";案,同"按",抑也。

〔3〕固:当作"由",与"犹"通。

〔4〕刚平:程恩泽曰:"按《赵世家》:敬侯四年'筑刚平以侵卫。五年,齐、魏为卫败赵,取我刚平。'是刚平本卫地,而赵得之,后又归卫也。"《正义》云:"盖在河北。"

〔5〕"卫无"句:刚平在卫都(今河南濮阳)东北,故云。

〔6〕委质:古时向君主所献表示投身的礼物。质,亦作"贽"或"挚"。

〔7〕"莫不"句:黄丕烈云:"此当衍'不'字。'莫'即'暮'字也。"

〔8〕逢泽:魏地,亦名逢池。在今开封市东南。

193

〔9〕夏车:有夏篆(五采刻饰)的车。《周礼·春官·巾车》:"孤乘夏篆,卿乘夏缦。"

〔10〕夏王:华夏之王。

〔11〕为:王念孙曰:"为,与'于'同。谓魏王朝于天子,而天下皆从也。"

〔12〕齐太公:田和。按,齐太公与下文所言郢(楚)威王不相值,鲍改太公为宣王,亦失之。钱穆谓此策将魏武侯、赵敬侯、齐太公时魏袭邯郸事,与《齐策五·苏秦说齐闵王》所谓之魏惠王"有十二诸侯以朝天子"两事混说,遂有此误。

〔13〕陈侯:指齐侯。因姓陈,故云。

〔14〕郢威王:即楚威王。因都郢,故称。

〔15〕申缚:齐将。

〔16〕枝桑:鲍彪以为即根桑,一曰平桑,魏地。程恩泽以为当是齐地。按,程说是。

〔17〕格道:亦齐地。

〔18〕平际:鲍彪以为地名。金正炜以为即是"平界",非地名。未详,待考。

〔19〕王念孙曰:"'败'当为'则'字之误也。"是。

〔20〕陈毛:疑为人名。金正炜以为即田纪。释剑掫(zōu):解除武装与夜间戒备。掫,巡夜打更。

〔21〕委南:鲍曰:"委去南面之尊。"

〔22〕王念孙曰:"'齐释'当为'释齐'。"是。

〔23〕侧纣:高诱注:"纣,当为'纟庸'。"是。

【译文】

某人为六国游说秦王道:"土地广大不足以算作安宁,人口众多不足以算作强盛。如果地广的就安宁,人多的就强盛,那么夏桀、殷纣就不会灭亡了。从前,赵国曾经也强大过呀。说赵怎样强大?起兵东向可以制服齐国,起兵西向可以制服魏国,它能够压服二个万乘的大国,只不过等于千乘之宋而已。卫地刚平,赵国筑为城邑,使卫失去东郊,放牧打柴的人不敢出东门。当这个时候,卫国危于累卵。天下的谋士在一起商量道:"我们还是讨还委身的礼物,去朝见赵国的君主吧!"赵的气焰使各国诸侯胆寒,于是天下有号召伐赵的,号令晚上发出,翌晨就得到响应实行。魏国攻克邯郸,退与诸侯会于逢泽,乘夏篆车,称华夏王,去朝见周天子,天下诸侯莫不顺从。齐太公闻知,起兵伐魏,魏土地分成两半,国家十分危急。魏王亲身抱着贽礼,执着璧玉,请做齐侯的臣下,齐侯才宽释魏王。楚威王听说,睡不安席,食不甘味,率领国内百姓,与齐将申缚战于泗上,大败申缚。赵人闻听齐国胜魏,军至枝桑;燕人闻知,兵发格道。格道不通,平际阻绝。齐国一战败北,无计可施,使陈毛命令军士解除武备,去南面之尊,听罪于楚。西游说赵,北游说燕,国内晓喻百姓,才得到天下诸侯的谅解。楚既胜齐,势力大盛,于是天下诸侯又积薄成厚,聚少成多,在窗下共谋伐楚大计了。臣难道以为楚威王是因为政衰谋乱才招致这种局面吗?是因为楚国强盛,威胁各国诸侯,所以天下才乐意攻伐它呀!"

卷七　秦五

谓秦王曰[1]

谓秦王曰："臣窃惑王之轻齐易楚,而卑畜韩也!臣闻:'王兵胜而不骄,伯主约而不忿。'胜而不骄,故能服世;约而不忿,故能从邻。今王广德魏、赵而轻失齐,骄也;战胜宜阳[2],不恤楚交,忿也。骄忿,非伯主之业也。臣窃为大王虑之而不取也!

"《诗》云:'靡不有初,鲜克有终。'[3]故先王之所重者,唯始与终。何以知其然？昔智伯瑶残范、中行[4],围逼晋阳,卒为三家笑;吴王夫差栖越于会稽[5],胜齐于艾陵,为黄池之遇[6],无礼于宋,遂与句践禽[7],死于干隧;梁君伐楚胜齐[8],制赵、韩之兵,驱十二诸侯以朝天子于孟津,后子死,身布冠而拘于秦[9]。三者,非无功也,能始而不能终也。今王破宜阳,残三川,而使天下之士不敢言;雍天下之国[10],徙两周之疆,而世主不敢交;阳侯之塞[11],取黄棘[12],而韩、楚之兵不敢进。王若能为此尾[13],则三王不足四,五伯不足六;王若不能为此尾,而有后患,则臣恐诸侯之君,河、济之士,以王为吴、智之事也!

"《诗》云:'行百里者,半于九十。'此言末路之难也。今大王皆有骄色,以臣之心观之,天下之事,依世主之心,非楚受兵,必秦也。何以知其然也?秦人援魏以拒楚,楚人援韩以拒秦,四国之兵敌,而未能复战也。齐、宋在绳墨之外以为权[14],故曰:'先得齐、宋者伐秦[15]。'秦先得齐、宋,则韩氏铄[16];韩氏铄,则楚孤而受兵也。楚先得齐[17],则魏氏铄;魏氏铄,则秦孤而受兵矣。若随此计而行之,则两国者必为天下笑矣!"

【注释】

〔1〕此章林、黄、顾、于诸家均系于赧王八年(前307)。钟氏《勘研》云:"高注谓说始皇。鲍定为武王,盖依'今王破宜阳,残三川。齐、宋在绳墨之外以为权'诸语而断之也。是其时宋尚未亡,破宜阳又为武王事,似鲍是而高误。"

〔2〕"战胜"句:见《东周策·秦攻宜阳》并注。

〔3〕"靡不"二句:见《诗经·大雅·荡》。

〔4〕"昔智伯"句:见《秦策四·顷襄王二十年》注。

〔5〕"吴王"句:同上。

〔6〕黄池之遇:据《左传》,吴会诸侯于黄池,在哀公十三年。黄池,亦名黄沟,在今河南省封丘西南。

〔7〕"遂与"句:据《左传》,吴欲伐宋,杀其大夫,囚其妇人,亦在哀公十三年。与,当作"为"。禽,同"擒"。

〔8〕梁君:谓梁惠王。按,此处所言惠王之事,《魏世家》不载。

〔9〕拘于秦:金正炜据《吕览·不屈篇》及《齐策》等,谓"秦"当作"齐"。

〔10〕雍:与"壅"通。堵塞也。

198

〔11〕一本"侯"下无"之"字。金正炜曰："'阳侯之塞'当作'塞阳侯'，与'取黄棘'为对文。"阳侯，地名，属韩。在今山西省洪洞县。

〔12〕黄棘：楚地。在今河南省南阳市南。

〔13〕尾：终。

〔14〕权：称锤。以之决物的轻重。

〔15〕金正炜曰："'秦'字涉下而衍。"是。

〔16〕铄(shuò)：高诱曰："消铄也。言其弱。"

〔17〕据上文，"齐"下应补一"宋"字。

【译文】

　　有人对秦王说："臣私下很不理解大王的轻慢齐、楚，而蔑视韩国啊！臣听说，王者之兵胜利而不骄傲，霸王之主约束而不动怒。胜而不骄，所以能够使世人服从；约而不怒，所以能够使邻国听命。如今大王对赵、魏广施恩德，而轻易失掉齐国的欢心，这是骄傲啊；在宜阳打了胜仗，而不顾与楚的交谊，这是忿怒啊！骄与忿不能成就霸王的事业。臣私下为大王忧虑，以为这是不可取的。

　　"《诗》说：'无不有开始，少能有善终。'所以从前圣王所重视的，是事情的开始与终结。何以见得如此呢？从前晋国的智伯瑶灭亡范氏和中行氏，围困赵襄子于晋阳，但终于杀身，被赵、魏、韩三家所耻笑。吴王夫差围困越王勾践于会稽，在艾陵打败齐国，会诸侯于黄池，对宋国很没有礼貌，终被勾践擒获，身死于干隧。魏惠王战胜了楚、齐，制服了韩、赵的军队，驱使鲁、卫等十二国诸侯在孟津朝见周天子，后来太子申战死，自身戴布冠而被拘执于秦。这三个人并不是没有建立过功勋，只是能有始而不能善终。如今大王攻破宜阳，割据三川，而使天下谋士不敢议论；阻隔天下各国，迁移东、西周的疆界，而使诸侯不敢抗争；堵塞阳侯，攻占黄棘，而使韩、楚的军队不敢前进。大王如果能够循此有终，那么三王就会变成四王，五霸就能成为六霸了。大王

199

如果不能善始善终，而招惹后患，那么臣恐怕诸侯之君与六国之士，以为大王是吴王夫差、智伯瑶一类人物啊！

"诗说：'走百里路的人，九十里才是一半。'这是说最后的路难走。如今大王有骄傲的颜色，依臣来观察天下的形势，根据各国诸侯的心情，不是伐楚就是伐秦。何以见得如此呢？秦人助魏来对抗楚国，楚人援韩来对抗秦国，四国的兵力相当，而不敢轻易开战。齐、宋在四国之外，有举足轻重的作用。所以说，先得齐、宋的就得到攻伐的主动权。秦国先得到齐、宋，则韩国削弱；韩国削弱，那么楚国就要孤立而受到攻击。楚国先得到齐、宋，则魏国削弱；魏国削弱，那么秦国就要孤立而受到攻击。假若顺着这条路走下去，那么秦、楚两国一定会受天下诸侯的耻笑。"

秦王与中期争论[1]

秦王与中期争论，不胜。秦王大怒，中期徐行而去。或为中期说秦王曰："悍人也，中期！适遇明君故也，向者遇桀、纣，必杀之矣！"秦王因不罪。

【注释】

〔1〕钟氏《勘研》云："此与同《策》四《秦昭王谓左右》章之中期当是一人。"中期谏秦昭王勿轻韩、魏，事在赧四十九年（前266）。然此章与彼未必同时，鲍以此为秦武王时事，亦无确证。

【译文】

秦王与秦国辩士中期争论，没有得到胜利。秦王大怒，中期不慌不忙地走掉了。有人替中期游说秦王道："中期是一个粗悍的人啊！正好碰到贤明君主才能如此，假如遇到桀、纣之君，一定会把他杀掉了。"秦王听这么一说，因而没有降罪。

献则谓公孙消[1]

献则谓公孙消曰[2]："公，大臣之尊者也，数伐有功。所以不为相者，太后不善公也[3]。辛戎者[4]，太后之所亲也，今亡于楚，在东周。公何不以秦、楚之重，资而相之于周乎？楚必便之矣[5]。是辛戎有秦、楚之重，太后必悦公，公必相矣。"

【注释】
〔1〕鲍彪曰："《穰侯传》，后同父弟芈戎（即辛戎）为华阳君。凡芈皆楚人。戎时未入秦，知为昭王初也。"顾观光《编年》、于《表》系于秦昭王元年，时当赧王九年（前306）。
〔2〕献则：楚人。公孙消：秦人。
〔3〕太后：秦宣太后。昭王生母。
〔4〕辛戎：当作"芈戎"。下同。
〔5〕楚必便之：鲍彪曰："戎虽以罪去楚，楚既与秦共资之，必为楚用。故楚利之。"

【译文】
楚人献则对秦人公孙消说："您，是大臣中有重要地位的，屡次征伐有功。所以不能做丞相的缘故，是太后不喜欢您啊！芈戎，是太后所亲近的人，现今自楚逃亡，逗留在东周国。您为何不借重秦、楚之力，使芈戎为东周的相国呢？这样，肯定为楚国所高兴。芈戎有了秦、楚的靠山，太后一定喜欢您，秦国的丞相您算做定了。"

楼䴡约秦、魏[1]

楼䴡约秦、魏[2]，魏太子为质。纷强欲败之[3]，谓太后曰："国与还者也[4]，败秦而利魏，魏必负之。负秦之日，太子为粪矣[5]！"太后坐王而泣。王因疑于太子，令之留于酸枣[6]。楼子患之。昭衍为周之梁[7]，楼子告之。昭衍见梁王，梁王曰："何闻？"曰："闻秦且伐魏。"王曰："为期与我约矣！"曰："秦疑于王之约，以太子之留酸枣而不之秦。秦王之计曰：'魏不与我约[8]，必攻我。我与其处而待之见攻，不如先伐之。'以秦强，折节而下与国[9]，臣恐其害于东周。"

【注释】

〔1〕钟氏《勘研》云："《魏策四·楼䴡约秦、魏》章称'将令秦王遇于境'，此章称'梁王曰：为期与我约矣'。吴云'为一人同时事'，盖本此。"林氏《纪年》、顾氏《编年》均系于赧王八年（前307）。时魏襄王十二年，秦武王四年也。《史记·六国表》与《魏世家》俱于此年书"魏太子朝秦"。

〔2〕楼䴡：魏人。"䴡"或作"梧"。

〔3〕纷强：魏臣。

〔4〕还(xuán)：高诱曰："周旋于利也。"

〔5〕粪：王念孙曰："'粪'下当有'土'字。"是。

〔6〕酸枣:魏地。今河南延津西南。
〔7〕昭衍:周臣。
〔8〕与约:犹云"如约"。
〔9〕下与国:谓秦会同同盟国出兵伐魏。

【译文】

魏人楼梧约合秦、魏,魏太子到秦国做人质。魏人纷强想要破坏这件事,对太后说:"国家总是根据利益而翻覆不定的呀!只要害于秦而利于魏,魏必负秦。负秦的那一天,太子就要遭殃了。"太后使魏王坐定,而在他面前哭泣。魏王因而对太子之行表示疑虑,命太子待在酸枣。楼梧对此十分担忧。正值昭衍为东周出使至魏,楼梧把太子留止酸枣的事告诉给他。昭衍见到魏王,魏王说:"听到什么消息了吗?"昭说:"听说秦国将要伐魏。"王说:"秦国曾与我订立了盟约呀!"昭说:"秦国因太子留止在酸枣而不入秦,对王的盟约产生怀疑。秦王核计:'魏国不实践与我的盟约,一定要来攻我。我与其待着等它来攻,不如我先去攻它。'拿秦国的强盛,折节来会同同盟国出兵,臣恐怕东周要受其害了。"

濮阳人吕不韦贾于邯郸〔1〕

濮阳人吕不韦贾于邯郸〔2〕,见秦质子异人〔3〕,归而谓父曰:"耕田之利几倍?"曰:"十倍。""珠玉之赢几倍?"曰:"百倍。""立国家之主赢几倍?"曰:"无数。"曰:"今力田疾作,不得暖衣馀食。今建国立君,泽可以遗世。愿往事之。"

秦子异人质于赵，处于聊城[4]。故往说之，曰："子傒有承国之业[5]，又有母在中；今子无母于中，外托于不可知之国，一日倍约，身为粪土。今子听吾计事，求归，可以有秦国。吾为子使秦，必来请子。"乃说秦王后弟阳泉君曰[6]："君之罪至死，君知之乎？君之门下无不居高尊位，太子门下无贵者。君之府藏珍珠宝玉，君之骏马盈外厩，美女充后庭。王之春秋高，一日山陵崩[7]，太子用事，君危于累卵，而不寿于朝生[8]！说有可以一切[9]，而使君富贵千万岁，其宁于太山四维，必无危亡之患矣。"阳泉君避席[10]："请闻其说。"不韦曰："王年高矣，王后无子[11]。子傒有承国之业，士仓又辅之[12]，王一日山陵崩，子傒立，士仓用事，王后之门，必生蓬蒿！子异人，贤材也，弃在于赵，无母于内，引领西望，而愿一得归。王后诚请而立之，是子异人无国而有国，王后无子而有子也。"阳泉君曰："然。"入说王后，王后乃请赵而归之。

赵未之遣。不韦说赵曰："子异人，秦之宠子也，无母于中，王后欲取而子之。使秦而欲屠赵，不顾一子以留计[13]，是抱空质也。若使子异人归而得立，赵厚送遣之，是不敢倍德畔施[14]，是自为德讲[15]。秦王老矣，一日晏驾[16]，虽有子异人，不足以结秦。"赵乃遣之。

异人至，不韦使楚服而见。王后悦其状，高其知，曰："吾楚人也。"而自子之，乃变其名曰楚。王使子诵，子曰："少弃捐在外，尝无师傅所教学，不习于诵。"王罢之,乃留止。间曰:"陛下尝轫车于赵矣〔17〕,赵之豪桀得知名者不少,今大王反国〔18〕,皆西面而望。大王无一介之使以存之,臣恐其皆有怨心,使边境早闭晚开。"王以为然,奇其计。王后劝立之。王乃召相,令之曰:"寡人子莫若楚,立以为太子!"

子楚立,以不韦为相,号曰文信侯,食蓝田十二县。王后为华阳太后,诸侯皆致秦邑。

【注释】

〔1〕此章首尾叙事凡十有七年,且与《史记》异处甚多。钱穆《先秦诸子系年考辨》卷四,指出三点,并说:"果如《秦策》所言,不韦游秦,始皇之生已及十年(始皇生昭王四十八年正月,见《本纪》),不韦安得预为钓奇如此?"此章系年姑从阙疑。

〔2〕吕不韦:濮阳人,初为商贾,后任秦相,封文信侯。《史记》谓为阳翟人。朱起凤曰:"濮阳、阳翟,并属河南。疑先家濮阳,后迁阳翟,故《史》《策》互异欤?"濮阳,卫地;阳翟,韩地。贾(gǔ):做买卖。

〔3〕异人:《史记·秦始皇本纪·索隐》曰:"庄襄王者,孝文王之中子,昭襄王之孙也,名子楚。按《战国策》本名子异,后为华阳夫人嗣。夫人楚人,因改名子楚也。"按,作"子异",是;作"异人"者,非。

〔4〕㡐城:赵邑。黄丕烈云:"《史记·吕不韦传·正义》引此作'聊'。"

〔5〕子傒(xī):《史记·秦始皇本纪·索隐》曰:"子傒,秦太子也。异人之异母兄弟。"

〔6〕阳泉君:楚人。秦孝文王华阳夫人之弟。按,吕不韦所求见游说者,《史记》作"华阳夫人姊"。

〔7〕山陵崩:喻君死。

〔8〕朝生:木槿,朝荣夕死。

〔9〕一切:鲍曰:"权宜也。"

205

〔10〕避席:表示恭敬。"席"下应补"曰"字。

〔11〕王后:指孝文王华阳夫人。

〔12〕士伦:秦臣。子傒的辅佐官。

〔13〕留计:计谋留止不行。

〔14〕倍德畔施:谓忘掉他人的施惠而反目成仇。

〔15〕为德讲:谓必以恩德而与赵和好。

〔16〕晏驾:帝王死亡的讳称。

〔17〕轫(rèn)车:谓停留。轫,止车木。

〔18〕反:同"返"。

【译文】

濮阳人吕不韦在邯郸做行商,偶逢秦国的人质异人,回去对父亲说:"种田的利息有几倍呢?"父说:"十倍。""贩卖珠宝玉器赢利几倍呢?"父说:"百倍。""扶立国家的君主赢利几倍呢?"父说:"数不清。"不韦说:"如今努力耕作,仍是穿不暖,吃不饱;现在建国立君,福泽可以传流后世。我愿意去做这种生意。"

秦(孝文)王子异人在赵做人质,居住在聊城。不韦因往游说道:"太子子傒将继承秦国大业,又有母亲在宫内得宠。如今你没有母亲在宫内得宠,寄居在吉凶未测的国家,一旦两国关系破裂,你身将要变为粪土。如今你听我的筹划,谋求归国,就可以拥有秦国。我为你出使到秦国去,秦一定会来请你返国。"于是游说秦王后华阳夫人的弟弟阳泉君道:"您的罪该死,您知道吗?您门下的人没有不居高官尊位的,太子子傒门下的人却没有显贵的。您的府上收藏着珍珠宝玉,您的骏马盈满外厩,美女充斥后庭。秦王年事已高,一旦驾崩,太子治理国政,您的处境危于累卵,生命危在旦夕。有权宜之说,而能使您富贵千秋,安如泰山四隅,肯定不会有危亡的祸患。"阳泉君起身向前道:"请闻其说。"不韦说:"秦王年高了,王后没有亲生儿子,子傒将继承秦国大业,又有大臣士仓辅佐他。王一旦驾崩,子傒立为君,

206

士仓秉政，王后的门庭必定荒芜冷落。公子异人是贤能之材啊，被遗弃在赵国，无母得宠于王，引颈西望，而盼望一日归国。王后如真能请于秦王，立他为太子，是异人由无国而到有国，王后由无子而变成有子了。"阳泉君说："很是。"于是进宫劝说王后，王后遂请求赵国而召回异人。

赵国没有遣归异人，不韦劝谏赵说："公子异人，是秦王的宠子，母亲不在宫中，王后想要收他做儿子。假使秦真的想攻赵，不会因一个儿子而停止它的谋划，那么赵国挟持人质也是徒然。如果使异人回秦而得立为太子，赵国用厚礼遣送他，他不会背叛赵的恩惠，必因此而与赵和好。秦王老了，一旦晏驾归天，虽然扣留了公子异人，也不足以结好于秦。"赵国于是遣归异人。

异人回国，不韦让他穿楚国服装进见。王后很喜欢他的状貌，夸赞他的智慧，说："我是楚国人哪。"而把异人收做自己的儿子，更改他的名字叫"楚"。秦王使异人诵读所习书籍，异人说："年少就被遗弃国外，缺少师傅教诲，不善于诵读。"秦王也就作罢，遂把他留在宫中。异人乘机会对秦王说："陛下曾经在赵逗留过，赵国的豪杰之士，为陛下所知名的不少。如今大王返国，这些人都西向而望。大王没有派过一介之使加以存问，臣恐怕他们都生怨望之心。莫如使边境早些关闭，晚些开放，以通往来客旅。"秦王认为他说得对，并且很欣赏他的主意。王后劝王立异人做太子，秦王于是召见相国，发令说："寡人的儿子，没有一个赶得上楚的。"遂立为太子。

子楚立为庄襄王，用吕不韦做丞相，号称文信侯，吃蓝田十二个县邑的俸禄。王后号称华阳太后，诸侯纷纷献纳城邑给秦，做太后的养地。

文信侯欲攻赵[1]

文信侯欲攻赵,以广河间[2],使刚成君蔡泽事燕,三年而燕太子质于秦。文信侯因请张唐相燕[3],欲与燕共伐赵,以广河间之地。张唐辞曰:"燕者,必径于赵[4],赵人得唐者,受百里之地!"文信侯去而不快。少庶子甘罗曰[5]:"君侯何不快甚也?"文信侯曰:"吾令刚成君蔡泽事燕,三年而燕太子已入质矣。今吾自请张卿相燕,而不肯行。"甘罗曰:"臣行之。"文信君叱去曰:"我自行之而不肯,汝安能行之也?"甘罗曰:"夫项橐生七岁而为孔子师[6],今臣生十二岁于兹矣,君其试臣,奚以遽言叱也[7]?"

甘罗见张唐曰:"卿之功,孰与武安君[8]?"唐曰:"武安君战胜攻取,不知其数;攻城堕邑,不知其数。臣之功不如武安君也。"甘罗曰:"卿明知功之不如武安君与?"曰:"知之。""应侯之用秦也[9],孰与文信侯专?"曰:"应侯不如文信侯专。"曰:"卿明知为不如文信侯专与?"曰:"知之。"甘罗曰:"应侯欲伐赵,武安君难之,去咸阳七里,绞而杀之。今文信侯自请卿相燕,而卿不肯行,臣不知卿所死之处矣!"唐曰:"请因孺子而行。"令库具车,厩具马,府具币,行有日矣。甘罗谓文信侯曰:"借臣车五乘,请为张唐先报赵。"

见赵王,赵王郊迎。谓赵王曰:"闻燕太子丹之入秦与?"曰:"闻之。""闻张唐之相燕与?"曰:"闻之。""燕太子入秦者,燕不欺秦也;张唐相燕者,秦不欺燕也。秦、燕不相欺,则伐赵,危矣!燕、秦所以不相欺者,无异故,欲攻赵而广河间也。今王赍臣五城以广河间,请归燕太子,与强赵攻弱燕。"赵王立割五城以广河间,归燕太子。赵攻燕,得上谷三十六县,与秦什一[10]。

【注释】

〔1〕本章又见《史记·甘茂传》。梁玉绳《史记志疑》卷二十九云:"此仍《秦策》,然妄也。燕太子丹自秦逃归,非秦归之。秦连岁攻赵,救亡不暇,安能攻燕。始皇十九年,赵灭,后代王与燕合兵军上谷,是时为始皇二十五年,何云得上谷三十城?皆非事实。"系年阙疑。

〔2〕河间:本来指漳水至黄河之间地区。张琦曰:"秦已取榆次三十七城,置太原郡。遂欲取太行以东至河也。"

〔3〕张唐:秦臣。

〔4〕径:路。这里作动词,当"取道"讲。

〔5〕少庶子:指年少的家臣。庶子,家臣之称。甘罗:甘茂之孙,时事吕不韦。

〔6〕项橐(tuó):"橐",鲍本、《史记》均作"橐"。相传他提出问题把孔子难住,孔子拜他做老师。

〔7〕遽言:急遽未加思虑之言。

〔8〕武安君:秦昭王时名将白起。

〔9〕应侯:范雎,秦昭王时著名宰相。事迹见前。

〔10〕什一:十有一,或云十之一。

【译文】

文信侯吕不韦想要攻打赵国,来扩展河间地盘,使刚成君蔡泽仕燕,三年而燕太子入秦做人质。文信侯因而请秦人张唐做燕国的丞相与燕共同伐赵，以扩大河间之地。张唐推辞说："入燕，一定要经过赵，赵人悬赏，有生获唐的，得受百里的封地。"文信侯离去，心情很不愉快。少庶子甘罗说："君侯为什么这样不高兴呢？"文信侯说："我命令刚成君蔡泽服事燕国，三年燕太子就已经入秦做人质了。如今我亲自请张唐相燕，而他却不肯去。"甘罗说："臣试请他入燕。"文信君叱退甘罗，说："我亲自请他入燕都不肯，你又怎能够让他去呢？"甘罗说："项橐年七岁而做孔子的老师，臣到现在已经十二岁了，您可以让我试一试，为什么不问青红皂白就喝斥人呢？"

甘罗见张唐说："你的功劳，与武安君白起比较，谁更大？"唐说："武安君冲锋陷阵，战胜敌军，不知有多少次；攻下的城邑，不知有多少座。我的功劳，比不上武安君啊！"甘罗说："你真的知道功劳不如武安君吗？"唐说："知道。""秦任用应侯范雎，与文信侯比，谁的权势更重？"唐说："应侯当然不如文信侯权势重。"甘罗说："你真的知道不如文信侯权势重吗？"唐说："知道。"甘罗说："应侯想要伐赵，武安君给他出难题，结果被绞死在离咸阳城七里的杜邮。如今文信侯亲自请你去做燕的丞相，而你不肯去，我真不知道你要死在哪里了！"唐说："请托你老弟来办理我去燕的事情吧！"于是命令车库套车，马厩鞴马，内府准备财礼，起程指日可待了。甘罗对文信侯说："借给我五辆车，请替张唐先去通报赵国。"

甘罗去见赵王，赵王出郊外迎接。甘罗对赵王说："听到过燕太子丹入秦做人质的事吗？"王说："听到过。""听说张唐要去做燕的相国吗？"王说："听说。""燕太子所以入秦，是因为燕不欺骗秦；张唐所以相燕，是因为秦不欺骗燕。秦、燕互不相欺，就要伐赵，形势很危殆了。燕、秦互不相欺，没有别的缘故，是想要攻打赵国来扩展河间的地盘呀！如今大王送给臣五座城池来扩充河间的地盘,臣请秦国遣回燕太子,与强赵联合来攻伐弱燕。"赵王立即割让五座城池来扩充河间,秦也遣归燕太子。赵国攻燕,得上谷地三十六县,用十一座城送给秦。

文信侯出走[1]

文信侯出走[2]。与司空马之赵[3],赵以为守相[4]。秦下甲而攻赵[5]。

司空马说赵王曰:"文信侯相秦,臣事之,为尚书[6],习秦事;今大王使守小官,习赵事。请为大王设秦、赵之战,而亲观其孰胜。赵孰与秦大?"曰:"不如。""民孰与之众?"曰:"不如""金钱粟孰与之富[7]?"曰:"弗如。""国孰与之治?"曰:"不如。""相孰与之贤?"曰:"不如。""将孰与之武?"曰:"不如。""律令孰与之明?"曰:"不如。"司空马曰:"然则大王之国百举而无及秦者,大王之国亡!"赵王曰:"卿不远赵,而悉教以国事,愿于因计[8]。"司空马曰:"大王裂赵之半以赂秦,秦不接刃而得赵之半,秦必悦。内恶赵之守,外恐诸侯之救,秦必受之。秦受地而却兵,赵守半国以自存。秦衔赂以自强,山东必恐;亡赵自危,诸侯必惧。惧而相救,则从事可成。臣请大王约从,从事成,则是大王名亡赵之半,实得山东以敌秦,秦不足亡!"赵王曰:"前日秦下甲攻赵,赵赂以河间十二县,地削兵弱,卒不免秦患。今又割赵之半以强秦,力不能自存,因以亡矣!愿卿之更

211

计。"司空马曰："臣少为秦刀笔[9]，以官长而守小官，未尝为兵首[10]，请为大王悉赵兵以遇。"赵王不能将。司空马曰："臣效愚计，大王不用，是臣无以事大王，愿自请。"

司空马去赵，渡平原[11]。平原津令郭遗劳而问："秦兵下赵，上客从赵来，赵事何如？"司空马言其为赵王计而弗用，赵必亡。平原令曰："以上客料之，赵何时亡？"司空马曰："赵将武安君[12]，期年而亡；若杀武安君，不过半年。赵王之臣有韩仓者[13]，以曲合于赵王，其交甚亲，其为人疾贤妒功臣。今国危亡，王必用其言，武安君必死。"

韩仓果恶之，王使人代[14]。武安君至，使韩仓数之，曰："将军战胜，王觞将军，将军为寿于前而捍匕首[15]，当死！"武安君曰："缲病钩[16]，身大臂短，不能及地，起居不敬，恐惧死罪于前，故使工人为木材以接手。上若不信，缲请以出示。"出之袖中，以示韩仓，状如振捆[17]，缠之以布。"愿公入明之。"韩仓曰："受命于王，赐将军死，不赦。臣不敢言。"武安君北面再拜赐死，缩剑将自诛[18]，乃曰："人臣不得自杀宫中！"遇司马门[19]，趣甚疾；出诽门也[20]，右举剑将自诛，臂短，不能及，衔剑征之于柱以自刺[21]。武安君死五月，赵亡。

平原令见诸公，必为言之曰："嗟嗞乎[22]！司空马！"又以为司空马逐于秦，非不知也；去赵，非不肖也。赵去司空马而国亡。国亡者，非无贤人，不能用也。

【注释】

〔1〕据《史记》,赵杀李牧在始皇十八年(前229),翌年秦灭赵。

〔2〕鲍彪曰:"始皇十年,(吕不韦)免相就国。十二年徙蜀,饮酖死。"

〔3〕司空马:吕不韦属吏。与:字疑衍。金正炜释为"党与"之"与",亦通。

〔4〕守相:代理丞相。

〔5〕下甲:犹言下兵。

〔6〕尚书:掌书,谓执掌文书之事。或云,秦官名,属少府。

〔7〕"粟"字下应补"米"字。

〔8〕愿干因计。金正炜曰:"言愿司空马因赵之国势而为计也。"干,为;因,就。

〔9〕刀笔:刀笔吏,掌案牍的书吏。

〔10〕兵首:军队的首领。金正炜云:"首,作'百'……与'伯'通。《尔雅·释诂》:'伯,长也。'"

〔11〕平原:齐地。在今山东平原县西南。古黄河东岸。

〔12〕武安君:赵名将李牧。

〔13〕韩仓:赵王宠臣。

〔14〕使人代:鲍彪曰:"使赵葱、颜聚代牧。"

〔15〕捍:姚宏注:"一作'捭'。"《说文》:"捭,两手击也。"

〔16〕缭(zuǒ):李牧名。钩:上身李曲之病。

〔17〕捆:吴师道以为当作"梱",门橛也。并云:"盖牧右臂短,故以木材接之,如振动梱橜也。"

〔18〕缩:当作"搐",《集韵》:"引也,抽也。"

〔19〕遇:一本作"过"。是。司马门:宫外的门。

〔20〕诼(chù)门:金正炜谓原作"讲门",由"诼"形近而讹。诼门即棘门,插戟为门也。

〔21〕征:求借。

213

〔22〕嗟嗞:一作"嗟兹",嗟叹。

【译文】

文信侯吕不韦被逐出咸阳。属吏司空马往赵,赵用他做代理丞相。秦发兵攻打赵国。

司空马劝说赵王道:"文信侯做秦的丞相,臣服事他,做尚(掌)书的官,熟知秦的国事。如今大王使臣充当小官,熟习赵的国事。请为大王假设秦与赵开战,看一看谁能取胜。赵国比秦国谁大呢?"王说:"不如秦。""民众谁多呢?"王说:"不如秦。""金钱粮谷谁富足呢?"王说:"不如秦。""国家哪一个治理得好呢?"王说:"不如秦。""相国哪一个更贤能呢?"王说:"不如秦。""将军哪一个更勇武呢?"王说:"不如秦。""法律政令谁严明呢?"王说:"不如秦。"司空马说:"如此说来,大王的国家各种事情没有赶得上秦的,大王的国家要灭亡了。"赵王说:"你不嫌赵国僻远,而拿国事前来赐教,愿依从计议而行。"司空马说:"大王割赵的一半土地来送给秦国,秦不动干戈而得到赵土的一半,必定很高兴。秦患赵地内有守兵,外有诸侯救援,必定乐于接受。秦国接受土地而兵退,赵国保守半壁河山以图存。秦受地而自强,崤山以东必然害怕;唇亡齿寒,诸侯必生恐慌。由恐惧而有互相救助之心,那么合纵之势即可形成。臣请大王约结合纵。合纵事业成功,则是大王名义上丢掉赵的一半,实际上得到崤山以东各国来抗秦,亡秦是轻而易举的事。"赵王说:"前些日子秦国纵兵攻赵,赵送给它河间的十二个县,地削兵弱,终于未能免掉秦国的祸害。如今又割赵地一半,来使它更加强盛,赵无力自保,因而会灭亡的呀!希望你再谋良策。"司空马说:"臣少为秦国掌书记,由官长的提拔而做小官,未曾做过军队的首领,请为大王指挥全部赵兵来与秦国接战。"赵王终未用司空马为将。司空马说:"臣献愚计,大王不用,是臣无可服事大王,愿自请离去。"

司空马离赵,渡平原津。平原令郭遗慰劳并问道:"秦兵攻赵,尊客从赵国来,局势如何?"司空马说他为赵王献计而未能被采纳,赵国必亡。平原令说:"以尊客预料,赵什么时候才能灭亡?"司空马说:"赵用武安君李牧为将,一年灭亡;假如杀掉武安君,不过半年就得灭亡。赵王的臣有一个叫韩仓的,对赵王阿谀曲从,与赵王交情很近,为人嫉贤妒功。如今赵国处在危亡关头,赵王必定会听他的话,武安君是必死无疑了。"

韩仓果然中伤武安君李牧,赵王派人替代他为将。武安君回朝,赵王使韩仓历数他的罪状,说:"将军打胜仗,大王给将军摆酒庆功。将军上前为王斟酒祝寿而手持匕首,罪当死。"武安君说:"缰身患季曲病,臂不能及地,问王起居时怕不恭敬而犯死罪,所以使工人用木材接续手臂。王若不信,缰叫拿出看验。"于是从袖筒中拿出来,给韩仓看,状如振动门橛,用布捆缠着。"愿先生入内向王说明。"韩仓说:"奉大王的旨意:赐将军死,不赦。卑职再不敢多言。"武安君面北再拜王命,将要抽剑自刎,却说:"做人臣的,不能在王宫中自杀。"路过司马门时,疾趋而行;待出到棘门之外,右手举剑将要自刎,手臂短,剑达不到喉颈,于是用口衔剑触杆自刺身亡。武安君李牧死后,五个月而赵国灭亡。

平原令郭遗见到赵国的公卿,必定要说一句:"可惜可叹啊!司空马!"又以为司空马被秦所驱逐,并不是他缺少智慧;离开赵国,并不是他没有才能。司空马离赵而赵国灭亡。国家灭亡的原因,并不是没有贤人,而是有贤不能用。

四 国 为 一 [1]

四国为一[2],将以攻秦。秦王召群臣宾客六十人而问焉,曰:"四国为一,将以图秦,寡人屈于内[3],而百姓靡于外[4],为之奈何?"群臣莫对。姚贾对曰[5]:"贾愿出使四国,必绝其谋,而安其兵。"乃资车百乘,金千斤,衣以其衣冠,带以其剑。姚贾辞行,绝其谋,止其兵,与之为交,以报秦。秦王大说,贾封千户[6],以为上卿。

韩非知之曰[7]:"贾以珍珠重宝,南使荆、吴[8],北使燕、代之间,三年,四国之交未必合也,而珍珠重宝尽于内。是贾以王之权、国之宝,外自交于诸侯。愿王察之!且梁监门子[9],尝盗于梁,臣于赵而逐。取世监门子、梁之大盗、赵之逐臣,与同知社稷之计,非所以厉群臣也!"

王召姚贾而问曰:"吾闻子以寡人财交于诸侯,有诸?"对曰:"有。"王曰:"有何面目复见寡人?"对曰:"曾参孝其亲,天下愿以为子;子胥忠于君,天下愿以为臣;贞女工巧,天下愿以为妃[10]。今贾忠王而王不知也,贾不归四国,尚焉之?使贾不忠于君,四国之王,尚焉用贾之身?桀听谗而诛其良将[11],纣闻谗而杀其忠臣[12],至身死国亡。今王听谗,则无忠臣矣!"

王曰:"子监门子,梁之大盗,赵之逐臣。"姚贾曰:"太公望,齐之逐夫[13],朝歌之废屠[14],子良之逐臣[15],棘津之雠不庸[16],文王用之而王;管仲,其鄙人之贾人也[17],南阳之弊幽[18],鲁之免囚[19],桓公用之而伯;百里奚[20],虞之乞人,传卖以五羊之皮,穆公相之而朝西戎;文公用中山盗[21],而胜于城濮。此四士者,皆有诟丑,大诽天下,明主用之,知其可与立功。

使若卞随、务光、申屠狄[22],人主岂得其用哉？故明主不取其污,不听其非,察其为己用。故可以存社稷者,虽有外诽者不听;虽有高世之名,无咫尺之功者不赏,是以群臣莫敢以虚愿望于上。"

秦王曰:"然。"乃可复使姚贾[23],而诛韩非。

【注释】

〔1〕据《史记·六国年表》韩非使秦及秦杀韩非在始皇十四年(前233)。又据《韩非传》,李斯、姚贾忌秦王悦非,乃及其未用而谗之,遂赐药使自杀。与《策》所言者不同。

〔2〕四国:指下文之楚、吴、燕、代。《韩诗外传》云:"昔吴、楚、燕、代谋为一举而欲伐秦。姚贾,监门之子也,为秦往使之。"与《策》合。

〔3〕屈于内:谓财力困乏。

〔4〕靡:尽。这里当"死亡"讲。

〔5〕姚贾:魏人,时仕秦。

〔6〕贾封:一作"封贾"。是。

〔7〕韩非:韩国公子,著有《韩非子》一书,集先秦法家之大成。

〔8〕南使荆吴:时吴国早灭,程恩泽曰:"《始皇本纪》廿五年,'虏代定荆'之下,有'降越君,置会稽郡'七字,越本兼有故吴地,当时与诸国遥为声援,似即《策》文所言之吴。"

〔9〕监门子:看守城门或里门之人的儿子。监门,占被视为贱业。

〔10〕妃:配偶。

〔11〕诛其良将:高诱曰:"杀关龙逢也。"

〔12〕杀其忠臣:高诱曰:"剖比干之心。"

〔13〕逐夫:俞正燮曰:"逐夫者,以赘女家,故为妇所逐。若娶妇则无此事。"

〔14〕朝歌:殷商的下都。在今河南省淇县东北。废屠:高诱曰:"肉上生臭不售,故曰废屠。"

〔15〕子良之逐臣：未详。

〔16〕"棘津"句：金正炜曰："按此文本作'棘津之庸不雠'，今以'雠''庸'互易，遂至义不可通。"是。棘津，齐地名。庸，庸工。雠，售。

〔17〕鄙人：地名，未详。

〔18〕弊幽：高诱曰："弊，隐也。幽潜不见升用，贫贱于南阳，故曰南阳之弊幽。"

〔19〕免囚：高诱曰："于公子纠不死其难，为鲁所束缚而归齐，故曰鲁之免囚也。"免，谓免于死难。

〔20〕百里奚：虞国臣，虞公不用，以五张羊皮的代价自卖于秦。后相秦穆公，称霸西戎。西戎，西北少数民族。

〔21〕据《左传》，晋文公用咎犯之谋，破楚成王于城濮。未闻所谓中山之盗事。文公有竖名头须，窃库藏之财物，后文公复用之。中山之盗，可能指这件事。

〔22〕卞随、务光：成汤时二位隐士。申屠狄：纣时人，自沉于渊。

〔23〕一本无"可"字。是。

【译文】

楚、吴、燕、代四国联合，将要攻秦。秦王（始皇）召集群臣宾客六十个人来咨询，说："四国联合，将要谋攻秦，寡人恐怕财力短绌于内，而百姓牺牲于外，怎么办才好呢？"群臣无以应对。姚贾回答说："贾愿意出使四国，一定要打断他们的谋划，而止息他们的攻伐。"于是秦王供给姚贾战车百乘，黄金千斤，拿自己的衣服给他穿，拿自己的剑让他佩带。姚贾辞行，打破了四国的谋划，停止了他们的攻伐，与四国订立盟约，回报秦王。秦王非常高兴，封赏姚贾千户做采邑，并任命他做上卿。

韩非知道这件事，说："姚贾用珍珠重宝，南出使到楚国和吴国，北出使到燕国和代国，经过三年，四国与秦的交好仍是若即若离，而国内的珍珠重宝都用尽了。是姚贾利用大王的权威，国家的宝物，外与诸侯结成私交，愿大王明察。况且姚贾是魏国监门吏卒的儿子,曾在大梁做过窃贼,做赵臣而被驱逐。任用世代监门的儿子,魏国的大盗,赵国的逐臣,与他一同谋划国家的大政,这不是鼓励群臣的办法啊!"

秦王召见姚贾讯问道:"我听说你用寡人的财宝结交诸侯,有这件事吗?"回答说:"有啊。"王说:"你有何脸面再见寡人?"回答说:"曾参孝顺他的父母,天下都愿意让他做儿子;伍子胥忠于他的君主,天下都愿意让他做臣下;贞女巧于针黹,天下都愿意让她做配偶。如今贾忠于大王而大王不知道啊!贾不到四国,还到哪里去呢?假如贾不忠于自己所事的君主,那么四国的君王还会信用贾这个人吗?夏桀听信谗言,而诛戮他的良将关龙逢,殷纣听信谗言而杀害他的忠臣比干,终于落得身死国亡的下场。如今大王听信谗言,就不会有忠臣了。"

秦王说:"你是监门吏的儿子,魏国的大盗,赵国的逐臣。"姚贾说:"姜太公是在齐国被妇人驱赶出的男子汉,是朝歌无能的屠夫,是子良逐出的家臣,是棘津无人雇用的庸工,周文王用他而奠定了王业。管仲,是鄙人(地名)的商贾,是南阳的无名之辈,是鲁国解送齐国的囚犯,齐桓公用他而建立了霸业。百里奚是虞国的乞丐,辗转流落到楚,被秦用五张羊皮赎回,秦穆公用他作宰相,而使西戎来朝归服。晋文公任用中山国的盗贼,而在城濮打败了楚国。这四位士人都有污点,被天下所极端非议,明主信用他们,知道他们可以为国建功。假如像汤时的卞随、务光,纣时的申屠狄,人君怎么能够使用他们呢?所以明主不计较他们的污点,不听信关于他们的非议,而考察他们是否对自己有用。因此,可以保存国家社稷的人,虽有外界的非议,也不去听它;虽然有很高的名声,没有建立尺寸功勋的,也不去赏他。所以,群臣都不敢对君上存在着侥幸的心理。"

秦王说:"很对。"遂复用姚贾而诛戮韩非。

卷八　齐一

【题解】

齐,原姜姓。周武王灭商封功臣吕尚(姜太公)于齐,都营丘(临淄旧名,在今山东淄博市临淄区北。一说在今山东昌乐东南,与临淄为两地)。胡公徙薄姑,至献公又迁回临淄。春秋初年(前672),陈厉公之子陈完(字敬仲)逃亡到齐国,齐桓公使居工正之官。敬仲不欲称本国旧号,故改陈为田(古时二字声相近)氏。到春秋末,公元前481年,田常为齐平公相,极力扩大封邑,权势急剧膨胀。进入战国之后,公元前386年,齐康公荒淫,田和(田常曾孙)为相,迁康公于海上,遂请于周天子,自立为齐侯,称田齐太公。从此,历经十九世的姜齐被田齐所代替。

其后,历桓公(前375—前357)至因齐(或作"婴齐",前356—前321)。因齐即位五年(前352)称王,即有名的齐威王。威王即位九年始发奋励精图治,赏即墨大夫,烹阿大夫,以邹忌为相,举贤纳谏,齐国大治。又历宣王(前320—前302)、湣王(或作"闵王",前301—前284)、襄王(前283—前265),至王建(前264—前221)。《战国策》记事从威王始,至王建止。

齐国地处中国东部,东、北滨海,西北与燕接壤,西与赵、魏搭界,西南邻宋,东南临楚。大约相当于今山东全境与河北、安徽一部分。

齐是战国三强之一(余为秦、楚),在合纵与连衡的斗争中,凭借雄厚的国力和有利的地理条件,占有举足轻重的地位,为秦、楚所重点争取的对象。但由于君主昏庸、大臣不和，虽偶有如威王之君与邹忌、孟尝、田单之臣，亦无可奈何，故国力日渐削弱，终于在公元前221年被秦始皇所灭。

《齐策》姚本六卷：《齐一》十七章，《齐二》八章，《齐三》十一章，《齐四》十一章，《齐五》一章，《齐六》九章，共五十七章。鲍本一卷，五十九章。今参校二本，定《齐三》为十二章，《齐六》为十章，馀仍姚本之旧，凡五十九章。

楚威王战胜于徐州[1]

楚威王战胜于徐州[2],欲逐婴子于齐[3],婴子恐。张丑谓楚王曰[4]:"王战胜于徐州也,盼子不用也[5]。盼子有功于国,百姓为之用。婴子不善,而用申缚[6]。申缚者,大臣与百姓弗为用,故王胜之也。今婴子逐,盼子必用。复整其士卒以与王遇,必不便于王也。"楚王因弗逐。

【注释】

〔1〕此章,诸家据《六国年表》系于显王三十六年(前333)。当楚威王七年、齐威王二十四年。

〔2〕徐州:段玉裁以为"徐"当作"舒"。其地近薛(今山东微山东北),而非即薛。

〔3〕婴子:田婴。孟尝君田文之父,时为齐相。

〔4〕张丑:齐臣。又见于《韩》《魏》《燕》《中山》等策。

〔5〕盼子:即田盼,齐威王时名将。

〔6〕申缚:已见《秦策四》注。

【译文】

楚威王在徐州打败齐军,想把田婴逐出齐国。田婴十分恐慌。齐臣张丑对楚王说:"大王在徐州打了胜仗,是由于齐国不用田盼子。盼子对齐国有功,百姓也愿意为他效力。田婴与盼子不合,而任用申缚。申缚这个人,大臣不亲近他,百姓不为他卖力,所以大王战胜了他。如今田婴被逐,盼子一定当政。再整顿齐国士卒来与王交战,肯定对王不利呀!"楚王因而不逐田婴。

齐将封田婴于薛[1]

齐将封田婴于薛。楚王闻之,大怒,将伐齐,齐王有辍志。公孙闬曰[2]:"封之成与不,非在齐也,又将在楚。闬说楚王,令其欲封公也又甚于齐。"婴子曰:"愿委之于子。"

公孙闬为谓楚王曰:"鲁、宋事楚而齐不事者,齐大而鲁、宋小。王独利鲁、宋之小,不恶齐大,何也?夫齐削地而封田婴,是其所以弱也,愿勿止。"楚王曰:"善。"因不止。

【注释】

〔1〕雷学淇《竹书纪年义证》卷三十九云:"据《齐策》及《吕氏春秋·知士篇》,宣王立而婴辞之薛,则薛封于威王可知;当宣王时而曰'受薛于先王',则薛为威王所封更可知。"杨宽《战国大事年表》系此于显王四十七年(前322),当齐威王三十五年,楚怀王七年,今从之。

〔2〕公孙闬(hàn):高诱曰:"齐之公孙,田氏也。"

【译文】

齐国将要封田婴于薛地。楚怀王听到这个消息,大怒,将要伐齐。齐王因而有停封的想法。公孙闬对田婴说:"封事的成与不成,不在齐,而是在楚哇!闬去说服楚王,让他封公的念头比齐国还要迫切。"田婴说:"愿托付给你。"

224

公孙闲对楚王说："鲁国与宋国服事楚,而齐国不服事楚,是因为齐国强大而鲁、宋弱小。大王为什么仅仅喜欢鲁、宋弱小,而不讨厌齐国强大呢？齐国分地而封田婴,是它走向弱小的措施呀！愿大王不要阻止。"楚王说："好。"因而未加阻拦。

靖郭君将城薛[1]

靖郭君将城薛[2],客多以谏。靖郭君谓谒者[3]："无为客通！"齐人有请者,曰："臣请三言而已矣,益一言,臣请烹！"靖郭君因见之。客趋而进,曰："海大鱼。"因反走。君曰："客有于此。"客曰："鄙臣不敢以死为戏。"君曰："亡,更言之！"对曰："君不闻大鱼乎？网不能止,钩不能牵,荡而失水,则蝼蚁得意焉。今夫齐,亦君之水也。君长有齐阴[4],奚以薛为？夫齐[5],虽隆薛之城到于天,犹之无益也！"君曰："善。"乃辍城薛。

【注释】
〔1〕据《纪年》齐城薛在田婴封薛之同年十月,雷氏《义证》卷三十九云："盖婴甫受谏辍役,至十月而卒城之也。"系年同前章。
〔2〕靖郭君:田婴封号。
〔3〕谒者:掌管晋见的近侍。
〔4〕阴:同"荫"。庇荫。
〔5〕夫:黄丕烈云："'夫'乃'失'字形近之讹。"是。

【译文】
靖郭君田婴将要在薛地筑城,客人多来劝止。靖郭君告知门吏:"不要给客人通报。"齐人有请见的,说:"请讲三个字就了结,如果多一个字,臣请甘受烹煮的处分。"靖郭君因而召见了他。客人快步向前,说:"海大鱼。"说毕,掉头就跑。靖郭君说:"客此外还有话未讲。"客说:"鄙人不敢拿死作儿戏。"靖郭君说:"没关系,接着说下去。"客应答说:"您没听说大鱼吗?网不能拦截它,钩不能牵动它,一旦游荡失水,那么蝼蛄和蚂蚁都能制服它。如今齐国,也是您的'水'啊。您长久有齐国的庇荫,用薛城做什么!失掉了齐国,虽然把薛城筑得像天那么高,也是没有益处的。"靖郭君说:"好。"于是遂停止在薛地筑城。

靖郭君谓齐王[1]

靖郭君谓齐王曰:"五官之计[2],不可不日听也而数览。"王曰:"说五而厌之。"[3]今与靖郭君[4]。

【注释】

〔1〕高诱曰:"齐王,威王也,宣王之父。"顾观光《国策编年》系此于显王四十八年(前321),当齐威王三十六年。《韩非子·外储说右下》载其事颇详。

〔2〕五官:《礼记·曾子问》:"诸侯出,命国家五官而后行。"注云:"五官,五大夫典事者。"计:簿书。

〔3〕"说五"句:一本作"日说五官吾厌之"。意思较明。

〔4〕今:一作"令"。是。

【译文】

靖郭君对齐(威)王说:"国家五位主事大夫的公文记事,不可不每日听察而经常览阅。"王说:"每日都要过问五官的事,我有些腻烦了。"命令交给靖郭君去办理。

靖郭君善齐貌辨[1]

靖郭君善齐貌辨[2]。齐貌辨之为人也多疵，门人弗说。士尉以证靖郭君[3]，靖郭君不听，士尉辞而去。孟尝君又窃以谏，靖郭君大怒，曰："划而类[4]，破吾家，苟可慊齐貌辨者，吾无辞为之[5]。"于是舍之上舍，令长子御[6]，旦暮进食。

数年，威王薨，宣王立[7]。靖郭君之交，大不善于宣王，辞而之薛，与齐貌辨俱留。无几何，齐貌辨辞而行，请见宣王。靖郭君曰："王之不说婴甚，公往，必得死焉。"齐貌辨曰："固不求生也，请必行！"靖郭君不能止。

齐貌辨行至齐，宣王闻之，藏怒以待之。齐貌辨见宣王，王曰："子，靖郭君之所听爱夫？"齐貌辨曰："爱则有之，听则无有。王之方为太子之时，辨谓靖郭君曰：'太子相不仁，过颐豕视[8]，若是者信反[9]。不若废太子，更立卫姬婴儿郊师[10]。'靖郭君泣而曰：'不可！吾不忍也。'若听辨而为之，必无今日之患也！此为一。至于薛，昭阳请以数倍之地易薛[11]，辨又曰：'必听之！'靖郭君曰：'受薛于先王，虽恶于后王，吾独谓先王何乎？且先王之庙在薛，吾岂可以先王之庙与楚乎？'又不肯听辨。此为二。"宣王太息，动于颜色，曰："靖郭君之于寡人,一至此乎!寡人少,殊不知此!客肯为寡人来靖郭君乎?"齐貌辨对曰:"敬诺。"

靖郭君衣威王之衣冠,舞其剑[12]。宣王自迎靖郭君于郊,望之而泣。靖郭君至,因请相之,靖郭君辞,不得已而受。七日,谢病强辞,靖郭君辞不得[13],三日而听。

当是时,靖郭君可谓能自知人矣!能自知人,故人非之不为沮。此齐貌辨之所以外生乐患趣难者也[14]。

【注释】

〔1〕顾氏《编年》、于《表》系此章于慎靓王元年(前320)。据杨《表》,齐威王即卒于此年。

〔2〕齐貌辨:齐人。貌辨,一作"昆辨""昆辩"。盖谓齐人昆辨(辩)也。

〔3〕士尉以证:鲍彪曰:"士尉,齐人。证,谏也。"

〔4〕刬(chǎn)而类:灭除你们这些人。刬,剪灭。而,汝。类,族类。

〔5〕"苟可"二句:鲍彪曰:"言有可满貌辨之意,虽家族破灭,犹为之不辞。"慊(qiè),惬意。

〔6〕御:侍。

〔7〕宣王:威王子,名辟疆。公元前319—公元前301在位。

〔8〕过颐豕视:吴《补》引刘辰翁云:"过颐,即俗所谓耳后见腮;豕视,即相法所谓下邪偷视。"

〔9〕信:黄丕烈曰:"'信'即'倍'字讹。"倍,同"背"。

〔10〕郊师:高诱曰:"郊师,卫姬之子,宣王庶弟。"

〔11〕昭阳:楚将。或以为楚相。盖古者出为将,入为相耳。

〔12〕舞:朱起凤曰:"带字,俗作'帯'形与'舞'似,因讹为舞。"是。

〔13〕鲍本无"靖郭君辞"四字。是。

〔14〕外生:鲍彪曰:"以生为外物,无所爱也。"趣:即"趋"。

【译文】

靖郭君田婴喜欢齐貌辨。齐貌辨的为人有许多毛病,门下的人都不高兴。齐人士尉劝谏靖郭君,靖郭君不接受,士尉辞别而去。其子孟尝君又私下劝谏,靖郭君大怒说:"灭掉你们这些人,败坏我的家,只要让齐貌辨满意,我也去做到绝不迟疑。"于是让齐貌辨住上等客房,命令长子侍候早晚进餐。

过了几年,齐威王死,宣王继位。靖郭君与齐宣王的关系十分不好,于是离开朝廷到薛地去,与齐貌辨一同留在薛。没有多久,齐貌辨辞别,请求去见齐宣王。靖郭君说:"宣王非常不得意我,你去一定活不成啊!"齐貌辨说:"本来不想求生,请一定让我去!"靖郭君不能阻止。

齐貌辨来到临淄,宣王听说,怀着怒气来等待他。齐貌辨去见宣王,宣王说:"你,是靖郭君所听信亲爱的吧?"齐貌辨说:"亲爱倒是有的,至于听信却没有。大王做太子的时候,辨对靖郭君说:'太子相貌不仁,耳后见腮,低眉邪视,像这样的人会反复无常。不如废掉太子,更立卫姬的孩儿郊师。'靖郭君流泪说道:'不可以。我不忍心这样做啊!'假若照我的话去办,一定不会有今天的下场。这是一。到了薛地,楚将昭阳请求用几倍的地盘来换取薛,辨又说:'一定要答应他。'靖郭君说:'薛本是受先王的封赠,婴虽被今王所憎恶,我又怎能对不住先王呢?况且先王的庙宇还在薛,我哪能把先王的祠庙送给楚呢!'又不肯听辨的话。这是二。"宣王喟然长叹,脸色改变,说:"靖郭君对于寡人竟达到这等地步呀!寡人年少,竟不知道这些。你能替寡人把靖郭君请回来吗?"齐貌辨回答说:"敬受王命。"

靖郭君穿起威王所赐的衣服,佩带所赐的宝剑,宣王亲自到郊外迎接,望着他哭泣。靖郭君来到,请他做相国。靖郭君推辞再三,不得已才接受。过了七天,称病固辞。三天之后,才被准许。

当这个时候,靖郭君可称得上是善知人啦!善知人,所以不被旁人的非难所沮止。这就是齐貌辨的所以为他不顾生命,赴汤蹈火的缘故啊!

邯郸之难[1]

邯郸之难,赵求救于齐。田侯召大臣而谋[2],曰:"救赵,孰与勿救?"邹子曰[3]:"不如勿救。"段干纶曰[4]:"弗救,则我不利!"田侯曰:"何哉?"[5]"夫魏氏兼邯郸,其于齐何利哉?"田侯曰:"善。"乃起兵,曰:"军于邯郸之郊!"段干纶曰:"臣之求利且不利者[6],非此也。夫救邯郸,军于其郊,是赵不拔而魏全也,故不如南攻襄陵以弊魏[7]。邯郸拔而承魏之弊,是赵破而魏弱也。"田侯曰:"善。"乃起兵南攻襄陵。七月,邯郸拔,齐因承魏之弊,大破之桂陵[8]。

【注释】

〔1〕此章又见《史记·田敬仲完世家》,齐威王二十六年,魏围赵邯郸。雷学淇《战国年表》、于鬯《战国策年表》系显王三十八年(前331)。

〔2〕田侯:指齐威王。齐为侯爵,田氏,此时尚未称王。

〔3〕邹子:邹忌。时为威王相,封下邳,号成侯。

〔4〕段干纶:高诱曰:"段干,姓;纶,名也。齐臣。"

〔5〕此下当补"对曰"二字。

〔6〕且:犹"与"。

〔7〕襄陵：魏地，在今河南睢县。因宋襄公葬此，故称。原为承匡城襄陵乡，始皇移城治于此，改称襄邑。

〔8〕桂陵：魏邑，又称桂阳。在今河南长垣西北。东南至襄陵约二百华里。

【译文】

赵都邯郸被魏兵围困，赵求救于齐。齐侯召集大臣商量道："救赵与不救，哪一个做法更有利？"邹忌说："不如不救。"段干纶说："不救，则对我齐国不利。"齐侯问："为什么呢？"纶答："魏氏兼并了邯郸，对于齐国有什么好处呢？"齐侯说："好。"遂决定出兵，又说："可以屯兵在邯郸的郊外。"段干纶说："臣所寻求的利与不利，不是这个意思。假如我军援救邯郸，屯兵在它的郊外，结果会是邯郸不破而魏军也得保全。所以不如南攻襄陵，使魏受到伤害。如邯郸被攻破，而我军可乘魏军疲弊来进攻它，这样可以得到赵破魏弱的两种好处。"齐侯说："好。"于是起兵南攻襄陵。七月，邯郸被攻陷。齐国因乘魏军疲弊，在桂陵把它打得大败。

南梁之难〔1〕

南梁之难〔2〕，韩氏请救于齐。田侯召大臣而谋曰〔3〕："早救之，孰与晚救之便？"张丐对曰〔4〕："晚救之，韩且折而入于魏，不如早救之。"田臣思曰〔5〕："不可！夫韩、魏之兵未弊，而我救之，我代韩而受魏之兵，顾反听命于韩也！且夫魏有破韩之志，韩且见亡，必东诉于齐。我因阴结韩之亲，而晚承魏之弊，则国可重，利可得,名可尊矣。"田侯曰:"善。"乃阴告韩使者而遣之。

韩自以专有齐国,五战五不胜,东恕于齐。齐因起兵击魏,大破之马陵[6]。魏破韩弱,韩、魏之君,因田婴北面而朝田侯。

【注释】

〔1〕此章又见《史记·田敬仲完世家》。据《古本竹书纪年》:"梁惠成王二十八年,穰疵帅师及郑孔夜战于梁、赫,郑师败逋。"穰疵,魏帅;孔夜,郑(即韩)帅也。梁,即南梁;赫,即霍也。雷氏《义证》卷三十八云:"言战二邑者,转战二邑之间,《策》言韩自以为有齐助,五战五不胜,即此时转战于梁、赫也。"《魏世家》及《孟尝君传》索隐引《纪年》皆作"惠王二十八年"。据于《表》当显王二十六年(前343),齐威王十四年。

〔2〕南梁:韩邑。在魏都大梁之南,故称。

〔3〕田侯:齐威王。时齐威已称王九年,谓田侯者,习惯之称也。

〔4〕张丐:《史记·田齐世家·索隐》作"张田"。诸祖耿云:"当依《索隐》所见本作'田'。作'丐'者,田、丐形近致讹也。"

〔5〕田臣思:齐臣,又作"陈臣思""田期思";封徐州,又称徐州子期。吴师道以为即是田忌。黄丕烈曰:"按'臣'当是'臣'字讹。'臣''期''忌'同字也。"

〔6〕马陵:齐地,在今河南范县东南。据《史记·孙膑传》,齐使田忌帅师救韩,孙膑为军师。齐军直袭魏大梁,魏将庞涓闻知,舍韩而归。齐用孙膑计退兵,用减灶法将魏军诱至马陵,大破之,擒杀庞涓,俘虏魏太子申。

【译文】

魏攻韩的南梁,韩国求救于齐。齐侯召集大臣商议说:"早一点援救与晚一点援救,哪一个更合适呢?"张丐回答说:"营救晚了,恐怕韩将屈服而朝于魏,不如早点营救。"田臣思说:"不妥。韩、魏之兵还没有疲弊,而我们援救,是我们替韩国去挨打,却反而要听从韩的摆布啊！况且魏有灭韩的打算，韩国眼看将要危亡，一定会东告齐国。我趁此暗结韩国之好，而拖延时间以攻击魏国的疲弊，那就国威可重，利益可得，声名可尊了。"齐侯说："好。"遂暗中答应韩的使者，而把他送走。

韩自以为有了齐国的靠山，五次与魏交战，五次失败，于是东告齐国。齐因此起兵击魏，在马陵大败魏军。魏破韩弱，韩、魏的国君通过田婴，面北而朝见齐侯。

成侯邹忌为齐相[1]

成侯邹忌为齐相[2]，田忌为将[3]，不相说。公孙闬谓邹忌曰[4]："公何不为王谋伐魏？胜，则是君之谋也，君可以有功；战不胜，田忌不进，战而不死，曲挠而诛[5]。"邹忌以为然，乃说王而使田忌伐魏。

田忌三战三胜，邹忌以告公孙闬。公孙闬乃使人操十金而往卜于市[6]，曰："我，田忌之人也，吾三战而三胜，声威天下，欲为大事[7]，亦吉否？"卜者出，因令人捕为人卜者，亦验其辞于王前。田忌遂走[8]。

【注释】

〔1〕此章又见《史记·田敬仲完世家》。据载，齐威王三十五年田忌袭临淄，索求邹忌，不胜而奔。宣王立，二年"召田忌复故位"。则是田忌出奔与召回相隔只三年。缪文远《考辨》谓田忌出奔当齐威十六年，复位在宣二年，则相隔二十有二年，甚属可疑。今从《史记》齐威三十五年之说，时显王四十七年(前322)也。

〔2〕邹忌:见《邯郸之难》章注〔3〕。

〔3〕田忌:见前章注〔5〕。

〔4〕公孙闬(hàn):齐人。见前《齐将封田婴于薛》注〔2〕。

〔5〕曲挠:屈服。谓屈服于敌也。

〔6〕十金:高诱曰:"二十两为一金。"

〔7〕大事:指反齐之事。

〔8〕"田忌"句:《太平御览》卷三二二引《春秋后语》云:"田忌惧,无以自白,遂以其徒袭攻临淄,欲杀邹忌,不胜而奔。"

【译文】

成侯邹忌做齐国丞相,田忌为将军,两人互相不和。公孙闬对邹忌说:"公何不为齐王谋划伐魏?如战胜,是您出的主意,您可以有功;如不胜,田忌不往前进,战又不死,必因退败而受到杀戮。"邹忌以为他说的办法好,于是劝说齐王而使田忌率兵伐魏。

田忌三战三胜,邹忌把这消息告诉给公孙闬。公孙闬遂差人持二百两黄金,到市上去占卦,说:"我是田忌的人,田将军三战而三胜,声名威震天下,想成大事,可吉利吗?"差人离去,因使人逮捕卖卜的人,在齐王面前验证这番话。田忌遂被逼出走。

田忌为齐将[1]

田忌为齐将,系梁太子申,禽庞涓[2]。孙子谓田忌曰[3]:"将军可以为大事乎?"田忌曰:"奈何?"孙子曰:"将军无解兵而入齐,使彼罢弊于先弱守于主[4]。主者,循轶之途也[5],锟击摩车而相过[6]。使彼罢弊先弱守于主,必一而当十,十而当百,百而当千。然后背泰山,左济,右天唐[7],军重踵高宛[8],使轻车锐骑冲雍门[9]。若是,则齐君可正[10],而成侯可走。不然,则将军不得入于齐矣!"田忌不听,果不入齐。

【注释】

〔1〕此章与前章"田忌遂走"为一事,较详细地记录了孙膑劝忌"举大事"的经过。

〔2〕禽:同"擒"。庞涓:魏将。被齐军在马陵战败,身亡。

〔3〕孙子:即孙膑。齐人,曾与庞涓同师学习兵法。涓任魏将,忌其才,诳之入魏,施以膑刑(去膝盖骨),世称孙膑。后为齐威王军师,终败魏军,擒杀庞涓于马陵。有《孙膑兵法》传世。

〔4〕"使彼"句:姚云:"曾本'先'皆作'老'。愚恐上句多'于'字。谓以罢敝老弱守险敌众,而以精兵攻齐,下云'轻车锐骑'者也。"今从之。主:金正炜疑为"任"之讹。"任"损为"壬",复误为"主"。任,在今山东济宁市东南。

〔5〕轶(zhé):同"辙"。

〔6〕锗:同"辖"。插在车轴两端的键。

〔7〕大唐:即高唐。在今山东高唐县东北。

〔8〕高宛:在今山东邹平市东北。

〔9〕雍门:齐都临淄的西门。

〔10〕正:制。

【译文】

田忌做齐国的将军,俘获魏惠王太子申,擒杀庞涓。孙膑对田忌说:"将军可以实行反齐的大事吗?"田忌说:"怎么办才可以呢?"孙膑说:"将军且不要息兵还齐,使那些经战疲弊的老弱兵卒守在主地。主地狭窄,只可沿辙前进,两车相对,击轮摩毂。如使疲弊老弱兵卒守主地,一定会一以当十,十以当百,百以当千。

然后背泰山而行,东循济水,西越高唐,辎重屯于高宛,使轻车锐骑冲入雍门。如此,则齐君可制,而成侯邹忌也可以被驱走了。不然,将军就不得返回齐国了。"田忌不从孙膑的劝谏,终于没有返齐。

田忌亡齐而之楚[1]

田忌亡齐而之楚,邹忌代之相齐[2],恐田忌欲以楚权复于齐。杜赫曰[3]:"臣请为留楚[4]。"谓楚王曰:"邹忌所以不善楚者,恐田忌之以楚权复于齐也。王不如封田忌于江南,以示田忌之不返齐也,邹忌以齐厚事楚[5]。田忌,亡人也,而得封,必德王;若复于齐,必以齐事楚。此用二忌之道也。"楚果封之于江南。

【注释】

〔1〕此章与上章同时。

〔2〕吴师道曰:"前云邹忌为相,田忌为将,田忌走。此云代之相,恐有差误。"

〔3〕杜赫:已见《东周策》。

〔4〕"臣请"句:姚宏注:"一'为'下有'君'字,'留'下有'之'字。"鲍彪曰:"为邹留田于楚。"是。

〔5〕以:黄丕烈曰:"鲍'以'上补'必'字。"今从之。

【译文】

田忌由齐国逃到楚国,邹忌代他做齐相,恐怕田忌依靠楚势重返齐国。杜赫对邹忌说:"臣请为您把田忌留在楚国。"杜赫对楚王说："邹忌所以不与楚友善的原因，是恐怕田忌依靠楚势重返于齐。大王不如在江南封赏田忌，来表示田忌不再重返齐国，邹忌一定会用齐来厚厚地报答楚国。田忌是逃亡的人，如得到封赏，一定感激大王。假若有一天能返回齐国，必用齐来服事楚。这是利用田、邹二忌的方法啊！"楚果然在江南封赏田忌。

邹忌事宣王[1]

邹忌事宣王，仕人众[2]，宣王不悦；晏首贵而仕人寡[3]，王悦之。邹忌谓宣王曰："忌闻以为有一子之孝，不如有五子之孝，今首之所进任者，以几何人？"宣王因以晏首壅塞之[4]。

【注释】

〔1〕缪氏《考辨》云："齐威王死，宣王立，邹忌以先朝老臣擅权用事，故仕人甚多。邹忌之卒当在宣王元年，邹忌既死，宣王遂于次年召田忌复归于齐，《史记》谓宣王二年复召田忌是也。"此章，据雷《表》、于《表》当为慎靓王元年（前320）。

〔2〕仕：推荐做官。这里当动词用。

〔3〕晏首：鲍彪曰："齐人。"

〔4〕壅塞：堵塞、阻隔。

【译文】

邹忌服事齐宣王，推荐给朝廷做官的人多，宣王有些不高兴；晏首显贵而推荐做官的人少，宣王以为他不作威福，所以很高兴。邹忌对宣王说："忌听说，有一个儿子的孝顺，不如有五个儿子的孝顺。如今晏首所推荐给朝廷做官的，有几个人呢？"

宣王因此以为晏首阻断仕路。

邹忌修八尺有馀[1]

邹忌修八尺有馀[2],身体昳丽[3]。朝服衣冠,窥镜,谓其妻曰:"我孰与城北徐公美?"其妻曰:"君美甚!徐公何能及公也?"城北徐公,齐国之美丽者也。忌不自信,而复问其妾曰:"吾孰与徐公美?"妾曰:"徐公何能及君也!"旦日,客从外来,与坐谈,问之客曰:"吾与徐公孰美?"客曰:"徐公不若君之美也。"

明日,徐公来。孰视之,自以为不如;窥镜而自视,又弗如远甚。暮寝而思之,曰:"吾妻之美我者,私我也;妾之美我者,畏我也;客之美我者,欲有求于我也。"

于是入朝见威王,曰:"臣诚知不如徐公美,臣之妻私臣,臣之妾畏臣,臣之客欲有求于臣,皆以美于徐公。今齐地方千里,百二十城,宫妇左右,莫不私王;朝廷之臣,莫不畏王;四境之内,莫不有求于王。由此观之,王之蔽甚矣[4]!"王曰:"善。"乃下令:"群臣吏民,能面刺寡人之过者[5],受上赏;上书谏寡人者,受中赏;能谤议于市朝[6],闻寡人之耳者,受下赏。"

令初下,群臣进谏,门庭若市。数月之后,时时而间进。期年之后,虽欲言,无可进者。燕、赵、韩、魏闻之,皆朝于齐[7]。此所谓战胜于朝廷。

【注释】

〔１〕据《史记·六国年表》，齐威王二十一年邹忌为齐相，翌年封成侯。邹忌进讽，或为此时之事。当周显王三十三、四年（前326—前325）。钱穆《先秦诸子系年考辨》云："此事与淳于髡大鸟之隐，同为齐威初政奋发之一种传说。"

〔２〕八尺：约合今五尺。

〔３〕昳（yí）丽：光艳美丽。鲍曰："昳，日侧也。故有光艳意。又疑作'佚'。"

〔４〕蔽：谓受蒙蔽。

〔５〕刺：指责。

〔６〕谤议：犹讽议。

〔７〕黄式三曰："按《史表》，是年赵侯如齐；明年，宋公、赵侯会平陆；又明年，魏侯朝齐。皆与《策》合。足见能受谏者之效，《策》语不虚也。"

【译文】

邹忌身长八尺有余，形貌光鲜秀美。早晨穿戴好衣帽，照着镜子，对他的妻说："我与城北徐公，谁更漂亮呢？"妻说："你漂亮得很，徐公怎能赶上你呢？"城北徐公，是齐国有名漂亮的男子。邹忌不大自信，又问他的妾说："我与徐公谁更漂亮？"妾说："徐公哪里能赶得上你呢！"天大明，客从外面来，坐在一起谈话，问客人说："我与徐公哪个漂亮？"客人说："徐公不如你漂亮啊！"

明天，徐公来访。仔细瞧看，自认为不如他；照镜瞧一瞧自己，更觉得不如他，而且差得很远。天黑，卧床想道："我妻以为我美，是出于爱我；妾以为我美，是由于怕我；客人以为我美，是想有求于我。"

于是入朝见齐威王说："臣明知道不如徐公美，臣的妻爱臣，臣的妾畏臣，臣的客想有求于臣，都说比徐公美。如今齐地方圆千里，有一百二十座城，宫内妇人侍从，没有不爱王的；朝廷上的臣吏，没有不怕王的；四境之内的百姓，没有不有求于王的。由此看来，王的被蒙蔽太厉害啦！"王说："很对。"遂发下命令："群臣、官吏、百姓，有能当面举出寡人过失的，受上赏；能上书劝谏寡人的，受中赏；能在街市朝廷讽议，被寡人听到的，受下赏。"

命令初下，群臣进谏，门庭若市。几个月以后，隔三差五有进谏的。一年以后，虽然想说，也没有可进谏的了。燕、赵、韩、魏听到这件事，都来朝见齐王。这就是所说的，不出朝廷就战胜了敌国。

秦假道韩、魏以攻齐[1]

秦假道韩、魏以攻齐，齐威王使章子将而应之[2]。与秦交和而舍[3]，使者数相往来，章子为变其徽章[4]，以杂秦军。候者言[5]："章子以齐入秦。"威王不应。顷之间，候者复言："章子以齐兵降秦。"威王不应，而此者三[6]。有司请曰："言章子之败者，异人而同辞。王何不发将而击之？"王曰："此不叛寡人明矣！曷为击之？"

顷间，言："齐兵大胜，秦军大败。"于是秦王拜西藩之臣而谢于齐[7]。左右曰："何以知之？"曰："章子之母启得罪其父[8]，其父杀之而埋马栈之下[9]。吾使者章子将也[10]，勉之曰：'夫子之强，全兵而还，必更葬将军之母。'对曰：'臣非不能更葬先妾也[11]。臣之母启得罪臣之父，臣之父未教而死[12]；夫不得父之教而更葬母,是欺死父也。故不敢。'夫为人子而不欺死父,岂为人臣欺生君哉?"

【注释】

〔1〕焦循《孟子正义·离娄下》云:"章子之事,未必在威王之世。威王未尝与秦交兵。齐、秦之斗在宣王时,而伐燕之役将兵者正是章了,则恐其误编于威王《策》中者。"缪文远说:"《孟子·梁惠王下》:'齐人伐燕,取之,诸侯将谋救燕。'秦之攻齐,或即救燕之师。"均是。《史记·六国年表》系于赧王元年(前314)。

〔2〕章子:即田章,或称匡章。

〔3〕交和:鲍彪曰:"《孙子》:两军相对曰交和。《楚记》注:军门曰和。"

〔4〕徽章:鲍彪曰:"徽,帜也。以绛帛着于背,章其别也。"

〔5〕候者:齐之侦察者。

〔6〕而:如。

〔7〕拜:鲍本作"称"。谢:谢罪。

〔8〕启:章子母名。

〔9〕鲍彪曰:"栈,为棚以立马。"

〔10〕姚宏注:"一无'者'字。"

〔11〕先妾:先父之妾。先,指父。

〔12〕未教而死:谓无遗命而死也。

【译文】

秦向韩、魏借路来攻打齐国,齐威王使匡章率兵应战,与秦兵相对扎下营寨。两军使者交往频数,章子改变了齐使者的衣着标志,以混入秦军之中。齐的侦探向齐王报告说:"章子把齐卒输送给秦国。"齐王没有反响。过了一会儿,侦探又报告:"章子使齐兵向秦军投降。"齐王仍然没有反响。如此报告了三次。官吏请求说:"报告章子败坏行为的,众人一口同音,大王为何不遣将去讨伐他。"王说:"这明明不是背叛寡人,为什么要讨伐他呢?"

过了一段时间,报告齐兵大胜,秦军大败。于是秦王自称西藩之臣,来向齐国请罪。左右问齐王说:"怎么知道章子不会反叛呢?"王说:"章子的母亲名启,得罪了他的父亲,被他父亲杀掉,埋在马棚下面。我使章子为将,勉励他说:'先生用力去做,如能全师而归,一定改葬将军的母亲。'章子回答说:'臣并非无力改葬先父妾。臣的母亲启得罪了臣的父亲,臣的父亲没有留下遗教就死去了;没有得到父亲的教命而改葬母亲,是欺骗死去的父亲啊!所以不敢去做。'做人子而不欺骗死去的父亲,难道做人臣会欺骗活着的君主吗?"

楚将伐齐[1]

楚将伐齐,鲁亲之[2],齐王患之。张丐曰[3]:"臣请令鲁中立。"乃为齐见鲁君。鲁君曰:"齐王惧乎?"曰:"非臣所知也。臣来吊足下!"鲁君曰:"何吊?"曰:"君之谋过矣!君不与胜者而与不胜者[4],何故也?"鲁君曰:"子以齐、楚为孰胜哉?"对曰:"鬼且不知也。""然则子何以吊寡人?"曰:"齐、楚之权[5],敌也,不用有鲁与无鲁。足下岂如令众而合二国之后哉[6]?楚大胜齐,其良士选卒必殪[7],其馀兵足以待天下[8];齐为胜,其良士选卒亦殪。而君以鲁众合战胜后[9],此其为德也亦大矣[10],其见恩德亦其大也[11]!"鲁君以为然,

242

身退师[12]。

【注释】

〔1〕顾氏《编年》及于《表》以为即楚威王在徐州胜齐前夕之事,时当显王三十六年(前333)。

〔2〕鲁亲之:谓鲁国与楚站在一边,共同伐齐。

〔3〕张丐:齐人。鲍彪曰:"疑即张丑。""丐",一作"丐"。

〔4〕与:助。

〔5〕权:称锤。这里指力量。

〔6〕令:鲍本作"全"。是。

〔7〕选卒:经过挑选的精兵。殪(yì):死亡。

〔8〕金正炜曰:"或'足'上本有'不'字而脱。"是。

〔9〕"而君"句:谓兵合于胜者一方。高诱、鲍彪均谓合于败者,恐误。前文明言"君不与胜者而与不胜者,何故也",则此谓合于胜者甚明。

〔10〕德:金正炜曰:"与'得'通。"

〔11〕其大:极大。金正炜曰:"读若'綦'。……綦,极也。"按,"其"一本作"甚"。

〔12〕身:黄丕烈曰:"今本'身'作'乃'。鲍本作'乃'。"是。

【译文】

楚国将要攻伐齐国,鲁国出兵助楚,齐王很忧虑。张丐说:"臣请使鲁国中立。"于是为齐国去见鲁君。鲁君说:"齐王害怕吗?"丐说:"这不是臣所知道的,臣是来吊问足下的。"鲁君说:"吊问什么呢?"丐说:"君的计策有失误啊!君不站在胜者一边,而站在不胜者一边,这是什么道理呢?"鲁君说:"你以为齐、楚谁会胜利呢?"回答说:"这,连鬼也不知道啊!""既然如此,那么你为什么来吊问寡人呢?"丐说:"齐、楚两国势均力敌,不论有鲁与无鲁都一样。足下何不全众中立,待两国交战之后再决定去就呢?如楚国胜齐,它的精兵良将必有伤亡,余兵不足以对抗诸侯军队;齐国胜楚,它的精兵良将也要有伤亡。而君用鲁国军队帮助战胜国一方,这得到的好处就大了,与国也会十分感激您的。"鲁君认为张丐说的对,遂退兵而不再亲楚。

秦 伐 魏[1]

秦伐魏,陈轸合三晋[2],而东谓齐王曰:"古之王者之伐也,欲以正天下而立功名,以为后世也。今齐、楚、燕、赵、韩、梁六国之递甚也[3],不足以立功名,适足以强秦而自弱也。非山东之上计也[4]。能危山东者,强秦也。不忧强秦,而递相罢弱[5],而两归其国于秦,此臣之所以为山东之患!天下为秦相割,秦曾不出力[6];天下为秦相烹,秦曾不出薪。何秦之智而山东之愚耶!愿大王之察也。

"古之五帝、三王、五伯之伐也[7],伐不道者。今秦之伐天下不然,必欲反之:主必死辱,民必死虏。今韩、梁之目未尝干,而齐民独不也,非齐亲而韩、梁疏也,齐远秦而韩、梁近。今齐将近矣!今秦欲攻梁绛、安邑[8]。秦得绛、安邑以东下河,必表里河而东攻齐[9]。举齐,属之海,南面而孤楚、韩、梁,北向而孤燕、赵,齐无所出其计矣。愿王熟虑之!

"今三晋已合矣,复为兄弟,约而出锐师以戍梁绛、安邑,此万世之计也。齐非急以锐师合三晋,必有后忧!三晋合,秦必不敢攻梁,必南攻楚。楚、秦构难,三晋怒齐不与己也,必东攻齐。此臣之所谓齐必有大忧。不如急以兵合于三晋。"

齐王敬诺,果以兵合于三晋。

【注释】

〔1〕钱穆《先秦诸子系年考辨》卷四云:"齐湣王二年,楚怀王入秦不返。其明年,齐湣王三年,陈轸说魏、韩、赵、燕、齐五国合纵而成魏、韩之西边以摈秦(详据《绎史》卷百三十一、《周季编略》卷八十)。此即李兑所谓'臣之坚三晋以攻秦'之事也。"依雷《表》、于《表》,当赧王十六年(前299)。

〔2〕陈轸:见《秦策一·田莘之为陈轸说秦惠王》注。时仕魏。三晋:赵、魏、韩。

〔3〕递:谓更迭相攻。

〔4〕山东:指崤山以东诸侯国。

〔5〕罢弱:疲弱。罢,同"疲"。

〔6〕力:一作"刀"。

〔7〕五帝:黄帝、颛顼、帝喾、帝尧、帝舜。三王:夏禹、商汤、周文武。五伯:齐桓、晋文、楚庄、吴阖庐、越勾践。

〔8〕绛、安邑:均魏地。绛,今山西新绛;安邑,今山西安邑县西。

〔9〕程恩泽曰:"秦与魏以河为界。秦以河西为里,河东为表;魏以河东为里,河西为表。秦若得魏绛、安邑地,则内外皆河。故曰必表里河。"

【译文】

秦国伐魏,陈轸联结韩、赵、魏,又东说齐王道:"古时王者的攻伐,是企图匡正天下而建立功名,以为后世虑。如今齐、楚、燕、赵、韩、魏六国互相攻伐很激烈,不但不能够建功立名,正好来加强秦国而削弱自己。这不是崤山以东各国的上策呀!能够危及崤山以东六国的,是强秦。不担忧强秦,而彼此互相削弱,使双方都为秦所猎获,这就是臣所认为的崤山以东六国的忧患。天下为秦国自相割剥,而秦却连刀子都不曾出;天下为秦国自相烹煮,而秦却连薪柴都不曾出。为何秦这样明智,而崤山以东六国却这样愚蠢呢? 愿大王明察。

"古时五帝、三王、五霸的征伐,是征伐无道之人。如今秦国征伐天下却不然,一定要反其道而行:君主必死于屈辱,百姓必死于俘虏。如今韩、魏百姓的泪眼不曾干,而齐民独未如此,并非秦国与齐亲而与韩、魏疏,是因齐国距离秦远而韩、魏近。眼下齐国也要离它近啦! 现在秦企图攻魏的绛、安邑。秦取得绛和安邑以循黄河东下,必以黄河内外为据而向东攻齐。取齐一直到沿海,南面使楚、韩、魏孤立,北向使燕、赵孤立,齐国就无计可施了。愿大王深思熟虑。

"目前韩、赵、魏已经联合起来了,又订立了兄弟相亲的誓约,出精锐之师来保卫魏的绛和安邑,这是长远的战略措施。齐国如不赶快出精锐部队来配合三晋,一定要有后患。三晋联合,秦肯定不敢攻魏,必南向攻楚。楚、秦交战,三晋恼恨齐国不来助己,必东向攻齐。这就是臣所说的齐国必有大患。所以,莫如赶快出兵来联合三晋。"

齐王很谨慎地允诺,果真将军队合于三晋。

苏秦为赵合从说齐宣王[1]

苏秦为赵合从,说齐宣王曰:"齐南有太山,东有琅邪[2],西有清河[3],北有渤海,此所谓四塞之国也。齐地方二千里,带甲数十万,粟如丘山。齐车之良,五家之兵[4],疾如锥矢,战如雷电,解如风雨。即有军役,未尝倍太山,绝清河,涉渤海也。临淄之中七万户,臣窃度之,下户三男子,三七二十一万,不待发于远县,而临淄之卒,固以二十一万矣[5]。临淄甚富而实,其民无不吹竽鼓瑟、击筑弹琴、斗鸡走犬、六博蹹踘者[6]。临淄之途,车毂击[7],人肩摩,连衽成帷[8],举袂成幕[9],挥汗成雨。家敦而富[10],志高而扬。夫以大王之贤与齐之强,天下不能当。今乃西面事秦,窃为大王羞之!

"且夫韩、魏之所以畏秦者,以与秦接界也。兵出而相当,不至十日,而战胜存亡之机决矣。韩、魏战而胜秦,则兵半折,四境不守;战而不胜,以亡随其后。是故韩、魏之所以重与秦战[11],而轻为之臣也。

"今秦攻齐则不然:倍韩、魏之地,至闱阳晋之道[12],径亢父之险[13],车不得方轨[14],马不得并行,百人守险,千人不能过也。秦虽欲深入,则狼顾[15],恐韩、魏之议其后也。是故恫疑虚猲[16],高跃而不敢进。则秦不能害齐,亦已明矣!夫不深料秦之不奈我何也,而欲西面事秦,是群臣之计过也。今无臣事秦之名,而有强国之实,臣固愿大王之少留计!"

齐王曰:"寡人不敏,今主君以赵王之教诏之[17],敬奉社稷以从。"

【注释】

〔1〕此章又见于《史记·苏秦传》,诸家并依《史记》系于显王三十六年(前333)。缪氏《考辨》谓:"据近人所考论,苏秦说六国合纵之辞全不

可信。"

〔2〕琅邪:山名。在今山东省青岛市黄岛区南。

〔3〕清河:源出今河南省内黄南。流经山东临清市西。

〔4〕五家之兵:齐兵制,五家五人为一轨。

〔5〕以:同"已"。

〔6〕六博:古代博戏。共十二子,六白六黑,二人对博,一方六子,故称。蹹鞠(tà jū):踢球。蹹,或作"蹋",蹴;鞠,一作"鞠",革制的球。

〔7〕毂(gǔ):一作"穀"。轮中心穿轴的部分。

〔8〕衽(rèn):衣襟。

〔9〕袂:衣袖。

〔10〕敦:《史记》作"殷"。

〔11〕重:重视、慎重。这里当"不轻易"或"不愿"讲,与下文"轻"义相反。

〔12〕至闻:姚宏注:"一作'过卫'。"晋阳:鲍彪注引《张仪传》"劫取卫晋阳"云:"盖卫地,时属魏也。"

〔13〕亢父:原为山名,后以名县。在今山东济宁市南。

〔14〕方轨:二车并轨齐行。

〔15〕狼顾:吴师道曰:"狼性怯,走常还顾。"

〔16〕恫(tōng)疑虚猲(hè):深疑虚惊。恫,深痛;猲,恐惧。

〔17〕主君:对苏秦尊重的称谓。《礼》,卿大夫称"主"。诏:告。

【译文】

苏秦为赵行合纵之策,说齐宣王道:"齐国南有太山,东有琅邪山,西有清河,北临渤海,这是所说的四塞险固之国啊!齐地方圆二千里,甲卒数十万,粮谷堆积如山。齐国精良的战车,五家制的兵丁,迅如飞箭,战如雷电,散如风雨。就是有军旅之事,也未尝离开太山,越过清河,远涉渤海。都城临淄之中,有七万人家,臣私下计算,每户三个男子,三七二十一万,不须征求远县,只临淄之兵就已经有二十一万了。临淄十分富厚殷实,市民无不吹竽、鼓瑟、击筑、弹琴、斗鸡、赛狗、下棋、踢球的。临淄的街道上，车碰轮，人擦肩，连起衣襟可以成帷幔，举起衣袖可以成棚帐，挥掉汗水可以成霖雨。家殷人足，志高气扬。就凭大王的贤能与齐国的强盛，可称天下无敌。如今却西面而服事秦国，臣私下替大王感到羞辱。

"再说，韩、魏之所以畏惧秦国，是由于与秦国接壤。一出兵就可相遇，不到十天，胜负存亡的大局就决定了。韩、魏即或战胜秦国，也要损兵折将，四境不守；战而不胜，跟着来的就是灭亡。所以，韩、魏宁可称臣也不愿与秦国交战。

"如今秦攻齐却不是这样，背后有韩、魏之地，穿过卫、阳晋之途，经越亢父之险，车不能并驰，马不得并走，百人守隘，千人休想得过。秦虽想深入，则惊怖还顾，恐怕韩、魏剿袭它的后路，所以恫疑虚惊，高跳而不敢前进。那么秦不能害齐，已是很明白的了。不去深思秦国不能把我奈何，而只想西面服事秦，是群臣计谋的失误啊！如今没有臣服于秦国之名，而有强国之实，臣所以愿大王少少留意考虑一下。"

齐王说："寡人不明，今天先生用赵王的教命告我，谨以国家社稷听从您的安排。"

张仪为秦连横说齐王[1]

张仪为秦连横齐王曰[2]："天下强国，无过齐者；大臣父兄殷众富乐，无过齐者。然而，为大王计者，皆为一时说而不顾万世之利。从人说大王者[3]，必谓'齐西有强赵，南有韩、魏，负海之国也。地广人众，兵强士勇，虽有百秦，将无奈我何！'大王览其说，而不察其至实！

"夫从人朋党比周[4],莫不以从为可。臣闻之,齐与鲁三战而鲁三胜[5],国以危,亡随其后,虽有胜名而有亡之实,是何故也?齐大而鲁小。今赵之与秦也,犹齐之于鲁也。秦、赵战于河漳之上[6],再战而再胜秦;战于番吾之下[7],再战而再胜秦。四战之后,赵亡卒数十万,邯郸仅存,虽有胜秦之名,而国破矣!是何故也?秦强而赵弱也。今秦、楚嫁子取妇[8],为昆弟之国;韩献宜阳[9],魏效河外[10],赵入朝黾池[11],割河间以事秦。大王不事秦,秦驱韩、魏攻齐之南地,悉赵涉河关,指搏关[12],临淄、即墨[13]非王之有也!国一日被攻,虽欲事秦,不可得也。是故愿大王熟计之!"

齐王曰:"齐僻陋隐居,托于东海之上,未尝闻社稷之长利。今大客幸而教之,请奉社稷以事秦。"献鱼盐之地三百于秦也[14]。

【注释】

〔1〕此章又见《史记·张仪传》,诸家并依之系于赧王四年(前311)。然张说前后矛盾,先说"天下强国,无过齐者",后又以秦兵压境恐吓之,劝其屈秦,殊乖事理。且此时齐承威王之后,国势正盛,焉有一吓即服之理?缪氏《考辨》以此为依托之说,甚是。

〔2〕鲍本"齐"上补"说"字。吴《补》曰:"此处当有'说'字。"

〔3〕从人:谓主张合纵之人。从,同"纵"。

〔4〕朋党比周:结党营私,排斥异己。比周,相互此结。

〔5〕"齐与鲁"句:鲍彪曰:"鲁战胜齐,史传不书。时鲁故在,有亡形耳。"按,此张仪妄说,益见其非实。

〔6〕河漳:高诱注:"河漳,漳水。"鲍彪曰:"河漳之战,番吾之战,史

均不书。"

〔7〕番吾：在今河北省平山县东南。

〔8〕嫁子：犹言"嫁女"。子，女子。梁玉绳曰："秦迎楚妇时，仪死五年矣。"

〔9〕韩献宜阳：梁玉绳曰："其实秦取宜阳之时，仪死四年矣。"

〔10〕河外：高诱谓指黄河以南之地。司马贞曰："若曲沃、平周等也。"

〔11〕黾池：本属韩，后为秦地。在今河南黾池县西。

〔12〕博关：《史记》作"博关"。在今山东茌平西北。

〔13〕临淄、即墨：前为齐都，后为齐城。即墨，在今山东省平度。

〔14〕姚宏谓，曾本"百"下有"里"字。金正炜曰："三百，谓岁贡之数，是不当有'里'字。"是。

【译文】

张仪为秦国劝说齐王连横，道："天下强国没有超过齐的，大臣父兄盛多而富豪快活，没有超过齐的。然而为大王谋划的，都是只顾眼前而忘掉万世之利。主张合纵之人游说大王的，必说'齐国西有强赵，南有韩、魏，是滨海的国家。地广人多，兵强士勇，虽有一百个秦国也无奈我何'。大王但看其说的表面，而没有探究它的实质。

"再说合纵之人结党营私，莫不以合纵为可行。臣听说，齐国与鲁国三战而鲁三胜，鲁国因此危殆，随之而来的是灭亡，虽有战胜之名却有灭亡之实。这是什么缘故呢？齐国大而鲁国小。如今赵国与秦国，好比齐国与鲁国。秦、赵战于漳水之上，两战而两次胜秦；战于番吾之下，两战而两次胜秦。四战以后，赵国伤亡数十万，都城邯郸仅能保存，虽有胜秦之名，而国土残破了。这是什么缘故呢？是因为秦国强大而赵国弱小。如今秦、楚嫁女娶妇，结为兄弟之国；韩贡献宜阳，魏效纳河南，赵朝秦于黾池，割河间之地来服事秦。大王不愿服事秦，秦驱使韩、魏攻打齐南部地，悉起赵兵渡清河，直指博关，则临淄、即墨就不是大王所有了。齐国一旦被攻，虽然想要服事秦，也就办不到了。所以，愿大王深思熟虑！"

齐王说："齐国偏僻简陋，与外隔绝，附寄于东海之隅，不曾闻知国家大利。今贵客幸而赐教寡人，请用国家来服事秦。"于是把三百里鱼盐产地的收入献给秦。

卷九　齐二

韩、齐为与国[1]

韩、齐为与国,张仪以秦、魏伐韩[2]。齐王曰:"韩,吾与国也。秦伐之,吾将救之。"田臣思曰[3]:"王之谋过矣!不如听之。子哙与子之国[4],百姓不戴,诸侯弗与。秦伐韩,楚、赵必救之,是天下以燕赐我也[5]。"王曰:"善。"乃许韩使者而遣之。

韩自以得交于齐,遂与秦战。楚、赵果遽起兵而救韩,齐因起兵攻燕,三十日而举燕国[6]。

【注释】

〔1〕又见《史记·田敬仲完世家》,以为桓公五年事。误。《孟子·梁惠王下》明言齐伐燕子之之乱"五旬而举之",为齐宣王与燕王哙时之事。《史记·六国表》赧王元年,燕国栏下云:"君哙及太子、相子之皆死。"赧元,据雷《表》、于《表》,当齐宣王七年(前314)。今从之。

〔2〕"张仪"句:时张仪为秦相。

〔3〕田臣思:即田忌。详《齐策一·南梁之难》注〔5〕。

〔4〕子哙:即燕王哙,公元前320—公元前314在位。听信人言以国让给燕相子之,引起燕国大乱。被杀。

253

〔5〕一本无"下"字。是。

〔6〕三十日：《孟子》作"五旬"。

【译文】

韩与齐结为友邦，张仪以秦、魏之兵伐韩。齐宣王说："韩，是齐的与国。秦国攻伐它，我将起兵援救。"田臣思说："大王的打算不妥，不如听任伐韩。燕王子哙把王位让给丞相子之，百姓不拥戴，诸侯不赞成。秦国伐韩，楚、赵必去救韩，这是上天拿燕国赐给我们啊！"王说："好。"遂答应韩使的请求，而把他遣送回国。

韩国自以为与齐国交好，遂与秦国作战。楚、赵果然急速起兵救韩，齐国因而发兵攻燕，三十天就攻占了燕国。

张仪事秦惠王[1]

张仪事秦惠王。惠王死，武王立。左右恶张仪曰："仪事先王不忠。"言未已，齐让又至[2]。

张仪闻之，谓武王曰："仪有愚计，愿效之王。"王曰："奈何？"曰："为社稷计者，东方有大变，然后王可以多割地。今齐王甚憎张仪，仪之所在，必举兵而伐之。故仪愿乞不肖身而之梁，齐必举兵而伐之。齐、梁之兵连于城下，不能相去，王以其间伐韩，入三川[3]，出兵函谷而无伐[4]，以临周[5]，祭器必出。挟天子，案图籍，此王业也！"王曰："善。"乃具革车三十乘，纳之梁。

齐果举兵伐之，梁王大恐[6]。张仪曰："王勿患，请令罢齐兵。"乃使其舍人冯喜之楚，藉使之齐[7]。齐、楚之事已毕,因谓齐王:"王甚憎张仪,虽然,厚矣王之托仪于秦王也[8]!"齐王曰:"寡人甚憎仪,仪之所在,必举兵伐之,何以托仪也?"对曰:"是乃王之托仪也!仪之出秦,因与秦王约曰:'为王计者,东方有大变,然后王可以多割地。齐王甚憎仪,仪之所在,必举兵伐之。故仪愿乞不肖身而之梁,齐必举兵伐梁。梁、齐之兵,连于城下不能去,王以其间伐韩,入三川,出兵函谷而无伐,以临周,祭器必出。挟天子,案图籍,是王业也!'秦王以为然,与革车三十乘而纳仪于梁。而果伐之,是王内自罢而伐与国,广邻敌以自临,而信仪于秦王也。此臣之所谓托仪也!"

王曰:"善。"乃止。

【注释】

〔1〕又见《史记·张仪传》。钱穆《先秦诸子系年考辨》卷三云:"此本可信。盖袭《魏策一》'张仪以秦相魏,齐、楚怒,欲攻之,雍沮说齐、楚'云云,与此说合。……至武王逐张仪,策士本雍沮之说,造为冯喜之事,而《史》误取之耳。"钱说是。

〔2〕"齐让"句:鲍彪说:"仪尝曰:'仪之所甚憎无大齐王。'则仪,齐所恶也,而秦任之,故齐以此责秦。"

〔3〕三川:韩地。见《西周策·韩魏易地》章注。

〔4〕无伐:谓不用钟鼓军乐。《左传》襄公二十九年:"凡师有钟鼓曰伐,无曰侵,轻曰袭。"

〔5〕周:指西周国。

〔6〕梁王:指梁襄王。

〔7〕藉使:借使。这里指不敢直接派遣使者,乃借用别国使者的名义。一本此下无"齐楚之事已毕"六字。

〔8〕托仪:谓将张仪托付给某人。

【译文】

张仪服事秦惠王。惠王死,武王立为君。左右毁伤张仪,说:"张仪事奉先王不忠诚。"话音未落,齐国谴责张仪的使者又至。

张仪闻听,对武王说:"仪有拙策,愿献给大王。"王说:"如何?"仪说:"为秦社稷着想,东方各国有战事,然后王可以多割取土地。如今齐王十分憎恶仪,仪在哪里,一定发兵攻伐哪里。所以仪愿乞不肖之躯而去魏,齐必定举兵伐魏,齐、魏交兵城下,酣战难分,王乘隙伐韩,入三川。秦兵出函谷关,偃旗息鼓以临西周,西周必出先王宗庙礼器以赂秦。秦能够挟持天子,拥有地图户籍,这是帝王之业啊!"武王说:"好!"遂备兵车三十乘,送张仪入魏。

齐果然举兵伐魏,魏王大惊。张仪说:"大王勿忧,臣请令齐国退兵。"于是遣他的舍人冯喜往楚,乃借楚国使者的名义至齐。把齐、楚的外交事宜办完后,乘机对齐王说:"大王十分恼恨张仪,即使这样,王把张仪托付给秦王是很优厚的。"齐王说:"寡人十分恼恨张仪,仪在哪里,必举兵攻伐哪里,又何曾向谁托付张仪了呢?"冯喜应对说:"这就是王的托付张仪啊!张仪离秦,本与秦王约说:'为王着想,东方诸国有战事,然后王可以多割取土地。齐王十分憎恨仪,仪在哪里,一定举兵攻伐哪里,所以仪愿乞不肖之躯而至魏,齐必定举兵伐魏。齐、魏酣战于城下,不能分解,王乘隙伐韩,入三川,出兵函谷,偃旗息鼓以临西周,西周必出先王宗庙礼器以赂秦。秦能够挟持天子,拥有地图户籍,这是帝王之业啊!'秦王以为张仪说得是,出兵车三十乘,送仪入魏。大王果然伐魏,是王内自劳师,去征伐盟国,使邻敌土地日广,而自惹灾祸,并使张仪取信于秦王啊!这就是臣所说的托付张仪。"

王说:"是的。"遂停止伐魏。

犀首以梁为齐战于承匡而不胜[1]

犀首以梁为齐战于承匡而不胜[2]。张仪谓梁王[3]:"不用臣言以危国!"梁王因相仪。仪以秦、梁之齐合横亲。犀首欲败[4],谓卫君曰[5]:"衍非有怨于仪也,值所以为国者不同耳[6]!君必解衍[7]!"卫君为告仪,仪许诺,因与之参坐于卫君之前[8]。犀首跪行,为仪千秋之祝。明日,张子行,犀首送之,至于齐疆。

齐王闻之,怒于仪,曰:"衍也吾仇,而仪与之俱,是必与衍鬻吾国矣!"遂不听。

【注释】

〔1〕黄式三《编略》、顾观光《编年》系此章于赧王五年(前310),即秦武王元年。据《魏世家》,此年魏相田需死,楚国恐怕张仪、犀首、田文继相,于是苏代为楚说魏,使魏太子为相。未言相张仪之事。然《张仪列传》则谓仪相魏一年而卒丁魏,是魏终相仪也。齐、魏战丁承匡,《史记》不载,盖或为小战之故欤?

〔2〕犀首:即公孙衍。为:鲍本作"与",是。承匡:即襄陵。见《齐策一·邯郸之难》注〔7〕。

〔3〕梁王:襄王。

〔4〕败:谓破坏张仪连横之事。

〔5〕卫君:卫嗣君。公元前324—公元前283在位。

〔6〕值:与"直"通,但、仅。

〔7〕解衍:鲍彪曰:"解说衍于仪,使之释怨。"

〔8〕参坐:同坐。或云"参"同"三",指三人。

【译文】

犀首公孙衍用魏国之师,与齐战于承匡,而没有胜利。张仪说:"魏王不用我的话,以致使魏国危殆。"魏王因而用张仪做相国。张仪以秦、魏使者的身份到齐国,说服齐连横亲秦。过卫,犀首想破坏张仪使命,对卫嗣君说:"衍不是对张仪有什么私怨,只是治国的办法不同罢了。君必替我解释与仪的猜怨。"卫君为衍转告张仪,张仪允诺,因与衍共坐于卫君之前。犀首跪行,为张仪敬酒祝寿。明日张仪启程,犀首一直送他到齐国的边境。

齐王听说此事,对张仪很生气,说:"公孙衍是我的仇敌,而张仪与他混在一块,肯定是与公孙衍合谋来出卖我的国家。"遂不听张仪的游说。

昭阳为楚伐魏[1]

昭阳为楚伐魏[2],覆军杀将,得八城,移兵而攻齐。陈轸为齐王使,见昭阳,再拜,贺战胜。起而问:"楚之法,覆军杀将,其官爵何也?"昭阳曰:"官为上柱国,爵为上执珪。"陈轸曰:"异贵于此者,何也?"曰:"唯令尹耳[3]。"

陈轸曰:"令尹贵矣!王非置两令尹也!臣窃为公譬可也。楚有祠者,赐其舍人卮酒,舍人相谓曰:'数人饮之不足,一人饮之有余,请画地为蛇,先成者饮酒。'一人蛇先成,引酒且饮之,乃左手持卮,右手画蛇,曰:'吾能为之足。'未成,一人之蛇成,夺其卮,曰:'蛇固无足,子安能为之足?'遂饮其酒。为蛇足者,终亡其酒。今君相楚而攻魏[4],破军杀将,得八城,又移兵欲攻齐,齐畏公甚,公以是为名,居足矣[5]!官之上非可重也!战无不胜而不知止者,身且死,爵且后归,犹为蛇足也。"

昭阳以为然,解军而去。

【注释】

〔1〕《楚世家》载:"怀王六年,楚使柱国昭阳将兵而攻魏,破之于襄陵,得八邑,又移兵而攻齐。"此当显王四十六年(前323)。

〔2〕昭阳:楚怀王将,时官上柱国。

〔3〕令尹:楚名丞相为令尹。

〔4〕相:辅佐。

〔5〕居:诸祖耿云:"《类聚》二五、《御览》四六〇引,并无'居'字。"当删。

【译文】

昭阳为楚将攻魏,覆魏军,杀其将领,并攻占八城,又移兵去攻齐。陈轸做齐王的使者,见到昭阳,一再礼拜,祝贺他的胜利。站起来问道:"据楚国的法规,覆军杀将的,要拜什么官爵呢?"昭阳说:"官为上柱国,爵为上执珪。"陈轸说:"此外还有更尊贵的吗?"说:"只有令尹而已。"

陈轸说:"令尹是最尊贵啦!楚王不可能设两位令尹啊!臣私下可以给您打个比方:楚国有举行祭祀的,赐给他的下属一杯酒。下属在一起说:'几个人喝它不够,一个人喝它有余。请在地上画蛇,谁先画成谁喝酒。'一个人先画成蛇,拿起酒将要喝,遂左手持杯,右手画蛇,说:'我能画上蛇脚。'没画完,另一人的蛇画成,夺下他的酒杯说:'蛇本来没有脚,你怎能给它画上脚?'遂喝了酒。画蛇脚的人,终于没喝成酒。如今您佐楚而攻魏,破军杀将,攻占八城,兵不疲弱,想要攻齐,齐很惧怕您,您的声名如此也就很够了,官上不能再加官了。战无不胜而不知道休止的,会落得身死爵丧,就像画蛇添足一样。"

昭阳以为他说得是,遂收兵而归。

秦 攻 赵[1]

秦攻赵,赵令楼缓以五城求讲于秦[2],而与之伐齐。齐王恐,因使人以十城求讲于秦。楼子恐,因以上党二十四县许秦王[3]。赵足之齐[4],谓齐王曰:"王欲秦、赵之解乎?不如从合于赵。赵必倍秦,倍秦,则齐无患矣!"

【注释】

〔1〕诸家均以此为赧王五十六年(前259),秦、赵长平之战以后之事。然多与史实不合,姑存疑。

〔2〕楼缓:赵人。已见《秦策四·三国攻秦》章注。

〔3〕上党:地区名。分属赵、魏、韩三国。在太行山以西。

〔4〕赵足:赵人。

【译文】

秦攻打赵国。赵派楼缓用五座城与秦讲和,而帮助它伐齐。齐王惊恐,因而派人用十座城请求与秦讲和。楼子恐惧,因用上党地二十四县许给秦王。赵足到齐国去,对齐王说:"大王想使秦、赵分离吗?莫如与赵合纵,这样,赵必叛秦。赵叛秦,齐国就没有忧患了。"

权 之 难[1]

权之难[2],齐、燕战。秦使魏冉之赵,出兵助燕击齐。薛公使魏处之赵[3],谓李向曰[4]:"君助燕击齐,齐必急。急,必以地和于燕而身与赵战矣。然则是君自为燕东兵[5]、为燕取地也。故为君计者,不如按兵勿出。齐必缓,缓必复与燕战。战而胜,兵罢弊,赵可取唐、曲逆[6];战而不胜,命悬于赵。然则吾中立而割穷齐与疲燕也,两国之权[7],归于君矣!"

【注释】

〔1〕杨宽《战国史》谓齐、燕权之战在公元前296年,周赧王十九年。据马雍考证,此次战争是燕昭王听信其臣田伐等的意见,对齐发动的一次进攻(见文物出版社《战国纵横家书》附录)。

〔2〕权:中山国邑名。在今河北省正定县北。

〔3〕薛公:孟尝君田文。时相齐。魏处:齐臣。

〔4〕李向:吴师道引《大事记》谓为赵之用事者。缪文远《考辨》引徐中舒说,谓为"李兑"之讹。

〔5〕燕东兵:鲍本"东"作"束"。束,收敛、束兵,谓息兵不战也。今从之。

〔6〕唐、曲逆:均燕地。唐在河北省唐县东北,曲逆在保定西南。

〔7〕权:秤锤。谓轻重。

【译文】

　　权地之战，齐、燕两国交兵。秦使穰侯魏冉至赵，劝赵出兵助燕以攻齐。薛公田文使魏处至赵，对赵用事者李向说："您助燕而攻齐，齐国必定吃紧。吃紧，必割地与燕讲和，而自与赵宣战。如此，则是您自愿为燕息兵，并为它争取割地了。所以，为君打算，不如按兵不出。这样，齐国必然不急，不急肯定会与燕国继续开战。如果打得赢，军力疲惫，赵可乘机夺取燕的唐、曲逆；如果打不赢，命运就捏在赵的手里了。如此，是赵国中立，而割取穷齐与疲燕的土地，两国的轻重，将悬于您的掌握之中。"

秦攻赵长平[1]

　　秦攻赵长平，齐、楚救之[2]。秦计曰："齐、楚救赵，亲则将退兵[3]，不亲则且遂攻之。"

　　赵无以食，请粟于齐，而齐不听。苏秦谓齐王曰[4]："不如听之，以却秦兵；不听，则秦兵不却。是秦之计中，而齐、燕之计过矣！且赵之于燕、齐，隐蔽也[5]，齿之有唇也[6]，唇亡则齿寒。今日亡赵，则明日及齐、楚矣。且夫救赵之务，宜若奉漏甕[7]，沃焦釜。夫救赵，高义也；却秦兵，显名也。义救亡赵，威却强秦兵，不务为此而务爱粟，则为国计者过矣！"

【注释】

　　〔1〕本章又见《史记·田敬仲完世家》，云："王建六年，秦攻赵，齐、楚救之。"当赧王五十五年(前260)。

〔2〕黄丕烈曰:"《索隐》引此文云:'而"楚"字皆作"燕"。'可见……三'楚'字皆作'燕',不知者以《史记》改之耳。"是。

〔3〕亲:鲍注:"其交亲。"指齐、燕与赵也。

〔4〕苏秦:《史记》作"周子"。是。按苏秦死于公元前284年,此时早已不在人世。司马贞曰:"周子盖齐之谋臣,史失其名也。"

〔5〕隐蔽:犹言屏障。

〔6〕鲍本"齿"上有"犹"字。是。

〔7〕甕:同"瓮"。瓦罐。

【译文】

秦国攻打赵的长平,齐、燕前来援救。秦人计议道:"齐、燕救赵,如果出于真诚,那么我就退兵;如果三心二意,那么我就进攻。"

赵国没有吃的,向齐借粮,齐国不答应。苏秦对齐王说:"不如答应赵的请求,以便使秦兵退却,否则秦不退兵,是秦的计谋得中,而齐、燕的计谋有误了。况且赵对于燕、齐来说,是屏障,好像牙齿的有唇,唇亡则齿寒。今天秦灭赵,明天就轮到齐、燕了。而且救赵的事,应该像捧着漏瓦罐,浇灌烧红的锅,刻不容缓。援救赵国,是大义;却退秦兵,有显名。义救亡赵,威却秦兵,不勉力做这件事,而去吝惜一点粮食,这样为国计较是大错而特错啦!"

或 谓 齐 王 [1]

或谓齐王曰:"周、韩西有强秦,东有赵、魏。秦伐周、韩之西,赵、魏不伐周、韩,为割韩却周害也[2]。及韩却周割之[3],赵、魏亦不免与秦为患矣。今齐、秦伐赵、魏，则亦不果于赵、魏之应秦而伐周、韩[4]。令齐人于秦而伐赵、魏，赵、魏亡之后，秦东面而伐齐，齐安得救天下乎[5]？"

【注释】

〔1〕钟氏《勘研》云："此言赵、魏知与周、韩为唇齿之邦，故不之伐。而齐莫识赵、魏为其屏蔽，应秦以自伤其辅车之势；二国沦亡，将见齐孤立无援矣。"按，此章当是始皇初年之事，具体年代已不可考。

〔2〕割韩却周：谓韩、周受到损伤。却，当为"劫"字形讹。

〔3〕鲍本"之"下补"后"字。

〔4〕王念孙曰："'果'字当为'异'字之误也。"是。

〔5〕"救"下应补"于"字。

【译文】

有人对齐王说："周、韩西有强秦，东北有赵、魏。秦攻打周、韩的西部，赵、魏不去配合它攻伐周、韩，是为了割韩劫周对它们有害呀！因为周、韩被劫割之后，赵、魏也就免不掉与秦发生战患了。如今齐国响应秦来攻伐赵、魏，那也就同赵、魏配合秦来攻伐周、韩没有什么两样了。如使齐帮助秦国来攻伐赵、魏，赵、魏灭亡之后，秦国东向伐齐，齐国又哪里能得到天下的援救呢？"

卷十　齐三

楚　王　死[1]

楚王死,太子在齐质[2]。苏秦谓薛公曰[3]:"君何不留楚太子,以市其下东国[4]?"薛公曰:"不可!我留太子,郢中立王,然则是我抱空质而行不义于天下也!"苏秦曰:"不然!郢中立王,君因谓其新王曰:'与我下东国,吾为王杀太子。不然,吾将与三国共立之[5]。'然则下东国必可得也。"

苏秦之事,可以请行[6];可以令楚王亟入下东国;可以益割于楚;可以忠太子而使楚益入地;可以为楚王走太子;可以忠太子,使之亟去;可以恶苏秦于薛公;可以为苏秦请封于楚;可以使人说薛公以善苏子;可以使苏子自解于薛公[7]。

苏秦谓薛公曰:"臣闻'谋泄者事无功,计不决者名不成'。今君留太子者,以市下东国也。非亟得下东国者,则楚之计变,变则是君抱空质而负名于天下也。"薛公曰:"善。为之奈何?"对曰:"臣请为君之楚,使亟入下东国之地。楚得成，则君无败矣。"薛公曰："善。"因遣之[8]。

谓楚王曰："齐欲奉太子而立之。臣观薛公之留太子者，以市下东国也。今王不亟入下东国，则太子且倍王之割而使齐奉己。"楚王曰："谨受命。"因献下东国。故曰可以使楚亟入地也。

谓薛公曰："楚之势，可多割也。"薛公曰："奈何？""请告太子其故，使太子谒之君，以忠太子。使楚王闻之，可以益入地。"故曰可以益割于楚也。

谓太子曰："齐奉太子而立之，楚王请割地以留太子，齐少其地，太子何不倍楚之割地而资齐？齐必奉太子。"太子曰："善。"倍楚之割而延齐。楚王闻之，恐，益割地而献之，尚恐事不成。故曰可以使楚益入地也。

谓楚王曰："齐之所以敢多割地者，挟太子也。今已得地而求不止者，以太子权王也[9]。故臣能去太子。太子去，齐无辞，必不倍于王也。王因驰强齐而为交，齐辞，必听王。然则是王去仇而得齐交也。"楚王大悦，曰："请以国因[10]！"故曰可以为楚王使太子亟去也。

谓太子曰："夫剬楚者[11]，王也；以空名市者，太子也。齐未必信太子之言也，而楚功见矣。楚交成，太子必危矣。太子其图之！"太子曰："谨受命。"乃约车而暮去[12]。故曰可以使太子急去也。

苏秦使人请薛公曰："夫劝留太子者，苏秦也。苏秦非诚以为君也，且以便楚也。苏秦恐君之知之，故多割楚以灭迹也[13]。今劝太子者，又苏秦也。而君弗知,臣窃为君疑之!"薛公大怒于苏秦。故曰可以使人恶苏秦于薛公也。

又使人谓楚王曰:"夫使薛公留太子者,苏秦也;奉王而代立楚太子者,又苏秦也;割地固约者,又苏秦也;忠王而走太子者,又苏秦也。今人恶苏秦于薛公,以其为齐薄而为楚厚也。愿王之知之!"楚王曰:"谨受命。"因封苏秦为武贞君。故曰可以为苏秦请封于楚也。

又使景鲤请薛公曰〔14〕:"君之所以重于天下者,以能得天下之士,而有齐权也。今苏秦,天下之辩士也,世与少有。君因不善苏秦,则是围塞天下士,而不利说途也。夫不善君者且奉苏秦,而于君之事殆矣!今苏秦善于楚王,而君不蚤亲,则是身与楚为仇也!故君不如因而亲之,贵而重之,是君有楚也。"薛公因善苏秦。故曰可以为苏秦说薛公以善苏秦也〔15〕。

【注释】

〔1〕钟氏《勘研》云:"此章所言多不切于事理。殆著者故假楚怀拘于秦事,伪托苏子,妄为此文,以见其技之层出不穷、变化莫测耳。鲍、吴以为确有其事,近误。"按,钟说是。

〔2〕鲍彪注:"按《史》,楚三十年怀王入秦,秦留之,明年顷襄王立,立三年怀王乃死。与此驳。"缪氏《考辨》引黄少荃云:"孟尝君率韩、魏攻秦,要秦出怀王,事在顷襄元年(参《西周策·薛公以齐为韩、魏攻楚》章)。以《策》证《策》,楚怀王卒于太子即位之后,是何疑者?此《策》盖好事者为之。"是太子立,楚怀尚未死。此言"怀王死,太子在齐质",显然与史实不符。

〔3〕薛公:田文。高诱以为田婴,误。

〔4〕下东国:又称东国、东地,盖楚东淮北之地。鲍彪谓其地低下,故云。

〔5〕鲍彪注:"齐尝与秦、韩、魏败楚。三国,谓此。"

〔6〕此下十"可",均为说者假设之辞。

〔7〕此"可"后文无说,疑阙。

〔8〕"之"下,鲍本有"故曰可以请行也"七字,应补。

〔9〕权:称锤。这里作动词,有比量、角逐的意思。

〔10〕请以国因:鲍彪曰:"因苏子交齐。"

〔11〕剬:古"制"字。

〔12〕约车:备车。约,缚。

〔13〕灭迹:谓掩盖真相。

〔14〕景鲤:楚相。

〔15〕此"可"之下疑有阙文。

【译文】

楚(怀)王死于秦,楚太子在齐做人质。苏子对薛公田文说:"您何不扣留楚太子,用来交换楚的东邑。"薛公说:"不妥。我扣留太子,郢都另立新王,这样是我抱着没用的人质,而行不义之事于天下。"苏子说:"不然。郢都立王,您可以对新王说:'给我楚东邑,我可以替王杀掉太子。否则,我将与秦、韩、魏三国共立太子为楚王。'如此,楚的东邑就一定可得了。"

苏子所言之事,可以请出使楚国;可以使新立楚王速纳楚东邑;可以更多地要求楚割地;可以忠于楚太子,而使楚贡献更多的土地;可以替新立楚王驱逐太子;可以忠于太子,使他赶紧离去;可以向薛公说苏子的坏话;可以替苏子向楚国请封;可以使人劝说薛公善待苏子;可以使苏子自己求得薛公的谅解。

苏秦对薛公说:"臣听说,计谋泄露的事不会成功,策划不果断声名就不会卓著。如今您扣留楚太子,是为了交换楚东邑。假如不赶紧取得楚东邑,楚国就会有变卦,有变卦则是您空抱人质,而枉负天下不义之名。"薛公说:"说得对。怎么办才好呢?"苏子应对说:"臣请为您到楚国去,使它赶快献纳东邑之地。楚国能答应,那么您就立于不败之地了。"薛公说:"好。"遂遣他入楚。所以说,可以请出使楚国。

苏秦对楚王说:"齐国想要扶立太子为楚王。臣看薛公所以扣留太子,是用来交换楚东邑。如今王不赶紧将楚东邑献给齐,那么太子为了使齐能立己,答应割给齐的土地,将会比楚东邑多出一倍。"楚王说:"谨受教命。"遂献出楚东邑。所以说,可以使楚赶快献纳土地。

苏秦对薛公说:"看楚的形势,还可以争取更多的割地。"薛公说:"怎么能够呢?""请告诉太子楚欲献东邑之事,使太子求见您也恳求献地,您则表示愿意遣归楚太子。使楚王听到这件事,齐就可以得到更多的土地。"所以说,可以使楚割让更多的土地。

苏秦对楚太子说:"齐国帮助太子立为楚君,楚王请求割让土地使齐扣留太子,齐嫌其地少。太子何不答应比楚割地多出一倍给齐,齐一定会帮助太子。"太子说:"好。"答应比楚割地多出一倍,请齐帮助归国。楚王闻听后很恐惶,增加割地献给齐,还怕事情办不成功。所以说,可以使楚增加割地。

苏秦对楚王说:"齐国所以要求楚多割让土地,是因挟持着太子。如今已得到土地而仍索求无已,是拿太子与王来角逐轻重。所以臣能使太子离开齐国。太子离去,齐无所借口,肯定不会要求王加倍割地。王趁此急往强齐而与之结交,齐之说,必听于王。既然如此,那么是王去掉仇敌而得与齐交好。"楚王大喜,说:"请以国家相托。"所以说,可以为楚王使太子急速离开齐国。

苏秦对太子说:"统治楚的是楚王,做空头交易的是太子,齐国未必相信太子的话，而楚国割地的许诺却可立即兑现。齐、楚交成，太子可就危险了。太子要考虑此事。"太子说："敬受教命。"遂备车夜间离去。所以说，可以使太子赶快离去。

苏秦使人对薛公说："劝齐扣留太子的是苏秦，苏秦并非真心为您着想，而是将以便利楚国。苏秦恐怕您察觉此事，所以使楚多割地来加以掩盖。如今劝太子离去的，又是苏秦，而您不知道。臣私下为您怀疑此人。"薛公对苏秦十分恼怒。所以说，可以使人对薛公说苏秦的坏话。

又使人对楚王说："让薛公扣留太子的是苏秦，帮助您代替楚太子立为王的又是苏秦，割地以固结齐约的还是苏秦，忠于您而逼走太子的仍是苏秦。如今有人对薛公说苏秦的坏话，以为他薄齐而厚楚，愿王能知道这件事。"楚王说："敬受教命。"因封苏秦为武贞君。所以说，可以为苏秦向楚请求封赏。

又使景鲤告薛公说："您所以受各国诸侯的看重，是因为能得天下士而握有齐国的权柄。如今苏秦是天下的辩士，是举世少有的。您一定不亲善苏秦，就是阻塞天下士而不利于游说之路。那么不亲善您的人将要帮助苏秦，而对于您的事业非常不利。如今苏秦与楚王亲善，而您不早些与他结交，就是自己与楚为敌啊！所以您不如亲善他，贵重他，这就是您拥有楚啊！"薛公因此亲善苏秦。所以说，可以替苏秦劝薛公来亲善苏秦。

齐王夫人死[1]

齐王夫人死，有七孺子皆近[2]。薛公欲知王所欲立，乃献七珥，美其一。明日，视美珥所在，劝王立为夫人。

【注释】

〔1〕又见《韩非子·外储说右上》《淮南子·道应》。此章与《楚策四·楚王后死》章事绝相类,盖传闻异辞,孰真孰假殊难断定。

〔2〕孺子皆近:高诱注:"孺子,幼艾美女也。近,幸也。"金正炜以孺子为王妾之有品号者,殆是。

【译文】

齐王夫人死,有七位年轻貌美的嫔妃都得到过王的宠幸。薛公想知道齐王所要扶正的人,遂献上七枚珠玉耳饰,其中有一枚格外漂亮。明日看这枚漂亮耳饰戴在谁的耳上,于是就劝王立她为夫人。

孟尝君将入秦[1]

孟尝君将入秦,止者千数而弗听。苏秦欲止之,孟尝曰[2]:"人事者,吾已尽知之矣;吾所未闻者,独鬼事耳!"苏秦曰:"臣之来也,固不敢言人事也,固且以鬼事见君!"

孟尝君见之。谓孟尝君曰:"今者臣来,过于淄上[3],有土偶人与桃梗相与语。桃梗谓土偶人曰:'子,西岸之土也,挺子以为人[4],至岁八月,降雨下[5],淄水至,则汝残矣!'土偶曰:'不然!吾,西岸之土也,土则复西岸耳!今子,东国之桃梗也,刻削子以为人,降雨下,淄水至,流子而去,则子漂漂者将何如耳?'今秦,四塞之国,譬若虎口,而君入之,则臣不知君所出矣!"孟尝君乃止。

【注释】

〔1〕又见《史记·孟尝君传》及《说苑·正谏》。《传》曰:"秦昭王闻其贤,乃先使泾阳君为质于齐,以求见孟尝君。孟尝君将入秦云云。"黄氏《编略》云:"依《齐世家》《孟尝君传》《年表》《穰侯传》,当在赧十五年。"即公元前300年。

〔2〕鲍本"曰"上有"君"字。

〔3〕淄上:淄水之上。淄,山东河名,发源于莱芜县之原山,流经临淄,注入渤海。

〔4〕挺:《风俗通》引作"埏"。是。埏(shān),揉黏土。

〔5〕降雨:大雨。降,读为"洚",同"洪"。

【译文】

孟尝君田文将要入秦,劝止的人成千而他不听。苏秦想要劝止,孟尝君说:"关于人的事情,我已经听腻烦啦,我所没听说过的,只有鬼事而已。"苏秦说:"臣来此,本来不想说人的事情,姑且拿鬼的事情来见您吧!"

孟尝君见苏秦。苏秦对孟尝君说:"今天臣来,经过淄水之上,有土偶人与桃梗偶人互相对话。桃梗对土偶人说:'你,本是西岸的土壤,捏你作人形,到今年八月,大雨来临,淄水猛至,那你就坍解了。'土偶说:'不然。我是西岸的土壤,坍解后复归西岸罢了。而你,是东国的桃梗,雕刻你作人形,大雨降下,淄水猛至,把你冲走,那么你漂漂荡荡,归宿又将如何呢?'如今秦是四围险固之国,就像虎口一般,而你身入其中,臣不知道你怎么能够出来呀!"孟尝君遂止。

272

孟尝君在薛[1]

孟尝君在薛,荆人攻之。淳于髡为齐使于荆[2],还反过薛,而孟尝令人体貌而亲郊迎之[3]。谓淳于髡曰:"荆人攻薛,夫子弗忧,文无以复侍矣[4]!"淳于髡曰:"敬闻命。"

至于齐,毕报。王曰:"何见于荆?"对曰:"荆甚固[5],而薛亦不量其力。"王曰:"何谓也?"对曰:"薛不量其力,而为先王立清庙[6];荆固,而攻之,清庙必危。故曰:薛不量力,而荆亦甚固。"齐王和其颜色[7],曰:"譆[8]!先君之庙在焉!"疾兴兵救之。

颠蹶之请[9],望拜之谒[10],虽得则薄矣。善说者,陈其势,言其方,人之急也,若自在隘窘之中,岂用强力哉!

【注释】

〔1〕又见《吕氏春秋·报更》。此章当为齐湣王初立,孟尝君辞就国于薛,时约为赧王十五年(前300)或稍后。

〔2〕淳于髡(kūn):齐稷下学士,为人滑稽,博学善辩。曾多次为齐出使诸侯,不辱使命。

〔3〕体貌:有礼容。

〔4〕鲍彪曰:"无以复侍,言且死。"

〔5〕固:顽固。谓坚持攻薛。

〔6〕"而为"句:为齐宣王立宗庙。先王,指宣王;清庙,宗庙的通称。

清,清静肃穆。

〔7〕和:《吕氏春秋》作"知",高诱注:"犹发也。"发,动也。

〔8〕譆:叹词,表示惊讶。

〔9〕颠蹶:跌撞。形容匆忙急迫。

〔10〕望拜:遥望而拜。形容卑恭。

【译文】

孟尝君田文居住在封地薛,楚人攻薛。淳于髡为齐出使到楚国,归来,路过薛。孟尝君传命设礼仪,并亲自出郊外迎接。对淳于髡说:"楚人攻打薛邑,请先生不必担忧。不过,文我恐怕没有机会再服侍您啦!"淳于髡说:"敬聆教命。"

回到齐,汇报完毕。齐王问:"在楚有什么见闻吗?"淳于髡应对说:"楚人十分固执,而薛亦未免自不量力。"王问:"这话是什么意思呢?"髡应对说:"薛不量其力,而为先君宣王立祀庙。楚人一定要把薛攻下来,则祀庙必定遭殃。所以说薛自不量力,而楚人又非常固执。"齐王改变颜色说:"啊!先君的祀庙在那里呀!"遂急速起兵救薛。

一般人匆忙跌撞的请托,卑躬屈膝的拜谒,虽有所得,却是微不足道。而善于说辞的人,陈述形势,指称方略,对方听后响应的迅速,就像自己处在险窘之境一样,哪里费多大力气呢!

孟尝君奉夏侯章[1]

孟尝君奉夏侯章以四马百人之食[2],遇之甚欢。夏侯章每言,未尝不毁孟尝君也。或以告孟尝君,孟尝君曰:"文有以事夏侯公矣,勿言!"董之繁菁以问夏侯公[3],夏侯公曰:"孟尝君重非诸侯也[4],而奉我四马百人之食,我无分寸之功而得此。然吾毁之,以为之也[5]。君所以得为长者,以吾毁之也。吾以身为孟尝君,岂得持言也[6]?"

【注释】

〔1〕田婴卒,其子田文代立在齐湣王之初。顾氏《编年》系此章于周赧王十六年(前299),近是。缪文远疑此为策士依托,可备一说。

〔2〕夏侯章:孟尝君舍人。无考。

〔3〕董之繁菁:鲍注谓齐人。

〔4〕重:尊。

〔5〕以为之也:高诱曰:"欲以为分寸之功也。"之,指分寸之功。

〔6〕吴师道以"持"为"待"之讹,"得"为衍文。是。

【译文】

孟尝君田文款待夏侯章,用四匹马和一百个人的糜费,待他非常热情。夏侯章每发言未尝不诋毁孟尝君。有人告诉孟尝君,孟尝君说:"文知道如何对待夏侯公,请不要提起这件事。"董之繁菁因问夏侯公,夏侯公说:"孟尝君未有诸侯之尊,而供奉我用四匹马和一百个人的糜费。我没有分寸之功,却得到这样的待遇,我是用诋毁他当做对他的分寸之功。孟尝君所以被称为忠厚长者,是因为有我对他的诋毁而他并不计较呀!我是用自身为孟尝君效力,岂仅仅是用言语呢!"

孟尝君讌坐[1]

孟尝君讌坐[2],谓三先生曰:"愿闻先生有以补之阙者^[3]！"一人曰："訾^[4]！天下之主有侵君者,臣请以臣之血湔其衽^[5]。"田瞀曰^[6]："车轶之所能至,请掩足下之短者,诵足下之长。千乘之君与万乘之相,其欲有君也,如使而弗及也。"胜臂曰^[7]："臣愿以足下之府库财物,收天下之士,能为君决疑应卒,若魏文侯之有田子方、段干木也^[8]。此臣之所为君取矣。"

【注释】

〔1〕此章确年不可考。

〔2〕譙:相聚叙谈。

〔3〕一本"补"下有"文"字。是。

〔4〕訾(zī):通"咨",嗟叹声。

〔5〕湔(jiān):洗。

〔6〕田瞀(mào):疑为齐人。

〔7〕胜臂:未详。

〔8〕魏文侯:战国初魏贤君。田子方、段干木:战国初两位贤人,魏文侯聘请他们做老师和朋友。段干,复姓。

【译文】

孟尝君闲坐叙谈,对三位长者说："愿意听取先生的意见,来弥补我的缺失。"一个人说："啊！天下各国的君主,有侵凌您的,臣请用臣的鲜血来溅洒他的衣襟。"田瞀说："凡车辙所到之地,请掩盖足下的短处,宣扬足下的长处。使千乘之国的国君,万乘之国的丞相,想要聘得到您,就像受人差使而恐怕达不到目的那样急切。"胜臂说："臣愿用足下府库中的财物,招募天下的谋士,能为您解决疑难,应付仓卒,如魏文侯的师友田子方、段干木那样。这就是臣为您所觅取的呀！"

孟尝君舍人有与君之夫人相爱者[1]

孟尝君舍人有与君之夫人相爱者。或以问孟尝君[2]，曰："为君舍人，而内与夫人相爱，亦甚不义矣！君其杀之！"君曰："睹貌而相悦者，人之情也。其错之[3]，勿言也！"

居期年，君召爱夫人者而谓之曰："子与文游久矣，大官未可得，小官公又弗欲。卫君与文布衣交[4]，请具车马皮币，愿君以此从卫君游。"于卫甚重。

齐、卫之交恶，卫君甚欲约天下之兵以攻齐。是人谓卫君曰："孟尝君不知臣不肖，以臣欺君。且臣闻齐、卫先君，刑马压羊[5]，盟曰：'齐、卫后世无相攻伐，有相攻伐者，令其命如此！'今君约天下之兵以攻齐，是足下倍先君盟约而欺孟尝君也。愿君勿以齐为心！君听臣则可；不听臣，若臣不肖也，臣辄以颈血湔足下衿！"卫君乃止。

齐人闻之，曰："孟尝君可语善为事矣[6]，转祸为功！"

【注释】

〔1〕此章为传闻之辞，年代不可考。缪文远谓为齐湣王即位前后，当卫嗣君时。可备一说。

〔2〕问：一作"闻"。告。

277

〔3〕错:置。
〔4〕卫君:卫嗣君。
〔5〕厌:杀。金正炜谓为"剭"之借字。
〔6〕语:一本作"谓"。是。

【译文】

　　孟尝君田文的舍人,有与孟尝君夫人相爱的。有人告诉孟尝君说:"作为您的舍人,而在内庭与夫人相爱,也太不讲义气了,请您把他杀掉。"孟尝君说:"看见漂亮的面孔就产生爱悦,是人之常情,请搁下这件事不要说它吧!"

　　过了一年,孟尝君召见爱夫人那个人,对他说:"你与文交游好久啦,大官得不到,小官您又不屑做。卫嗣君曾与文为布衣之交,请备车马、皮革、绸帛等礼物,愿你用它做贽礼,跟从卫君交游。"这个人在卫甚得重用。

　　齐、卫两国关系不睦,卫君很想约会天下兵马来攻齐。这人对卫君说:"孟尝君不知道臣无能,幸蒙推荐,用臣来欺您。臣听说齐、卫的先君,宰马杀羊,订盟说:'齐、卫后代不要相互攻伐,如有攻伐,让他的性命如此马、羊。'现今您约合天下各国兵马来攻齐,是足下违背先君的誓约,而欺侮孟尝君呀!愿您不要一心只要攻齐。您听臣的话也就罢了,不听臣的话,是臣无能,臣就以一腔热血溅污足下衣襟。"卫君遂停止攻齐之举。

　　齐人闻听此事,说:"孟尝君可称得上善于办事的了,能够使祸患转化为功绩。"

孟尝君有舍人而弗悦[1]

　　孟尝君有舍人而弗悦,欲逐之。鲁连谓孟尝君曰[2]:"猿猴错木据水[3],则不若鱼鳖;历险乘危,则骐骥不如狐狸。曹沫之奋三尺之剑[4],一军不能当;使曹沫释其三尺之剑,而操铫耨[5],与农夫居垅亩之中,则不若农夫。故物舍其所长,之其所短[6],尧亦有所不及矣!今使人而不能,则谓之不肖;教人而不能,则谓之拙。拙则罢之,不肖则弃之。使人有弃逐,不相与处[7],而来害相报者,岂非世之立教首也哉[8]?"孟尝君曰:"善。"乃弗逐。

【注释】

〔1〕缪文远《考辨》谓孟尝君豪举好士,当在其入秦相昭王前后,与鲁仲连年代不相值。故以此为依托之辞。

〔2〕鲁连:即鲁仲连,齐人。常周游列国,排难解纷。

〔3〕错:通"措",放置、舍弃。

〔4〕曹沫:即曹刿(guì),春秋鲁国人,尝事鲁庄公。相传庄公在柯地与齐桓公会盟,仲连劫持桓公,讨还鲁国失地。一本"沫"下无"之"字。

〔5〕铫耨(yáo nòu):两种锄草工具。

〔6〕之:就。高注:"犹'用'也。"

〔7〕"使人"二句:鲍彪曰:"言党友以此士见弃逐,不屑与处。"

〔8〕"岂非"句:鲍彪曰:"言后人视此为戒。"金正炜谓此句义不可通,当作"岂用世立教之道哉"。"非"当为"用"之讹,"之"当在"教"字下,"首"则"道"字之脱误。

【译文】

孟尝君有一位舍人不受喜欢,想要把他赶掉。鲁仲连对孟尝君说:"猿猴舍木而就水,则不如鱼鳖;历险处危,则骏马不如狐狸。曹沫挥动三尺剑,(劫持齐桓公,返归鲁失地)一军的力量也比不上他;使曹沫丢掉三尺剑,拿起锄头,与农夫同处田亩

279

之中,则不如农夫。所以人物舍其所长,就其所短,尧也有所不足啊!如今差遣人而不能完成任务,就说他无能;教诲人而不能学会,就说他拙笨。拙笨就停止教诲,无能就干脆赶掉。使大家见到被弃之人,而不屑与他相处;被弃逐者必来害我,以报弃逐之怨。这难道不值得世人引为教训吗?"孟尝君说:"极是。"遂停止驱逐。

孟尝君出行国至楚[1]

孟尝君出行国,至楚,献象床。郢之登徒直使送之[2],不欲行,见孟尝君门人公孙戌曰[3]:"臣,郢之登徒也,直送象床。象床之直千金,伤此若发漂[4],卖妻子不足偿之。足下能使仆无行,先人有宝剑,愿得献之。"公孙曰[5]:"诺。"

入见孟尝君,曰:"君岂受楚象床哉?"孟尝君曰:"然。"公孙戌曰:"臣愿君勿受。"孟尝君曰:"何哉?"公孙戌曰:"小国所以皆致相印于君者,闻君于齐能振达贫穷,有存亡继绝之义。小国英桀之士,皆以国事累君,诚说君之义,慕君之廉也。今君到楚而受象床,所未至之国,将何以待君?臣戌愿君勿受!"孟尝君曰:"诺。"

公孙戌趋而去。未出,至中闺[6],君召而返之,曰:"子教文无受象床,甚善。今何举足之高,志之扬也?"公孙戌曰:"臣有大喜三,重之宝剑一。"孟尝君曰:"何谓也?"公孙戌曰:"门下百数,莫敢入谏,臣独入谏,臣一喜；谏而得听,臣二喜；谏而止君之过,臣三喜。输象床,郢之登徒不欲行,许成以先人之宝剑。"孟尝君曰："善！受之乎？"公孙戍曰："未敢。"曰："急受之！"因书门版曰[7]："有能扬文之名,止文之过,私得宝于外者,疾入谏！"

【注释】

〔1〕缪氏《考辨》云："综观孟尝一生,足迹未涉楚境,此章疑小依托之语。"此据《孟尝君传》言之。今按,《策》文所载,《史记》未尽书者甚多。除有乖史实及悖谬常理者外,未可遽断其为子虚乌有也。系年无考。

〔2〕登徒：楚之官职,即左徒。直使：直,同"值",值班、当班。王念孙谓"直"下之"使"字为衍文。是。

〔3〕门人：谓门下食客之属。

〔4〕发漂：头发与禾芒。都是细微的意思。王引之曰："漂,读为'秒'。《说文》：'秒,禾芒也。'"

〔5〕鲍本"孙"下补"戍"字。

〔6〕中闺：闺,宫中小门,上圆下方如圭形。

〔7〕门版：挂在门上的木板,以张告示。

【译文】

孟尝君巡行各国,到楚,楚献给他象牙床。楚之登徒当值押送,但不愿意去。见孟尝君的门下人公孙戍,说："臣是郢的登徒,当值押送象床。象床价值千金,弄坏一丝一毫,鬻妻卖子也赔偿不起。足下如能使我不来押送,先人有宝剑,情愿奉献。"公孙戍说："可以。"

公孙戍入见孟尝君说："您难道接受楚的象床了吗？"孟尝君说："是的。"公孙戍说："臣愿您不要接受。"孟尝君说："为什么呢？"公孙戍说："小国所以都把相印送给您,是听说您在齐国能够救困扶危,有使亡者存、绝者续的道义。小国杰出的人士,都把国事托给您,是喜欢您的仗义,羡慕您的廉洁。如今您到楚国,接受象床,所未到的国家,又将用什么来供奉您呢?臣戍愿您不接受这份礼物。"孟尝君说:"好吧。"

公孙戍快步离去。未出府第,行至中门,孟尝君召回他,说:"你让文不接受象床,很好。离开这里为什么现出趾高气扬的样子呢?"公孙戍说:"臣有三件大喜事,另外加上一口宝剑。"孟尝君说:"这是什么意思呢?"公孙戍说:"门下成百的人,没有敢入谏的,只有臣敢入谏,这是臣的一喜;入谏而能被采纳,这是臣的二喜;谏而能制止您的过失,这是臣的三喜。送象床,郢之登徒不愿意来,(托臣说情,)答应把先人宝剑送给我。"孟尝君说:"好。接受了吗?"公孙戍说:"未敢。"孟尝君说:"赶快接受。"于是在门上木板写道:"有能宣扬文的美名,制止文的过失,而私自在外得到宝物的,赶快入谏。"

淳于髡一日而见七人于宣王[1]

淳于髡一日而见七人于宣王。王曰:"子来!寡人闻之,千里而一士,是比肩而立;百世而一圣,若随踵而至也。今子一朝而见七士,则士不亦众乎?"淳于髡曰:"不然!夫鸟同翼者而聚居,兽同足者而俱行。今求柴葫、桔梗于沮泽[2],则累世不得一焉。及之皋黍、梁父之阴[3],则郄车而载耳[4]。夫物各有畴,今髡,贤者之畴也。王求士于髡,譬若挹水于河,而取火于燧也[5]。髡将复见之,岂特七士也!"

【注释】

〔1〕据《史记》,髡在威王时曾有大鸟之讽与饮酒之谕。后曾为稷下学士,而稷下学宫之设盛于宣王初时。则其谏士或在此际。确年已不可考。

〔2〕柴葫、桔梗:两种植物名,均可入药。沮(jù)泽:水草所聚之处。

〔3〕皋黍、梁父:皆山名。皋黍,其地未详。梁父,在今山东省泰安与新泰之间。

〔4〕郄车:裂车。郄,同"隙",《广雅·释诂二》:"隙,裂也。"

〔5〕燧:环状铜取火器。

【译文】

淳于髡一天里向齐宣王引见七位士人。宣王说:"你来!寡人听说,千里出一位士人,就算肩挨肩了;百代生一位圣人,就算脚跟脚了。如今你一个早晨就引见七位士人,那士不就太多了吗?"淳于髡说:"不然。鸟同翅的飞在一起,兽同足的行在一起。如今到低湿的薮泽里去找柴葫、桔梗,几辈子不得一株,等到了皋黍、梁父诸山之阴,则撑破车。万物各有其类,如今髡是贤者的一类啊!王在髡这里求士,就像到河中去舀水,从燧里去取火。髡将继续引见,哪里就仅止七位士人呢!"

齐欲伐魏[1]

齐欲伐魏。淳于髡谓齐王曰:"韩子卢者[2],天下之疾犬也;东郭逡者[3],海内之狡兔也。韩子卢逐东郭逡,环山者三,腾山者五,兔极于前,犬废于后,犬兔俱罢,各死其处。田父见之[4],无劳倦之苦而擅其功。今

283

齐、魏久相持，以顿其兵，弊其众，臣恐强秦、大楚承其后，有田父之功！"齐王惧，谢将休士也。

【注释】

〔1〕此章系年大约在齐威末宣初。吴师道曰："此与苏代'鹬蚌'、陈轸'虎争人'之说异而同者也。"
〔2〕韩子卢：韩国良犬。或称韩卢。
〔3〕东郭逡：齐国迅兔。逡，同"狻（jùn）"，狡兔。
〔4〕《太平御览》卷九〇七引《后语》，"见"后有"而获"二字。

【译文】

齐国想要伐魏。淳于髡对齐王说："韩子卢，是天下知名的快犬；东郭狻，是海内有名的迅兔。韩子卢追赶东郭狻，绕过三座山，越过五条岭，兔倦于前，犬疲于后，犬兔俱伤，各死其处。田父遇见，没有劳倦的勤苦，而专有其利。如今齐、魏开战，长期相持，兵器毁顿，士卒劳弊，臣恐怕强秦大楚乘势来攻，坐收田父的利益。"齐王恐骇，于是息将休兵，停止伐魏。

国子曰秦破马服君之师[1]

国子曰[2]："秦破马服君之师[3]，围邯郸。齐、魏亦佐秦伐邯郸，齐取淄鼠[4]，魏取伊是[5]。公子无忌为天下循便计[6]，杀晋鄙，率魏兵以救邯郸之围，使秦弗有而失天下。是齐入于魏而救邯郸之功也[7]。安邑者，魏之柱国也[8]；晋阳者，赵之柱国也；鄢郢者，楚之柱国也。故三国欲与秦壤界[9]，秦伐魏取安邑，伐赵取

284

晋阳,伐楚取鄢郢矣。福三国之君[10],兼二周之地,举韩氏,取其地,且天下之半。今又劫赵、魏,疏中国,封卫之东野[11],兼魏之河南[12],绝赵之东阳,则赵、魏亦危矣。赵、魏危,则非齐之利也。韩、魏、赵、楚之志,恐秦兼天下而臣其君,故专兵一志以逆秦。三国之与秦壤界而患急,齐不与秦壤界而患缓,是以天下之势不得不事齐也。故秦得齐,则权重于中国;赵、魏、楚得齐,则足以敌秦。故秦、赵、魏,得齐者重,失齐者轻。齐有此势,不能以重于天下者,何也?其用者过也。"

【注释】

〔1〕此篇姚本与《齐欲伐魏》连章,鲍本另列一篇。今从鲍。秦灭韩在始皇十七年(前230),顾氏《编年》、于《表》均系此章于该年,与《策》言"举韩氏,取其地"义合。

〔2〕国子:齐大夫。

〔3〕马服君:赵括,袭父封。长平之役,赵括为将,被秦将白起所败,赵卒四十万尽被坑杀。

〔4〕淄鼠:赵地。未详。

〔5〕伊是:或作"伊氏",亦赵地。

〔6〕公子无忌:魏公子信陵君,名无忌,魏安釐王之弟。公元前257年(安釐王二十年),秦围赵邯郸,他击杀魏将军晋鄙,夺得兵权,解救了邯郸之围。

〔7〕"是齐"句:鲍彪曰:"齐与魏亲,初虽佐秦,今魏救赵,亦同救也。"

〔8〕高诱注:"柱国,都也。"鲍彪曰:"言其于国如室有柱。"

〔9〕吴师道补:"疑'欲'字即'故'字,而上衍'故'字。故者,旧也。"是。

〔10〕福：古"逼"字。

〔11〕封：别本作"刲"，即"割"字。

〔12〕南：鲍本作"内"。

【译文】

齐大夫国子说："秦国大破马服君赵括军，围困邯郸。齐、魏也助秦伐邯郸，齐取淄鼠，魏取伊氏。魏公子无忌为天下行便宜之计，击杀晋鄙，率领魏军解救邯郸之围，使秦未能得赵且失去天下诸侯的同情。这是齐国后来佐魏解救邯郸之围的功绩。安邑，是魏国的顶梁柱；晋阳，是赵国的顶梁柱；鄢、郢，是楚国的顶梁柱。三国本与秦接壤，秦伐魏夺取安邑，伐赵夺取晋阳，伐楚夺取鄢、郢。逼迫三国的军队，兼并东、西周的土地，攻克韩国而占领它的地盘，几乎是天下的一半。如今秦又劫持赵、魏，离间中国，割取卫的东部，兼并魏的河内，截断赵的东阳，那么赵、魏也就岌岌乎可危了。赵、魏危殆，可不是对齐有利呀！韩、魏、赵、楚的打算，是恐怕秦国兼并天下而臣服它们的君主。所以集中兵力、同一心志来对付秦国。赵、魏、楚三国与秦接壤，直接受到秦的威胁；齐不与秦接壤，不能直接受到它的威胁。因此，天下的形势，各国不得不争先恐后来服事齐。秦能争取到齐，力量就大于中原各国；赵、魏、楚能争取到齐，就足以抗秦。所以，秦、赵、魏、楚四国，得齐者重，失齐者轻。齐有如此有利形势，却不能够自重于天下，是什么道理呢？是齐国用策的失误啊！"

卷十一　齐四

齐人有冯谖者[1]

齐人有冯谖者[2],贫乏不能自存,使人属孟尝君[3],愿寄食门下。孟尝君曰:"客何好?"曰:"客无好也。"曰:"客何能?"曰:"客无能也。"孟尝君笑而受之,曰:"诺。"左右以君贱之也,食以草具[4]。

居有顷,倚柱弹其剑,歌曰:"长铗归来乎[5]!食无鱼。"左右以告,孟尝君曰:"食之,比门下之客。"居有顷,复弹其铗,歌曰:"长铗归来乎!出无车。"左右皆笑之,以告,孟尝君曰:"为之驾,比门下之车客。"于是乘其车,揭其剑,过其友,曰:"孟尝君客我!"后有顷,复弹其剑铗,歌曰:"长铗归来乎!无以为家。"左右皆恶之,以为贪而不知足。孟尝君问[6]:"冯公有亲乎?"对曰:"有老母。"孟尝君使人给其食用,无使乏。于是冯谖不复歌。

后孟尝君出记[7],问门下诸客:"谁习计会[8],能为文收责于薛者乎[9]?"冯谖署曰[10]:"能。"孟尝君怪之,曰:"此谁也?"左右曰:"乃歌夫'长铗归来'者也。"孟尝君笑曰:"客果有能也,吾负之,未尝见也。"请而见之,谢曰:"文倦于事,愦于忧[11],而性懧愚[12],沉于国家之事,开罪于先生。先生不羞,乃有意欲为收责于薛乎?"冯谖曰:"愿之。"于是约车治装,载券契而行,辞曰:"责毕收,以何市而反?"孟尝君曰:"视吾家所寡有者。"

驱而之薛,使吏召诸民当偿者,悉来合券[13]。券遍合,起,矫命以责赐诸民[14],因烧其券。民称万岁。

长驱到齐,晨而求见。孟尝君怪其疾也,衣冠而见之,曰:"责毕收乎?来何疾也!"曰:"收毕矣。""以何市而反?"冯谖曰:"君云'视吾家所寡有者'。臣窃计,君宫中积珍宝,狗马实外厩[15],美人充下陈[16],君家所寡有者以义耳!窃以为君市义。"孟尝君曰:"市义奈何?"曰:"今君有区区之薛,不拊爱子其民,因而贾利之!臣窃矫君命,以责赐诸民,因烧其券,民称万岁,乃臣所以为君市义也。"孟尝君不说,曰:"诺!先生休矣!"

后期年,齐王谓孟尝君曰:"寡人不敢以先王之臣为臣!"孟尝君就国于薛,未至百里,民扶老携幼迎君道中。孟尝君顾谓冯谖:"先生所为文市义者,乃今日见之!"冯谖曰:"狡兔有三窟,仅得免其死耳!今君有一窟,未得高枕而卧也!请为君复凿二窟!"孟尝君予车五十乘,金五百斤,西游于梁。谓惠王曰:"齐放其大臣孟尝君于诸侯,诸侯先迎之者,富而兵强。"于是梁王虚上位,以故相为上将军,遣使者黄金千斤、车百乘往聘孟尝君。冯谖先驱,诫孟尝君曰:"千斤,重币也;百乘,显使也。齐其闻之矣!"梁使三反,孟尝君固辞不往也。齐王闻之,君臣恐惧,遣太傅赍黄金千斤〔17〕,文车二驷〔18〕,服剑一〔19〕,封书谢孟尝君,曰:"寡人不祥,被于宗庙之祟,沉于谄谀之臣,开罪于君。寡人不足为也,愿君顾先王之宗庙,姑反国统万人乎?"冯谖诫孟尝君曰:"愿请先王之祭器,立宗庙于薛。"庙成,还报孟尝君曰:"三窟已就,君姑高枕为乐矣!"

孟尝君为相数十年,无纤介之祸者,冯谖之计也。

【注释】

〔1〕又见《史记·孟尝君传》,然与《策》稍有不同,可能是所据有异。钱穆谓:"孟尝君在齐宣王晚年已擅齐权,湣王既立,'惑于秦、楚之毁,以为孟尝君名高其主,而擅齐国之权,遂废孟尝君'(《史记》本传)。"(《先秦诸子系年考辨》卷四)湣王初立,依雷《表》当赧王十四年(前301)。

〔2〕冯谖(xuān):孟尝君门客。谖,鲍本作"煖",《史记》作"驩"。

〔3〕属:托付。

〔4〕草具:粗劣的饭食。具,饭食、酒肴。

〔5〕铗(jiá):剑把。

〔6〕问:问属吏。

〔7〕记:旧时公文。这里指告示之类。

〔8〕计会:即会计。

〔9〕责:同"债"。

〔10〕署:书。

〔11〕愦于忧:鲍彪曰:"以忧思昏乱。"愦,乱。

〔12〕伫:鲍彪曰:"伫,当作'懦',《集韵》:弱也。"

〔13〕合券:谓核对债契。

〔14〕矫命:假传命令。

〔15〕厩(jiù):马棚。

〔16〕下陈:下列。

〔17〕赍(jī):把东西送人。

〔18〕文车:有彩绘的车。

〔19〕服剑:佩剑。服,佩。

【译文】

　　齐国有名冯谖的,贫困不能生存,托人说知孟尝君,愿在门下做一名食客。孟尝君问:"客人有什么喜好吗?"答:"客人没什么喜好。"问:"客人有什么专长吗?"答:"客人没有什么专长。"孟尝君笑一笑接受了请求,说:"好吧。"下人以为孟尝君不重视,就拿粗茶淡饭给他吃。

　　呆了一段时间,冯谖倚柱敲打着剑把,唱道:"长剑回去吧!吃饭没有鱼。"下人把这告诉给孟尝君。孟尝君说:"给他鱼吃,跟门下吃鱼的客人一样对待。"呆了一段时间,又敲他的剑,唱道:"长剑回去吧!出门没有车坐。"下人都笑他,告诉给孟尝君。孟尝君说:"给他车坐,跟门下乘车的客人一样对待。"于是坐着他的车,扛着他的剑,过访他的朋友说:"孟尝君真正把我当作客人待啦。"往后过了一段,又敲他的剑,唱道:"长剑回去吧!没有钱照顾家。"下人都讨厌他,以为贪心不足。孟尝君问:"冯先生有双亲吗?"答说:"有老母。"孟尝君使人供给她吃用,不要让困乏,于是冯谖不复再唱。

　　后来孟尝君贴出告示,问门下众客:"谁懂得会计,能为文到薛地去讨取欠债呢?"冯谖上书道:"我能。"孟尝君诧异说:"这人是谁呢?"下人说:"是唱'长剑回去'的那个人。"孟尝君笑说:"客人果然是有专长啊!我很抱歉,没有能见一见。"于是,请他来见,谢罪说:"文事务缠身,忧思昏愦,而秉性愚弱,沉溺于国事家事,得罪于先生。先生不以为羞,竟愿意代我到薛地去讨债吗?"冯谖说:"愿意。"于是套车准备行装,载着文书契约启程,辞行说:"收完债,置买些什么回来呢?"孟尝君说:"看我家所缺少的东西。"

冯谖驱车到薛,使小吏召集诸民债户,都来验合债券。债券验合完毕,冯谖起身假托孟尝君命令,把欠债赐还诸民,遂当场烧掉债券,民众高呼"万岁"。

然后,冯谖驱车直奔回齐,天明求见孟尝君。孟尝君对回来这么快有点奇怪,穿戴好衣冠接见冯谖,问说:"债收完了吗?为何回来这样快呀!"答说:"收完了。""买些什么回来呢?"冯谖说:"您说'看我家所缺少的东西'。臣私下思度,您宫内堆积珍宝,狗马挤满外厩,美女充斥下列。您家所少有的,唯'义'而已。私下已经为您买'义'来了。"孟尝君问:"买'义'怎么样?"答说:"现在您有一小块薛,不去抚爱、子养它的百姓,从而刮剥它的财富。臣私自假借您的命令,把欠债赏还给百姓,因而烧毁债券,民众高呼'万岁'。这就是臣为您买到的'义'呀!"孟尝君不高兴地说:"嗯,先生去休息吧!"

一年以后,齐王对孟尝君说:"寡人不敢用先王旧臣为臣。"孟尝君回到封国薛,还差百里未到,民众扶老携幼,在路旁迎接孟尝君。孟尝君回头对冯谖说:"先生为文所买的'义',今天方才看到。"冯谖说:"狡兔有三个洞穴,仅仅能够免死而已。如今您只有一个'洞穴',还不能高枕而卧。请为您再凿两个'洞穴'。"孟尝君给他车五十辆,黄金五百斤,西游于魏,对惠王说:"齐王把他的大臣孟尝君放给诸侯,诸侯先迎得到的,就能够国富而兵强。"于是魏王空着高位,徙原丞相为上将军,派遣使者,携带黄金千斤,使车百辆,去聘请孟尝君。冯谖先驰回国,告诫孟尝君说:"千金,是很重的财礼;百辆,是很显赫的使者。齐国都将听到这件事啦!"魏使往返三次,孟尝君固辞不就。齐王闻知,君臣惶恐,派遣太傅携带黄金千斤,彩车二辆,佩剑一条,书信一封,向孟尝君道歉说:"寡人不祥,撞见鬼神作祟,惑于谄谀之臣,得罪了你。寡人不配做齐国之君,愿你看顾先王宗庙,姑且返齐来统理万民吧!"冯谖告诫孟尝君说:"希望请求先王的祭器,在薛设立宗庙。"庙成,冯谖还报孟尝君说:"三'穴'业已凿成,您就高枕为乐吧!"

孟尝君相齐几十年,而无纤芥之微的祸患,是出于冯谖的谋划呀。

孟尝君为从[1]

孟尝君为从。公孙弘谓孟尝君曰[2]:"君不以使人先观秦王[3]。意者秦王帝王之主也,君恐不得为臣,奚暇从以难之?意者秦王不肖之主也,君从以难之未晚!"孟尝君曰:"善。愿因请公往矣。"公孙弘敬诺。以车十乘之秦。

昭王闻之,而欲魄之以辞。公孙弘见,昭王曰:"薛公之地,大小几何?"公孙弘对曰:"百里。"昭王笑而曰:"寡人地数千里,犹未敢以有难也!今孟尝君之地方百里,而因欲难寡人,犹可乎?"公孙弘对曰:"孟尝君好人,大王不好人。"昭王曰:"孟尝君之好人也,奚如?"公孙弘曰:"义不臣乎天子,不友乎诸侯,得志不惭为人主,不得志不肯为人臣,如此者三人;而治可为管、商之师[4],说义听行,能致其[5],如此者五人;万乘之严主也,辱其使者,退而自刎,必以其血洿其衣[6],如臣者十人。"昭王笑而谢之,曰:"客胡为若此?寡人直与客论耳!寡人善孟尝君,欲客之必谕寡人之志也!"公孙弘曰:"敬诺!"

公孙弘可谓不侵矣[7]!昭王,大国也;孟尝,千乘也。立千乘之义而不可陵,可谓足使矣!

【注释】

〔1〕又见《吕氏春秋·不侵篇》。林春溥《纪年》系此于赧王十五年(据雷《表》、于《表》当齐湣王二年),云:"明年齐与魏会韩,以兵合于三晋,因使孟尝君入秦,即此《策》所谓'孟尝君为从,先观秦王'之谋也。"按《策》文,林谓此在孟尝君入秦之前是也,然谓孟尝君本人入秦则与《策》异。又据《史记》,孟尝君之入秦乃因不得志于齐;且欲观秦王之为人乃一介使者之事,又何必孟尝君亲往呢?钱穆云:"惟此事的在何年,已难考。所可知者,必昭王新立未久,孟尝君未入秦,未识昭王时,故有此举。"(《先秦诸子系年考辨》卷四)说甚允。

〔2〕公孙弘:齐人。

〔3〕以:鲍本及《吕氏春秋》作"如"。是。

〔4〕管、商:管仲与商鞅。春秋、战国时著名的政治家。

〔5〕鲍本与《吕氏春秋》"能致其"下有"主霸王"三字。是。

〔6〕洿:同"污",污染。

〔7〕侵:凌辱。

【译文】

孟尝君约为合纵。齐人公孙弘对孟尝君说:"您不如派人先去观察秦王。假设秦王是有帝王之德的君主,您做他的臣犹恐不能,哪有工夫约纵与他为难呢?假设秦王是一位不肖的君主,您约纵来与他为难也不晚。"孟尝君说:"对。愿顺便请先生一行。"公孙弘恭敬领命,用车十辆出使秦国。

秦昭王闻听,想要用言辞使他出丑。公孙弘谒见,昭王问:"薛公的封地,大小如何?"公孙弘回答说:"方圆百里。"昭王笑说:"寡人土地几千里,尚不敢与人为难。如今孟尝君地方百里,想要靠它与寡人为难,还可以吗?"公孙弘回答说:"孟尝君惜贤,大王不惜贤。"昭王说:"孟尝君所惜之贤,是什么样的呢?"公孙弘说:"仗义而不为天子之臣,不为诸侯之友,得志不愧为人君,不得志不肯做人臣,像这样的有三人;能治理国家,可做管仲、商鞅的老师,称说义理,从谏如流,能使其君成就霸王之业,像这样的有五人;万乘的严君,污辱他的使命,能够退而自刎,必用他的血来污染人君之衣,像臣这样的有十人。"昭王笑着道歉,说:"客何必如此,寡人只是与客谈论罢了。寡人友善孟尝君,希望客一定要转达寡人的心愿!"公孙弘说:"敬聆教命!"

公孙弘可以称得上不受侵侮啦!昭王,是大国君主;孟尝君,可比千乘诸侯。树立千乘的威仪而不被凌辱,可以说是胜任的使者呀!

鲁仲连谓孟尝[1]

鲁仲连谓孟尝:"君好士也?雍门养椒亦[2],阳得子养[3],饮食衣裘,与之同之,皆得其死。今君之家富于二公[4],而士未有为君尽游者也!"君曰:"文不得是二人故也[5],使文得二人者,岂独不得尽?"对曰:"君之厩马百乘,无不被绣衣而食菽粟者,岂有骐麟䮷耳哉[6]？后宫十妃，皆衣缟纻[7]，食粱肉，岂有毛嫱西施哉[8]？色与马取于今之世，士何必待古哉？故曰君之好士未也。"

【注释】

〔1〕按，孟尝君豪举好士，约当其入秦之前的公元前300年左右，而鲁仲连说辛垣衍义不帝秦，则在公元前250年稍前，二者相去约四五十年。如此章之事为实，亦当在仲连壮年与孟尝晚年之时。是批评孟尝君所养之士，没有为其终身效死的。

〔2〕雍门：鲍本二字下有"子"字。善养士者之名。椒亦：士名。

〔3〕阳得子：亦善养士者之名。马骕曰："阳得子下，缺（被）养人姓名。"是。

〔4〕二公：谓雍门子与阳得子。

〔5〕二人：谓椒亦与□□。后者姓氏缺。

〔6〕骐麟、騄耳：良马之名。

〔7〕缟纻（gǎo zhù）：丝麻类纺织品。

〔8〕毛嫱、西施：春秋时二位美女名。

【译文】

鲁仲连对孟尝君说："您好养士吗？从前雍门子养椒亦，阳得子养□□，饮食、衣裘宾主相同，都得到他们以死相报。如今您的家比二人要富，而士没有为您尽其交游之道的。"孟尝君说："是因为文没有遇到椒亦二人。使文得遇二人，哪能不尽其交游之道呢？"鲁连回答说："您的圈里有四百匹马，没有不披绣衣而食豆谷的，难道有骐麟、騄耳吗？后宫十位妃子，都穿绫罗绸缎，吃细米精肉，难道有毛嫱、西施吗？女色与马匹是从现世取得的，士又何必非取于古呢？所以，不能说您真的是好士呀！"

孟尝君逐于齐而复反[1]

孟尝君逐于齐而复反。谭拾子迎之于境[2],谓孟尝君曰:"君得无有所怨齐士大夫?"孟尝君曰:"有。""君满意杀之乎?"孟尝君曰:"然。"谭拾子曰:"事有必至,理有固然,君知之乎?"孟尝君曰:"不知。"谭拾子曰:"事之必至者,死也;理之固然者,富贵则就之,贫贱则去之。此事之必至,理之固然者。请以市喻:市,朝则满,夕则虚。非朝爱市而夕憎之也,求存故往,亡故去。愿君勿怨!"孟尝君乃取所怨五百牒削去之[3],不敢以为言。

【注释】

〔1〕又见《史记·孟尝君传》。缪氏《考辨》云:"齐田甲劫闵王失败后,孟尝奔薛,旋即出走之魏。……孟尝以联络田甲劫王失败,为闵王所逐,即《战国纵横家书·苏秦谓齐王》章所谓'王弃薛公,身断事'。齐闵与孟尝间之冲突已无调和余地,不得有被逐复返事。"因谓"此章之为依托,殆无疑义"。

〔2〕谭拾子:齐人。《史记》作"冯𬴊"。

〔3〕牒:简札。

【译文】

孟尝君被齐王逐而复用。谭拾子到都城的边境去迎接,对孟尝君说:"您对齐的士大夫,没有所怨恨的人吗?"孟尝君说:"有。""把他们杀掉,您满意吗?"孟尝君说:"当然。"谭拾子说:

"事有必至,理有固然,您知道吗?"孟尝君说:"不知。"谭拾子说:"事的必至,是死亡;理的固然,是富贵的就俯就他,贫贱的就离开他。这就是事的必至,理的固然。请用集市来作说明。集市,早晨就满是人,晚上就没有人,并不是人们早晨喜欢它,而晚上憎恶它。所需求的买得到,所以前往,买不到,所以离去。愿您莫要怨恨。"孟尝君于是取出书札,把上写怨家五百人的名字削掉,从此不敢再提起。

齐宣王见颜斶[1]

齐宣王见颜斶[2],曰:"斶前!"斶亦曰:"王前!"宣王不悦。左右曰:"王,人君也;斶,人臣也。王曰'斶前',斶亦曰'王前',可乎?"斶对曰:"夫斶前为慕势,王前为趋士,与使斶为趋势[3],不如使王为趋士。"王忿然作色,曰:"王者贵乎?士贵乎?"对曰:"士贵耳!王者不贵!"王曰:"有说乎?"斶曰:"有!昔者,秦攻齐,令曰:'有敢去柳下季垄五十步而樵采者[4],死不赦!'令曰:'有能得齐王头者,封万户侯,赐金千镒。'由是观之,生王之头,曾不若死士之垄也。"宣王默然不悦。

左右皆曰:"斶来!斶来!大王据千乘之地[5],而建千石钟,万石簴[6];天下之士仁义[7],皆来役处;辩知并进,莫不来语;东西南北,莫敢不服[8]。求万物不备具[9],而百无不亲附。今夫士之高者,乃称匹夫,徒步而处农亩;下则鄙野、监门、闾里。士之贱也亦甚矣！"

颜斶对曰："不然！斶闻古大禹之时，诸侯万国。何则？德厚之道，得贵士之力也。故舜起农亩，出于野鄙，而为天子。及汤之时，诸侯三千。当今之世，南面称寡者，乃二十四。由此观之，非得失之策与[10]？稍稍诛灭，灭亡无族之时[11]，欲为监门、闾里，安可得而有乎哉？是故《易传》不云乎：'居上位，未得其实，以喜其为名者[12]，必以骄奢为行。据慢骄奢[13]，则凶从之。'是故，无其实而喜其名者削，无德而望其福者约，无功而受其禄者辱，祸必握[14]。故曰：'矜功不立，虚愿不至。'此皆幸乐其名华，而无其实德者也。是以尧有九佐[15]，舜有七友[16]，禹有五丞[17]，汤有三辅[18]，自古及今，而能虚成名于天下者，无有！是以君王无羞亟问，不愧下学，是故成其道德而扬功名于后世者，尧、舜、禹、汤、周文王是也。故曰：'无形者，形之君也；无端者，事之本也。'夫上见其原，下通其流，至圣人明学[19]，何不吉之有哉？《老子》曰：'虽贵，必以贱为本；虽高，必以下为基。是以侯王称孤寡不穀。是其贱之本与？'非夫孤寡者[20]，人之困贱下位也，而侯王以自谓，岂非下人而尊贵士与？夫尧传舜，舜传禹，周成王任周公旦，而世世称曰明主，是以明乎士之贵也。"

宣王曰："嗟乎！君子焉可侮哉？寡人自取病耳！及今闻君子之言，乃今闻细人之行。愿请受为弟子。且颜先生与寡人游，食必太牢，出必乘车，妻子衣服丽都。"颜斶辞去曰："夫玉生于山，制则破焉，非弗宝贵矣,然夫璞不完[21];士生乎鄙野,推选则禄焉,非不得尊遂也[22],然而形神不全。斶愿得归,晚食以当肉,安步以当车,无罪以当贵,清静贞正以自虞。制言者[23],王也;尽忠直言者,斶也。言要道已备矣,愿得赐归,安行而反臣之邑屋。"则再拜而辞去也。

斶知足矣[24],归反朴[25],则终身不辱也。

【注释】

〔1〕此章姚本与《孟尝君逐于齐而复返》连篇,鲍另列一章,今从鲍。此章系年,诸家多无确证,殆不可考。

〔2〕颜斶(chu):鲍彪引《吕氏春秋》:"齐有颜斶。"《汉书·古今人表》"斶"作"歜"。

〔3〕鲍本"趋"作"慕"。是。

〔4〕柳下季:春秋时鲁国贤大夫展禽,字季,食邑在柳下,谥号惠,又称柳下惠。垄:坟。

〔5〕千乘:金正炜谓当作"万乘"。

〔6〕石:百二十斤。簴(jù):悬挂钟、磬的木架。

〔7〕吴师道谓"仁义"二字当在"之士"前。是。

〔8〕莫敢不服:一作"莫不来服"。

〔9〕此句"求"字应作"故","物"字下应补"无"字;下句"百"字下应补"姓"字。

〔10〕"非得"句:鲍彪曰:"昔诸侯多,出得策也。今失策,故诛灭而寡。得策,贵士也。"

〔11〕姚宏谓他本无"灭亡无族"四字。是。

〔12〕金正炜谓"以"同"已","为"字涉下而衍。

〔13〕据:借为"倨"。

〔14〕握:《高士传》作"渥",多也。

〔15〕九佐:九官。

〔16〕七友：鲍彪曰："陶雄、方回、续牙、伯阳、东不訾、秦不虚、灵甫，见陶渊明《四八目》。"按，此皆未可深考，或为后人臆造。

〔17〕五丞：《吕氏春秋·求人》篇云："得陶、化益、真窥、横革、之交五人佐禹。"或即所谓五丞也。

〔18〕三辅：鲍彪据《商书》以为伊尹、仲虺二相之外，有谊伯、仲伯、咎单，或即此。

〔19〕黄丕烈曰："今本无'人'字。"是。

〔20〕吴师道谓一本无"非"字，义明。

〔21〕鲍本"夫"作"大"。是。

〔22〕鲍本无"得"字。是。

〔23〕鲍彪云："言，谓命令。"

〔24〕鲍本"斶"上有"曰"字，又补"君子"二字。

〔25〕鲍本"归"下有"真"字。是。

【译文】

齐宣王召见颜斶，说："斶前来！"斶也说："王前来！"宣王不高兴。左右侍从说："王，是人君；斶，是人臣。王说'斶前'，斶也说'王前'，这可以吗？"斶回答说："斶往前，是羡慕权势；王往前，是俯就贤士。与其使斶为慕势，不如使王为趋士。"王忿然改变颜色，说："王者贵呢？还是士人贵呢？"回答说："当然士人贵啦，王者不贵。"王问："有说法吗？"斶说："有。从前秦攻打齐，发令说：'有敢到柳下惠坟墓五十步之内砍柴的，死不赦。'又令：'有能得到齐王头颅的，封万户侯，赐金二万两。'由此来看，活王的头颅，竟然比不上死士的坟墓。"宣王沉默，很不高兴。

左右侍从都说："斶前来，斶前来！大王据有千乘诸侯的土地，立有千石的大钟，万石的钟架。天下之士，仁义的，都来服役托身；辩智的，纷至出谋献策。东西南北，莫敢不服。万物无不具备，百姓莫不亲附。如今士人，高尚的也称作'匹夫'，徒步跋行,处于农亩;末流的寄身穷野、监门、乡里之间。士人的卑贱,简直无以复加!"

颜斶回答说:"不然。斶听说古昔大禹之时,诸侯有万国。什么缘故呢?道德之所以淳厚,甚得重士之力。所以舜发迹于农亩,出生于鄙野,而能够做天子。到成汤之时,诸侯有三千。如今世道,南面而称孤寡的,仅二十四国。由此看来,不是得士与失士之策所致吗?等到逐渐衰微,直到灭族之时,要想做监门、乡里之人,又怎得能够呢?所以《易传》说得好:'居高位,不去务实,而喜好名声的,必有骄奢的行为。傲慢骄奢,后果必凶。所以无其实而喜其名的,一定削弱;无其德而望其福的,一定困穷;无其功而受其禄的,一定羞辱。祸患一个跟着一个。'所以说:'只会炫功的,功不立;虚有其愿的,愿不遂。'这都是贪图喜乐虚名,而没有实在的德行。所以尧有九佐,舜有七友,禹有五丞,汤有三辅,从古到今而能成虚名于天下的,是不存在的。所以君王不羞屡问,不愧下学,因此能养成道德而扬名于后世的,是尧、舜、禹、汤、周文王啊!所以说:'无形的道,是万物的主宰;无端的德,是事业的根本。'往上发其源,往下通其流,至圣之德与明学之行,哪有不吉利的呢!老子说:'虽然贵,必以贱为根本;虽然高,必以下为基础。所以侯王自称孤、寡、不穀,这是以贱为本啊!'孤和寡,是人群中处在困贱下位的,而侯王用来自称,这难道不是谦卑礼下而尊重士人吗?尧传天下给舜,舜传给禹,周成王任用周公姬旦,而被世世代代称作明主,这正显示了士人的尊贵啊!"

宣王说:"唉!君子怎能够欺侮呢!寡人自找苦吃罢了。到今天听到君子之言,才使我知道什么是小人之行,请接受我做您的学生。况且颜先生与寡人交游,吃的净是牛、羊、猪肉,出门一定坐车,妻子衣服华美。"颜斶推辞说:"玉石生在山中,经过斫削就残破了,并非不宝贵呀,然而大璞不能保持完整了。士人生于鄙野,经推选就受官禄了,并非不尊重呀,然而形神不得保全了。斶愿得归乡里,饿肚吃饭拿来当肉,安步徐行拿来当车,不犯王法拿来当贵,清静正直拿来自乐。发布命令的是大王,尽忠直言的是斶。治国要道已经说完,愿能赐臣归里,平平安安地回到臣的家里。"于是再拜辞别而去。

君子说:颜斶知道满足啦!归真反璞,终身也不会受到羞辱。

先生王斗造门而欲见齐宣王[1]

先生王斗造门而欲见齐宣王[2],宣王使谒者延入。王斗曰:"斗趋见王为好势,王趋见斗为好士,于王何如?"使者复还报,王曰:"先生徐之,寡人请从。"

宣王因趋而迎之于门,与入,曰:"寡人奉先君之宗庙,守社稷,闻先生直言正谏不讳。"王斗对曰:"王闻之过,斗生于乱世,事乱君,焉敢直言正谏?"宣王忿然作色,不说。有间,王斗曰:"昔先君桓公所好者[3],九合诸侯,一匡天下,天子受籍[4],立为大伯。今王有四焉。"宣王说,曰:"寡人愚陋,守齐国,唯恐失抎之[5],焉能有四焉?"王斗曰:"否!先君好马,王亦好马;先君好狗,王亦好狗;先君好酒,王亦好酒;先君好色,王亦好色;先君好士,是王不好士[6]。"宣王曰:"当今之世无士,寡人何好?"王斗曰[7]:"世无骐骥騄耳,王驷已备矣;世无东郭俊、卢氏之狗[8],王之走狗已具矣;世无毛嫱、西施,王宫已充矣。王亦不好士也,何患无士?"王曰:"寡人忧国爱民,固愿得士以治之。"王斗曰:"王之忧国爱民,不若王爱尺縠也[9]!"王曰:"何谓也?"王斗曰:"王使人为冠,不使左右便辟而使工者,何也?为能之也。今王治齐,非左右便辟无使也,臣故曰不如爱尺縠也。"

宣王谢曰:"寡人有罪国家。"于是举士五人任官,齐国大治。

【注释】

〔1〕又见《说苑·尊贤》,"王斗"作"淳于髡"。缪氏《考辨》云:"此章之文系杂钞而成,缀辑之迹显然。"是也。如"尺縠"之喻,与《赵策三》魏牟谓赵王之语全同;"骐骥騄耳"之说,亦见于本《策》鲁连谓孟尝君。

〔2〕王斗:或作"王升""王叔""王歜"。诸祖耿谓当作"王歜",钱穆谓即上章之"颜斶"(说详《先秦诸子系年考辨》)。然既知其为杂凑成文,姓氏之辨亦无多大意义。

〔3〕缪氏《考辨》谓:"然此桓公乃姜齐之桓公,非田齐之桓公也。田齐之桓公名午,并无九合一匡之事,……九合一匡之桓公,不得谓为宣王之'先君'也。"说是。又,鲍本"者"下补"五"字。是。

〔4〕受:同"授"。

〔5〕王念孙曰:"'抎'与'陨'通。抎之言损也,损亦失也。"

〔6〕鲍改"是"为"而"。《御览》四五六引,无"是"字。

〔7〕王斗是语,又见前《鲁仲连谓孟尝》。

〔8〕吴补:"俊,一本作'逡'。"按,东郭逡,前谓是兔而此又谓是狗,恐误。

〔9〕吴师道曰:"《增韵》:縠,绉纱。"

【译文】

　　先生王斗至门而要面见齐宣王,宣王让执事人把他领进来。王斗说:"斗趋行见王是慕势,王趋行见斗是好士,王看如何是好?"执事人又回报,王说:"先生稍待,寡人请就先生。"

　　宣王于是快步到门外去迎接他,与他入内,说:"寡人事奉先君的宗庙,保守社稷,听说先生能直言正谏而不隐讳。"王斗答说:"王听说的,未免言过其实。斗生于乱世,事奉乱君,哪里敢直言正谏。"宣王忿然变色,很不高兴。沉默了片刻,王斗说:"从前,先君桓公有五项爱好,能够九次会合诸侯,匡正天下,天子授予土地人民的图籍,立为霸主。如今,王有四项。"宣王听了高兴,说:"寡人愚陋,保守齐国,唯恐失掉它,哪里能有四项?"王斗说:"不。先君好马,王也好马;先君好狗,王也好狗;先君好酒,王也好酒;先君好色,王也好色;先君好士,而王不好士。"宣王说:"当今之世没有士,寡人怎能好呢?"王斗说:"世无骐驎、騄耳,王的马已经有了;世无东郭逡、卢氏之犬,王的走狗已经具备了;世无毛嫱、西施,王的后宫已经足够了。王是不好士呀,何愁无士!"王说:"寡人忧国忧民,非常愿意得士来治理它。"王斗说:"王的忧国忧民,赶不上王爱一尺细纱。"王说:"怎么讲呢?"王斗说:"王使人制做帽子,不使左右宠幸之人而使工匠,这是为何呢?因为工匠能做好。如今王治理齐国,非左右宠幸不用,臣所以说不如爱一尺细纱。"

　　宣王道歉说:"寡人有罪于国家。"于是举士五人,任以官职,齐国大治。

齐王使使者问赵威后[1]

　　齐王使使者问赵威后[2]。书未发,威后问使者曰:

"岁亦无恙耶？民亦无恙耶？王亦无恙耶？"使者不说，曰："臣奉使使威后，今不问王而先问岁与民，岂先贱而后尊贵者乎？"威后曰："不然！苟无岁，何以有民？苟无民，何以有君？故有问舍本而问末者耶[3]？"乃进而问之曰："齐有处士曰钟离子[4]，无恙耶？是其为人也，有粮者亦食，无粮者亦食；有衣者亦衣，无衣者亦衣。是助王养其民也[5]，何以至今不业也[6]？叶阳子无恙乎？是其为人，哀鳏寡，恤孤独，振困穷，补不足。是助王息其民者也，何以至今不业也？北宫之女婴儿子无恙耶[7]？彻其环瑱[8]，至老不嫁，以养父母。是皆率民而出于孝情者也，胡为至今不朝也？此二士弗业，一女不朝，何以王齐国、子万民乎？於陵子仲尚存乎[9]？是其为人也，上不臣于王，下不治其家，中不索交诸侯。此率民而出于无用者，何为至今不杀乎？"

【注释】

〔1〕顾观光系此于赧王五十年（前265），说："威后问齐王而不及后，则后已先卒，其在齐襄王时明矣。况威后卒于赵孝成王二年，史有明文乎！鲍次于齐王建时，谬甚。"

〔2〕赵威后：赵惠文王之后、孝成王之母，即触龙所说之赵太后。金正炜曰："'威'为尊严之称。"

〔3〕问舍本：一本无"问"字。是。

〔4〕处士：隐居不仕的人。钟离：复姓。

〔5〕鲍本"也"上补"者"字。是。

〔6〕鲍彪曰："不业，言不得在位成其职业。"

〔7〕北宫：复姓。

〔8〕彻：通"撤"。环瑱(tiàn)：耳臂环饰。瑱，耳饰。

〔9〕於陵子仲：齐隐士陈仲子，居於陵(齐邑)，故称。即《孟子·滕文公下》所言之人，时年已八十有余。

【译文】

　　齐王遣使者问候赵威太后，书未启封，太后问使者说："年景没有忧愁吧？百姓没有忧愁吧？齐王没有忧愁吧？"使者很不高兴，说："臣奉命到太后这儿来，现在您不先问王，而先问年景和百姓，哪有把卑贱者放在前面，而把尊贵者放在后面的道理呢？"太后说："不然。如果没有好年景，怎么能够有百姓？如果没有百姓，怎么能够有君？所以怎能舍本而先问末呢？"于是又进一步问道："齐国有位处士叫钟离子的，没有毛病吧？他的为人，有粮食的施舍粮，没粮食的也施舍粮；有衣服的施舍衣，没衣服的也施舍衣。是帮助王来养活百姓的呀，为何到现在没有官职呢？叶阳子没有毛病吧？他的为人，哀怜鳏寡，体恤孤独，赈济贫困，补贴不足。是帮助王生息百姓的呀，为什么到今天没有官职呢？北宫的女儿婴儿子没有毛病吧？摘去环瑱，到老不嫁，来赡养她的父母。这都是表率民众出于孝诚的啊，为什么到如今还未能朝见于王呢？这两位男士没有官职，一位女士未能朝王，用什么来兴旺齐国、子养万民呢？於陵仲子还在吗？他的为人，上不做王的臣，下不治理他的家，中不求交于诸侯。这是率领民众走无用的路，为什么到今天还不杀掉呢？"

齐人见田骈[1]

　　齐人见田骈[2]，曰："闻先生高议[3]，设为不宦，而

306

愿为役。"田骈曰："子何闻之?"对曰："臣闻之邻人之女。"田骈曰："何谓也?"对曰："臣邻人之女,设为不嫁,行年三十而有七子。不嫁则不嫁,然嫁过毕矣[4]！今先生设为不宦,訾养千钟[5],徒百人。不宦则然矣,而富过毕也！"田子辞。

【注释】

〔1〕此章确年不可考。

〔2〕田骈：即陈骈。齐宣、湣时人,游于稷下,号"天口骈",著《田子》二十五篇,已佚。其说贵齐(如"齐生死、等古今"之类)。

〔3〕高议：犹言高论。

〔4〕嫁过毕：谓超过已嫁。毕,犹"已"。

〔5〕訾(zī)养千钟：谓用千钟的俸禄供养自己。訾,同"资"。钟,古量器。《淮南子·人间》篇载陈骈子对孟尝君说："臣之处于齐也,粝粢之饭,藜藿之羹,冬日则寒冻,夏日则暑伤。自唐子之短臣也,以身归君,食刍豢,饭黍粱,服轻暖,乘牢良。"可为此文之证。

【译文】

齐人见处士田骈说："闻知先生高论,设誓永不做官,而愿为人所差役。"田骈问："你从哪里得知的呢?"答说："臣从邻人之女那里得知的。"田骈问："得知些什么呢?"答说："臣邻人之女设誓不嫁,行年三十,而生了七个孩子。不嫁倒是没嫁,但比出嫁还超过了。如今先生设誓不做官,但用千钟的俸禄来供养,有徒众百人,不做官倒是不假,但富裕超过了做官。"田骈用话语来感谢他。

管燕得罪齐王[1]

管燕得罪齐王[2],谓其左右曰："子孰而与我赴诸侯乎?"左右嘿然莫对[3]。管燕连然流涕曰[4]:"悲夫,士何其易得而难用也!"田需对曰[5]:"士三食不得餍,而君鹅鹜有馀食;下宫糅罗纨[6],曳绮縠[7],而士不得以为缘[8]。且财者君之所轻,死者士之所重,君不肯以所轻与士,而责士以所重事君,非士易得而难用也!"

【注释】
〔1〕又见《新序·杂事》二、《说苑·尊贤》、《韩诗外传》七。其事大同,然国别一作燕,二作齐,且姓名各异,未知孰是。系年不可确考。
〔2〕管燕:未详。
〔3〕嘿:同"默"。
〔4〕涟:同"涟",泣下。
〔5〕田需:或作"田饶""陈饶"。朱起凤谓:需,当是"饶"字之讹。
〔6〕下宫:后宫。糅:杂。
〔7〕曳:拖。衣裙着地则拖曳之,引伸为"穿着"之义。
〔8〕缘:边。这里指衣边。

【译文】
　　管燕得罪了齐王,对他的门下人说:"你们谁能与我一起奔赴他国呢?"左右沉默无人回答。管燕泫然流泪说:"可悲啊!士多么易得而难用啊!"田需应对说:"士三顿饭不能吃饱,而您的鹅鸭有余食;您的宫中妇女穿绫罗,披绸缎,而士想用它做衣服镶边都得不到。况且钱财是您所轻视的,生命是士所看重的,您不肯用您轻视的钱财赏给士,而要求士用所看重的生命来服事您,这并不是士易得而难用啊!"

苏秦自燕之齐[1]

　　苏秦自燕之齐[2],见于华章南门[3]。齐王曰[4]:

"嘻,子之来也！秦使魏冉致帝,子以为何如？"对曰:"王之问臣也卒[5],而患之所从生者微。今不听,是恨秦也；听之,是恨天下也。不如听之以卒秦[6],勿庸称也以为天下。秦称之,天下听之,王亦称之。先后之事,帝名为无伤也。秦称之而天下不听,王因勿称,其于以收天下[7],此大资也。"

【注释】

〔1〕又见《史记·田敬仲完世家》。《世家》及《六国表》并系此于赧王二十七年（前288），是。

〔2〕苏秦：《史记》作"苏代",鲍改作"苏子"。缪氏《考辨》云："《史记》述苏秦年世多误,苏秦本齐湣、燕昭时人,此章记苏秦自燕之齐,见湣王于章华南门,定缓称帝以收天下之计。此为苏秦事,无可疑者。"

〔3〕华章南门：《史记》作"章华东门"。《括地志》："齐城东有闾门、武鹿、章华之门。"

〔4〕齐王：湣王。

〔5〕卒：促。

〔6〕吴师道曰："卒秦,卒成秦之事。"

〔7〕《史记》无"其于"二字。

【译文】

苏秦由燕到齐,齐湣王在临淄章华东门接见他。齐王说："好哇,你的到来！秦派魏冉送帝号给寡人,你以为怎么样呢？"答说："大王问臣很仓促,而祸患的发生却微隐难察。现在不接受,是招秦的怨恨；接受,是招天下的怨恨。莫如接受帝号来应付秦,不称帝号来应付天下。秦称帝,天下听任它,王也称帝,只是先后之别,对帝号是无损的。秦称帝,而天下不接受,王也就不称,对于收拢天下人心,这可是很大的凭借啊！"

苏秦谓齐王[1]

苏秦谓齐王曰[2]:"齐、秦立为两帝,王以天下为尊秦乎?且尊齐乎?"王曰:"尊秦。""释帝,则天下爱齐乎?且爱秦乎?"王曰:"爱齐而憎秦。""两帝立,约伐赵,孰与伐宋之利也?"对曰[3]:"夫约然与秦为帝[4],而天下独尊秦而轻齐;齐释帝,则天下爱齐而憎秦;伐赵,不如伐宋之利。故臣愿王明释帝以就天下,倍约傧秦[5],勿使争重,而王以其间举宋。夫有宋,则卫之阳城危[6];有淮北,则楚之东国危[7];有济西,则赵之河东危[8];有阴、平陆,则梁门不启[9]。故释帝而贰之以伐宋之事[10],则国重而名尊,燕、楚以形服[11],天下不敢不听,此汤、武之举也!敬秦以为名,而后使天下憎之,此所谓'以卑易尊'者也。愿王之熟虑之也!"

【注释】

〔1〕此章姚本与《苏秦自燕之齐》连篇,鲍本另列一章,今从鲍。系年与上章同。

〔2〕参见前章注〔2〕。

〔3〕鲍本"对曰"下补"伐宋利"三字。是。

〔4〕姚注:"一本无'然'字。"是。

〔5〕鲍彪曰:"倍,背同;傧,摈同,《集韵》:弃也。"

〔6〕阳城:《史记》作"阳地",谓濮阳之地。《正义》云:"卫此时河南独有濮阳。"

〔7〕淮北:淮水之北,谓宋地与楚东部地毗邻者。张守节《正义》曰:"谓下相、僮、取虑也。"

〔8〕济西:济水以西地。河东:赵国漳水以东地。

〔9〕阴:即陶。见《秦策三·秦客卿造谓穰侯》注〔3〕。平陆:诸祖耿云:"马王堆帛书第十二、十四章均以陶、平陵并称。此平陆即平陵之误。平陵亦即平丘,处于大梁东北,去大梁时近。"

〔10〕鲍彪曰:"贰,不与秦和也。秦约伐赵而此伐宋。"

〔11〕形:鲍本作"刑"。犹威也。

【译文】

苏秦对齐王说:"齐、秦立为东西两帝,王以为天下是尊秦呢?还是尊齐呢?"王说:"当然尊秦啦!""齐放弃帝号,天下是爱齐呢,还是爱秦呢?"王说:"当然是爱齐而憎秦了。""两帝并立,共约伐赵,与齐单独伐宋,哪一个更有利呢?"王说:"当然是伐宋有利。""与秦相约称帝,天下独尊秦而轻齐;齐放弃称帝,则天下爱齐而憎秦;共约伐赵不如单独伐宋有利。所以,臣愿王大张旗鼓放弃称帝,以顺应天下;背约弃秦,勿与其争重,而王乘此时机伐宋。如得宋,那么卫的阳城就危殆了;据有淮北,那么楚的东国就危殆了;获有济西,那么赵的河东就危殆了;占有陶、平陵,那么魏大梁的城门就不敢开启了。所以放弃帝号而用伐宋之事来代替与秦伐赵,就能国重名尊,燕、楚迫于威势而服从,天下不敢违齐,这是汤、武的作为呀!以尊敬秦为名,从而使天下都来怨恨它,这就是所说的以卑夺尊呀!愿大王能够认真考虑我的话。"

卷十二　齐五

苏秦说齐闵王[1]

苏秦说齐闵王曰："臣闻用兵而喜先天下者，忧；约结而喜主怨者，孤。夫后起者藉也[2]，而远怨者时也。是以圣人从事，必藉于权而务兴于时。夫权藉者，万物之率也；而时势者，百事之长也。故无权藉、倍时势而能成事者，寡矣[3]！

"今虽干将莫邪[4]，非得人力，则不能割刿矣[5]；坚箭利金[6]，不得弦机之利，则不能远杀矣。矢非不铦而剑非不利也[7]，何则？权藉不在焉。何以知其然也？昔者，赵氏袭卫，车舍[8]，人不休，傅卫国[9]，城割平[10]。卫八门土而二门堕矣[11]，此亡国之形也！卫君跣行告遡于魏[12]，魏王身被甲底剑[13]，挑赵索战。邯郸之中骛[14]，河、山之间乱[15]。卫得是藉也，亦收馀甲而北面，残刚平，堕中牟之郭[16]。卫非强于赵也，譬之卫矢而魏弦机也，藉力魏而有河东之地[17]。赵氏惧，楚人救赵而伐魏，战于州西[18]，出梁门，军舍林中[19]，马饮于大河。赵得是藉也，亦袭魏之河北，烧棘

313

沟[20]，坠黄城[21]。故刚平之残也，中牟之堕也，黄城之坠也，棘沟之烧也，此皆非赵、魏之欲也。然二国劝行之者，何也？卫明于时权之藉也。今世之为国者不然矣！兵弱而好敌强，国罢而好众怨，事败而好鞠之[22]，兵弱而憎下人也，地狭而好敌大，事败而好长诈，行此六者而求伯，则远矣！

"臣闻善为国者，顺民之意而料兵之能，然后从于天下。故约不为人主怨，伐不为人挫强。如此，则兵不费，权不轻，地可广，欲可成也。昔者齐之与韩、魏伐秦、楚也[23]，战非甚疾也，分地又非多韩、魏也，然而天下独归咎于齐者，何也？以其为韩魏主怨也。且天下遍用兵矣，齐、燕战而赵氏兼中山；秦、楚战韩、魏不休，而宋、越专用其兵。此十国者，皆以相敌为意，而独举心于齐者，何也？约而好主怨，伐而好挫强也。

"且夫强大之祸，常以王人为意也；夫弱小之殃[24]，常以谋人为利也。是以大国危，小国灭也。大国之计，莫若后起而重伐不义。夫后起之藉与多而兵劲，则事以众强适罢寡也，兵必立也。事不塞天下之心，则利必附矣。大国行此，则名号不攘而至，伯王不为而立矣。小国之情，莫如僅静而寡信诸侯[25]。僅静，则四邻不反；寡信诸侯，则天下不卖。外不卖，内不反，则槟祸朽腐而不用[26]，币帛矫蠹而不服矣[27]。小国道此，则不祠而福矣，不贷而见足矣。

"故曰：'祖仁者王[28]，立义者伯，用兵穷者亡。'何以知其然也？昔吴王夫差以强大为天下先，强袭郢而栖越[29],身从诸侯之君,而卒身死国亡为天下戮者,何也?此夫差平居而谋王,强大而喜先天下之祸也。昔者,莱、莒好谋[30],陈、蔡好诈[31],莒恃越而灭[32],蔡信晋而亡[33]。此皆内长诈、外信诸侯之殃也!由此观之,则强弱大小之祸,可见于前事矣。

语曰:'骐骥之衰也,驽马先之;孟贲之倦也[34],女子胜之。'夫驽马、女子,筋骨力劲,非贤于骐骥、孟贲也,何则?后起之藉也。今天下之相与也不并灭,有而案兵而后起[35],寄怨而诛不直[36],微用兵而寄于义[37],则亡天下可跬足而须也[38]。明于诸侯之故,察于地形之理者,不约亲,不相质而固[39],不趋而疾,众事而不反,交割而不相憎,俱强而加以亲。何则?形同忧而兵趋利也。何以知其然也?昔者,齐、燕战于桓之曲[40],燕不胜,十万之众尽。胡人袭燕楼烦数县[41],取其牛马。夫胡之与齐,非素亲也,而用兵又非约质而谋燕也[42],然而甚于相趋者,何也?何则形同忧而兵趋利也[43]。由此观之,约于同形则利长,后起则诸侯可趋役也。

"故明主察相,诚欲以伯王也为志,则战攻非所先。战者,国之残也,而都县之费也。残费已先,而能从诸侯者,寡矣。彼战者之为残也,士闻战则输私财而富军市[44],输饮食而待死士,令折辕而炊之,杀牛而觞士,则是路君之道也[45]。中人祷祝[46],君瞀酿[47],通都小县置社,有市之邑莫不止事而奉王。则此虚中之计也。夫战之明日,尸死扶伤[48],虽若有功也,军出费,

315

中哭泣，则伤主心矣。死者破家而葬，夷伤者空财而共药[49]，完者内酺而华乐[50]，故其费与死伤者钧。故民之所费也，十年之田而不偿也。军之所出，矛戟折，镮弦绝[51]，伤弩，破车，罢马，亡矢之大半。甲兵之具，官之所私出也[52]，士大夫之所匿，厮养士之所窃[53]，十年之田而不偿也。天下有此再费者而能从诸侯，寡矣。攻城之费，百姓理襜蔽[54]，举冲橹[55]，家杂总[56]，身窟穴，中罢于刀金[57]，而士困于土功，将不释甲，期数而能拔城者[58]，为亟耳。上倦于教，士断于兵[59]，故三下城而能胜敌者，寡矣。故曰，彼战攻者，非所先也。何以知其然也？昔智伯瑶攻范、中行氏[60]，杀其君，灭其国，又西围晋阳，吞兼二国而忧一主[61]，此用兵之盛也。然而智伯卒身死国亡为天下笑者，何谓也？兵先战攻，而灭二子患也。日者[62]，中山悉起而迎燕、赵，南战于长子[63]，败赵氏；北战于中山[64]，克燕军，杀其将。夫中山，千乘之国也，而敌万乘之国二，再战北胜[65]，此用兵之上节也。然而国遂亡，君臣于齐者[66]，何也？不啬于战攻之患也[67]。由此观之，则战攻之败，可见于前事。

"今世之所谓善用兵者，终战比胜而守不可拔，天下称为善。一国得而保之，则非国之利也。臣闻战大胜者，其士多死而兵益弱；守而不可拔者，其百姓罢而城郭露。夫士死于外，民残于内，而城郭露于境，则非王之乐也。今夫鸧的非咎罪于人也[68]，便弓引弩而射之[69]，中者则善，不中则愧，少长贵贱则同心于贯之者，何也？

恶其示人以难也。今穷战比胜而守必不拔，则是非徒示人以难也，又且害人者也，然则天下仇之必矣。夫罢士露国而多与天下为仇，则明君不居也；素用强兵而弱之[70]，则察相不事[71]。彼明君察相者，则五兵不动而诸侯从[72]，辞让而重赂至矣。故明君之攻战也，甲兵不出于军而敌国胜，冲橹不施而边城降，士民不知而王业至矣。彼明君之从事也，用财少，旷日远，而为利长者。故曰，兵后起则诸侯可趋役也。

"臣之所闻，攻战之道非师者，虽有百万之军，比之堂上[73]；虽有阖闾、吴起之将[74]，禽之户内；千丈之城，拔之尊俎之间[75]；百尺之冲，折之衽席之上。故钟鼓竽瑟之音不绝，地可广而欲可成；和乐倡优侏儒之笑不之[76]，诸侯可同日而致也。故名配天地不为尊，利制海内不为厚。故夫善为王业者，在劳天下而自佚，乱天下而自安。诸侯无成谋，则其国无宿忧也。何以知其然[77]？佚治在我，劳乱在人卜，则王之道也。锐兵来则拒之，患至则趋之，使诸侯无成谋，则其国无宿忧矣。何以知其然矣？昔者魏王拥土千里[78]，带甲三十六万，其强而拔邯郸[79]，西围定阳[80]，又从十二诸侯朝天子，以西谋秦。秦王恐之[81]，寝不安席，食不甘味，令于境内，尽堞中为战具[82]，竟为守备，为死士置将，以待魏氏。卫鞅谋于秦王曰[83]：'夫魏氏，其功大而令行于天下，有十二诸侯而朝天子[84]，其与必众。故以一秦而敌大魏，恐不如。王何不使臣见魏王，则臣请必北魏矣。'秦王许诺。卫鞅见魏王，曰：'大王之功大矣，令行于天下矣！今大王之所从十二诸侯，非宋、卫也，则邹、鲁、陈、蔡，此固大王之所以鞭箠使也[85]，不足以王天下。大王不若北取燕，东伐齐，则赵必从矣；西取秦，南伐楚，则韩必从矣。大王有伐齐、楚心，而从天下之志，则王业见矣。大王不如先行王服，然后图齐、楚。'魏王说于卫鞅之言也，故身广公宫，制丹衣柱[86]，建九斿[87]从七星之旟[88]。此天子之位也，而魏王处之。于是齐、楚怒，诸侯奔齐，齐人伐魏，杀其太子，覆其十万之军。魏王大恐，跣行按兵于国，而东次于齐，然后天下乃舍之。当是时，秦王垂拱受西河之外[89]，而不以德魏王。故卫鞅之始与秦王计也，谋约不下席，言于尊俎之间，谋成于堂上，而魏将以禽于齐矣；冲橹未施，而西河之外入于秦矣。此臣之所谓比之堂上，禽将户内，拔城于尊俎之间，折冲席上者也[90]。"

【注释】

〔1〕按前二章，谓苏秦至齐，闵王问之以"称帝"之利弊，苏秦答以"听之以卒秦，勿庸称也以为天下"，值周赧王二十七年（前288）。此章之事亦当为同时或稍后。盖苏子为燕行反间之计，欲骄其君、劳其民以弊齐，而先说以正道者，意闵王之必不肯行也。然后顺适其意以怂恿之，此正谋士狡狯之处，而闵王不知也。吴师道不识其谋，以为非苏秦之语，误矣。顾氏《编年》及于《表》均系此章于赧王二十七年，近是。

〔2〕藉：似当作"权"，涉下而讹。权，变通、权宜。

〔3〕倍：同"背"。

〔4〕干将莫邪：二剑名。据说是春秋时吴王使越人干将所造。干将妻名莫邪，因以名剑。

〔5〕刿(guì):刺伤、割伤。

〔6〕金:指箭镞。

〔7〕铦(xiān):锋利。

〔8〕车舍:车攻停止。舍,止。

〔9〕傅卫国:王念孙曰:"傅,附也。言兵附于国都。"谓赵兵逼近卫国都城。

〔10〕城割平:王念孙谓"割"应作"刚",字之误也。高注曰:"刚平,卫地,赵筑之以为邑。"故城在今山东宁阳县东北三十五里。

〔11〕金正炜曰:"'土'与'杜'通。《小尔雅·广诂》:'杜,塞也。'"

〔12〕遡:同"愬",告诉、诉说。

〔13〕厎:同"砥",磨砺。

〔14〕骛:乱驰。形容惊慌的状态。

〔15〕河山:指黄河与太行山。

〔16〕中牟:赵邑。在今河南鹤壁市西。

〔17〕姚宏谓,曾本"力"下有"于"字。是。河东地:指黄河以东,今浚、滑二县之东,卫故地。

〔18〕州西:州城以西。州,魏邑,今河南修武。

〔19〕林中:地名。在今河南省新郑县东。

〔20〕棘沟:一作"棘蒲"。赵邑,在今河北赵县。

〔21〕黄城:在今河南省内黄西北。

〔22〕鞠:穷。好鞠之,谓不知止。

〔23〕据《楚世家》,怀王廿六年,齐与韩、魏三国为楚背约而合于秦,遂共伐楚;继之,又共伐秦。

〔24〕姚宏注:"一无'夫'字。"是。

〔25〕仅:当为"谨"字之讹。下同。

〔26〕槟祸:鲍本作"稸积"。是。

〔27〕矫蠹:槁蚀。矫、槁古字通,《庄子·列御寇释文》:"槁,本作'矫'。"服:用。

〔28〕祖:效法。

〔29〕姚宏曰:"曾本无'强'字。"是。袭郢:指春秋时伍子胥,为报父仇,率吴军攻陷楚国郢都之事。按,此事发生在夫差之父阖庐之时,此言夫差,误。　栖越:指夫差围困越王勾践于会稽山之上。栖,止,这里当"围困"讲。

〔30〕莱、莒:春秋时二小国。莱,在今山东黄县东南。《左传·襄公六年》:"齐侯灭莱,莱恃谋也。"　莒,见《西周策·宫他谓周君》注。

〔31〕陈、蔡:战国时二小国名。陈,见《西周策·宫他谓周君》注。蔡,见《西周策·秦令樗里疾以车百乘入周》注。

〔32〕公元前431年,莒被楚所灭。

〔33〕公元前447年,蔡为楚所灭。金正炜曰:"莒盖恃晋而非恃越,……则蔡亦恃越而非恃晋也。此本……传写误淆耳。"

〔34〕孟贲:古代勇士。

〔35〕前"而"字义同"能"。

〔36〕寄怨:谓将众怨归于他人,即前所说:"不为怨主"之意。

〔37〕微:隐藏。寄:假托。

〔38〕踦:王念孙谓与"跂"同,举足也。

〔39〕质:人质。这里作动词用。

〔40〕桓曲:地名。鲍彪谓即桓山,在齐、鲁之间。然观下文燕失十万之众,似指齐伐子之之乱,则齐、燕不可能在这里作战。

〔41〕楼烦:燕的属国,在燕、赵的西北境。

〔42〕约质:结约并互换人质。

〔43〕鲍本"则"前无"何"字。是。

〔44〕军市:古代行军,士众所聚,有市井。市租所入,属将军。

〔45〕黄丕烈云:"路,赢也。"或作"潞"、"露"。"君"是"军"字之误。

〔46〕中人:指国内百吏。

〔47〕瘗酿:孙诒让谓当读为"瘗禳"。指祭祀时将祭品埋在土里。

〔48〕指战士或死而未殓,或扶伤而归。尸死,即"尸屍"。尸,陈也。

〔49〕夷:亦伤。金创为夷。共:供给。

〔50〕华乐:大乐。华,同"哗",喧闹。

〔51〕镮：刀环。

〔52〕金正炜曰："'私'字当在'官'字之下。"是。

〔53〕厮养士：军中析薪养马者。

〔54〕襜蔽：防御弩箭的障蔽物。《淮南子·氾论》篇高注："幨幌，所以御矢也。"襜、幨，古书通借。

〔55〕冲：古代用以冲击敌阵或敌城的战车，亦用于守备。橹：大盾；战阵高巢车亦曰橹。

〔56〕谓全家编入士伍之中，杂作。

〔57〕言国中之人疲于制造兵器。罢，同"疲"；刀金，兵器。

〔58〕期(jī)数：一年之数。期，一年。

〔59〕断：谓肢体残折。

〔60〕智伯瑶：晋六卿之一，其吞灭范、中行二卿，事在公元前458年；围赵晋阳，在公元前455年。

〔61〕一主：指晋卿赵襄子。

〔62〕日：姚宏云："一作'昔'。"鲍本作"昔"。

〔63〕中山：国名。详《中山策》。长子：地名。在今山西省长子县西南，战国时属韩。按，中山与燕、赵不应战于此。据《史记·赵世家》："[敬侯]十年，与中山战于房子。"则"长子"或为"房子"之讹。房子，在今河北高邑县西南，当时属中山国南境，与《策》文所言亦合。

〔64〕中山：似指中山复国后的都城灵寿。在今河北灵寿县。

〔65〕姚本"北"一作"比"。鲍云："比，相次。"

〔66〕臣于齐：向齐称臣。赵武灵王二十五年伐中山，中山君逃至齐。

〔67〕啬：吝惜，重视。

〔68〕鹄(gǔ)的：箭靶子的中心。

〔69〕鲍云："便，谓巧。审弓得便巧乃发。"

〔70〕素：常。鲍云："犹'喜'也。"

〔71〕事：从事、去做。吴《补》云："'事'下当有'也'字。"

〔72〕五兵：五种兵器。所指不一。

〔73〕比：吴《补》谓当作"北"，败也。或释为较、抗、御等义，亦通。

321

〔74〕《吕氏春秋·用民》篇:"阖闾之用兵也,不过三万。吴起之用兵也,不过五万。"又《上德》篇:"阖闾之教,孙、吴之兵不能当矣。"吴王阖闾亦善用兵,故与吴起并举。

〔75〕尊俎:谓酒宴。尊,酒杯;俎,盛肉器。

〔76〕之:鲍本作"乏"。是。

〔77〕诸侯……其然:此十六字涉下文而衍,当删。

〔78〕魏王:魏惠王。

〔79〕而:同"能"。魏拔邯郸,在周显王十六年,魏惠王十七年。

〔80〕定阳:故城在今陕西洛川县北。

〔81〕秦王:指秦孝公,时犹未称王。

〔82〕堞:城上女墙。

〔83〕卫鞅:商鞅,时为孝公之相。

〔84〕有:读为"又",其下当补一"从"字。

〔85〕策:马鞭。

〔86〕丹衣柱:吴师道曰:"丹柱犹衣之也。"王念孙改"柱"为"旌",并谓当在"建"字之下,无据。

〔87〕九斿(liú):天子之旗。斿,旗末垂物,后或作"旒"。

〔88〕董说《七国考》曰:"七星之旗者,帝筊也。"

〔89〕垂拱:垂衣拱手,形容无所事事。西河之外:已见《秦策一·楚攻魏张仪谓秦王》注。

〔90〕折冲:摧折敌方冲车。冲,冲车,战车的一种。

【译文】

苏秦对齐闵王说:"臣听说,喜欢先天下而用兵的,会有忧患;喜欢结盟攻伐而为众怨所归的,容易孤立。后起制人的有所借鉴,而远离怨尤的能够乘时。所以圣人做事,必注重凭借和权宜,而务适时兴起。因为凭借和权宜是万物的先行,而时势是百事的主宰。所以,抛弃凭借、权宜,违背时势,而能够成事的甚少啊!

"如今虽有干将、莫邪的宝剑,不靠人力,就不能割断。坚箭利镞,不借弓弩之势,就不能射远。矢不是不利,剑不是不快,然而是什么道理呢?是因为没有适宜的凭借。从哪里知道是这样呢?从前赵国袭击卫,车战停息,人攻不止,赵筑刚平城以逼卫。卫城八门壅塞,而二门倾隳,眼看就要亡国。卫君赤足而行,求救于魏。魏王亲身披甲砺剑,向赵挑战。赵城邯郸震惊,黄河太行之间动荡。卫国得以借此,收合余兵北面攻赵,攻破刚平,毁坏中牟城郭。卫并不比赵强大,卫好像箭,而魏是弓弩,借魏之力而有河东之地。赵国悼惧,楚人救赵而伐魏,战于州西,出于魏都大梁之门,军队驻扎林中,战马饮于黄河。赵国借此袭击魏的河北,烧棘蒲,下黄城。因此,刚平的残破,中牟的毁隳,黄城的攻克,棘蒲的焚烧,这都不是赵、魏的愿望。但是两国却竞相去做,这又是什么道理呢?是因为懂得凭借时宜的重要。当今治理国家的人则不然,兵弱而好对强敌,国疲而好惹众怨,事败而偏坚持到底,兵少而不肯示弱,地小而喜好敌大,事情败露而更增加欺诈。行此六事而企图称霸,那就离得太远了。

"臣闻听善于治理国家的,能够顺遂民意,而忖度兵力,然后从事于天下。所以,结约不去替人招怨,征伐不去替人攻强。这样,则兵力不耗费,权势不减轻,地盘可以扩大,欲望可以成功。从前,齐国与韩、魏攻伐秦、楚,参战并不很激烈,分得的土地又不比韩、魏多,但是天下独独归罪于齐,是何道理呢?因为是顶替韩、魏去招怨啊!待天下普遍用兵,齐与燕交战,赵国兼并中山,秦、楚与韩、魏交战连年不止,而宋、越两国又擅自用兵。这十个国家,都是互相敌对,而独耿耿于齐,又是什么道理呢?是因为结约而好替人招怨,征伐而好替人攻强啊!

"再说强大的祸患,是常想做人家的君主;弱小的灾殃,是总贪图算计别人。所以大国常有危险,而小国未免灭亡。大国的谋划,莫如后起而不轻举兵征伐不义。因为后起者借助多而兵力强劲,这是用众强去对抗疲寡,战必有功。举事不逆天下人心,就能获得利益。大国能够这样去做,则名号不取而至,霸王不为而成。小国的情势,不如谨慎持静而少去依赖诸侯。谨慎持静,则四邻不背;少赖诸侯,则天下不欺。外不欺,内不背,那就积蓄腐烂而不用,币帛蛀蚀而不费了。小国遵此而行,那就不祭祀而有福,不借贷而富足啦!

"所以说,据仁者王,树义者霸,穷兵黩武者亡。何以明其如此呢?从前吴王夫差仗恃强大而好为天下先,袭击楚国郢都,而围困越王勾践,躬帅诸侯之君,而终于身死国灭,被天下所羞辱,是什么原因呢?这就是夫差位与人同而图谋做王,强大而好为天下先招来的祸患。从前莱、莒二国好谋人,陈、蔡二国好欺诈,莒倚仗越而灭,蔡依靠晋而亡。这都是内长欺诈、外信诸侯的祸殃。由此看来,强弱大小的灾患,可以从往事取得借鉴。

"俗话说:'骐骥力衰,劣马超越它;孟贲疲倦,女子胜过他。'劣马与女子,筋骨气力,并不比骐骥、孟贲强大。那是什么缘故呢?借助于后起罢了。如今天下相倚而不俱亡,有能案兵后起,假手于人来诛伐不道,隐其用兵之情而假借仁义之名,那么灭亡天下各国,翘足可待。深明诸侯情故,洞察地势利弊的,不结约亲,不换人质而国能稳固。不用快步而能迅速,事情众多而不反覆抵触,彼此割地而不相惚恨,俱强盛而能够和睦。为什么呢?因为人心所虑是相同的,而兵戈所向都是趋利的。怎么见得是这样的呢?从前齐与燕战于桓山之曲,燕国战败,十万之师尽被消灭。胡人袭击燕的楼烦等数县,掠取它的牛马。胡与齐平素没有交亲,又不是结约换质相谋而攻燕。然而比相救还迫切,是什么道理?就是因为人心想法相同而兵戈趋利的缘故。由此看来,同虑相期利益就大,后人而起,诸侯就可皆来而为我所使役。

"所以贤能之主、明察之相,真想立志成就霸王之业,战攻并非所急。战争,是国家的祸害,而使都邑耗损。祸害耗损在先而能使诸侯服从的就太少啦!那战争的所以有害,是因战士听说打仗就把私财拿到军市上花光,买进饮食之物来款待死士,命令把车辕折断来烧饭,杀了耕牛来饮酒,这是使军队陷入困乏的道路。国中百吏为征人祈祷,国君举行埋玉以祭的禳礼,不管通都或小县都置社祭,有集市的城邑没有不停其职事而来服从王事的。这是使国内空虚的下策呀!战争结束之日,死的死,伤的伤,虽然像是有功,军出费用,国中哭泣,则君主就会伤心了。死的人破家财来埋葬他,受伤的人竭尽钱财来供给药物,安全而返的人大摆酒席来庆贺,糜费与死伤的人一样。所以民众所耗费的,十年农田的收入也不足以抵偿。军队出战所用,矛戟折断,刀镮弓弦断绝,坏弩,破车,疲马,丢矢,超过了一半。盔甲兵器等械具,是官府与私家所出,被军中长吏所隐匿,杂役之人所盗窃,种十年田也抵偿不过来。天下如果有两次这样的开销,而能够使诸侯服从的就很少了。攻城的费用,百姓修治防御工事,制造战车,全家并作,置身窟空地穴之内。国人疲于兵戈,而战士困于土功,将军夜不解甲,年把月而能攻克城池的就算是快的了。在上倦于教习,战士残于兵戈,所以攻下三座城池之后,尚能战胜敌人的就很少了。因此说,那战攻之事,非治国者所急。何以见得是这样呢?从前智伯瑶进攻范、中行氏,杀其君,灭其国,又西围赵的晋阳,吞并两个国家而困扰一位君主,这该说是用兵的鼎盛了。然而智伯终于身死国灭,为天下所耻笑,这是什么道理呢?这是首先用兵攻战,而霸灭二子的祸患啊!从前中山国起兵迎敌燕、赵,南边战于长子,打败赵国;北面战于中山,攻克燕军,杀它的将军。中山是千乘之国,而对抗两个万乘大国,两次战斗连接胜利,用兵可以说是上等的了。然而国家终于灭亡,君主向齐国称臣。这是为何呢?是由于不重视战争的祸患啊!由此看来,攻战的害处,往事可以为鉴。

"当世所谓善用兵的,终战连胜,守城不拔,天下称他为善。一国得他保持,但并非国家的长利。臣听说战而大胜的,士卒死伤甚多而兵力愈弱;守城而不被攻克的,百姓疲惫而城郭毁坏。士卒死于域外,百姓伤于国内,而城郭暴露于边境,这并非王所乐意的事。射箭的靶子并没得罪于人,却弯弓搭弩来射它,射中的就高兴,不中的就羞愧,不论年龄少长,地位贵贱,大家都愿意射中。这是为何呢?憎恶它向人们显示难度罢了。现在穷战连胜,守城不拔,则不仅只是向人显示难度,而且是害人的了。既然如此,那么天下必然要仇恨它了。疲弊士民,暴露城邑,而广结天下仇敌,明君是不会以此为安的;经常用兵,而使强兵变弱,贤相是不会这么来做的。那些明君贤相,不动用各种兵器,诸侯就会服从;谦逊辞让,重赂就会来到。所以明君的攻战,兵甲不出,就能战胜敌国;战车不用,就能降服边城;士民不知不觉而王业就到来了。那些明君做事,花费少,旷日持久而获利无穷。所以说,兵戈后起,诸侯就可以为你奔走役使。

"臣听说攻战不用师旅的道理是,虽有百万军队,可以把它挫败于庙堂之上;虽有阖闾、吴起那样能用兵,可以把他擒杀于门户之内;千丈的高城,克服于筵宴之间;百尺的冲车,摧折于卧席之上。所以钟鼓竽瑟的旋律不绝,土地就可以拓广而欲望就可以成就;倡优侏儒的笑声不止,诸侯就可以同日而来朝。所以名配天地对他不算尊贵,利制海内对他不算富足。因此,善于经营王业的,在于使天下人烦劳而自己佚乐,使天下人动乱而自己安隐。佚乐安治在我,而烦劳动乱在天下,这就是成就王业的道理。锐兵来袭就去抵挡它,忧患到来就去应付它,使诸侯图我的谋划不成,那么国家就没有经宿之忧了。何以见得如此呢?从前魏王拥有土地千里，甲士三十六万，他的强胜能够攻下邯郸，西围定阳，又驱使十二国诸侯在孟津朝见周天子，用来图谋秦国。秦王恐惧，寝不安席，食不甘味。命令在国内所有的城上准备战具，紧急做好守备，募死士，置将军，以待魏国来攻。卫鞅与秦王商议道：'魏国战绩很大而又令行于天下，周围有十二诸侯而又去朝见周天子，必为众心所向。所以拿一个秦国来对抗强大之魏，恐怕不敌。大王何不令臣去见魏王，则臣必使魏国败北。'秦王允诺。卫鞅见魏王说：'大王的功绩很大呀，号令已行于天下啦！现在跟从大王的十二位诸侯，除了宋、卫，就是邹、鲁、陈、蔡，这些国家固然可以做大王的鞭箠，却不足以称王天下。大王不如往北争取燕，往东伐齐，那么赵国必定服从您了；往西争取秦，往南伐楚，那么韩国必定服从您了。大王有攻伐齐、楚之心，并使天下服从的志愿，那么王业就可以实现了。大王不如先用王者的服饰，然后再来图谋齐、楚。'魏王对卫鞅的话很感兴趣，因此自己扩展公宫，立丹漆彩柱，建九斿的旗，跟从有七星的旂旗。这是周天子才有的排场，而魏王却享受它。于是齐、楚忿怒，诸侯都来归齐，齐人伐魏，杀它的太子，消灭它十万大军。魏王十分惊恐，徒行国内去安抚士兵，而东服罪于齐，然后天下才谅解他。在这时，秦王垂衣拱手而得到魏西河之外，却不感激魏王。所以说，卫鞅初与秦王计议，筹措不离衽席，谈论在杯盘之间，谋画完成于室堂之上，而魏将军已被齐国俘获了；战车未动，而西河之外的土地已归秦国所有了。这就是臣所说的挫败敌军于庙堂之上，擒杀敌将在户庭之内，攻克城池在杯盘之间，摧折战车在卧席之上啊！"

卷十三　齐六

齐负郭之民有狐咺者[1]

齐负郭之民有狐咺者[2]，正议，闵王斮之檀衢[3]，百姓不附。齐孙室子陈举直言[4]，杀之东闾[5]，宗族离心；司马穰苴[6]，为政者也，杀之，大臣不亲。以故，燕举兵，使昌国君将而击之[7]。齐使向子将而应之[8]。齐军破，向子以舆一乘亡。达子收馀卒[9]，复振，与燕战，求所以偿者[10]，闵王不肯与，军破走。

王奔莒[11]。淖齿数之曰[12]："夫千乘、博昌之间[13]，方数百里，雨血沾衣，王知之乎？"王曰："不知。""嬴、博之间[14]，地坼至泉[15]，王知之乎？"王曰："不知。""人有当阙而哭者[16]，求之则不得，去之则闻其声，王知之乎？"王曰："不知。"淖齿曰："天雨血沾衣者，天以告也；地坼至泉者，地以告也；人有当阙而哭者，人以告也。天地人皆以告矣，而王不知戒焉，何得无诛乎？"于是杀闵王于鼓里[17]。

太子乃解衣免服[18]，逃太史之家，为溉园。君王后,太史氏女,知其贵人,善事之。田单以即墨之城、破亡馀卒,破燕兵,绐骑劫[19],遂以复齐。遽迎太子于莒,立之以为王。襄王即位,君王后以为后,生齐王建。

【注释】

〔1〕齐闵王杀狐咺、陈举之事,《通鉴》等系于周赧王三十年(前285);乐毅伐齐及淖齿杀闵王事,诸家并系赧王三十一年。今按,《史记·田完世家》谓闵王之子襄王居莒五年始被迎归,则又当在赧王三十六年也。故此章叙事,共跨越赧三十至三十六年计六年时间。

〔2〕孤狐咺(xuān):《汉书·古今人表》及《吕氏春秋·贵直论》均作"狐爰"。"孤"字因"狐"而衍。

〔3〕斲(zhuó):斩首。檀衢:齐街市名。

〔4〕陈举:即田举,齐宗室之子。孙室子,犹言宗室子。

〔5〕东闾:齐都临淄东门。

〔6〕司马穰苴:齐大夫,田氏。司马,官名。梁玉绳曰:"按,穰苴皆称在齐景公时,惟《齐策》言湣王杀穰苴。……疑莫能定。"或说春秋之穰苴为战国穰苴之误传。

〔7〕昌国君:燕将乐毅封号。

〔8〕向子:未详。《吕氏春秋·权勋·贵直》并作"触子"。

〔9〕达子:齐将。

〔10〕偿:鲍本作"赏",《吕氏春秋》同。

〔11〕莒:齐邑。在今山东莒县。

〔12〕淖齿:楚将,率兵救齐,湣王任为相。

〔13〕千乘(shèng):齐邑。在今山东高青县高苑镇北。博昌:齐邑。在今山东博兴县东南。

〔14〕嬴:齐邑。在今山东济南市莱芜区西北。博:齐邑。在今山东泰安市东南。

〔15〕坼(chè):裂。

〔16〕阙:宫门前两侧的望楼,中有通道,故称。

〔17〕皷里：莒邑里名。皷，"鼓"的异体字。

〔18〕太子：名法章，后立为襄王。

〔19〕据《史记·乐毅列传》，燕昭王死，惠王立，得齐反间，遂使骑劫代乐毅为将。田单设谋诳燕军，破骑劫于即墨城下，尽复齐失地。

【译文】

　　齐有背靠城墙而居的贫民名叫狐咺的，因说公道话，被齐闵王杀于檀衢，百姓遂乃不附。齐宗室公孙陈举，因直言，被杀死在东闾，宗族于是离心。司马穰苴是执政之臣，被杀，大臣因之不亲。由此之故，燕国起兵，使昌国君乐毅率领攻齐。齐使向子帅兵抵抗。齐国军败，向子仅以一车逃脱。达子收合余卒，兵力复振，与燕军作战，为士兵请求赏赐，湣王不肯给，军破败走。

　　湣王逃奔到莒，淖齿谴责他说："千乘与博昌之间，方圆几百里，大降血沾衣，王知道吗？"王说："不知道。""嬴与博二邑之间，地裂到泉，王知道吗？"王说："不知道。""人有当朝门而哭的，寻找则不见有人，离开却又闻其声，王知道吗？"王说："不知道。"淖齿说："天降血沾衣，是天用它来警告；地裂到泉，是地用它来警告；人有当朝门而哭，是人用它来警告。天地人都来告诫，而王不知反省收敛，怎能不受责罚呢？"于是在皷里把湣王杀掉。

　　齐太子法章遂脱掉太子服装，逃到太史家做灌园的佣工。太史氏的女儿君王后，知道太子是贵人，善待他。齐将田单凭即墨孤城以及败亡余兵，攻破燕军，诳诈燕将骑劫，遂光复齐国，急忙把太子从莒迎回，立为齐王。襄王即位，立君王后为王后，生下齐王建。

王孙贾年十五[1]

　　王孙贾年十五[2]，事闵王。王出走，失王之处。其

331

母曰:"女朝出而晚来,则吾倚门而望;女暮出而不还,则吾倚闾而望。女今事王,王出走,女不知其处,女尚何归?"王孙贾乃入市中,曰:"淖齿乱齐国,杀闵王,欲与我诛者,袒右[3]!"市人从者四百人,与之诛淖齿,刺而杀之。

【注释】

〔1〕又见《列女传》。缪氏《考辨》引黄少荃,以此为传闻依托之辞,不甚可信。是也。

〔2〕王孙贾:齐人。

〔3〕袒右:裸露右臂。

【译文】

王孙贾年方十五岁,服事齐湣王。湣王出走,不知道湣王的去处。他的母亲说:"你早晨出去而晚上归来,我就倚家门而望;你晚上出去而不回来,我就倚里门而望。你如今服事齐王,齐王出走,你不知道王的去处,你还回家做什么?"

王孙贾遂返回市中,说:"淖齿扰乱齐国,杀掉湣王,有愿意同我讨伐他罪行的,袒露右臂!"市人响应的有四百人,一起去诛伐淖齿,把他刺死。

燕攻齐取七十余城[1]

燕攻齐[2],取七十馀城,唯莒、即墨不下。齐田单以即墨破燕,杀骑劫。

初,燕将攻下聊城,人或谗之。燕将惧诛,遂保守聊城，不敢归。田单攻之岁馀，士卒多死，而聊城不下。

鲁连乃书，约之矢以射城中〔3〕，遗燕将曰："吾闻之，智者不倍时而弃利，勇士不怯死而灭名，忠臣不先身而后君。今公行一朝之忿，不顾燕王之无臣，非忠也；杀身亡聊城，而威不信于齐〔4〕，非勇也；功废名灭，后世无称，非知也。故知者不再计，勇士不怯死。今死生荣辱，尊卑贵贱，此其一时也。愿公之详计而无与俗同也！且楚攻南阳〔5〕，魏攻平陆〔6〕，齐无南面之心，以为亡南阳之害，不若得济北之利〔7〕，故定计而坚守之。今秦人下兵，魏不敢东面，横秦之势合，则楚国之形危。且弃南阳，断右壤〔8〕，存济北，计必为之。今楚、魏交退，燕救不至，齐无天下之规〔9〕，与聊城共据期年之弊，即臣见公之不能得也〔10〕。齐必决之于聊城，公无再计！彼燕国大乱，君臣过计，上下迷惑；栗腹以百万之众〔11〕，五折于外，万乘之国，被围于赵，壤削主困，为天下僇。公闻之乎？今燕王方寒心独立，人臣不足恃，国弊祸多，民心无所归。今公又以弊聊之民，距全齐之兵，期年不解，是墨翟之守也；食人炊骨，士无反北之心〔12〕，是孙膑、吴起之兵也。能以见于天下矣〔13〕！

"故为公计者，不如罢兵休士，全车甲，归报燕王，燕王必喜。士民见公如见父母，交游攘臂而议于世，功业可明矣。上辅孤主，以制群臣；下养百姓，以资说士。矫国革俗于天下，功名可立也。意者，亦捐燕弃世，东游于齐乎？请裂地定封，富比陶、卫〔14〕，世世称孤寡〔15〕，与齐久存，此亦一计也。二者显名厚实也，愿公熟计而

333

审处一也!

"且吾闻,效小节者不能行大威,恶小耻者不能立荣名。昔管仲射桓公中钩[16],篡也;遗公子纠而不能死[17],怯也;束缚桎梏[18],辱身也。此三行者,乡里不通也,世主不臣也。使管仲终穷抑,幽囚而不出,惭耻而不见,穷年没寿,不免为辱人贱行矣!然而管子并三行之过[19],据齐国之政,一匡天下,九合诸侯,为五伯首,名高天下,光照邻国。曹沫为鲁君将[20],三战三北,而丧地千里。使曹子之足不离陈,计不顾后,出必死而不生,则不免为败军禽将。曹子以败军禽将,非勇也;功废名灭,后世无称,非知也。故去三北之耻,退而与鲁君计也,曹子以为遭[21]。齐桓公有天下,朝诸侯,曹子以一剑之任,劫桓公于坛位之上[22],颜色不变,而辞气不悖。三战之所丧,一朝而反之,天下震动惊骇[23],威信吴、楚,传名后世。若此二公者,非不能行小节,死小耻也,以为杀身绝世,功名不立,非知也。故去忿恚之心,而成终身之名;除感忿之耻,而立累世之功。故业与三王争流,名与天壤相敝也。公其图之!"

燕将曰:"敬闻命矣!"因罢兵到读而去[24]。故解齐国之围,救百姓之死,仲连之说也。

【注释】

〔1〕又见《史记·鲁仲连传》。考史,田单攻聊城在公元前278年,而鲁连书中所言栗腹攻赵事则在公元前251年,即在攻聊之后二十七年。鲁连之书既为攻聊之时所作,故不当言及后二十七年之事。鲍彪首疑之,

《考辨》更以此为依托之辞,是矣。

〔2〕燕攻齐:公元前284年,燕将乐毅率五国之兵攻齐。

〔3〕约:束缚。

〔4〕信:同"伸"。

〔5〕南阳:战国时南阳有三,此齐之南阳。在今山东邹县以西。

〔6〕平陆:齐邑。在今山东汶上县北。

〔7〕济北:今山东聊城地区。

〔8〕右壤:指平陆。平陆在齐西,故称。

〔9〕规:犹"谋"。这里指图谋攻齐。

〔10〕得:得手,成功。这里指守聊之事。

〔11〕栗腹:燕将。燕王喜命他攻赵,军破被杀。百万:一作"十万",是。

〔12〕反北:反叛。北,背叛。

〔13〕以:犹"已"。

〔14〕陶、卫:陶朱公范蠡与卫国人子贡,都是春秋末以经商致富的著名人物。

〔15〕寡:《史记》无。

〔16〕"昔管仲"句:齐襄公时,齐国内乱,诸公子皆出奔。管仲、召忽随公子纠奔鲁,鲍叔牙随小白奔莒。襄公被杀,国人欲迎小白为君。鲁闻之,亦发兵送纠,并遣管仲领兵截小白,射中小白带钩。小白先入齐,立为君,即桓公。

〔17〕"遗公子纠"句:桓公即位,请鲁国杀公子纠,召忽自杀,管仲请把自己囚送回齐国。

〔18〕束缚桎梏:指囚送回齐。

〔19〕并:兼有。一本作"弃",今从之。

〔20〕曹沫:鲁人,曾事鲁庄公为臣。为将,与齐战,三战三败。后齐桓公与鲁盟于柯,曹沫持匕首劫桓公,尽复鲁国失地。详《史记·刺客列传》。

〔21〕"曹子"句:一本无。今从之。

〔22〕坛位:会盟时所筑之坛,与盟者各居其位。

335

〔23〕一本"惊骇"上有"诸侯"二字。是。

〔24〕到读：即"倒椟"。今本"读"作"椟"。椟，剑匣也。

【译文】

燕军攻齐，占取七十多城，只有莒和即墨二城未破。齐将田单守即墨，破燕军，杀燕将骑劫。

起初，燕将攻下聊城，有人向燕王进谗言。燕将怕被杀，遂保守聊城，不敢回朝。田单攻打聊城，一年多，士卒死伤许多，而聊城未能攻破。

鲁仲连遂写信，缚到箭上射入城中，给燕将说："我听说，智者不做违时而弃利的事，勇士不做怕死而灭名的事，忠臣不做先己而后君的事。现在您出于一时忿慨，不顾燕王失去您，这是不忠；杀身而丢掉聊城，威风在齐国得不到施展，这是不勇；功绩废弃，声名泯灭，而后世无闻，这是不智。所以智者不翻悔，勇士不怕死。现在是决定您死生荣辱、尊卑贵贱唯一的时机，愿您详加思虑而不被俗见所惑。况且楚攻南阳，魏攻平陆，齐无南向与楚、魏争夺之心，以为丢掉南阳的危害小，不如得济北的利益大，所以决定坚持下去。如今秦人下兵救齐，魏不敢东面攻齐，齐联秦之势成，则楚国的形势就危殆了。而且齐抛弃南阳，丢掉平陆，只要能保存济北，必决计这样做。现楚、魏皆退，燕援军不至，齐无天下之忧，再加相持经年而聊城破弊，据臣所见您是难于得手于聊的。齐国必决心要拿下聊城，您不要再存别的侥幸之心。那燕国大乱，君臣失计，上下迷惑，将军栗腹率十万之众，五次败北于外，万乘大国，被赵所围困，地削主忧，被天下所辱，您知道吗？而今燕王正寒心孤立，大臣靠不住，国弊祸多，民无所归心。现在您靠一弊聊的民众，抵抗全齐的军队，一年而不懈怠，善守可以比得上墨翟了；以人肉为食，以白骨为炊，士卒却无背叛之心，用兵可以比得上孙膑、吴起了。您的才能已被天下所知啦！

"因此,为您打算,莫如息兵休士,保全车甲,以回报燕王,燕王必定高兴。士民见您,如见父母,奔走挥臂而在社会上议论,您的功业可宣扬于世啦!上辅孤弱之君,以统制群臣;下养众民百姓,以资养说客。正国革俗以立于天下,功名定可成就。我想,您或者是捐弃燕国,逃离世俗,东到齐国来作漫游呢。那就请齐割地定封,富比陶、卫,世世称孤道寡,与齐国共存,这也是一条可行之路。这两条道路,既能显扬名声,又能厚得实惠,愿您深思熟计而择处其一。

"况且我闻听,拘泥小节的不能成就伟大的威仪,厌恶小耻的不能树立光荣的名号。从前管仲射中齐桓公的带钩,这是篡逆;遗忘旧主公子纠而不能效死,这是懦怯;被鲁国镣铐打入囚车,这是污辱。有这三种行为,乡里不能允许他容身,世主不能选择他做臣。假使管仲到头穷抑,或幽囚而不出,或羞惭而不见,终年至死,免不掉做一个被羞辱的贱人而已。然而,管仲不把三种过失放在心上,秉持齐国大政,匡正天下,九次会合诸侯,为五霸之首,名高天下,光照邻国。曹沫为鲁君率兵打仗,三战三败,丧失土地千里。假使曹沫的脚不离战阵,只计目前而不顾日后,出念必死而不愿生,则不免做败军虏将。曹沫以为败军虏将,是不勇;功废名灭,后世无称,是不智。所以不顾三败的羞耻,退而与鲁君计议。齐桓公朝见天子,会合诸侯,曹沫凭一剑之用,劫迫桓公在会盟的坛台之上,脸不变色,辞不悖理,三战所损失的土地,一朝工夫就收了回来。天下诸侯震动惊骇,威信伸于吴、楚,荣名传于后世。像这二公,并非不能厉行小节,拼死小耻,但以为杀身绝世,功名不立,是不智。所以去掉忿恨之心,而成就终身之名;摈弃感忿之耻,而建立万世之功。所以业绩与三王争流传,声名与天地共腐朽。望公三思!"

燕将见信说:"敬聆教命!"遂罢兵而去。所以,解去齐国之围,拯救百姓之死,是鲁仲连的说辞。

燕攻齐,齐破[1]

燕攻齐,齐破。闵王奔莒,淖齿杀闵王。田单守即墨之城,破燕兵,复齐墟[2]。襄王为太子征[3],齐以破燕[4],田单之立疑[5],齐国之众,皆以田单为自立也。

襄王立,田单相之。过菑水[6],有老人涉菑而寒,出不能行,坐于沙中。田单见其寒,欲使后车分衣,无可以分者,单解裘而衣之。襄王恶之,曰:"田单之施,将欲以取我国乎?不早图,恐后之。"左右顾无人,岩下有贯珠者[7],襄王呼而问之,曰:"女闻吾言乎?"对曰:"闻之。"王曰:"女以为何若?"对曰:"王不如因以为己善。王嘉单之善,下令曰:'寡人忧民之饥也,单收而食之;寡人忧民之寒也,单解裘而衣之;寡人忧劳百姓,而单亦忧之,称寡人之意。'单有是善,而王嘉之,善单之善,亦王之善已!"王曰:"善。"乃赐单牛酒,嘉其行。

后数日,贯珠者复见王,曰:"王至朝日,宜召田单而揖之于庭,口劳之;乃布令求百姓之饥寒者,收穀之[8]。"乃使人听于闾里,闻丈夫之相与语,举曰:"田单之爱人!嗟,乃王之教泽也[9]!"

【注释】

〔1〕本章诸家多系于赧王三十六年(前279)。近是。

〔2〕墟:指故城。战后破乱如墟也。

〔3〕征:信实。

〔4〕以:同"已"。

〔5〕立疑:立君之事迟而不行,故众疑之。

〔6〕菑水:即淄水。见《齐策三·孟尝君将入秦》注〔3〕。

〔7〕贯珠者:贯穿珍珠的人。《元和姓纂》引为"贯殊",人姓名。恐非。

〔8〕穀:养。

〔9〕泽:流风、影响。

【译文】

　　燕军攻齐,齐都临淄被攻破。湣王逃到莒城,淖齿杀掉湣王。田单守卫即墨城,大破燕军,光复齐地。襄王的太子身份也公开了。齐既破燕,田单立太子为君之事成了疑团,齐国众人,都以为田单要自立为君。

　　后来齐襄王立,田单做丞相。君臣渡过淄水,有一位老人过河受寒,到岸不能行走,坐在沙滩里。田单见他寒冷,想让后车分给他衣服,而没有多余衣服可给,于是田单解下自己的皮袄给他穿。襄王很恼田单,说:"田单的施与,是想要夺取我的齐国吧?不早下手,恐怕落在他的后面。"说完左右看无人,岩下有贯穿珍珠的,襄王招呼问他道:"你听到我的话了吗?"回答说:"听到了。"王问:"你以为怎样?"回答说:"王不如借以为自己行善。王您表彰田单的善行,下令说:'寡人担忧民众挨饿,田单就给他们吃的;寡人担忧民众受冻,田单就解下皮袄给他们穿;寡人忧愁百姓,田单也忧愁,很符合寡人的心意。'田单有此善而王表扬他,嘉奖田单的善,也就等于是王的善啊!"王说:"好!"遂赐给田单牛酒,而表彰他的行为。

　　过后几天,贯珠的又见襄王说:"王到上朝的那一天,应当召田单而与他分庭抗礼,口头慰劳他。遂公布命令,寻求百姓中饥饿寒冷的人,收养他们。"于是派人在里巷中听取反映,听到男人们互相谈论,大家都说:"田单的爱护百姓,唉!乃是齐王教化的流泽呀!"

貂勃常恶田单[1]

貂勃常恶田单[2],曰:"安平君[3],小人也!"安平君闻之,故为酒而召貂勃,曰:"单何以得罪于先生,故常见誉于朝?"貂勃曰:"跖之狗吠尧[4],非贵跖而贱尧也,狗固吠非其主也。且今使公孙子贤而徐子不肖,然而使公孙子与徐子斗,徐子之狗,犹时攫公孙子之腓而噬之也[5];若乃得去不肖者而为贤者狗,岂特攫其腓而噬之耳哉[6]!"安平君曰:"敬闻命!"明日,任之于王。

王有所幸臣九人之属,欲伤安平君,相与语于王曰:"燕之伐齐之时,楚王使将军将万人而佐齐。今国已定,而社稷已安矣,何不使使者谢于楚王?"王曰:"左右孰可?"九人之属曰:"貂勃可。"貂勃使楚,楚王受而觞之,数日不反。九人之属相与语于王曰:"夫一人身而牵留万乘者,岂不以据势也哉[7]?且安平君之与王也,君臣无礼,而上下无别。且其志,欲为不善;内牧百姓,循抚其心,振穷补不足,布德于民;外怀戎翟、天下之贤士[8],阴结诸侯之雄俊豪英,其志欲有为也。愿王之察之!"异日而王曰:"召相单来!"田单免冠徒跣肉袒而进[9],退而请死罪。五日而王曰:"子无罪于寡人,子为子之臣礼,吾为吾之王礼而已矣。"

貂勃从楚来,王觞诸前。酒酣,王曰:"召相田单而来!"貂勃避席稽首曰[10]:"王恶得此亡国之言乎?王上者孰与周文王?"王曰:"吾不若也。"貂勃曰:"然,臣固知王不若也。下者孰与齐桓公?"王曰:"吾不若也。"貂勃曰:"然,臣固知王不若也。然则周文王得吕尚以为'太公',齐桓公得管夷吾以为'仲父',今王得安平君而独曰'单'!且自天地之辟,民人之治,为人臣之功者,谁有厚于安平君者哉?而王曰'单''单'!恶得此亡国之言乎?且王不能守先王之社稷,燕人兴师而袭齐墟[11],王走而之城阳之山中[12]。安平君以惴惴之即墨,三里之城,五里之郭,敝卒七千,禽其司马,而反千里之齐。安平君之功也!当是时也,阖城阳而王,城阳天下莫之能止[13]。然而计之于道,归之于义,以为不可,故为栈道木阁[14],而迎王与后于城阳山中,王乃得反,子临百姓。今国已定,民已安矣,王乃曰'单'!且婴儿之计不为此!王不亟杀此九子者以谢安平君?不然,国危矣!"王乃杀九子而逐其家,益封安平君以夜邑万户[15]。

【注释】

〔1〕缪氏《考辨》引黄少荃,谓本章不足信者有二:楚将淖齿实杀湣王,楚实齐仇,此言使貂勃谢于楚王,一也;燕人兴师,不能守先王之社稷而走者湣王,此言襄王,二也。故断其为依托之辞。今按,黄、缪之说可参。

〔2〕貂勃:齐人。

〔3〕安平君:田单初起安平,故以为号。安平故城,在今山东益都西北。

〔4〕跖(zhí):相传是春秋末年有名的大盗。跖狗吠尧,是比喻奴才只忠于他的主人而不问其他。

〔5〕腓(féi):俗称腿肚子。

〔6〕耳哉:犹云"而已哉"。耳,而已。

〔7〕据势:倚仗权势。

〔8〕怀:安抚。戎翟:少数民族之邦。翟,同"狄"。

〔9〕徒跣(xiǎn):赤脚步行。肉袒:裸露上身。

〔10〕避席稽首:离开坐席叩头至地。古时一种最重的跪拜礼。

〔11〕墟:故城。

〔12〕城阳:即莒。今山东莒县。

〔13〕一本无"城阳"二字。是。

〔14〕栈道木阁:用木架设在山崖间的通道。

〔15〕夜:齐邑。又作"掖"。在今山东莱州市。

【译文】

　　貂勃时常说田单的坏话,道:"安平君是小人啊。"安平君闻听,因此置酒而召请貂勃,说:"单我怎么得罪了先生,所以常被您在朝廷上'称誉'呢?"貂勃说:"盗跖的狗冲着尧叫,并非以跖为可贵而尧为可鄙,狗本来就向不是它的主人吠叫的。如今比如说公孙子贤能,而徐子不肖。然而使公孙子与徐子打斗,徐子的狗还是抓住公孙子的腿肚来咬他。假如能够去掉不肖的人,而做贤者的狗,难道仅只能够抓住腿肚来咬吗?"安平君说:"敬聆教命。"次日,向齐王推荐任用貂勃。

　　襄王有九位所宠幸的臣子,欲中伤安平君,相约一起告诉王说:"燕伐齐的时候,楚王使将军(淖齿)率万人来助齐。现今国势已经稳定,而社会也安宁了,为何不派使者去答谢楚王呢?"

王说:"左右之人谁可去呢?"九个人说:"貂勃可使。"于是貂勃出使于楚。楚王受礼完毕而置酒款待他,许多天不回国返命。九个人一起对王说:"一个人的身子,而被万乘之君所挽留,难道不是因为有所仗恃吗?再说,安平君与大王您,没有君臣之礼与上下之别,其志恐有不良之图。国内收买百姓,安抚民心,救济贫穷,补益不足,广布恩德于民;国外怀柔戎狄之邦与天下贤能之士,暗中勾结诸侯国的英俊豪杰。他的志向是想有所作为呀!愿大王明察。"改天,襄王直呼其名说:"召丞相田单来!"田单免冠、赤足、光着上身进前,退下请王处以死罪。五天之后,王说:"你对寡人无罪,你行你的臣礼,我行我的君礼罢了。"

貂勃从楚国归来,王在座前赐酒,喝得很尽兴,王说:"召丞相田单来!"貂勃起座叩头说:"王为何出此亡国之言呢?王往远说,比周文王如何?"王说:"我哪里比得上。"貂勃说:"是呀!臣当然知道比不上。往近说比齐桓公如何?"王说:"我也比不上。"貂勃说:"是呀!臣当然知道比不上。然而周文王得到姜尚,以他为太公;齐桓公得到管仲,以他为仲父;如今王得到安平君,却只称'单'。况且自从开天辟地,有人民之始,做人臣的功劳,有谁比安平君更大呢?而王却称'单''单'。何可发此亡国之言呢?再说,王不能保守先王的社稷,燕人兴兵而袭击齐国土地,王逃到莒的山中。安平君靠提心吊胆的即墨,三里之城,五里之郭,疲卒七千,擒杀敌军主将,而夺回千里之齐,这是安平君的功绩。在这个时候,如关闭莒城而自王,天下没有人能够制止。然而由道德衡量,从义理着眼,以为不能这样做,所以编木为栈,架木为阁,铺平道路,而迎接大王与王后于莒地山中。由此大王乃得回国,子养百姓。现在国已稳定,民已平安了,而王却称'单'。再说,婴儿也知道这么做不对。王不如赶快杀掉这九个人来向安平君道歉,否则,国家就危险啦!"齐王于是杀掉九人并驱逐他们的家小,加封夜邑一万户给安平君。

田单将攻狄[1]

田单将攻狄[2],往见鲁仲子。仲子曰:"将军攻狄,不能下也。"田单曰:"臣以五里之城[3],七里之郭,破亡馀卒,破万乘之燕,复齐墟。攻狄而不下,何也?"上车弗谢而去。遂攻狄,三月而不克之也。

齐婴儿谣曰:"大冠若箕,修剑拄颐[4],攻狄不能下,垒枯丘[5]。"田单乃惧,问鲁仲子曰:"先生谓单不能下狄,请闻其说!"鲁仲子曰:"将军之在即墨,坐而织蕢[6],立则丈插[7],为士卒倡曰:'可往矣[8]?宗庙亡矣!云日尚矣[9]!归于何党矣[10]?'当此之时,将军有死之心,而士卒无生之气,闻若言,莫不挥泣奋臂而欲战。此所以破燕也。当今将军东有夜邑之奉[11],西有菑上之虞[12],黄金横带,而驰乎淄、渑之间[13],有生之乐,无死之心。所以不胜者也!"田单曰:"单有心,先生志之矣!"

明日,乃厉气循城[14],立于矢石之所,乃援枹鼓之[15],狄人乃下。

【注释】

〔1〕又见《说苑·指武》篇。《通鉴》《大事记》等系此于赧王三十六年(前279)。是。

〔2〕狄:狄之一种,其故城在今山东高青。

〔3〕五里之城:当指即墨。

〔4〕颐:腮。

〔5〕垒枯丘:《说苑》作"垒于梧丘",谓筑垒于梧丘。一本作"垒枯骨成丘",今从之。

〔6〕蒉(kuì):草筐。

〔7〕插:同"锸"。《说苑》作"丣"。

〔8〕可往矣:《说苑》无;一本作"无可往矣",今从之。

〔9〕云曰尚矣:黄丕烈谓"曰"当作"白","云白"者,"魂魄"之省义。《说苑》正作"魂魄"。尚,借为"丧"。

〔10〕党:乡。

〔11〕夜邑:见前章注〔15〕。

〔12〕菑上:即淄上。虞:同"娱"。

〔13〕渑(shéng):水名,源出山东淄博市东北,西北流至博兴入时水。

〔14〕厉气:激励士气。厉,同"励"。

〔15〕枹(fú):鼓槌。

【译文】

田单将要攻狄,往见鲁仲连。仲连说:"将军攻狄,攻不下的。"田单说:"臣凭五里之城,七里之郭,败亡的余兵,攻破万乘的燕国军队,恢复齐国疆土。如今攻区区之狄而不能下,这是什么道理?"上车不道一声谢而去。遂攻狄,三个月没有攻克。

齐国儿童歌谣唱道:"大帽像簸箕,长剑挂着腮,攻狄不能下,枯骨堆成丘。"田单遂惊恐,问鲁仲连说:"先生说单不能攻下狄,请听一听您的看法。"鲁仲连说:"将军在即墨的时候,坐着而编草筐,站着就拿锹锸,给士兵唱道:'无处去啦!宗庙亡啦!魂魄丢啦!归何乡啊?'在这时,将军有必死的决心,而士卒没有活着的念头,听到这样的话,无不挥泪振臂而求战,这就是所以破燕的原因。如今,将军东边有夜邑的奉养,西面有淄上的娱乐,腰横黄金玉带,而驰骋在淄、渑二水之间,有活着的快乐,没有誓死的决心,这就是打不胜仗的原因。"田单说:"单有决死之心,先生您记着好了。"

明天,遂激励斗志,循行城下,立于矢石交集之处,手持鼓槌击鼓,狄城遂破。

濮上之事[1]

濮上之事,赘子死[2],章子走[3]。盼子谓齐王曰[4]:"不如易馀粮于宋[5],宋王必说,梁氏不敢过宋伐齐。齐固弱,是以馀粮收宋也。齐国复强,虽复责之宋,可;不偿,因以为辞而攻之,亦可。"

【注释】

〔1〕据《史记·六国年表》、《齐·魏世家》及《秦纪》,赧王三年(前312)齐、宋围魏煮枣,秦使樗里疾助魏击齐,虏齐将声子于濮。即此章之事。按雷《表》,赧三当齐宣九年、魏襄八年。

〔2〕赘子:林春溥、顾观光并疑为"声子"之讹。是。

〔3〕章子:匡章。齐将。

〔4〕盼子:田盼。齐将。

〔5〕易:移。鲍注:"移与之。"

【译文】

濮水之役,赘子死难,章子败走。盼子对齐(宣)王说:"不如把余粮移送给宋国,宋王必定高兴,则魏国不敢越过宋国来攻打齐国。齐目前正处于劣势,这是用余粮来收拢宋。如齐势复振,虽再向宋讨还,是可以的;宋国不还,因以此为借口来攻打它,也是可以的。"

齐闵王之遇杀[1]

齐闵王之遇杀,其子法章变姓名,为莒太史家庸夫。太史敫女奇法章之状貌,以为非常人,怜而常窃衣食之,与私焉。莒中及齐亡臣相聚,求闵王子,欲立之。法章乃自言于莒,共立法章为襄王。襄王立,以太史氏女为王后,生子建。太史敫曰:"女无谋而嫁者[2],非吾种也,污吾世矣!"终身不睹。君王后贤,不以不睹之故失人子之礼也。

襄王卒,子建立为齐王。君王后事秦谨,与诸侯信,以故建立四十有馀年不受兵[3]。秦始皇尝使使者遗君王后玉连环[4],曰:"齐多知,而解此环不[5]?"君王后以示群臣,群臣不知解。君王后引椎椎破之,谢秦使曰:"谨以解矣!"

及君王后病,且卒,诫建曰:"群臣之可用者某。"建曰:"请书之。"君王后曰:"善。"取笔牍受言,君王后曰:"老妇已亡矣[6]!"君王后死,后后胜相齐[7],多受秦间金玉,使宾客入秦,皆为变辞[8],劝王朝秦,不修攻战之备。

【注释】

[1]此章姚本与《濮上之事》连篇,鲍另列一章,今从之。又见《史

记·田敬仲完世家》。此章叙事上起齐闵遇杀,下迄君王后之死,连续三十余年。

〔2〕谋:一本作"媒"。是。

〔3〕"以故"句:《史记·田完家》:"秦日夜攻三晋、燕、楚,五国各自救于秦,以故王建立四十余年不受兵。"

〔4〕"秦始皇"句:齐君王后死于秦庄襄王之时,始皇尚未当政。此言秦始皇者,误。

〔5〕而:同"能"。

〔6〕亡:鲍本作"忘"。是。

〔7〕后胜:齐臣。

〔8〕变辞:变诈不实之言。

【译文】

齐闵王被淖齿所杀,太子法章改变姓名,替莒城太史家做佣工。太史敫的女儿,看法章状貌奇伟,以为不是寻常之辈,遂产生怜爱之意,时常偷偷给他食品衣物,并与他私通。莒中和齐国逃亡的大臣相聚,寻求闵王太子,拟立为齐君。法章遂到莒说明身份,大家共立法章为齐襄王。襄王即位,以太史的女儿为王后,生太子建。太史敫说:"女儿无媒而嫁,不配做我的后代,玷污了我的家门。"遂终身不见。君王后贤淑,并不因为父亲不见而失掉做女儿的礼节。

襄王死,太子建立为齐王。君王后与秦交往很谨慎,与诸侯相处讲究信义,因此,齐王建即位四十多年而没有受到别国的袭击。秦始皇曾派使者馈赠君王后玉连环,说:"齐人多智,能够解开这个环吗?"君王后向群臣展示,群臣不知如何解法。君王后拿过锤子敲破它,回答秦使者说:"遵命把它解开啦!"

等到君王后有病将终,告诫齐王建说:"群臣中可以重用的有某某人。"建说:"请太后写下它来。"君王后说:"好罢。"拿来笔和木版接受太后的遗言,君王后说:"老妇已经忘却啦!"君王后死之后,后胜做齐相,暗中接受秦国许多金玉,派遣宾客入秦,回报时多不讲实话,劝齐王朝秦,不做打仗的准备。

齐王建入朝于秦[1]

齐王建入朝于秦,雍门司马前曰[2]:"所为立王者,为社稷耶?为王立王耶[3]?"王曰:"为社稷。"司马曰:"为社稷立王,王何以去社稷而入秦?"齐王还车而反。

即墨大夫与雍门司马谏而听之[4],则以为可可为谋[5],即入见齐王,曰:"齐地方数千里,带甲数百万。夫三晋大夫皆不便秦,而在阿、鄄之间者百数[6],王收而与之百万之众,使收三晋之故地,即临晋之关可以入矣[7],鄢郢大夫不欲为秦,而在城南下者百数[8],王收而与之百万之师,使收楚故地,即武关可以入矣[9]。如此,则齐威可立,秦国可亡。夫舍南面之称制[10],乃西面而事秦,为大王不取也!"齐王不听。

秦使陈驰诱齐王[11],内之,约与五百里之地。齐王不听即墨大夫而听陈驰,遂入秦。处之共松柏之间[12],饿而死。先是,齐为之歌曰:"松邪、柏邪!住建共者,客耶[13]!"

【注释】

〔1〕据《史记·秦始皇本纪》、《六国年表》、《田敬仲完世家》,秦灭齐在始皇二十六年(前221),诸家俱系此章于是年。

〔2〕"雍门"句:《御览》卷三五二、《北堂书钞》武功部皆作"雍门司马横戟当马前"。此脱去"横戟当马"四字。

〔3〕"为王"句:此当删去"立王"二字。

〔4〕与:一本作"闻"。是。

〔5〕可可:一本作"可以"。黄丕烈以为当作"可与",今从之。

〔6〕阿、鄄:东阿与鄄城。均齐邑。

〔7〕临晋之关:魏邑,西与秦界。故城在今陕西省大荔县东。

〔8〕城南下:即南城之下。南城,齐城,威王时曾使檀子在这里驻守。

〔9〕武关:秦地。在今陕西省商南县东南。

〔10〕制:帝王的命令。

〔11〕陈驰:鲍注:"齐客之入秦者。"

〔12〕共(gōng):秦地。在今甘肃泾川县。

〔13〕客:指陈驰。

【译文】

齐王田建将去朝见秦王,雍门司马横戟拦在王马前说:"国家所以立王,是为社稷呢?还是为王而立王呢?"王说:"当然是为社稷。"司马说:"为社稷立王,王为什么离开社稷而入秦呢?"齐王于是回车而返。

即墨大夫闻知雍门司马进谏被王接受,便以为可以出谋献策,当即入见齐王说:"齐地方圆数千里,披甲士卒数百万。三晋(赵、魏、韩)大夫,都不服秦,而在阿、鄄之间的有上百人,王收拢来给他们百万大军,让他们收复三晋失地,那么临晋的关隘就可以被攻破了。鄢、郢的大夫,不愿事秦,而居住在齐国城南的,也有上百,王招集而给他们百万大军,使收复楚国旧地,那么武关就可攻入了。这样,则齐的国威可以树立,秦国可以灭亡。如果舍弃南面称王,却西向而事秦,对大王是不可取的。"齐王没有接受。

秦国派陈驰引诱齐王入秦，答应割让给齐国五百里土地。齐王不听信即墨大夫而听信陈驰，遂入秦。秦把他囚禁在共地的松柏之间，遂饿死。先是齐国有歌谣流传："松树吗？柏树吗？让建住在共的，是客吗？"

齐以淖君之乱秦[1]

齐以淖君之乱秦[2]。其后秦欲取齐[3]，故使苏涓之楚[4]，令任固之齐。齐明谓楚王曰[5]："秦王欲楚，不若其欲齐之甚也。其使涓来，以示齐之有楚，以资固于齐[6]。齐见楚[7]，必受固。是王之听涓也，适为固驱以合齐、秦也。齐、秦合，非楚之利也。且夫涓来之辞，必非固之所以之齐之辞也[8]。王不如令人以涓来之辞谩固于齐[9]，齐、秦必不合。齐、秦不合，则王重矣。王欲收齐以攻秦，汉中可得也[10]；王即欲以秦攻齐，淮泗之间亦可得也[11]。"

【注释】

〔1〕此章鲍本在《楚策》。此盖齐王建时事，必在周赧王三十六年（前279）之后，具体年代不可考。

〔2〕"齐以"句：姚宏谓一本"乱"下添"仇"字，成"仇秦"。按，淖君之乱即指淖齿杀湣王之事。齿为楚所遣以救齐者，其杀湣王，齐无理由"仇秦"，故金正炜以为当作"仇楚"。是。

〔3〕取：合。

〔4〕鲍彪云："涓、固皆秦人。"

〔5〕齐明:辩士,时事楚。

〔6〕资固:给任固以凭借。

〔7〕见楚:谓见楚接纳苏涓。

〔8〕鲍彪曰:"涓之辞必厚楚而薄齐,固之辞必厚齐而薄楚。"

〔9〕鲍彪曰:"谩,欺也。以涓薄齐之辞告齐,则固言厚齐者非实,齐必以固为欺己。"

〔10〕汉中:故楚地,公元前312年为秦所攻占。

〔11〕淮泗之间:淮北泗上之地。今江苏、山东、安徽交界一带地区。

【译文】

　　齐国因为淖齿之乱,而与楚结仇。此后,秦想与齐合,所以派苏涓往楚,命任固至齐。齐明对楚王说:"秦王想与楚合,不如想与齐合那样迫切。他使苏涓来楚,是向齐显示楚国与秦关系亲密以给任固在齐国的活动捞取资本。齐国见楚容纳苏涓,也一定接受任固。是王您听信苏涓,恰恰为任固促成齐、秦的结合。齐、秦联合,对楚国是不利的。况且苏涓来楚所说的话,肯定与任固在齐所说的话相反。王不如派人拿苏涓在楚说的话,让齐知道任固的欺诈,那么齐、秦必定不合。齐、秦不合,王您的分量就更重了。王如果想拉齐来攻秦,则汉中之地可得。王就是想联秦攻齐,淮、泗之间的土地也可以得到。"

卷十四　楚一

【题解】

楚，芈姓，始祖鬻熊。曾孙熊绎，周成王时被封于楚，子爵，立国于荆山一带，建都丹阳（今湖北秭归东南）。故国君称楚子，国又称荆或荆楚。熊绎后四世至熊渠，疆域扩展到长江中游，乃分封三个儿子做那里的王。可见楚对周早已存不臣之心。公元前704年，熊通三十七年，遂自立为楚武王。子文王又迁都于郢（今江陵西北纪王城）。此后，渐次吞并江汉流域许多小国，到楚庄王时国力更加强盛，与中原大国争霸，曾一度被尊为霸主。进入战国后，疆域继续扩大。楚宣王（前369—前340在位。下同）始见于《战国策》，历威王（前339—前329）、怀王（前328—前299）、顷襄王（前298—前263）、考烈王（前262—前238）、幽王（前237—前229）、哀王（前228）、负刍（前227—前223）。

楚地处南方，西邻巴、蜀，西北与秦，北与韩、魏、宋，东北与齐接壤。国土面积，北至汉北、淮北，南据中南与东南大部，在七国中最大。

楚民殷国富，兵力雄厚，是当时唯一能够单独与秦抗衡的国家。战国中期曾有"横成则秦帝，纵合则楚王"的说法。但因其国内旧贵族专权，排斥贤能，政治腐败，屡为秦所战败，国力逐渐消耗；对外又缺乏正确坚定的外交路线，所以终于在公元前223年，被强秦所灭。

《楚策》姚本四卷:《楚一》十九章,《楚二》八章,《楚三》十章,《楚四》十三章,共五十章。鲍本一卷,五十六章。今参校二本,定《楚一》为二十章,《楚二》为九章,余仍姚本之旧,凡五十二章。

齐、楚构难[1]

齐、楚构难,宋请中立。齐急宋[2],宋许之。子象为楚谓宋王曰[3]:"楚以缓失宋,将法齐之急也。齐以急得宋,后将常急矣。是从齐而攻楚,未必利也。齐战胜楚,势必危宋;不胜,是以弱宋干强楚也[4]。而令两万乘之国[5],常以急求所欲,国必危矣!"

【注释】

〔1〕缪氏《考辨》谓周赧王十四年(前301),齐与韩、魏、秦败楚于重丘,或即此章所言"齐、楚构难"之事。姑备一说。

〔2〕急:迫。

〔3〕子象:楚人。宋王:偃。

〔4〕干:犯也。

〔5〕两万乘之国:谓齐、楚。

【译文】

齐、楚两国交战,宋国请求中立。齐国胁迫宋,宋答应援助它。楚人子象为楚对宋王说:"楚因行动迟缓,失掉宋援,将效法齐国,也来胁迫。齐国因胁迫得到宋的援助,以后恐要经常来胁迫啦!所以,跟齐来攻楚,未必对宋有利。如果齐打败楚国,一定要威胁宋国;打不赢,则是拿弱宋来触犯强楚。而且让两个万乘大国时常用胁迫的办法来索求它们想要得到的,宋国往后的日子可就不好过了。"

五国约以伐齐[1]

五国约以伐齐[2]。昭阳谓楚王曰:"五国已破齐,秦必南图。"楚王曰:"然则奈何?"对曰:"韩氏,辅国也[3],好利而恶难。好利,可营也;恶难,可惧也。我厚赂之以利,其心必营[4];我悉兵以临之,其心必惧我。彼惧吾兵而营我利,五国之事必可败也。约绝之后,虽勿与地,可。"

楚王曰:"善。"乃命大公事之韩[5],见公仲曰:"夫牛阑之事[6],马陵之难[7],亲王之所见也[8]。王苟无以五国用兵,请效列城五,请悉楚国之众也,以廥于齐[9]。"

齐之反赵、魏之后[10],而楚果弗与地,则五国之事困也。

【注释】

〔1〕钟氏《勘研》谓五国伐齐,乃指乐毅率赵、秦、韩、魏、燕攻齐事。按于《表》,赧王三十一年(燕昭王二十八年、齐湣王十八年)云:"以乐毅为上将军,与秦、楚、三晋合谋伐齐。"即为是役。盖楚初使淖齿救齐,后乃与燕共分齐地而始与于五国之列也。时当公元前284年。

〔2〕五国:谓燕、秦、赵、韩、魏。

〔3〕辅国:姚宏谓一作"转国"。言随风转舵、多变之国。

〔4〕营:惑也。

〔5〕大公事:楚臣,未详。大,一作"太"。

〔6〕牛阑之事：未详。牛阑，战国楚地，在今河南鲁山县一带。

〔7〕马陵之难：按于《表》魏惠三十年："齐救韩击魏，大破之马陵。"详《齐策一·南梁之难》。

〔8〕亲：似当在"见"字之前。王：鲍本作"主"，谓公仲。

〔9〕膺：鲍本作"图"，图谋，谋取。

〔10〕金正炜曰："'齐'当作'韩'，承上'齐'字而误。"今从之。此言韩与赵、魏解约之后。

【译文】

五国相约伐齐。昭阳对楚王说："五国破齐之后，秦必南来攻楚。"王说："果真如此，那么怎办呢？"回答说："韩是个看风使船的国家，好利而恶难。好利，可以诱惑；恶难，可以恐吓。我用土地来厚赠它，它的心一定迷惑；我起兵去攻打它，它的心一定恐惧。它畏怕我的大军而贪图我的土地，五国攻伐的事一定可以挫败。等他们盟约破裂之后，虽不给土地也是可以的。"

楚王说："好。"遂派太公事到韩国去。见到韩相公仲说："牛阑的事变，马陵的战役，您是亲眼所见的。韩王如果不参与五国用兵，楚请献列城五座，并悉起楚国之兵，来图谋齐。"

韩人与赵、魏反目之后，楚果然没有给韩国上地，五国联合之事却遭到困阻。

荆宣王问群臣[1]

荆宣王问群臣曰："吾闻北方之畏昭奚恤也[2]，果诚何如？"群臣莫对。江一对曰[3]："虎求百兽而食之，得狐。狐曰：'子无敢食我也！天帝使我长百兽。今子食我，是逆天帝之命也！子以我为不信，我为子先行，子随我后,观百兽之见我而敢不走乎?'虎以为然,故遂与之行。兽见之,皆走。虎不知兽畏己而走也,以为畏狐也。今王之地方五千里,带甲百万,而专属之于昭奚恤,故北方之畏奚恤也,其实畏王之甲兵也!犹百兽之畏虎也!"

【注释】
〔1〕又见《新序·杂事二》。据《楚策一·江乙恶昭奚恤》,江乙为魏使楚在邯郸之难之后,约当周显王十七年(楚宣王十八年),公元前352年。黄氏《编略》、于《表》均系此章于该年。
〔2〕昭奚恤:楚宣王之相。
〔3〕江一:一本作"江乙"。一,通"乙"。乙,或作"江尹",《韩非子》又作"江乞"。魏人,初为魏使楚,后仕于楚。

【译文】
楚宣王问群臣说:"我听说北方诸国都畏惧昭奚恤,到底是怎样呢?"群臣无人应对。江乙回答说:"老虎寻找百兽来充饥,遇到狐狸。狐说:'你是不敢吃我的。上帝让我做百兽的领袖。现在你吃我,是违背上帝的命令。如果你不相信我说的话,我在你前面走,你跟在我后边,看百兽见到我有敢不跑的没有?'老虎以为狐说得对,所以跟它一块走。野兽见到都逃跑了。老虎不知道野兽是怕自己才逃走的,以为是惧怕狐狸。现在大王有地五千里,兵卒百万,然而却专统属于昭奚恤,因此,北方诸国畏惧昭奚恤,实际上是畏惧大王的甲兵。这如同百兽畏惧虎是一样的。"

昭奚恤与彭城君议于王前[1]

昭奚恤与彭城君议于王前[2],王召江乙而问焉。江乙曰:"二人之言皆善也,臣不敢言其后。此谓虑贤也[3]。"

【注释】

〔1〕系年同上章。

〔2〕彭城君:楚臣之封号。其人未详。

〔3〕虑:《广雅·释诂四》:"议也。"钟氏《勘研》云:"是下屡见江乙恶昭奚恤事,而此则独否,且语甚持平。其或斯事乃楚王面昭奚恤而召问江乙,故伪为此辞耳。"

【译文】

昭奚恤与彭城君在楚王面前议论政事,王召江乙来问二人孰是。江乙说:"二人所说都很好,臣不敢在后面论其是非。因为这样做,有妄议贤者的嫌疑。"

邯郸之难[1]

邯郸之难,昭奚恤谓楚王曰:"王不如无救赵,而以强魏。魏强,其割赵必深矣;赵不能听,则必坚守,是两弊也。"景舍曰[2]:"不然!昭奚恤不知也。夫魏之攻赵也,恐楚之攻其后。今不救赵,赵有亡形,而魏无楚忧,是楚、魏共赵也^[3]，害必深矣，何以两弊也？且魏令兵以深割赵，赵见亡形而有楚之不救己也，必与魏合，而以谋楚。故王不如少出兵，以为赵援。赵恃楚劲，必与魏战；魏怒于赵之劲，而见楚救之不足畏也，必不释赵。赵、魏相弊，而齐、秦应楚，则魏可破也。"

楚因使景舍起兵救赵。邯郸拔，楚取睢、浉之间^[4]。

【注释】

〔1〕吴师道据《史记·六国年表》，谓魏围赵邯郸在周显王十五年（楚宣王十六年），拔邯郸，齐败魏，在次年。是。于《表》亦于显十六年书："邯郸之难，赵求救于齐。"当公元前353年。

〔2〕景舍：楚臣。

〔3〕共赵：指楚与魏共同攻赵。

〔4〕睢、浉（huì）：二水均在魏的东南境。睢水，从魏都大梁南之鸿沟分出，东南流，经宋，注入泗水。浉水，亦为鸿沟支脉，东南流注入淮水。

【译文】

魏围赵邯郸，昭奚恤对楚王说："王莫如不救赵，而使魏更强。魏强，必求多割取赵地；赵国不答应，就一定坚守，这是两败俱伤。"

景舍说："不对。昭奚恤很不明智。魏国攻打赵国，惧怕的就是楚袭其后。如今不去救赵，赵有灭亡的危险，而魏没有楚后顾之忧，这等于楚与魏共同攻赵，赵受害必深啊，怎能两败俱伤呢？况且魏令它的士兵深入侵赵，赵出现灭亡的征兆，知道楚国不来援救自己，一定要与魏联合而来图谋楚。因此，王不如少出兵，作为赵的援军。赵倚仗有楚援，一定要与魏国作战。魏恼怒赵国力战，而看楚的援兵并不足畏惧，必不放过赵国。赵、魏相损,而有齐、秦乘机起兵来配合楚,那么魏就可以被击破了。"

楚因而使景舍起兵救赵。魏攻破邯郸,楚取睢、浉之间的地盘。

江尹欲恶昭奚恤于楚王[1]

江尹欲恶昭奚恤于楚王[2],而力不能,故为梁山阳君请封于楚[3]。楚王曰:"诺。"昭奚恤曰:"山阳君无功于楚国,不当封。"江尹因得山阳君与之共恶昭奚恤。

【注释】
〔1〕系年同前《荆王问群臣》。
〔2〕江尹:即江乙。见前注。
〔3〕山阳君:魏人之仕楚者。

【译文】
江乙想要向楚王说昭奚恤的坏话,而力所不及,所以替魏的山阳君向楚请求封地。楚王说:"可以。"昭奚恤说:"山阳君对楚国无功,不该封赏。"江乙因得与山阳君一起来说昭奚恤的坏话。

魏氏恶昭奚恤于楚王[1]

魏氏恶昭奚恤于楚王[2],楚王告昭子。昭子曰:"臣朝夕以事听命,而魏入吾君臣之间,臣大惧。臣非畏魏也,夫泄吾君臣之交[3],而天下信之,是其为人也近苦矣[4]。夫苟不难为之外[5],岂忘为之内乎[6]?臣之得罪无日矣!"王曰:"寡人知之,大夫何患!"

【注释】

〔1〕此章与《江尹欲恶昭奚恤于楚王》连篇,鲍另列一章,今从之。黄氏《编略》系于显王十七年(前352),近是。

〔2〕魏氏:或以为即上章的山阳君。

〔3〕泄:同"媟",侮慢、亵渎。

〔4〕苦:深。谓其人之用心也。

〔5〕外:指魏。

〔6〕内:指楚。

【译文】

魏氏向楚王说昭奚恤的坏话,楚王告诉了昭奚恤。昭奚恤说:"臣早晚以国事聆听王命,而魏氏进入我们君臣之间,臣十分害怕。臣不是怕魏氏呀!他侮慢我们君臣的交谊,而天下相信他,是他的为人用心很深了。如果外人能够轻易地这么做,难道国内之人不会这么做吗?臣的得罪恐怕为时不远了。"王说:"寡人明白,大夫又何必忧虑!"

江乙恶昭奚恤[1]

江乙恶昭奚恤,谓楚王曰:"人有以其狗为有执而爱之[2]。其狗尝溺井,其邻人见狗之溺井也,欲入言之。狗恶之,当门而噬之。邻人惮之,遂不得入言。邯郸之难,楚进兵大梁,取矣[3]。昭奚恤取魏之宝器,以居魏知之[4],故昭奚恤常恶臣之见王。"

【注释】

〔1〕此章系年同前篇。
〔2〕有执:谓善于守宅。
〔3〕取:曾巩本作"拔"。事见《楚策一·邯郸之难》。
〔4〕曾本"以"下有"臣"字。是。

【译文】

江乙想要说昭奚恤的坏话,对楚王说:"有人因为他的狗很会看家而喜欢它。那个狗曾往井里便溺,邻人见狗往井里便溺,想进来告诉主人。狗恼恨他,挡在门前咬他。邻人怕狗咬,终于不能进来告诉主人。邯郸那场战争,楚国进兵魏都大梁,攻下了大梁。昭奚恤掠取魏国的宝器,因臣当时居魏所以能够知道这件事。因此昭奚恤时常恼恨臣进见大王。"

江乙欲恶昭奚恤于楚[1]

江乙欲恶昭奚恤于楚,谓楚王曰:"下比周[2],则上危;下分争,则上安。王亦知之乎?愿王勿忘也!且人有好扬人之善者,于王何如?"王曰:"此君子也,近之。"江乙曰:"有好扬人之恶者,于王何如?"王曰:"此小人也,远之。"江乙曰:"然则且有子杀其父,臣弑其主者,而王终已不知者[3],何也?以王好闻人之美,而恶闻人之恶也。"王曰:"善。寡人愿两闻之!"

【注释】

〔1〕此章与后《江乙为魏使于楚》章文意极相类,或者为传闻而异辞之故。系年与前章同。

〔2〕比周:结党、联盟。

〔3〕终已:一本作"终己。"

【译文】

江乙想要在楚把昭奚恤搞臭,对楚王说:"臣下朋党比周,则君上危殆;臣下分散相争,则君上安稳。大王知道吗?愿大王不要忘记。如果人有好扬人之善的,大王怎样对待?"王说:"这是君子呀,亲近他。"江乙说:"有人好扬人之恶,大王怎样对待?"王说:"这是小人呀,疏远他。"江乙说:"然则将要有儿子杀他的父亲,臣子杀他的君主,而王始终不能知道。这是怎么回事呢?是因为大王好听人的好处,而不愿意听人的坏处呀!"王说:"是的。寡人愿意两者都听听。"

江乙说于安陵君[1]

江乙说于安陵君曰[2]:"君无咫尺之地[3],骨肉之亲,处尊位,受厚禄,一国之众,见君莫不敛衽而拜[4],抚委而服[5],何以也?"曰:"王过举而已。不然,无以至此!"

江乙曰:"以财交者,财尽而交绝;以色交者,华落而爱渝[6];是以嬖女不敝席,宠臣不避轩[7]。今君擅楚国之势,而无以深自结于王,窃为君危之!"安陵君曰:"然则奈何?"江乙曰:"愿君必请从死,以身为殉。

如是,必长得重于楚国。"曰:"谨受令。"

三年而弗言。江乙复见曰:"臣所为君道,至今未效,君不用臣之计,臣请不敢复见矣。"安陵君曰:"不敢忘先生之言,未得间也!"

于是,楚王游于云梦,结驷千乘,旌旗蔽日,野火之起也若云蜺[8],兕虎嗥之声若雷霆[9]。有狂兕牂车依轮而至[10],王亲引弓而射,壹发而殪[11]。王抽旃旄而抑兕首[12],仰天而笑曰:"乐矣!今日之游也!寡人万岁千秋之后,谁与乐此矣?"安陵君泣数行而进曰:"臣入则编席[13],出则陪乘。大王万岁千秋之后,愿得以身试黄泉,蓐蝼蚁[14],又何如得此乐而乐之!"王大说,乃封坛为安陵君。

君子闻之,曰:"江乙可谓善谋,安陵君可谓知时矣。"

【注释】

〔1〕又见《说苑·权谋》篇。其以为楚共王时事,未确。盖江乙入楚在宣王十八年(周显王十七年),故此章应在其后,确切年代已不可考。

〔2〕安陵君:楚宣王时封君,名坛(一作"缠",又作"缦")。

〔3〕地:鲍本作"功",今从之。

〔4〕敛衽(rèn):古时礼拜把衣襟提至衣带间,表示恭敬。衽,衣襟。

〔5〕抚委:用手按着帽子。委,委貌,帽子。服:同"伏"。谓伏在地上跪拜。

〔6〕渝:变更。

〔7〕避:姚注以为应作"敝"无疑。鲍释为"退",谓车敝则退去,义近。

〔8〕蜺(ní):同"霓",虹也。

〔9〕兕虎:兕,犀牛之属。《说苑》作"虎狼"。

〔10〕牲 鲍本作"跸",趋行。《说苑》作"触",是。

〔11〕殪(yì):死。

〔12〕旃旄(zhān máo):旗帜。旃,曲柄旗;旄,竿头着旄牛尾之旗。

〔13〕编席:《御览》四九一引作"侍纶席"。按,"编"为"纶"字之讹,前脱"侍"字。纶席,丝绵所织之席。

〔14〕蓐(rù)蝼蚁:谓作褥以挡蝼蚁。蓐,茵席、垫草。这里作动词用。

【译文】

江乙游说安陵坛道:"您于楚没有尺寸之功,骨肉之亲,而处在尊位,享受厚禄,一国的人,见您没有不敛衽下拜、弯腰鞠躬的,这凭的什么呢?"坛说:"大王谬以容颜见爱。否则,不会到这种地步。"

江乙说:"以钱财相交的,钱财用光交情也就断绝;以颜色相交的,容华憔悴情爱也就改变。所以嬖幸的女子等不到席子破,爱就衰了;受宠的臣子等不到车子破,宠就尽了。如今您专擅楚国的威势,而不能牢固地依附于楚王,我私下替您担忧。"安陵坛说:"如此,怎办才好呢?"江乙说:"愿您一定要请求从王而死,以身殉葬。这样,一定会长久在楚国贵重下去。"坛说:"敬受指教。"

过了三年也没有向王说。江乙复见安陵坛说:"臣对您所说的话,至今未行。您不用臣的谋划,臣不敢再见您了。"安陵坛说:"未敢忘掉先生的话,只是没有遇到机会呀!"

不久,楚王到云梦泽游猎,连车千乘,旌旗蔽日,烧起的野火像云霞,犀、虎的号叫如霹雳。有一发狂犀牛冲车轮奔来,楚王亲自引弓发射,一箭毙命。楚王从车上抽出曲柄旃旄之旗,按着犀牛的头,仰天大笑说:"快乐呀,今天的游猎。寡人万岁千秋之后，跟谁享受这种快乐呢？"安陵坛流泪进前说："臣入宫与王挨席而坐，出宫则做王的陪乘。大王万岁千秋之后，愿能用贱躯填黄泉、挡蝼蚁，又怎能得到这种快乐来享受呢？"楚王非常高兴，遂封坛做安陵君。

君子听了之后说："江乙可以称得上善谋，安陵君可以称得上知时了。"

江乙为魏使于楚[1]

江乙为魏使于楚[2]，谓楚王曰："臣入竟，闻楚之俗不蔽人之善，不言人之恶，诚有之乎？"王曰："诚有之。"江乙曰："然则白公之乱[3]，得无遂乎？诚如是，臣等之罪免矣！"楚王曰："何也？"江乙曰："州侯相楚[4]，贵甚矣而主断，左右俱曰'无有[5]'，如出一口矣。"

【注释】

〔1〕参见《江乙欲恶昭奚恤于楚》章注〔1〕。

〔2〕江乙使楚，在周赧王十七年。

〔3〕白公：名胜，楚平王太子建之子。建被陷害身亡，胜奔吴。后被召回，任巢大夫，号白公，于楚惠王十年起兵作乱，攻入楚都。后被叶公诸梁讨平。

〔4〕州侯：楚嬖臣，封于州。故城在今湖北监利市东。

〔5〕无有：鲍曰："言世无如之。"

【译文】

江乙为魏国出使于楚，对楚王说："臣入境，闻听楚俗，不掩盖别人的好处，不宣扬别人的坏处，真有这种事吗？"王说："果有此事。"江乙说："既然如此，那么白公的叛乱，能够不成功吗？果真这样，大臣们的罪过都可以幸免了。"楚王说："怎么讲呢？"江乙说："州侯做楚的相国，地位极尊贵而专断，左右都说'贤能举世无双'，如出一口啊！"

郢人有狱三年不决者[1]

郢人有狱三年不决者，故令请其宅以卜其罪[2]。客因为之谓昭奚恤曰："郢人某氏之宅，臣愿之。"昭奚恤曰："郢人某氏，不当服罪，故其宅不得。"

客辞而去。昭奚恤已而悔之，因谓客曰："奚恤得事公，公何为以故与奚恤[3]？"客曰："非用故也。"曰："谓而不得，有说色[4]，非故如何也？"

【注释】

〔1〕昭奚恤为楚宣王之相，此章事确年无考。
〔2〕楚法，罪重者宅入官。鲍本"令"下有"人"字。
〔3〕故：鲍曰："谓设事以探己意。"与：对待。
〔4〕说：同"悦"。

【译文】

郢人有吃官司三年而没有判决的，所以让别人假意购买他的宅子，用这种办法来测知罪过的轻重。客因而请求昭奚恤说："郢人某氏的住宅，臣愿意买下。"昭奚恤说："郢人某氏，不应当判罪，所以他的住宅你买不到。"

客辞别而去。昭奚恤过后有些后悔自己说的话,因而对客说:"奚恤有机会得以服事您,您为何借故来试探奚恤?"客说:"并没有借故这样做呀!"昭奚恤说:"您的请求没有达到目的,却有高兴的神色,不是借故试探是什么呢?"

城浑出周〔1〕

城浑出周〔2〕,三人偶行,南游于楚,至于新城〔3〕。

城浑说其令曰:"郑、魏者〔4〕,楚之软国;而秦,楚之强敌也。郑、魏之弱,而楚以上梁应之〔5〕;宜阳之大也〔6〕,楚以弱新城围之〔7〕。蒲反、平阳〔8〕,相去百里,秦人一夜而袭之,安邑不知〔9〕;新城、上梁,相去五百里,秦人一夜而袭之,上梁亦不知也。今边邑之所恃者〔10〕,非江南、泗上也。故楚王何不以新城为主郡也?边邑甚利之!"

新城公大说,乃为具驷马乘车、五百金之楚。城浑得之,遂南交于楚,楚王果以新城为主郡。

【注释】

〔1〕顾氏《编年》附此于周赧王十五年。无据。系年不可确考。

〔2〕城浑:周人。

〔3〕新城:战国楚新城有二。按《史记·六国表》楚怀王二十九年:"秦败我襄城,杀景缺。"《括地志》云:"许州襄城县即古新城县也。"《秦本纪》作"新城"。此新城在今河南省襄城县。又,楚设新城郡之新城,则在今河南省伊川县西南。这里当指后者。

〔4〕郑：指韩。都新郑，故称。

〔5〕上梁：即南梁。在今河南临汝西南。

〔6〕宜阳：原韩邑，后为秦所取。见《东周策》。

〔7〕围：金正炜谓当作"圉"，同"御"，捍也。是。

〔8〕蒲反：即蒲坂，魏邑。故城在今山西永济市西南。平阳：韩邑，在今山西临汾西南。张琦曰："蒲坂、平阳相去四百五十里，新城、上梁相去百馀里。疑'新城'句'五'字，应次'蒲坂'句，传写之讹也。"今从之。

〔9〕安邑：魏都。在今山西安邑县西。

〔10〕边邑：指新城。

【译文】

城浑从周国出来，三个人结伴而行，南游楚国，到达新城。

城浑游说新城令道："韩、魏对楚来说是弱国，而秦国则是楚的强敌。韩、魏的孱弱，而楚国拿上梁来对付；秦的宜阳是大邑，楚国却用弱小的新城来防备。蒲坂与平阳相去五百里，秦人夜间来袭击，地处中间的安邑却不知道；新城与上梁相距百里，秦兵夜袭新城，上梁也是不知道的。如今楚所倚恃边城的重要地位，非江南与泗上可比。那么，楚王为何不以新城设为主郡，这对边防是很有利的。"

新城公大喜，乃为城浑备驷车一乘、黄金五百两至楚。城浑得到这些，遂南交游于楚，楚王果然把新城改设为郡。

韩公叔有齐、魏[1]

韩公叔有齐、魏[2]，而太子有楚、秦以争国[3]。郑申为楚使于韩[4]，矫以新城、阳人予太子[5]。楚王怒，将罪之。对曰："臣矫予之，以为国也。臣为太子得新城、阳人,以与公叔争国而得之,齐、魏必伐韩。韩氏急,必悬命于楚,又何新城、阳人之敢求?太子不胜,然而不死,今将倒冠而至[6],又安敢言地?"楚王曰:"善。"乃不罪也。

【注释】

〔1〕此章与《韩策二·韩公叔与几瑟争国,郑强为楚王使于韩》章文几全同。诸家据《韩世家》系此于赧王十五年(前300)。

〔2〕公叔:韩襄王相。襄王十二年,太子死,诸子争立,他助公子咎与几瑟争国。争国:《韩策二》鲍彪注:"争立为相。"未知孰是,待考。

〔3〕太子:《韩策二》作"世子",是。这里指韩襄王之子几瑟(或作"虮虱"),曾为质于楚。太子死,他在公仲的支持下与公子咎争立为太子。

〔4〕郑申:《韩策》作"郑强"。

〔5〕新城、阳人:楚相邻二邑名,原均为韩地。新城,见前章注〔3〕。阳人,在今河南临汝西北。

〔6〕倒冠:谓狼狈逃走,来不及正冠。

【译文】

韩国公叔有齐、魏之援,而世子几瑟有楚、秦之助,彼此争夺韩国。郑申为楚国出使到韩,假借王命将新城和阳人赠了世子。楚王恼怒,将要定他的罪。郑申对楚王说:"臣托王命赠了世子城邑,是为了楚国。臣为的世子得到新城、阳人,来与公叔相较,能够争得韩国政柄,这样齐、魏一定伐韩。韩国吃紧,必定托命于楚,又怎敢讨要新城、阳人呢?世子不胜公叔,幸而不死,即将倒冠疾行而奔楚,又怎敢提到土地的事呢?"楚王说:"很对。"遂不降罪。

楚杜赫说楚王以取赵[1]

楚杜赫说楚王以取赵[2]，王且予之五大夫而令私行[3]。

陈轸谓楚王曰："赫不能得赵，五大夫不可收也，得赏无功也。得赵而王无加焉，是无善也。王不如以十乘行之[4]，事成，予之五大夫。"王曰："善。"乃以十乘行之。

杜赫怒而不行。陈轸谓王曰："是不能得赵也！"

【注释】
〔1〕缪氏《考辨》引黄少荃云："杜赫为周显王、王赧时人。《齐策》有杜赫为邹忌说楚王留田忌，田忌奔楚在显王二十六年。他如《东周》《楚》《韩》诸策均载赫事，皆王赧时。"确切系年，未详。
〔2〕杜赫：周人，时仕楚。楚王：怀王。
〔3〕五大夫：爵位名。秦在九级，大夫之尊者。
〔4〕十乘：十辆车。古时使者的规格以车辆多少来衡量。

【译文】
楚人杜赫劝说楚王来争取赵国，楚王将要赐予他五大夫之官，而让他以私人身份出行。

陈轸对楚王说："杜赫不能争取到赵国，五大夫的官职也就收不回来了，这是奖赏无功。争取到赵国，而王不另加封赏，是有善不赏。王不如给他十乘车使赵，事成，赐予五大夫之职。"王说："好。"遂用十乘车使行。

杜赫恼怒而不肯启程。陈轸对王说："这说明杜赫不能争取到赵国。"

楚王问于范环[1]

楚王问于范环曰[2]："寡人欲置相于秦，孰可？"对曰："臣不足以知之。"王曰："吾相甘茂可乎[3]？"范环对曰："不可。"王曰："何也？"曰："夫史举[4]，上蔡之监门也[5]，大不知事君，小不知处室，以苛廉闻于世。甘茂事之，顺焉。故惠王之明，武王之察，张仪之好谮，甘茂事之，取十官而无罪。茂诚贤者也！然而不可相秦。秦之有贤相也，非楚国之利也！且王尝用滑于越而纳句章[6]，昧之难[7]，越乱，故楚南察濑胡而野江东[8]。计王之功所以能如此者，越乱而楚治也。今王以用之于越矣，而忘之于秦，臣以为王钜速忘矣！王若欲置相于秦乎？若公孙郝者可[9]！夫公孙郝之于秦王，亲也。少与之同衣，长与之同车，被王衣以听事，真大王之相已！王相之，楚国之大利也！"

【注释】

〔1〕又见《韩非子·内储说下》及《史记·甘茂传》。林氏《纪年》、黄氏《编略》、顾氏《编年》及于《表》均系本章于赧王十年（前305）。郭人民《战国策校注系年》亦云："此策乃秦昭王二年秦与楚结婚讲和，甘茂亡秦在楚时事。当怀王二十四年，周赧王十年。"近是。

〔2〕范环：身世未详。环，《史记·甘茂传》作"蜎"，一作"蠉"，或作"蠉"，均以音形相近而异。

〔3〕甘茂：秦武王时任左相，昭王立以惧谗逃齐，复至楚。

〔4〕史举：楚人，甘茂之师。

〔5〕上蔡：《史记》作"下蔡"。甘茂为下蔡人，当从《史记》作"下蔡"，故址在今安徽省凤台县。

〔6〕滑：召滑，楚国谋臣。句（gōu）章：越邑，在今浙江余姚东南。

〔7〕昧：鲍彪谓楚将唐昧。或以为是地名，即姑蔑（妹），在今浙江衢州市东北。

〔8〕察濑胡：《史记》作"塞厉门"。按，作"塞"义胜。濑胡，即厉门。濑、厉，二字通假；胡、门，字形相近易讹。张守节《正义》："厉门，度岭南之要路。"野江东：《史记》作"郡江东"，谓以江东为郡也。今从之。

〔9〕公孙郝：秦宠臣。《史记》作"向寿"。

【译文】

楚王问范环说："寡人想要向秦推荐丞相，谁可以呢？"回答道："臣不知道这件事。"王说："我举甘茂为相，可以吗？"范环回答说："不可以。"王说："为什么呢？"回答说："史举，是下蔡城门的监门。往大说，不知道事君；往小说，不知道过家，以苛察闻名于世。甘茂服事他，很顺从。所以秦惠王的明智，武王的详察，张仪的好进谗，甘茂服事他们，历任十官而没有罪过。甘茂实在是一位贤能的人，然而却不可以使他相秦。秦国有贤能的丞相，对楚国可没有好处啊！再说，大王曾用召滑为越相，而楚得收会稽的句章；唐昧发难，越乱，所以楚得以南塞濑胡，而江东吴越之地皆为楚郡。考察王的武功，所以能像这样，是由于越乱而楚治呀！这，王已经用在越了，而竟在秦忘掉它，臣以为王太健忘了。王不是想向秦推荐丞相吗？像公孙郝那样就可以。公孙郝与秦王，是亲眷。小时跟他同衣，长大跟他同车，披着秦王的衣服来听理国事，这才是大王理想的丞相呢！王推荐他做丞相，对楚国

374

是大有好处的。"

苏秦为赵合从说楚威王[1]

苏秦为赵合从[2]，说楚威王曰："楚，天下之强国也；大王，天下之贤王也。楚地西有黔中、巫郡[3]，东有夏州、海阳[4]，南有洞庭、苍梧[5]，北有汾陉之塞、郇阳[6]。地方五千里，带甲百万，车千乘，骑万匹，粟支十年。此霸王之资也！夫以楚之强与大王之贤，天下莫能当也。今乃欲西面而事秦，则诸侯莫不南面而朝于章台之下矣[7]！秦之所害于天下，莫如楚。楚强则秦弱，楚弱则秦强，此其势不两立。故为王至计[8]，莫如从亲以孤秦。大王不从亲，秦必起两军：一军出武关[9]，一军下黔中。若此，则鄢、郢动矣[10]！臣闻治之其未乱，为之其未有也；患至而后忧之，则无及已！故愿大王之早计之。

"大王诚能听臣，臣请令山东之国，奉四时之献，以承大王之明制；委社稷宗庙，练士厉兵，在大王之所用之。大王诚能听臣之愚计，则韩、魏、齐、燕、赵、卫之妙音美人，必充后宫矣；赵、代良马橐他[11]，必实于外厩。故从合则楚王，横成则秦帝。今释霸王之业，而有事人之名，臣窃为大王不取也！

"夫秦，虎狼之国也，有吞天下之心。秦，天下之仇雠也，横人皆欲割诸侯之地以事秦，此所谓养仇而奉雠者也。夫为人臣而割其主之地，以外交强虎狼之秦，以侵天下，卒有秦患，不顾其祸。夫外挟强秦之威，以内劫其主，以求割地，大逆不忠，无过此者。故从亲，则诸侯割地以事楚；横合，则楚割地以事秦。此两策者，相去远矣，有亿兆之数！两者大王何居焉？故弊邑赵王，使臣效愚计，奉明约，在大王命之！"

楚王曰："寡人之国，西与秦接境，秦有举巴蜀并汉中之心[12]。秦，虎狼之国，不可亲也。而韩、魏迫于秦患，不可与深谋，恐反人以入于秦[13]，故谋未发而国已危矣。寡人自料，以楚当秦，未见胜焉；内与群臣谋，不足恃也。寡人卧不安席，食不甘味，心摇摇如悬旌而无所终薄[14]。今君欲一天下，安诸侯，存危国，寡人谨奉社稷以从。"

【注释】

〔1〕又见《史记·苏秦列传》。按《传》及《六国年表》，苏秦说楚在周显王三十六年（楚威王七年、赵肃侯十七年）。自《通鉴》以下，诸家皆系此年。据今天学者考证，策中所叙苏秦之事，多不可信。

〔2〕赵肃侯遣苏秦约各国诸侯联合抗秦，故云为赵合从。

〔3〕黔中：郡名。故治在今湖南怀化西南。巫郡：旧治在今四川巫山县北。

〔4〕夏州：程恩译曰："盖汉水自今江陵县至今汉阳县，通谓之夏，其中有可居者曰州。盛宏之曰：'夏州，首尾长七百余里。'孔颖达曰：'大江中洲也。'"注者多以江夏实之，然此非楚之东境，疑"夏"字或误。海阳：今江苏泰州市，即楚海阳之地。

〔5〕洞庭：即今洞庭湖。苍梧：即九嶷山。在今湖南宁远县南。

〔6〕汾陉（xíng）之塞：《史记·苏秦列传》作"陉塞"，是。按即陉山，

在今河南新郑西南。此山绵亘至古楚境。郇（xún）阳：即顺阳,在今河南淅川县南。

〔7〕南面：《史记》作"西面",是。章台：秦章台,故址在今西安市长安区西南。

〔8〕至计：最好之计。

〔9〕武关：秦关名。在今陕西商南县东南。

〔10〕鄢：楚邑,在今湖北宜城东南。郢：楚都。在今湖北江陵西北。

〔11〕橐他：即骆驼。他,借为"驼"。

〔12〕巴、蜀：古国名。巴在川东,蜀在川西。汉中：楚郡。在汉水中部。

〔13〕反人以入于秦：谓以其谋入告于秦也。"人"字疑衍。

〔14〕如悬旌：谓似旌旗飘摆不定。薄：附、止。

【译文】

苏秦为赵国合纵,游说楚威王道："楚,是天下的强国呀！大王,是天下的贤王呀！楚地西有黔中、巫郡,东有夏州、海阳,南有洞庭、苍梧,北有汾陉塞、郇阳。土地方圆五千里,带甲之兵百万,战车千乘,骏马万匹,粮有十年之储,这是霸王的资本啊！就拿楚国的强盛与大王的贤能,天下没有能敌得过的。如今却想西面而服事秦国,那么诸侯就没有不西面而朝见于秦章台之下了。秦忌妒天下各国没有比楚更厉害的了,楚国强盛那么秦就削弱,楚国削弱那么秦就强盛,这说明楚、秦势不两立。所以为大王打算,莫如合纵以孤立秦国。大王不搞合纵,秦国必起两路军马：一路出武关攻鄢,一路出黔中袭郢。如此,鄢、郢就动摇了。臣闻治理要趁着未动乱,铲除要趁着未萌生；灾祸临头而后去忧虑,就来不及了。因此,愿大王及早考虑它。

"大王果能听臣之言,臣请使崤山以东各国,奉献四时的贡品,以接受大王的明裁；委置宗庙社稷,训练士卒,磨砺兵刃,听从大王的使唤。大王果能听臣的拙计,那么韩、魏、齐、燕、赵、卫的音乐美女,必然来充实大王的后宫;赵、代的良马、骆驼,必定来充满大王的外厩。所以说,纵合楚国就称王,横成秦国就称帝。如今放弃霸王的伟业,而落个服事他人的劣名,臣私下为大王所不取。

"秦,是一个虎狼的国家,有并吞天下的野心。秦国是天下的仇敌,主张连横的人都想割取诸侯的土地来服事秦国,这是所谓养仇人而尊敌国。做人臣的割让君主的土地,拿来对外交结虎狼之秦,以使它侵略天下,最终招致秦祸,而不顾它的后果。那些外恃强秦之威,内胁他的君主,来索求割地,大逆不道,没有比这更厉害的。所以合纵成功,诸侯就割地来事楚;连横成功,楚国就割地来事秦。这两种策略,相去之远,何止天壤。两者,大王您选择哪一个呢?因此,敝国赵王,派遣臣来贡献愚计,奉上明约,在大王裁断。"

楚王说:"寡人的国家,西与秦国接壤,秦早有攻取巴蜀、吞并汉中的野心。秦,是虎狼之国,不可以亲近。而韩、魏迫于秦患,不可与它们深谋,恐怕一朝反而入告于秦,所以未及谋划发出,国家就已经危殆了。寡人自料,拿楚国来敌秦,未见能够胜利。内与群臣谋划,也是靠不住的。寡人卧不安席,食不甘味,心中飘摇不定,有如风吹悬旌,而无所终止。现在您想协一天下,安定诸侯,保存危国,寡人愿拿国家社稷来恭听教命。"

张仪为秦破从连横[1]

张仪为秦破从连横,说楚王曰:"秦地半天下,兵敌四国,被山带河,四塞以为固。虎贲之士百馀万,车千乘,骑万匹,粟如丘山。法令既明,士卒安难乐死,主严以明,将知以武。虽无出兵甲,席卷常山之险[2],折天下之脊[3],天下后服者先亡。且夫为从者,无以异于驱群羊而攻猛虎也! 夫虎之与羊,不格明矣[4]。今大王不与猛虎,而与群羊,窃以为大王之计过矣!

"凡天下强国,非秦而楚,非楚而秦。两国敌侔交争,其势不两立。而大王不与秦,秦下甲兵,据宜阳,韩之上地不通[5];下河东,取成皋[6],韩必入臣于秦。韩入臣,魏则从风而动。秦攻楚之西,韩、魏攻其北,社稷岂得无危哉? 且夫约从者,聚群弱而攻至强也。夫以弱攻强,不料敌而轻战,国贫而骤举兵,此危亡之术也。臣闻之,'兵不如者,勿与挑战;粟不如者,勿与持久。'夫从人者,饰辩虚辞,高主之节行,言其利而不言其害,卒有楚祸[7],无及为已! 是故,愿大王之熟计之也!

"秦西有巴、蜀,方船积粟[8],起于汶山[9],循江而下,至郢三千馀里。舫船载卒[10],一舫载五十人与三月之粮,下水而浮,一日行三百馀里,里数虽多,不费汗马之劳。不至十日,而距扞关[11],扞关惊,则从竟陵已东尽城守矣[12],黔中、巫郡,非王之有已。秦举甲出之武关,南面而攻,则北地绝。秦兵之攻楚也,危难在三月之内,而楚待诸侯之救,在半岁之外,此其势不相及也。夫恃弱国之救,而忘强秦之祸,此臣之所以为大王之患也。且大王尝与吴人五战三胜而亡之,陈卒尽矣;有偏守新城[13],而居民苦矣。臣闻之,'攻大者易危,而民弊者怨于上。'夫守易危之功,而逆强秦之心,臣窃为大王危之!

"且夫秦之所以不出甲于函谷关十五年以攻诸侯者,阴谋有吞天下之心也。楚尝与秦构难[14],战于汉中,楚人不胜,通侯、执珪死者七十余人[15],遂亡汉中。楚王大怒,兴师袭秦,战于蓝田[16],又却。此所谓两虎相搏者也。夫秦、楚相弊,而韩、魏以全制其后,计无过于此者矣[17]。是故愿大王熟计之也!

"秦下兵攻卫阳晋[18],必开扃天下之匈[19]。大王悉起兵以攻宋,不至数月而宋可举。举宋而东指,则泗上十二诸侯[20],尽王之有已。

"凡天下所信约从亲坚者苏秦,封为武安君而相燕,即阴与燕王谋破齐,共分其地。乃佯有罪,出走入齐,齐王因受而相之。居二年而觉,齐王大怒,车裂苏秦于市。夫以一诈伪反覆之苏秦,而欲经营天下,混一诸侯,其不可成也亦明矣。

"今秦之与楚也,接境壤界,固形亲之国也。大王诚能听臣,臣请秦太子入质于楚,楚太子入质于秦;请以秦女为大王箕箒之妾[21],效万家之都,以为汤沐之邑[22];长为昆弟之国,终身无相攻击。臣以为计无便于此者。故敝邑秦王使使臣献书大王之从车下风[23],须以决事。"

楚王曰:"楚国僻陋,托东海之上;寡人年幼,不习国家之长计。今上客幸教以明制,寡人闻之,敬以国从。"乃遣使车百乘,献鸡骇之犀[24]、夜光之璧于秦王。

【注释】

〔1〕又见《史记·张仪列传》。按《楚世家》,秦取楚汉中与楚战于蓝田,在怀王十七年。之后,张仪再至楚,因说怀王并许以婚姻,此策即其说辞。诸家并系于怀王十八年(周赧王四年,前311)。然据今人考证,苏秦之死后张仪二十六年,而策中言及苏秦死事甚详,故不可信。

〔2〕常山:即北岳恒山。在今河北曲阳西北与山西接壤处。

〔3〕司马贞曰:"常山于天下在北,有若人之脊背也。"

〔4〕格:击,斗。

〔5〕上地:《帛书》第十三章注:"韩之上地指韩之上党。"

〔6〕成皋:见《秦策三·五国罢成皋》注。

〔7〕卒:猝。楚祸:楚,一作"秦",是。

〔8〕《说文》:"方,并船也。"

〔9〕汶山:即岷山。

〔10〕舫(fǎng):两船相并。

〔11〕扞(hàn)关:楚关名。旧址在今湖北宜昌市西。

〔12〕竟陵:楚邑。在今湖北潜江县西北。二字《史记》作一"境"字。

〔13〕谓远守灭亡吴人所新得的城邑。有,又;偏,远。

〔14〕谓怀王十七年楚对秦所发动的淅水之战。

〔15〕通侯:即彻侯。执珪:楚爵功臣赐以珪,谓之执珪。

〔16〕蓝田:楚邑,在今湖北宜城市东南。

〔17〕过:失误。姚云:"一本作'危'。"

〔18〕阳晋:在今山东郓城县西。司马贞引刘氏云:"阳晋,地名,盖适齐之道。卫国之四南也。"

〔19〕开肩:鲍本作"关肩",是。肩,关闭。匈:即"胸"。以常山为天下脊,则卫阳晋当秦、魏、赵、齐之通道,好比天下胸膛。

〔20〕泗上十二诸侯:指泗水两岸滕、薛、邾、莒等十二小国。

〔21〕箕箒之妾:谓任洒扫之役的姬妾。

〔22〕汤沐之邑:谓以其地赋税收入供洗沐之费。

〔23〕从车下风:指楚工左右侍从之人。不敢直说献给楚王,是表示

381

谦敬的外交辞令。

〔24〕鸡骇之犀：《抱朴子·登涉》云："通天犀角有一赤理如缝,自本彻末。以角盛米,置群鸡中,鸡欲啄之,未至数寸,即惊退却。故南人或名通天犀为鸡骇犀。"

【译文】

张仪为秦国破坏合纵,约结连横,游说楚王道："秦地有天下的一半,兵力足以敌抗各国,披山带河,四围有险隘之固。精兵猛卒百余万,战车一千辆,骏骑一万匹,粟积如山。法令严明,士卒习于患难,乐于死战。君主严厉而且贤明,将军机智而且勇武。虽不出兵甲,威风足以席卷恒山的险阻,摧折天下的脊梁,各国后归服的先灭亡。再说鼓吹合纵的,跟驱赶群羊进攻猛虎没有什么两样。虎与羊,不是对手是很明白的了。如今大王不随从猛虎而随从群羊,私下以为大王未免失于计算了。

"总览天下强国,不是秦就是楚,不是楚就是秦。两国力量相当而互相争斗,其势不能两立。然而大王不亲秦,如秦动其甲兵,据有宜阳,韩的洛上之地不通；顺河而东,攻取成皋,兵临新郑,则韩必臣伏于秦。韩入秦称臣,魏就会从风而来归。这样,秦攻楚的西面,韩、魏攻它的北面,国家社稷岂能不危险？况且约纵的人,是聚合众弱而攻击最强。用弱来攻强,不逆料敌情而轻战,国力贫乏而屡屡兴兵,这是自取灭亡之道。臣闻知,兵力不如的,不要与人挑战；粮食不如的,不要与敌持久。合纵之人,巧饰其语,虚枉其辞,吹嘘其君主的节行,只言合纵之利而讳言其害,突然受到秦的袭击而无所措手足。所以请大王深思熟虑。

"秦国西有巴蜀,并船运粮,起于岷山,循大江而下,到郢都有三千多里路程。用舫船运载士兵,一舫装载五十人,和三个月的粮食,顺流而下一日行三百多里；路程虽远,然而不费汗马之劳,不到十天就到达（楚地）扞关。扞关惊扰,那么从竟陵以东都要加强戒备,而扞关以西的黔中郡、巫郡就不是大王您所有了。秦再起东路之兵出武关,向南进攻,则楚北之地也就丧失了。秦兵的攻楚,楚危难不出三月之内,而楚国仰仗诸侯的救援,却在半年之外,情势是来不及的。况倚仗弱国的救援,而忘掉强秦的灾难,这是臣所认为的大王的忧患所在。且大王曾与吴人作战,五战三胜而把它灭亡掉,然而使当阵士卒伤亡殆尽;又戍守远地所新得之城,居民也就很劳苦了。臣听说,攻伐大国者容易担冒风险,而民众疲弊的则怨恨君上。抱住易危的事功,而违逆强秦的心愿,臣私自为大王担忧。

"再说,秦国所以十五年兵不出函谷关来攻伐诸侯,是因为阴谋有并吞天下之心。楚国曾与秦构难,战于汉中之地。楚人战败,彻侯、执珪的高级将领死了七十多人,遂丢掉了汉中。楚王大怒,兴兵袭秦,战于蓝田,又败。这是所谓两虎相争啊!秦、楚两国相伤,而韩、魏用全师攻于其后,没有比这再危险的啦!所以愿大王深思熟计。

"秦下兵攻打卫的阳晋城,必关闭天下胸腹之地。大王趁此起兵来攻打宋国,不用几个月宋国就可被攻克。克宋后挥兵而东,那么泗上十二个诸侯国就全都归王所有了。

"天下相信合纵最坚定的是苏秦,被封为武安君而做燕的丞相,遂暗自与燕王定计,破齐而共分它的土地。于是假装有罪,出逃而入齐,齐(湣)王容留让他做相国。过了二年,事被发觉,齐王大怒,于齐市对苏秦处以车裂的极刑。就拿一个欺诈无常的苏秦,想要经营天下,统一诸侯,其不能成功,是再明白不过了。

"当今秦与楚,国境土地相接界,本来在地形上就是相亲之国。大王果能听信臣言,臣请秦国送太子到楚做人质,楚太子到秦做人质,请奉秦女做大王备洒扫的姬妾,献上万家的都邑,作为汤沐的费用,长久做兄弟之邦,终王之身不相攻伐。臣以为出计没有比这更便宜的了。因此,敝国秦王派使臣献书于大王随从车驾之下,敬候大王决断。"

楚王说:"楚国偏僻敝陋,寄托在东海之上。寡人年幼,不谙习国家长远之计。如今贵客幸以秦王明谕示教,寡人闻听,谨以举国相从。"遂派遣百乘的使者,用鸡骇的犀角和夜光的璧玉献给秦王。

张 仪 相 秦[1]

张仪相秦,谓昭雎曰[2]:"楚无鄢、郢、汉中,有所更得乎?"曰:"无有。"曰:"无昭雎、陈轸[3],有所更得乎?"曰:"无所更得。"张仪曰:"为仪谓楚王逐昭雎、陈轸[4],请复鄢、郢、汉中。"昭雎归报楚王,楚王说之。

有人谓昭雎曰[5]:"甚矣,楚王不察于争名者也!韩求相工陈籍而周不听[6],魏求相綦母恢而周不听[7],何以也?周[8]:'是列县畜我也。'今楚,万乘之强国也;大王,天下之贤主也。今仪曰逐君与陈轸,而王听之,是楚自行不如周[9],而仪重于韩、魏之王也。且仪之所行,有功名者,秦也,所欲贵富者,魏也。欲为攻于魏,必南伐楚。故攻有道,外绝其交,内逐其谋臣。陈轸,夏人也,习于三晋之事,故逐之,则楚无谋臣矣;今君能用楚之众,故亦逐之,则楚众不用矣。此所谓内攻之者也,而王不知察。今君何不见臣于王,请为王使齐交不绝。齐交不绝,仪闻之,其效鄢、郢、汉中必缓矣。是昭雎之言不信也,王必薄之。"

【注释】

〔1〕林氏《纪年》、顾氏《编年》均系此策于赧王四年,当楚怀王十八年。缪文远《考辨》云:"楚失鄢、郢在顷襄王时,非张仪所得见,盖由此策为依托,策士对事实未加深考也。"

〔2〕昭雎:楚谋臣。

〔3〕〔4〕〔5〕昭雎:三"雎"字均应作"过"。昭过,楚良臣。

〔6〕工陈籍:即《东周策》之"工师籍"。陈,乃"师"字之误。

〔7〕綦母恢:注见《西周策》。

〔8〕"周"下当补"曰"字。

〔9〕行:鲍本作"待",是。

【译文】

张仪做秦的丞相,对昭雎说:"楚国失掉鄢、郢、汉中,还能得有同样的重地吗?"说:"没有。"张仪说:"没有昭过、陈轸,还能得到同样的贤人吗?"说:"不能得到。"张仪说:"请替我对楚王说,驱逐昭过、陈轸,秦将归返鄢、郢、汉中。"昭雎回报楚王,楚王很高兴。

有人对昭过说:"太过分了,楚王的不察名分。韩国让周任命工师籍为相,而周不听;魏国让周任命綦母恢为相,而周也不听,因为什么呢?周说,这是把我们当做列县来对待了。如今楚是万乘的强国,大王是天下的贤主。现在张仪说驱逐您和陈轸,而楚王就听从,是楚国自视还不如周,而张仪比韩、魏的君王还贵重了。况且张仪的所作所为,想要在秦国得到功名,在魏国得到富贵。他想要给魏找进攻的对象,必南向伐楚。所以进攻也有诀窍,对外断绝对方的盟国,对内驱逐对方的谋臣。陈轸,是中原人，熟悉三晋(韩、赵、魏)的国事，所以要驱逐他，那么楚国就没有谋臣了。如今，您能使用楚国的民众，所以也要驱逐，那么楚国的民众就无所用命了。这是所说的攻其内部，而王却不知察究。现在您何不替我向楚王引见，请为王使齐交不致断绝。齐交不绝，张仪闻知，必暂缓归返鄢、郢、汉中。这是昭雎的话不实，楚王必然轻视他。"

威王问于莫敖子华[1]

威王问于莫敖子华曰[2]："自从先君文王，以至不穀之身，亦有不为爵劝、不为禄勉，以忧社稷者乎？"莫敖子华对曰："如华，不足知之矣[3]。"王曰："不于大夫，无所闻之？"莫敖子华对曰："君王将何问者也？彼有廉其爵，贫其身，以忧社稷者；有崇其爵，丰其禄，以忧社稷者；有断胻决腹[4]，壹瞑而万世不视[5]，不知所益，以忧社稷者；有劳其身，愁其志，以忧社稷者；亦有不为爵劝，不为禄勉，以忧社稷者。"王曰："大夫此言，将何谓也？"

莫敖子华对曰："昔令尹子文[6]，缁帛之衣以朝，鹿裘以处；未明而立于朝，日晦而归食；朝不谋夕，无一月之积。故彼廉其爵，贫其身，以忧社稷者，令尹子文是也。

"昔者叶公子高[7]，身获于表薄[8]，而财于柱国[9]；定白公之祸[10]，宁楚国之事；恢先君以掩方城之外[11],四封不侵,名不挫于诸侯。当此之时也,天下莫敢以兵南乡。叶公子高食田六百畛[12]。故彼崇其爵,丰其禄,以忧社稷者,叶公子高是也。

"昔者,吴与楚战于柏举[13],两御之间,夫卒交[14]。莫敖大心抚其御之手[15],顾而大息曰:'嗟乎子乎,楚国亡之月至矣!吾将深入吴军,若扑一人[16],若挤一人[17],以与大心者也[18],社稷其庶几乎!'故断脰决腹,壹瞑而万世不视,不知所益,以忧社稷者,莫敖大心是也。

"昔吴与楚战于柏举,三战入郢[19],寡君身出[20],大夫悉属,百姓离散。棼冒勃苏曰[21]:'吾被坚执锐,赴强敌而死,此犹一卒也,不若奔诸侯。'于是赢粮潜行[22],上峥山[23],逾深溪,跖穿膝暴,七日而薄秦王之朝。雀立不转,昼吟宵哭,七日不得告,水浆无入口,瘨而殚闷[24],旄不知人[25]。秦王闻而走之,冠带不相及,左奉其首,右濡其口,勃苏乃苏。秦王身问之:'子孰谁也?'棼冒勃苏对曰:'臣非异,楚使新造盩棼冒勃苏[26]。吴与楚人战于柏举,三战入郢,寡君身出,大夫悉属,百姓离散。使下臣来告亡,且求救。'秦王顾令不起[27]:'寡人闻之,万乘之君,得罪一士,社稷其危,今此之谓也!'遂出革车千乘,卒万人,属之子满与子虎[28],下塞以东,与吴人战于浊水而大败之[29],亦闻于遂浦[30]。故劳其身,愁其思,以忧社稷者,棼冒勃苏是也。

"吴与楚战于柏举,三战入郢,君王身出,大夫悉属,百姓离散。蒙谷给斗于宫唐之上[31],舍斗奔郢,曰:'若有孤,楚国社稷其庶几乎!'遂入大宫[32],负鸡次之典[33],以浮于江,逃于云梦之中。昭王反郢,五官失法[34],百姓昏乱。蒙谷献典,五官得法而百姓大治。比蒙谷之功,多与存国相若。封之执珪,田六百畛。蒙谷怒曰:'谷非人臣,社稷之臣。苟社稷血食[35],余岂患无君乎?'遂自弃于磨山之中[36],至今无冒[37]。故不为爵劝,不为禄勉,以忧社稷者,蒙谷是也。"

王乃大息曰:"此古之人也。今之人,焉能有之耶?"莫敖子华对曰:"昔者,先君灵王好小要,楚士约食,冯而能立[38],式而能起[39]。食之可欲,忍而不入;死之可恶,然而不避[40]。章闻之[41]:'其君好发者[42],其臣抉拾[43]。'君王直不好贤耳,若君王诚好贤,此五臣者,皆可得而致之!"

【注释】

〔1〕此章为楚威王(前339—前329)时事,确年不可考。

〔2〕莫敖子华:莫敖,楚官名。子华,楚人,名章,字子华。

〔3〕如华:华,姚云:"孙本作'章'。"鲍本"足"下有"以"字。

〔4〕脰(dòu):颈项。

〔5〕瞑:闭目。

〔6〕令尹:楚相。子文:楚人,姓鬭榖,名於菟,字子文。楚成王时贤相。

〔7〕叶公子高:春秋楚人,姓沈,名诸梁,字子高,食邑于叶,故称叶公。

〔8〕"身犹"句:谓获居于朝臣之位。吴曾祺曰:"'薄'疑作'著'。"

表著,朝臣所立处。

〔9〕鲍彪曰:"财,材同,柱国以子高为材。"

〔10〕白公之祸:见前《江乙为魏使于楚》章注。

〔11〕"恢先"句:谓使先君之德发扬光大而波及于方城之外。方城,楚北界城。鲍云:"言取地以大先君之封。"亦通。

〔12〕畛(zhěn):田间阡陌。六百畛,言其多。

〔13〕《春秋》定公四年,吴与楚战于柏举。柏举故城在今湖北麻城市东北,柏子山与举水交接处。

〔14〕夫卒:兵卒。鲍曰:"夫,千夫、百夫之夫。"

〔15〕大心:楚人,沈尹戌。叶公沈诸梁之父。

〔16〕扑:击、打。

〔17〕捽(zuó):揪。

〔18〕与:助。

〔19〕三战:《左传》《史记》《通鉴》均作"五战",策文盖误。

〔20〕寡君:楚昭王。

〔21〕棼冒勃苏:《左传·定公四年》《淮南子·修务训》俱作"申包胥"。"勃苏"即"包胥",封于申,蚡冒之后,故称"棼(蚡)冒勃苏"或"申包胥"。

〔22〕赢粮:装满粮食。赢,装足。

〔23〕峥山:高山。峥,峥嵘,山高貌。

〔24〕瘨(diān):同"蹎",颠蹶。殚:气绝。

〔25〕眊:借为"眊(mào)",目昏。

〔26〕吴师道谓,"新造垫"三字,应在卜句"吴"字之后。新造垫,谓新作罪庋。垫,应作"鏊",读若"庋"。

〔27〕不:鲍本作"之"。

〔28〕子满、子虎:秦二将名。

〔29〕浊水:源出河南内乡县西,东流经邓县南,注入淯水(白河)。

〔30〕亦闻于遂浦:又听说败吴于遂浦。《旧事》引无"亦闻于遂浦"五字,疑为注文误入正文者。

〔31〕蒙谷:楚将。给斗:鲍本作"结斗",犹言聚斗也。宫唐:地名,不详。

〔32〕姚云:"曾一无'大'字。"

〔33〕鸡次:一本作"离次",《诸宫旧事》《后汉书·李通传论》引同。谓编次离散也。

〔34〕五官:谓分司天、地、神、民、物类的五种官职。

〔35〕血食:谓以牛、羊、猪之牲供神。

〔36〕磨山:今湖北当阳市东四十里有磨城,盖以此山名城也。

〔37〕无冒:王念孙云:"冒,当为'胄'之误。"无胄,谓无后嗣。

〔38〕冯:同"凭"。倚靠。

〔39〕式:同"轼"。亦有"凭"义。

〔40〕然:一作"就"。

〔41〕章:子华之名。

〔42〕发:射箭。

〔43〕抉拾:扳指与臂套。扳指用以钩弦,臂套用以护臂。这里代表射箭。

【译文】

楚威王问莫敖子华说:"自从先君文王,直到寡人之身,有不被爵禄所劝勉,来忧虑国家社稷的吗?"莫敖子华回答说:"像华,不够格知道这件事。"王说:"不在大夫这里,是听不到它的。"莫敖子华回答说:"君王将要问哪一种情况呢? 它们有不贪爵位,穷苦身子,来忧虑国家的;有爵位高,俸禄厚,来忧虑国家的;有断了颈项,剖开肚腹,眼一闭而永世不省,不求名利,来忧虑国家的;有劳累身体,愁苦心志,来忧虑国家的;也有不为爵禄所劝勉,来忧虑国家的。"王说:"大夫这话,都何所指呢?"

莫敖子华回答说:"从前令尹子文,穿黑布衣上朝,穿鹿皮袄自处,天未亮就站在朝廷,日落才回家用餐;早晨不考虑晚上,没有一个月的积蓄。所以那不贪爵位,穷苦身子,来忧虑国家的,令尹子文就是这样。

"从前叶公子高,身居于朝廷,见知于柱国;平定了白公的叛乱,宁息了楚国的政事;攻取方城之外,来扩大先君的土地,四境不被侵扰,声名不被挫伤。在这个时候,天下诸侯没有敢举兵向南的。叶公子高,食六百畛的俸禄。所以那爵位高,俸禄厚,来忧虑国家的,叶公子高就是这样。

"从前吴与楚在柏举作战,两军之间士卒兵刃相交。莫敖大心抚摸着驾车人的手,瞧着他叹息说:'唉!朋友呀,楚国灭亡的日子到了!我将要深入吴军,倘若能击毙一个人,或者揪住一个人,这是来助大心成功,国家或许能够幸免于灾难吧?'所以,断折颈项,剖露腹肠,眼睛一闭而永不睁开,不顾有什么好处,来忧虑国家的,莫敖大心就是这样。

"从前吴与楚在柏举交兵,三战而攻入郢都,昭王出奔,大夫都跟随逃亡,百姓纷纷离散。棼冒勃苏说:'我披甲持戈,奔赴强敌而死,这与普通一卒无异,不如赴告诸侯。'于是裹粮潜行,攀过高山,越过深谷,足也磨穿了,膝也撞伤了,七天来到秦国朝廷。雀立不动,昼歌夜哭,七天不得通报,水浆不入于口,病闷气绝,目不见人。秦王闻知,疾趋而至,冠带也未及系好,左手捧他的头,右手拿水濡他的口,勃苏才得苏醒。秦王亲自问他:'你是谁呢?'棼冒勃苏回答说:'臣不是别人,乃是楚国使者,新获罪的棼冒勃苏。吴与楚人战于柏举,吴人三战攻入郢都,寡君出奔,大夫皆从,百姓逃散。使下臣前来贵国告亡,并且求救。'秦王看着让他站起来,道:'寡人听说,万乘的国君,得罪一位士人,社稷就有危险,说的就是眼下呀!'于是派出兵车一千乘,士卒一万人,由子满与子虎率领,出边境向东,与吴人战于浊水,把吴人打得大败。所以,劳累他的身体,愁苦他的心志,来忧虑国家的,棼冒勃苏就是这样。

"吴与楚在柏举交战,三战攻入郢都,昭王出奔,大夫皆从,百姓逃散。楚将蒙谷战斗在宫唐之上,离开战场奔入郢都,说:'若有王子在,楚国社稷差不多有救了吧?'于是入宫,背着有司丢下的文献典籍,浮于大江,逃到云梦泽中。昭王回郢,五官失去法度,百姓惑乱。蒙谷献出典籍,各官有法可依,而百姓大治。蒙谷这份功劳,重大与保国相当。因此封他执珪的官爵,土田六百畛。蒙谷恼怒说:'谷并非哪一个人的臣,而是社稷的臣。如社稷能够继享血食,我难道还怕没有君吗?'于是自逃入磨山之中,至今他的后代也无人做官。所以不为爵禄所动,来忧虑国家的,蒙谷就是这样。"

威王于是叹息说:"这是古人啊,现在的人,哪里有这样的呢?"莫敖子华回答说:"从前先君好细腰,楚士减食,凭依而后才能站立,攀扶而后才能起身。虽想吃东西,却忍着不进口;虽厌恶死亡,却面对不逃避。章听说,国君好射箭的,则臣下好拉弓。君只是不好贤,如君王真的好贤,像这五位贤臣,完全可以得到。"

卷十五　楚二

魏相翟强死[1]

魏相翟强死[2]。为甘茂谓楚王曰："魏之几相者[3]，公子劲也[4]。劲也相魏，魏、秦之交必善。秦、魏之交完，则楚轻矣。故王不如与齐约，相甘茂于魏。齐王好高人以名[5]，今为其行人请魏之相[6]，齐必喜。魏氏不听，交恶于齐；齐、魏之交恶，必争事楚。魏氏听，甘茂与樗里疾，贸首之仇也[7]，而魏、秦之交必恶，又交重楚也。"

【注释】

〔1〕据《史记·甘茂列传》，甘茂去秦奔齐在秦昭王元年，翌年为齐使于楚，值魏相翟强死，遂有某人为之说楚王之事。昭王二年当周赧王十年（前305）。

〔2〕翟强：魏襄王之相。

〔3〕几：差不多，有可能。

〔4〕劲：魏公子名。鲍彪谓为秦人，恐非。

〔5〕齐王：宣王。

〔6〕其行人：指齐之使者甘茂。

〔7〕贸首之仇：谓以头相交易，表示势不两立。

【译文】

魏丞相翟强死去。有人为甘茂对楚王说:"魏国差不多可以做相的,是公子劲。劲如果相魏,魏、秦两国之交必定亲善。秦、魏交成,那么楚国的地位就不足轻重了。因此,大王不如与齐国商量,推荐甘茂做魏相。齐王喜欢名声高过别人,现在楚国推荐他的使者去做魏相,齐王肯定会高兴。如果魏国不同意,它就会得罪齐而互相发生嫌隙;齐、魏互生嫌隙,必定争着服事楚。如果魏国同意,甘茂与秦相樗里疾是宁可掉脑袋的仇人,则魏、秦的关系必定恶化,又会彼此都来倚重楚国。"

齐、秦约攻楚[1]

齐、秦约攻楚,楚令景翠以六城赂齐[2],太子为质[3]。昭雎谓景翠曰[4]:"秦恐,且因景鲤、苏厉而效地于楚[5]。公出地以取齐,鲤与厉且以收地取秦,公事必败。公不如令王重赂景鲤、苏厉,使入秦。秦恐[6],必不求地而合于楚。若齐不求,是公与约也[7]。"

【注释】

〔1〕据《史记·楚世家》,怀王二十四年背齐合秦,二十六年齐与韩、魏攻楚。二十八年,楚、秦之交破裂,秦与三国共攻楚;二十九年,秦又攻楚,大败楚军,怀王恐,乃使太子横为质于齐以求和。《策》言"以六城赂齐",盖即此时事。当秦昭王七年,周赧王十五年(前300)。

〔2〕景翠:楚将。

〔3〕太子:熊横,后立为顷襄王。

〔4〕昭雎:楚谋臣、将军。
〔5〕景鲤:楚臣,曾为怀王相。苏厉:苏秦兄弟,时在楚。
〔6〕吴师道以"秦"字当作"齐"。是。
〔7〕与约:与齐结约和好。

【译文】

　　齐、秦相约攻楚,楚国让景翠用六座城去赠齐,太子做人质。昭雎对景翠说:"秦恐怕将要通过景鲤、苏厉,献地给楚。您拿土地去拉拢齐,而景鲤、苏厉又将收受土地来取悦于秦,您的事肯定不会成功。您不如让楚王重赏景鲤、苏厉,使二人入秦。齐国惊恐,必定不要割地就来与楚国合作。如齐不来求地,是您促成了齐、楚的和约。"

术视伐楚[1]

　　术视伐楚[2],楚令昭鼠以十万军汉中[3]。昭雎胜秦于重丘[4],苏厉谓宛公昭鼠曰:"王欲昭雎之乘秦也,必分公之兵以益之。秦知公兵之分也,必出汉中。请为公令辛戎谓王曰[5]'秦兵且出汉中',则公之兵全矣。"

【注释】

　　〔1〕此章谓楚令昭鼠以十万军汉中,则必在怀王十七年(周赧王三年)楚失汉中地之前。又谓秦令术视伐楚,昭雎胜秦于重丘云云,于史无载,确切时间不可考。诸家系年,多属臆测。未可信。
　　〔2〕术视:秦将。身世未详。
　　〔3〕昭鼠:楚将。鲍注:"鼠为宛尹。"
　　〔4〕昭雎:注见前。重丘:《史记·楚世家》:"秦、齐、韩、魏共攻楚,杀楚

将唐眛,取我重丘而去。"胡三省《通鉴》注引《吕氏春秋·处分》云:"齐令章子与韩、魏攻荆,荆使唐蔑将兵应之,夹沘而军。章子夜袭之,斩蔑于是水之上。"唐眛即唐蔑,沘即"泌"字,则重丘应在泌侧,今河南泌阳县一带。

〔5〕辛戎:鲍本"辛"作"芈",或谓当作"芈戎",即秦宣太后之同父异母弟,秦封为华阳君者。

【译文】

秦人术视帅兵伐楚,楚派昭鼠带领十万军队驻扎汉中。昭雎在重丘战胜秦军,苏厉对宛公昭鼠说:"楚王想让昭雎乘胜袭秦,必定分您的兵来增援他。秦国知道您的兵分走,必定要出兵攻伐汉中。请让我为您使芈戎对楚王说:'秦兵将要出击汉中。'那么您的兵就可保全了。"

四国伐楚[1]

四国伐楚,楚令昭雎将以距秦。楚王欲击秦,昭侯不欲[2]。桓臧为昭雎谓楚王曰[3]:"雎战胜[4],三国恶楚之强也,恐秦之变而听楚也,必深攻楚以劲秦[5];秦王怒于战不胜[6],必悉起而击楚。是王与秦相罢而以利三国也。战不胜秦,秦进兵而攻。不如益昭雎之兵,令之示秦必战。秦王恶与楚相弊而令天下[7],秦可以少割而收害也[8]。秦、楚之合,而燕、赵、魏不敢不听,三国可定也。"

【注释】

〔1〕此章姚本与《术视伐楚》连篇,鲍本另列一章。今从鲍本。鲍彪

曰:"《楚记》(怀王)二十八年,秦、齐、韩、魏共攻楚。"当周赧王十四年(前301)。诸家系年并同。然按策文乃秦、燕、赵、魏四国,恐别为一事,故顾氏《编年》未作明确肯定。

〔2〕侯:鲍本作"雎"。

〔3〕桓臧:当为昭雎的使者,未详。

〔4〕一本"胜"下有"秦"字,义更明。

〔5〕劲秦:使秦伐楚之心更坚定。

〔6〕秦王:昭王。

〔7〕令:黄丕烈以为是"全"字之讹,金正炜以为当作"合",义均胜。

〔8〕此句"秦"、"害"二字疑衍。少割,谓楚。

【译文】

四国共同攻楚,楚派昭雎帅兵来拒秦。楚王想主动出击,昭雎却不想这样做。桓臧为昭雎对楚王说:"昭雎如果战胜秦,其他三国憎恶楚强,惧怕秦国有变而站在楚方,必定全力攻楚,来坚定秦国伐楚的信心;秦王战败,恼羞成怒,必发全部兵马来击楚。这是大王与秦相弊,而对燕、赵、魏三国有利。如战不胜秦,秦就会进兵攻楚。不如增加昭雎的兵力,使其向秦显示必战的决心。秦王不愿与楚相弊,而使别国保全实力,楚国就可用少许割地来收买秦。秦、楚和好,燕、赵、魏不敢不听从,则三国之兵可息。"

楚怀王拘张仪[1]

楚怀王拘张仪,将欲杀之。靳尚为仪谓楚王曰[2]:"拘张仪,秦王必怒。天下见楚之无秦也,楚必轻矣。"又谓王之幸夫人郑袖曰:"子亦自知且贱于王乎?"郑袖曰:"何也?"尚曰:"张仪者,秦王之忠信有功臣也,今楚拘之，秦王欲出之〔3〕。秦王有爱女而美，又简择宫中佳丽好玩习音者以欢从之〔4〕；资之金玉宝器，奉以上庸六县为汤沐邑〔5〕，欲因张仪内之楚王，楚王必爱。秦女依强秦以为重，挟宝地以为资，势为王妻以临于楚。王惑于虞乐〔6〕，必厚尊敬亲爱之而忘子。子益贱而日疏矣！"郑袖曰："愿委之于公。为之奈何？"曰："子何不急言王出张子？张子得出，德子无已时；秦女必不来，而秦必重子。子内擅楚之贵，外结秦之交，畜张子以为用，子之子孙必为楚太子矣。此非布衣之利也。"郑袖遽说楚王出张子。

【注释】

〔1〕据《楚世家》，怀王十六年，张仪以商于之地六百里欺楚，使绝齐交。十七年楚攻秦，大败于丹阳、蓝田。十八年，秦欲与楚和，张仪复使楚，怀王怒而拘之。时当周赧王四年（前311）。

〔2〕靳尚：楚怀王宠臣。

〔3〕秦王：惠王。

〔4〕好玩习音：谓既好玩又习知音乐。

〔5〕上庸：汉中郡之县名。先属楚，后属秦。汤沐邑：谓以邑之租税供洗沐之费者。

〔6〕虞：义同"娱"。

【译文】

楚怀王囚禁张仪，将要杀他。楚人靳尚为张仪对楚王说："囚禁张仪，秦王必定恼怒。各国看见楚国得罪秦，楚的地位必定变轻了。"又对楚王宠幸的夫人郑袖说："您知道大王将要嫌弃您了吗？"郑袖说："为啥呢？"尚说："张仪，是秦王忠诚而有功之臣，如今楚国囚禁他，秦王想赎出他。秦王有爱女，十分美丽，又挑选宫中佳丽好玩、熟知音乐的,来陪从她;再加上金玉宝器,陪送上庸六县做汤沐邑,想通过张仪献给楚王,楚王必定喜爱。秦女依仗强秦以自重,靠宝器和土地做资本,势必以大王正妻的身份临莅于楚。楚王惑于娱乐,必十分尊敬亲爱她而忘掉您,您就愈加轻贱而一天比一天被疏远了。"郑袖说:"这件事就委托您了。您看怎么办才好呢?"靳尚说:"您何不赶快劝王释放张仪?张仪能够出来,会永远感激您的;秦女必定不会再来,而秦国必定看重您。您内专楚贵,外结秦交,储备张仪为您所用,您的子孙必定做楚太子哩。这可不是普通人所得的好处啊!"郑袖急忙劝说楚王释放了张仪。

楚王将出张子[1]

楚王将出张子,恐其败己也[2]。靳尚谓楚王曰:"臣请随之,仪事王不善,臣请杀之。"

楚小臣,靳尚之仇也,谓张旄曰[3]:"以张仪之知,而有秦、楚之用,君必穷矣。君不如使人微要靳尚而刺之[4],楚王必大怒仪也。彼仪穷,则子重矣。楚、秦相难,则魏无患矣。"

张旄果令人要靳尚刺之。楚王大怒秦,构兵而战。秦、楚争事魏,张旄果大重。

【注释】

〔1〕此章事,紧随上章之后。
〔2〕姚本"败"一作"欺"。

〔3〕张旄:魏臣。

〔4〕微要:暗中拦截。

【译文】

楚王将要释放张仪,恐怕他欺骗自己。靳尚对楚王说:"臣请跟随着他,张仪如果对王不利,臣请杀掉他。"

楚有小臣,是靳尚的仇人,对魏用事者张旄说:"拿张仪的智慧,而又有秦、楚为他所用,您必定无路可走了。您不如派人暗中拦截靳尚,杀了他,楚王必定要恨透张仪。他张仪无路可走,你的地位就重要了。楚、秦互相矛盾,那么魏国就没有忧患了。"

张旄果然派人拦截靳尚,刺死了他。楚王十分恼恨秦,两国交兵而战。秦、楚争着来服事魏,张旄地位果然大重。

秦败楚汉中[1]

秦败楚汉中[2]。楚王入秦,秦王留之。游腾为楚谓秦王曰[3]:"王挟楚王而与天下攻楚,则伤行矣;不与天下共攻之,则失利矣。王不如与之盟而归之。楚王畏,必不敢倍盟[4]。王因与三国攻之[5],义也。"

【注释】

〔1〕据史,楚怀王三十年秦昭王遗楚王书,言欲与之会盟于武关。怀王信幼子子兰之言,赴约,遂被扣留,要以割巫、黔中之郡。时周赧王十六年(前299)。

〔2〕据《楚世家》:"(怀王)十七年,与秦战于丹阳。秦大败我军,斩

甲士八万,虏大将军屈匄、裨将军逢侯丑等七十余人,遂取汉中之郡。"《索隐》云:"此丹阳在汉中。"

〔3〕游腾:注见《西周策》。

〔4〕倍:同"背"。

〔5〕"王"字前应补"倍盟"二字。三国:谓齐、韩、魏。

【译文】

楚在汉中被秦击败。楚王入秦,秦王扣留了他。游腾为楚对秦王说:"大王挟持楚王,而与天下诸侯来攻楚,是不道德的行为。不与天下诸侯共同攻楚,又丢掉了利益。大王莫如与楚王订立盟约,而放他归国。楚王畏惧秦国,肯定不敢背盟。如楚王背盟,秦借此而与齐、韩、魏三国来进攻它,就合乎道义了。"

楚襄王为太子之时[1]

楚襄王为太子之时[2],质于齐。怀王薨,太子辞于齐王而归[3],齐王隘之[4]:"子我东地五百里[5],乃归子;子不予我,不得归!"太子曰:"臣有傅,请追而问傅[6]。"傅慎子曰[7]:"献之地,所以为身也。爱地不送死父,不义。臣故曰献之便。"太子入,致命齐王曰:"敬献地五百里。"齐王归楚太子。

太子归,即位为王。齐使车五十乘来取东地于楚。楚王告慎子曰:"齐使来求东地,为之奈何?"慎子曰:"王明日朝群臣,皆令其献计。"

上柱国子良入见[8]。王曰:"寡人之得求反,王坟墓[9]、复群臣、归社稷也,以东地五百里许齐。齐令使来求地，为之奈何？"子良曰："王不可不与也。王身出玉声，许强万乘之齐而不与，则不信，后不可以约结诸侯。请与而复攻之。与之，信；攻之，武。臣故曰与之。"

子良出，昭常入见[10]。王曰："齐使来求东地五百里，为之奈何？"昭常曰："不可与也。万乘者，以地大为万乘。今去东地五百里，是去战国之半也。有万乘之号，而无千乘之用也，不可！臣故曰勿与。常请守之！"

昭常出，景鲤入见[11]。王曰："齐使来求东地五百里，为之奈何？"景鲤曰："不可与也。虽然，楚不能独守。王身出玉声，许万乘之强齐也而不与，负不义于天下；楚亦不能独守，臣请西索救于秦。"

景鲤出，慎子入。王以三大夫计告慎子曰："子良见寡人，曰：'不可不与也，与而复攻之。'常见寡人，曰：'不可与也，常请守之。'鲤见寡人，曰：'不可与也。虽然，楚不能独守也，臣请索救于秦。'寡人谁用于三子之计？"慎子对曰："王皆用之。"王艴然作色[12]，曰："何谓也？"慎子曰："臣请效其说，而王且见其诚然也。王发上柱国子良车五十乘，而北献地五百里于齐；发子良之明日，遣昭常为大司马，令往守东地；遣昭常之明日，遣景鲤车五十乘，西索救于秦。"王曰："善。"乃遣子良北献地于齐；遣子良之明日，立昭常为大司马，使守东地；又遣景鲤西索救于秦。

子良至齐，齐使人以甲受东地[13]。昭常应齐使曰："我典主东地[14]，且与死生。悉五尺至六十[15]，三十餘万,弊甲钝兵,愿承下尘[16]!"齐王谓子良曰:"大夫来献地,今常守之,何如?"子良曰:"臣身受命弊邑之王,是常矫也[17]。王攻之!"齐王大兴兵攻东地,伐昭常。未涉疆,秦以五十万临齐右壤[18],曰:"夫隘楚太子弗出,不仁;又欲夺之东地五百里,不义。其缩甲则可[19],不然,则愿待战!"齐王恐焉,乃请子良南道楚,西使秦,解齐患。十卒不用,东地复全。

【注释】

〔1〕今按此章与史实、道理多所未合。史谓怀王被秦所拘三年而薨,顷襄王于怀王入秦之年即已由齐归立为王,此《策》则言"怀王薨,太子辞于齐而归",一不合也。怀王被秦拘囚而死,国人如丧考妣,仇秦至深,此《策》却言齐来求地,楚索救于秦,二不合也。秦声言会盟,而反拘怀王以要割巫、黔中之郡,乃最无信义之举,此《策》则谓秦责齐曰:"夫隘楚太子弗出,不仁;又欲夺之东地五百里,不义。"似不曾为非理者,三不合也。缪氏《考辨》疑此《策》所载"并非事实",信然。

〔2〕楚襄王:熊横,做太子时曾为质于齐。秦拘怀王不返,楚迎立为襄王,以绝秦望。

〔3〕齐王:闵王。

〔4〕隘:同"阨",阻也。

〔5〕东地:指楚东与齐相邻之地。

〔6〕追:一作"退"。

〔7〕慎子:楚太子师傅。

〔8〕上柱国:楚最高武官的官阶名。

〔9〕王:应作"主",谓主祭也。

〔10〕昭常:楚臣。未详。

〔11〕景鲤:楚臣。曾为相。

〔12〕怫(fú)然:发怒的样子。

〔13〕甲：兵甲。

〔14〕典：主管。

〔15〕五尺：指未成年的少年。六十：指老人。

〔16〕下尘：谦词，犹言下风。鲍注："凡人相趋则有尘，战亦有尘。不敢与齐抗，故言下。"

〔17〕矫：诈，托言君命。

〔18〕齐右壤：齐西之地。

〔19〕缩甲：收兵。

【译文】

楚襄王做太子的时候，在齐国做人质。怀王死于秦，太子辞别齐（闵）王归国，齐王阻拦他，说："给我楚东土地五百里，就放你回去；不给我土地，不能回去。"太子说："臣有师傅，请让我回去问一问师傅。"师傅慎子说："献给齐国土地，是为了自身。吝惜土地不给亡父送终，是不义。臣因此说，还是献给土地为妥。"太子入宫，向齐王回复师傅的教命，说："敬献土地五百里。"于是，齐王放楚太子回国。

太子归楚，即位为王。齐派五十辆车的使者，到楚国来割取东地。楚王告诉慎子说："齐国使者来索要东地，该怎么办呢？"慎子说："王明天召见群臣，让大家都来献计。"

上柱国子良入见。王说："寡人得以返回楚国，主祭坟墓，复理群臣，归祀社稷，曾拿东地五百里许给齐国。齐现在派使臣来索地，该怎么办呢？"子良说："王不能不给呀！王口出玉音，答应万乘的强齐而不兑现，就是不守信用，往后无法与诸侯订约结盟。请给地而后再用兵夺回来。给地，是守信；用兵，是示武。臣因此说给齐土地。"

子良退出，昭常入见。王说："齐国使者来索要东地五百里，该怎么办呢？"昭常说："不能给呀！所谓万乘，因地大才称万乘。如今去掉东地五百里，是去掉楚国的一半啊！有万乘的名号而没有千乘的作用,这不行。臣因此说不能给。常我请帅兵去守卫它。"

昭常退出,景鲤入见。王说:"齐国使者来索要东地五百里,该怎么办呢?"景鲤说:"不能给呀!虽然如此,楚国无力独自守卫。王口出玉音,答应另乘的强齐而不兑现,就会失信于天下。但楚国又无力独守,臣请西到秦国求救。"

景鲤退出,慎子入见。王把三位大夫的意见告诉给慎子,说:"子良见寡人说:'不能不给,给了再夺回来。'昭常见寡人说:'不能给呀。常请率兵把守。'景鲤见寡人说:'不能给呀。然而楚不能独守,臣请求救于秦。'对于三人的意见,寡人听谁的呢?"慎子回答说:"王都听。"土生气改变脸色道:"这是什么话呢?"慎子说:"臣请缕述其详,王将见我说得有道理。王发车五十辆给上柱国子良,使北献地五百里于齐。遣子良的翌日,派昭常为大司马,命令去戍守东地。遣昭常的翌日,派景鲤车五十辆,西求救于秦。"王说:"好。"遂遣子良北至齐献地;遣子良的明日,任昭常为大司马,使戍守东地;又派景鲤西求救于秦。

子良至齐,齐派人帅兵去接受东地。昭常对齐使说:"我的使命是保卫东地,且与东地共存亡。全部五尺少年与六十老人,有三十多万弊甲钝兵,愿承下尘一战。"齐王对子良说:"大夫来献地,昭常守住不让怎么办?"子良说:"臣亲身受敝国王命,昭常驻守是假托王命,大王去进攻他。"齐王发大兵,攻打东地,讨伐昭常。兵未过境,秦国五十万军队临齐西界,说:"阻拦楚太子不让归国,是不仁;又想夺楚东地五百里,是不义。如退兵就作罢,不然,则愿意等待来战。"齐王害怕了,遂请子良南复命于楚,并西出使于秦,来解除齐国的忧患。楚不用出战,东地得以保全。

女阿谓苏子[1]

女阿谓苏子曰[2]:"秦栖楚王,危太子者公也。今楚王归[3],太子南[4],公必危。公不如令人谓太子曰:'苏子知太子之怨己也,必且务不利太子。太子不如善苏子,苏子必且为太子入矣。'"苏子乃令人谓太子,太子复请善于苏子。

【注释】

〔1〕此章与《齐策三·楚王死》章相类,亦为依托之辞。从内容看,两章似有某种联系。楚太子归,在怀王三十一年,周赧王十七年(前298)。

〔2〕女阿:未详。黄丕烈以为楚太子近习之人。苏子:似指苏秦。

〔3〕归:当指归葬于楚。

〔4〕南:谓将南归于楚。

【译文】

女阿对苏子说:"秦拘留楚王,令齐迫害楚太子,是出于您的谋划。如今楚王死,太子归楚,您必定不得安生。您不如派人对太子说:'苏子知道太子怨恨自己,必将做对太子不利的事。太子不如友善苏子,苏子必将为太子归楚而效劳呀!'"苏子于是使人对楚太子去说,太子复请与苏子友善。

卷十六　楚三

苏子谓楚王[1]

苏子谓楚王曰："仁人之于民也，爱之以心，事之以善言；孝子之于亲也，爱之以心，事之以财；忠臣之于君也，必进贤人以辅之。今王之大臣父兄，好伤贤以为资[2]，厚赋敛诸臣百姓，使王见疾于民，非忠臣也；大臣播王之过于百姓，多赂诸侯以王之地，是故退王之所爱，亦非忠臣也。是以国危。臣愿无听群臣之相恶也，慎大臣父兄，用民之所善，节身之嗜欲以百姓[3]。人臣莫难于无妒而进贤。为主死易，垂沙之事[4]，死者以千数；为主辱易，自令尹以下，事王者以千数。至于无妒而进贤，未见一人也。故明主之察其臣也，必知其无妒而进贤也。贤之事其主也[5]，亦必无妒而进贤。夫进贤之难者，贤者用且使己废，贵且使己贱，故人难之。"

【注释】

〔1〕顾氏《编年》附此于赧王十四年（前301），云："《荀子·议兵篇》：'兵殆于垂沙，唐蔑死。'杨《注》即以重丘之役释之，故附此。"缪氏

《考辨》云:"此《策》托名苏子,盖如《史记·苏秦传》所云'异时事有类之者皆附之苏秦'也。章首'苏子'二字当为衍文。"

〔2〕 为资:鲍彪曰:"为己资藉。"

〔3〕 以:犹"与"。

〔4〕 垂沙之事:垂沙,地名,或以为即重丘。见《楚策二·术视伐楚》注〔4〕。

〔5〕 黄丕烈曰:"'贤'下'之'上,鲍本有'臣'字。"是。

【译文】

苏子对楚王说:"仁人对于民众,用心来爱护她,用善言来开导她;孝子对于父母,用心来亲爱他,用钱财来供养他;忠臣对于君主,必推荐贤人来辅佐他。现在王的父兄大臣,好伤害贤人来抬高自己,残酷搜刮诸臣百姓,使王被民众所疾恨,不是忠臣啊!异姓大臣在百姓中散布王的过错,用王的土地来贿赂诸侯,因此把王所喜爱的排斥掉,也不是忠臣啊!所以国家危殆。臣愿王不要听信群臣相恶的话,慎用大臣父兄;用民众所喜欢的人,节制自身的嗜欲来治理百姓。做臣子的没有比不妒嫉而进贤人更难的了。为君主而死容易,垂沙之难,牺牲的用千来数;为君主而受辱容易,自令尹以下,服事王的用千来数。至于不嫉妒而引进贤人,却未见一人。所以明主考察他的臣下,必须知道他不妒而进贤。贤臣事君,也必须做到不妒而进贤。进贤之所以难,是因为贤者用就要使自己废,贤者贵就要使自己贱,所以人们难以做到。"

苏秦之楚[1]

苏秦之楚,三日[2],乃得见乎王。谈卒,辞而行。

楚王曰:"寡人闻先生,若闻古人;今先生不远千里而临寡人,曾不肯留,愿闻其说。"对曰:"楚国之食贵于玉,薪贵于桂,谒者难得见如鬼[3],王难得见如天帝。今令臣食玉炊桂,因鬼见帝。"王曰:"先生就舍,寡人闻命矣。"

【注释】

〔1〕据《史记》本传,苏秦说楚在周显王三十六年(前333)。黄氏《编略》、顾氏《编年》及于《表》并系此年。缪氏《考辨》谓苏秦主要活动于燕、齐,无说楚王之事,此章当为依托之辞。

〔2〕王念孙曰:"'三日'当作'三月'。《艺文类聚·火部》《太平御览·饮食部》及《文选》张协《杂诗》注引此,并作'三月'。"是。

〔3〕谒者:朝廷掌宾客告请之官。

【译文】

苏秦来到楚国,三月才能见到楚王。谈完话,辞别而去。楚王说:"寡人听先生一番话,像听到古人之言;先生居然不远千里来到寡人这里,竟不肯多留,愿意听一听它的理由。"苏秦回答说:"楚国的食物比玉石还金贵,烧柴比桂树还金贵,通事人比鬼还难见,王比上帝还难见。现在让臣我吃玉烧桂,通过鬼来谒见上帝。"王说:"先生回到馆舍去住,寡人听到教命了。"

楚王逐张仪于魏[1]

楚王逐张仪于魏。陈轸曰[2]:"王何逐张子?"曰:

"为臣不忠不信。"曰:"不忠,王无以为臣;不信,王勿与为约。且魏臣不忠不信,于王何伤?忠且信,于王何益?逐而听则可,若不听,是王令困也[3]。且使万乘之国免其相,是城下之事也[4]。"

【注释】

〔1〕鲍彪云:"仪初相魏时,此(楚怀王)七年。"当周显王四十七年。按,此时张仪尚未欺楚,楚王"不忠不信"之说何据而云然?《史记》本传谓张仪于怀王十六年初至楚,楚王"虚上舍而自馆之",并说"此僻陋之国,子何以教之",甚为礼敬,故仪之欺骗能以得手。由此,楚王始深恨之。故其逐仪于魏,必在仪第二次相魏之时无疑。其时在秦武王元年,当周赧王五年(前310)。诸家从鲍者并误。

〔2〕陈轸此时在楚,知逐仪之计必不能行,故说之。

〔3〕困:困阻不行。

〔4〕城下之事:谓战争。

【译文】

楚王使魏国驱逐它的丞相张仪。陈轸问道:"大王为何驱逐张子?"王说:"他为臣不忠不信。"轸说:"不忠,大王不用他做臣;不信,大王不与他订立盟约。况且魏臣不忠不信,对于大王有什么害处呢?忠而且信,对于大王又有什么好处呢?驱逐张仪,魏国听从大王的意见,则可以,若是不听,是王的指令行不通。再说,让万乘之国免掉它的丞相,是兵临城下才能够办得到的事情啊!"

<h2 style="text-align:center">张仪之楚贫[1]</h2>

张仪之楚贫,舍人怒而归[2]。张仪曰:"子必以衣

冠之敝,故欲归。子待我为子见楚王[3]。"当是之时,南后、郑袖贵于楚[4]。

张子见楚王,楚王不说。张子曰:"王无所用臣,臣请北见晋君[5]。"楚王曰:"喏。"张子曰:"王无求于晋国乎?"王曰:"黄金、珠玑、犀象出于楚[6],寡人无求于晋国。"张子曰:"王徒不好色耳。"王曰:"何也?"张子曰:"彼郑、周之女[7],粉白墨黑[8],立于衢间,非知而见之者,以为神。"楚王曰:"楚,僻陋之国也,未尝见中国之女如此其美也!寡人之独何为不好色也?"乃资之以珠玉。

南后、郑袖闻之,大恐。令人谓张子曰:"妾闻将军之晋国[9],偶有金千斤,进之左右,以供刍秣[10]。"郑袖亦以金五百斤。

张子辞楚王,曰:"天下关闭不通,未知见日也,愿王赐之觞。"王曰:"诺。"乃觞之。张子中饮,再拜而请曰:"非有他人于此也,愿王召所便习而觞之[11]。"王曰:"诺。"乃召南后、郑袖而觞之。张子再拜而请曰:"仪有死罪于大王。"王曰:"何也?"曰:"仪行天下遍矣,未尝见人如此其美也!而仪言得美人,是欺王也!"王曰:"子释之[12]。吾固以为天下莫若是两人也。"

【注释】

〔1〕钟氏《勘研》云:"此《策》征之《仪传》,时际无相合者,且不中事理,恐虚。"钟说是。

〔2〕鲍本"而"下有"欲"字。

〔3〕鲍本无前"子"字。

〔4〕南后:楚怀王后。郑袖:怀王幸姬。

〔5〕晋君:指韩、赵、魏之君。

〔6〕玑:珠之不圆者。犀象:犀角与象牙。

〔7〕郑:周封国名,战国时归韩,故韩亦称郑。周:指东、西周两小国。

〔8〕墨:一作"黛"。青黑色,画眉鬓用。

〔9〕将军:《太平御览》卷三八〇引作"君将"。是。

〔10〕刍秣:牲畜草料。

〔11〕便习:左右宠幸亲近之人。

〔12〕释:放置。

【译文】

张仪初至楚生活很困窘,舍人怒而欲归。张仪说:"你一定是因为衣帽破了,所以才想回去。待我为你去见楚王。"在这个时候,南后和郑袖正得宠而贵重于楚。

张子见到楚王,楚王很不高兴。张子说:"大王既然不能用臣,臣请北上去见晋(韩、赵、魏)君。"楚王说:"好吧。"张子说:"大王对于晋国没有什么需求的吗?"王说:"黄金、珍珠、犀角、象牙,都出在楚国,寡人对晋国无所需求。"张子说:"大王只是不喜好女色罢了。"王说:"怎么说呢?"张子说:"那些郑、周的女子,粉白的脸蛋,墨黑的头发,站立在街巷,不知道的人看见她们,以为是神仙下凡。"楚王说:"楚是僻陋的国家,不曾见过这样美丽的中原女子。寡人为什么就偏不喜欢女色呢?"于是,乃用珠玉来资助张仪。

南后、郑袖闻知此事大惊。使人对张子说:"妾听说你将到晋国去,体己有黄金千斤,送给下人,供饲马之用。"郑袖也送黄金五百斤。

张子辞别楚王说:"各国闭关不通,不知何日更能相见,愿王赏赐杯酒。"王说："好吧。"遂置酒。张子饮至半酣，再拜而请求说："这里没有别人，愿大王召呼左右便嬖也来喝几杯。"王说："好吧。"遂召呼南后、郑袖来饮酒。张仪再拜请罪说："仪对大王犯有死罪。"王说："这话怎讲？"回答说："仪走遍天下，还不曾见过有人长得这样美丽。而仪言晋有美女，是欺骗王啊！"王说："你不必说了。我本来就以为天下没有比得上这两个人的。"

楚王令昭雎之秦重张仪[1]

楚王令昭雎之秦重张仪，未至，惠王死。武王逐张仪[2]，楚王因收昭雎以取齐[3]。桓臧为雎谓楚王曰[4]："横亲之不合也，仪贵惠王而善雎也。今惠王死，武王立，仪走，公孙郝、甘茂贵[5]。甘茂善魏，公孙郝善韩，二人固不善雎也，必以秦合韩、魏。韩、魏之重仪，仪有秦而雎以楚重之。今仪困秦而雎收楚，韩、魏欲得秦，必善二人者。将收韩、魏[6]，轻仪而伐楚，方城必危[7]！王不如复雎而重仪于韩、魏。仪据楚势，挟魏重，以与秦争。魏不合秦，韩不不从，则方城无患。"

【注释】

〔1〕吕祖谦《大事记》引《战国策·秦策二》："秦惠王死，公孙衍欲穷张仪。李雠谓公孙衍曰：'不如召甘茂于魏，召公孙显于韩，起樗里子于国，三人者皆张仪之仇也。'"云："然则仪之逐，其公孙衍之力与？"武王即纳张仪于魏。后仪再为魏相，不久，病死于魏。诸家据《史记·仪传》，系

此章于赧王五年（前310）。张清常等《战国策笺注》谓此章与前《楚王逐张仪于魏》抵牾，以为是拟托之作。

〔2〕武王：名荡，惠王子。

〔3〕齐恶张仪，而昭雎与仪友善，故楚系之以取悦于齐。收：系捕。

〔4〕桓臧：四国伐楚时，曾为昭雎做说客。

〔5〕公孙郝：秦贵族。吕祖谦云："郝即显也，后称公孙奭，然则显、郝、奭本一人，记其名者不同也。"

〔6〕一本"将"字上有"二人"两字，鲍本亦有。

〔7〕方城：楚北长城名。

【译文】

楚怀王使昭雎赴秦劝说秦王重用张仪，未到，秦惠王死。武王即位，驱逐张仪，楚王因而捕系昭雎，以取得齐国的欢心。桓臧为昭雎对楚王说："韩、魏连横亲秦之所以不能成功，因为张仪被惠王信任而且与昭雎友善。如今惠王死，武王立，仪被逐走，公孙郝、甘茂贵显。甘茂亲魏，公孙郝亲韩，他二人本与昭雎为对头，必定拿秦来亲合韩、魏。昔日韩、魏曾重视张仪，因为张仪得秦，而昭雎又用楚来支持他，以加重他的地位。现在张仪被秦所逐，而昭雎被楚捕系，韩、魏想与秦交好，必善遇公孙郝与甘茂二人。他二人将争取韩、魏，贬损张仪而来伐楚，楚的方城必有危险。王不如复昭雎官位，而使韩、魏重用张仪。张仪依靠楚势，挟魏之重，来与秦斗争。如魏不与秦合，韩也不会跟秦跑，方城就不会有忧患了。"

张仪逐惠施于魏[1]

张仪逐惠施于魏[2]。惠子之楚，楚王受之。冯郝谓楚王曰[3]:"逐惠子者,张仪也。而王亲与约,是欺仪也,臣为王弗取也!惠子为仪者来,而恶王之交于张仪[4],惠子必弗行也。且宋王之贤惠子也[5],天下莫不闻也;今之不善张仪也,天下莫不知也。今为事之故[6],弃所贵于仇人,臣以为大王轻矣!且为事耶?王不如举惠子而纳之于宋,而谓张仪曰:'请为子勿纳也[7]。'仪必德王。而惠子穷人[8],而王奉之,又必德王。此不失为仪之实,而可以德惠子。"楚王曰:"善。"乃奉惠子而纳之宋。

【注释】

〔1〕鲍彪谓此为赧王五年,仪第二次相魏之事。误甚。按此乃显王四十七年(前322),仪初次相魏时事。据《史记》本传载,仪初相魏乃为了秦国利益,仪据秦、魏二国之势,故冯郝劝说楚王不要得罪他;仪第二次相魏则为秦所逐,其势已穷,楚又有何惧怕得罪他呢?此其一。仪初相魏,尚未欺楚,故楚甚贵重之,二次相魏,在欺楚之后,楚王深恨之,困之犹恐不及,又何贵重之有?此其二。参见前《楚王逐张仪于魏》章注〔1〕。

〔2〕惠施:宋人,时为魏惠王相。主张合于齐、楚以按兵,策略失败后,魏王改用张仪为相,惠施之楚。

〔3〕冯郝:楚人。

〔4〕谓使楚王与张仪之交恶化。

〔5〕宋王:指君偃。

〔6〕事:指张仪逐惠子之事。

〔7〕勿纳:勿纳于楚。

〔8〕穷:指无路可走。

【译文】

张仪从魏国把惠施逐走。惠子到楚,楚王收留了他。冯郝对楚王说:"驱逐惠子的,是张仪。而大王亲与惠施结交,是欺侮张仪,臣为大王不取。惠子是因被仪所逐而来楚,对破坏王与张仪交情的事,他必不肯去做。再说宋王表彰惠子贤能的事,天下没有不知道的。惠子与张仪不善的事,天下也是没有不知道的。现在因为惠子被逐,为了张仪的仇人而抛弃张仪,臣以为大王是自轻了。不是要把事情办好吗?王莫如推举惠子,让他到宋国去,同时对张仪说:'楚国为你才没有收留惠子。'张仪必定感激大王。惠子是一个走投无路的人,而王抬举他,也一定感激大王。这事实上既不失为了张仪,而又可以施恩德给惠子。"楚王说:"甚善。"于是推举惠子而使他入宋。

五国伐秦[1]

五国伐秦,魏欲和,使惠施之楚。楚将入之秦而使行和,杜赫谓昭阳曰[2]:"凡为伐秦者,楚也[3]。今施以魏来,而公入之秦,是明楚之伐而信魏之和也。公不如无听惠施,而阴使人以请听秦。"昭子曰:"善。"因谓惠施曰:"凡为攻秦者,魏也。今子从楚为和,楚得其利,魏受其怨。子归,吾将使人因魏而和。"惠子反,魏王不说。

杜赫谓昭阳曰:"魏为子先战,折兵之半,谒病不听[4],请和不得,魏折而入齐、秦[5],子何以救之?东有越累[6],北无晋,而交未定于齐、秦,是楚孤也。不如速和。"昭子曰:"善。"因令人谒和于魏。

【注释】

〔1〕此章五国者为谁,说最歧。要以《六国年表》及《燕世家》所载三晋与燕、楚为近。其时,《通鉴》书于周慎靓王三年(前318),亦是。说详黄少荃《五国伐秦考》(载四川大学历史系《史学论丛》)。

〔2〕杜赫:周人,时事楚。昭阳:楚相。

〔3〕吴师道谓楚为纵长,故云。

〔4〕谒病:谓以疲惫相告。谒,告。

〔5〕折:屈服。或当"转"字讲,亦通。

〔6〕越累:来自越的忧患。鲍曰:"越有伤楚之心。"

【译文】

五国伐秦,魏国想要求和,派丞相惠施到楚国去。楚国将要把他送到秦国您与秦讲和,周人杜赫对昭阳说:"大家都是为了楚才攻秦的。现在惠施代表魏国来楚,而您把他送到秦,是向秦表明楚坚持攻伐,而魏真诚求和。您莫如不听惠施,而暗中派人去请和并听命于秦。"昭子说:"好。"因对惠施说:"大家都是为了魏才攻秦,如今你跟随楚去讲和,结果会是楚得其利而魏受其怨。你先回去,我将要派人通过魏去讲和。"惠子回国,魏襄王不高兴。

杜赫对昭阳说:"魏为您而先与秦战,损兵一半,告乏您不听,请和又不得,如魏屈服而靠拢齐、秦,你怎么挽救呢?东有越国之累,北面失掉三晋,而与齐、秦的邦交又未能定,是楚将要陷于孤立的呀!不如赶快求和。"昭子说:"好。"因而派人告和于魏。

陈轸告楚之魏[1]

陈轸告楚之魏。张仪恶之于魏王曰[2]:"轸犹善楚,为求地甚力。"左爽谓陈轸曰[3]:"仪善于魏王,魏王甚信之。公虽百说之,犹不听也。公不如以仪之言为资,而得复楚。"陈轸曰:"善。"因使人以仪之言闻于楚。楚王喜,欲复之。

【注释】
〔1〕又见《魏策一·张仪恶陈轸》。《史记·六国年表》载张仪初相魏,在周显王四十七年(前322)。《通鉴》《大事记》等均从之。
〔2〕魏王:惠王。
〔3〕左爽:《魏策》作"左华"。未详。

【译文】
陈轸告别楚国到魏国去。张仪对魏惠王说陈的坏话,道:"陈轸还是心向楚的,为楚求地很卖力气。"左爽对陈轸说:"仪与魏王交好,魏王很信任他。您虽百般解释,也是不会听的。您不如借着仪的话,得以再回楚国去。"陈轸说:"好。"因派人把张仪的话告知楚。楚王听了很欢喜,果然想要让他回楚。

秦伐宜阳[1]

秦伐宜阳。楚王谓陈轸曰:"寡人闻韩侈巧士也[2],习诸侯事,殆能自免也[3]。为其必免,吾欲先据之以加德焉。"陈轸对曰:"舍之,王勿据也!以韩侈之知,于此困矣!今山泽之兽,无黠于麋[4]。麋知猎者张罔前而驱己也,因还走而冒人。至数,猎者知其诈,伪举罔而进之,麋因得矣。今诸侯明知此多诈,伪举罔而进者必众矣。舍之,王勿据也!韩侈之知,于此困矣!"楚王听之,宜阳果拔。陈轸先知之也。

【注释】

〔1〕秦攻宜阳在赧王七年,拔在八年(前307)。此章所记之事,当在此际。参见《东周策·秦攻宜阳》并注〔1〕。

〔2〕韩侈:即公仲朋。韩国公族。详《东周策·秦攻宜阳》注〔3〕。

〔3〕自免:谓靠自力可免被秦所攻破。

〔4〕黠(xiá):狡猾。麋(mí):鹿科动物,俗称"四不像"。

【译文】

秦攻韩宜阳。楚王对陈轸说:"寡人听说城守公仲朋是很机敏的人,熟知诸侯的事,庶几能够免于危亡。为了使它彻底免于危难,我想先占据宜阳,来对他施加救助之恩。"陈轸回答说:"不管它,王不要去占据。凭公仲朋的智慧,在这里肯定要遇到危难。山泽中的野兽,没有比麋鹿再聪慧狡猾的。麋知道猎人张网在前面,然后来驱赶它,故不趋网而犯人。次数多了,猎人知道它狡诈,假装张网,使其近人,再用网把它捕获。现在诸侯明知公仲朋狡诈,假装张网而使其就范的必定不少。不管它,王不要去占据宜阳。公仲朋的智慧,在这里是行不通的。"楚王听从陈轸的劝告,宜阳果然被攻克。陈轸是有先见之明的。

唐且见春申君[1]

唐且见春申君曰[2]:"齐人饰身修行得为益,然臣差而不学也。不避绝江河,行千馀里来,窃慕大君之义而善君之业。臣闻之，贲、诸怀锥刃而天下为勇[3]，西施衣褐而天下称美。今君相万乘之楚，御中国之难，所欲者不成，所求者不得，臣等少也。夫枭棋之所以能为者[4]，以散棋佐之也。夫一枭之不如、不胜五散[5]，亦明矣。今君何不为天下枭，而令臣等为散乎？"

【注释】

〔1〕《史记·春申君列传》云："考烈王元年，以黄歇为相，封为春申君。"当周赧王五十三年（前262）。然唐且见春申君于何时，则于史无考。诸家系年均属臆测。

〔2〕唐且、春申君：均见前注。且，或作"雎"。

〔3〕贲、诸：孟贲与专诸。均古著名之勇士。锥刃：指锥子、匕首一类小武器。

〔4〕枭棋：古代棋戏"六博"，黑、白子各六，六子中有一枭五散，得枭者为胜。

〔5〕姚谓一本无"不如"二字。是。

【译文】

唐且见楚相春申君黄歇说："齐人整饬仪容，修养品行，就能获取禄位，然臣以为可耻而不去学它。不避江河之险，行千里来此，私爱您的高义，而赞赏您的事业。臣听说孟贲、专诸虽怀小兵刃，而天下称其为勇；西施虽穿粗布衣，而天下称其为美。现今您辅佐万乘的楚国，来抵御中原诸国的攻伐，所想要的不能成功，所追求的不能获得，是因为下人太少。那头棋之所以称能，是因为有散棋配合它。一颗头棋不能胜过五颗散棋，是很明白的了。如今您何不做天下的头棋，而让臣等作散棋呢？"

卷十七　楚四

或谓楚王[1]

或谓楚王曰："臣闻从者欲合天下以朝大王，臣愿大王听之也。夫因诎为信[2]，旧患有成[3]，勇者义之；摄祸为福[4]，裁少为多，知者官之。夫报报之反[5]，墨墨之化[6]，唯大君能之[7]。祸与福相贯[8]，生与亡为邻。不偏于死[9]，不偏于生，不足以载大名[10]；无所寇艾[11]，不足以横世。夫秦捐德绝命之日久矣，而天下不知。今夫横人嚄口利机[12]，上干主心[13]，下牟百姓[14]，公举而私取利。是以国权轻于鸿毛，而积祸重于丘山。"

【注释】
〔1〕王念孙云，《文选·为齐明帝让宣城郡公表》李善注，引此作"唐雎谓楚王"。考唐雎活动年代，则此楚王或为顷襄。
〔2〕诎：与"屈"同。信：与"伸"同。
〔3〕鲍本"旧"作"奋"。奋患，谓忧患而能振奋也。
〔4〕摄：收。
〔5〕报报：反复貌。

〔6〕墨墨:同"默默"。

〔7〕大君:犹言"大人"。指才能杰出的人。

〔8〕贯:连,通。

〔9〕鲍注:"偏,犹'专'也。"

〔10〕载:承受。

〔11〕寇艾(yì):侵犯杀伐。艾,同"刈"。

〔12〕嘕(hǎn):口:夸夸其谈。嘕,大声述说。利机:犹言"利敏"、"利巧"。

〔13〕干:扰乱。

〔14〕牟:夺取。

【译文】

有人对楚王说:"臣听说约纵的人,想要联合天下诸侯来朝见大王,臣愿大王听凭他们去做。弯曲而后伸直,奋于忧患而后成功,勇敢的人赞赏它;转灾祸为幸福,积少量为众多,智慧的人去做它。事物的循环往复,变化无形,只有大君能够掌握它。祸与福相通,生与死为邻。不专一去求死,不专一去求生,就不足以承受大名;不去暴虐斩杀,就不能够横行于世。秦国抛弃道德,蔑视天命的时间很久了,而天下诸侯不去察知。现在天下主张连横的人,侈谈巧辩,上扰君心,下取百姓,假公以济其私。所以国家权力比鸿毛还轻,而祸患堆积比丘山还重。"

魏王遗楚王美人〔1〕

魏王遗楚王美人〔2〕,楚王说之。夫人郑袖知王之说新人也,甚爱新人。衣服玩好,择其所喜而为之;宫室卧具,择其所善而为之。爱之甚于王。王曰:"妇人所以事夫者,色也;而妒者,其情也。今郑袖知寡人之说新人也,其爱之甚于寡人,此孝子之所以事亲,忠臣之所以事君也。"

郑袖知王以己为不妒也,因谓新人曰:"王爱子美矣。虽然,恶子之鼻。子为见王,则必掩子鼻。"新人见王,因掩其鼻。王谓郑袖曰:"夫新人见寡人,则掩其鼻,何也?"郑袖曰:"妾知也。"王曰:"虽恶,必言之。"郑袖曰:"其似恶闻王之臭也。"王曰:"悍哉[3]!"令劓之[4],无使逆命[5]。

【注释】

〔1〕楚王当指怀王。确切年代无考。
〔2〕魏王:当为魏襄王。
〔3〕悍:凶。意为嚣张妄为。
〔4〕劓(yì):古代割鼻的刑罚。
〔5〕逆命:违抗命令。鲍曰:"不通新人之言。"

【译文】

魏襄王赠送楚怀王美人,楚王很喜欢她。夫人郑袖知道楚王喜欢新人,也很爱新人。衣服玩好,挑她所喜欢的去制作;宫室卧具,按她所高兴的去布置。爱她的程度胜过楚王。楚王说:"妇人拿来服事丈夫的是美色,而妒忌是她的天性。现在郑袖知道寡人喜欢新人,她爱新人胜过寡人,这真比得上孝子侍奉双亲,忠臣服事君主了。"

郑袖知道楚王认为自己不妒忌,于是对新人说:"大王爱上你的美貌啦!虽然,却讨厌你的鼻子。你如果见王,一定要遮上你的鼻子。"新人见王,于是遮上鼻子。楚王对郑袖说:"新人见

423

到寡人,就遮上她的鼻子,是为什么呢?"郑袖说:"妾知道。"王说:"虽然不好听,也一定要讲出来。"郑袖说:"她好像讨厌闻君王的臭味。"王说:"太嚣张啦!"让人把她的鼻子割掉,并不许违抗命令。

楚王后死[1]

楚王后死,未立后也。谓昭鱼曰[2]:"公何以不请立后也?"昭鱼曰:"王不听,是知困而交绝于后也!""然则,不买五双珥[3],令其一善,而献之王,明日,视善珥所在,因请立之。"

【注释】
〔1〕本章与《齐策三·齐王夫人死》雷同,当为策士拟托之作。
〔2〕昭鱼:楚相。
〔3〕吴补曰:"'不买'上宜有'何'字。"珥(ěr):古代珠玉耳饰。

【译文】
楚王后死去,没有立新后。有人对昭鱼说:"您为何不请大王立后呢?"昭鱼说:"大王如果不听,这不但是谋划不成,反而无法与新后交往。""既如此,那么为何不买五双耳饰,令其中有一副好的,献给大王,明天看好的在谁那里,就请大王立谁。"

庄辛谓楚襄王[1]

庄辛谓楚襄王曰[2]:"君王左州侯[3],右夏侯[4],

辇从鄢陵君与寿陵君[5],专淫逸侈靡,不顾国政,郢都必危矣!"襄王曰:"先生老悖乎[6]?将以为楚国祅祥乎[7]?"庄辛曰:"臣诚见其必然者也,非敢以为国祅祥也。君王卒幸四子者不衰,楚国必亡矣!臣请辟于赵,淹留以观之。"庄辛去,之赵,留五月[8],秦果举鄢、郢、巫、上蔡、陈之地[9]。

襄王流掩于城阳[10],于是使人发驺征庄辛于赵[11]。庄辛曰:"诺。"庄辛至,襄王曰:"寡人不能用先生之言,今事至于此,为之奈何?"

庄辛对曰:"臣闻鄙语曰:'见兔而顾犬,未为晚也;亡羊而补牢[12],未为迟也。'臣闻昔汤、武以百里昌,桀、纣以天下亡。今楚国虽小,绝长续短,犹以数千里,岂特百里哉!

"王独不见夫蜻蛉乎[13]?六足四翼,飞翔乎天地之间,俯啄蚊虻而食之,仰承甘露而饮之,自以为无患,与人无争也。不知夫五尺童子,方将调铅胶丝[14],加己乎四仞之上[15],而下为蝼蚁食也。

"蜻蛉其小者也,黄雀因是以[16]!俯噣白粒[17],仰栖茂树,鼓翅奋翼,自以为无患,与人无争也。不知夫公子王孙,左挟弹,右摄丸,将加己乎十仞之上,以其类为招。昼游乎茂树,夕调乎酸咸。倏忽之间,坠于公子之手。

"夫雀其小者也[18],黄鹄因是以!游于江海,淹乎大沼,俯噣鳝鲤[19],仰啮菱衡[20],奋其六翮[21],而凌清风,飘摇乎高翔,自以为无患,与人无争也。不知夫射

425

者方将修其碑卢[22],治其矰缴[23],将加己乎百仞之上,被磻磻[24],引微缴[25],折清风而抎矣[26]。故昼游乎江河,夕调乎鼎鼐[27]。

"夫黄鹄其小者也,蔡圣侯之事因是以[28]!南游乎高陂[29],北陵乎巫山,饮茹溪之流[30],食湘波之鱼[31],左抱幼妾,右拥嬖女,与之驰骋乎高蔡之中[32],而不以国家为事。不知夫子发方受命乎宣王[33],系己以朱丝而见之也。

"蔡圣侯之事,其小者也,君王之事因是以!左州侯,右夏侯,辈从鄢陵君与寿陵君[34],饭封禄之粟[35],而戴方府之金[36],与之驰骋乎云梦之中,而不以天下国家为事。不知夫穰侯方受命乎秦王[37],填黾塞之内[38],而投己乎黾塞之外。"

襄王闻之,颜色变作,身体战栗。于是乃以执珪而授之为阳陵君,与淮北之地也。

【注释】

〔1〕又见《新序·杂事二》。按《史记·楚世家》载,秦将白起拔郢在顷襄二十一年,拔巫、黔中郡在二十二年。此章言"秦果举鄢、郢、巫……",故当系顷襄二十二年。据《史记·六国年表》,是年当周赧王三十八年(前277)。

〔2〕庄辛:楚臣。庄王后人,以谥为姓。

〔3〕州侯:州地封君。州,古国名,春秋时为楚所灭。故城在今湖北洪湖市东北。

〔4〕夏侯:夏地封君。夏,在今湖北汉口。

〔5〕鄢陵君、寿陵君:皆封君名,襄王宠臣。

〔6〕悖:乱,惑。

〔7〕祅祥:凶险之兆。祅,同"妖";祥,吉凶的预兆。

〔8〕五月:金正炜谓按史当作"五年"。

〔9〕上蔡、陈:《楚世家》《六国年表》均不书此二地,故张琦疑此三字为衍字。

〔10〕掩:藏匿。或云同"淹",留也。城阳:鲍氏以为当作"成阳"。张琦云:"故城在今光州息县西界,北距陈三白馀里。"

〔11〕驺:厩中养马之人。这里指厩马。

〔12〕牢:养牲畜的圈。

〔13〕蜻蛉(líng):蜻蜓的别名。

〔14〕铊:鲍本作"饴"。糖浆。

〔15〕仞:八尺。

〔16〕因是以:也是这样。因,如同;以,已。

〔17〕噣(zhuó):同"啄"。白粒:米粒。

〔18〕一本"雀"上有"黄"字。是。

〔19〕鲇鲤:鲍本"鲇"作"鳝"。王念孙谓当从《新序》作"鳏鲤"。鲇鱼与鲤鱼。

〔20〕蕨衡:菱角与杜衡。

〔21〕六翮(hé):鸟翅上的六根长羽毛。翮,羽毛的土茎。

〔22〕茡卢:蒲卢。即蒲苇,可以为箭。茡,字书无此字,黄丕烈以为当读为"蒲"。

〔23〕缯缴(zēng zhuó):带丝绳的箭。缯,同"矰"。

〔24〕磻磻(jiān bō):磨尖的石箭头。磻,磨之使锐;磻,石箭头。

〔25〕微:读为"徽"。绳索。

〔26〕抎(yǔn):同"陨",坠落。

〔27〕鼐(nài):大鼎。

〔28〕蔡圣侯:蔡国君谥号。按,此蔡非蔡仲始封之蔡,当是另一蔡国,在楚之西境。鲍本"圣"作"灵"。

〔29〕高陂(bēi):高丘。陂,山坡。

427

〔30〕茹溪:巫山水名。

〔31〕湘波:湘江。

〔32〕高蔡:《潘生和鼎》云:"高蔡,乃蛮越之国。"在楚之西境。亦单称蔡。

〔33〕子发:楚宣王之臣,名舍。

〔34〕辈:鲍本作"辇"。是。

〔35〕封禄:封爵的俸禄。

〔36〕戴:鲍本作"载"。是。方府:楚藏金的库名。

〔37〕穰侯:秦昭王丞相魏冉。

〔38〕黾塞:要塞名,又称冥阨之塞。在今河南罗山县南,俗名九里关。

【译文】

庄辛对楚襄王说:"君王左边有州侯,右边有夏侯,随辇从驾的有鄢陵君和寿陵君,专事淫佚奢侈,不理国政,郢都必定要遭殃了。"襄王说:"先生是老昏了吧?以我的言行将要成为楚国的不祥之兆吗?"庄辛说:"臣确是见到楚国必然要这样的,不敢说您的言行是不祥之兆!君王如始终宠爱这四个人而不改,楚国是肯定要灭亡的了。臣请到赵国去躲避,留在那里以观后效。"庄辛去到赵国,逗留了五个月,秦军果然攻克鄢、郢、巫郡、上蔡、陈等地。

襄王流离困顿在城阳,于是派人驾车,从赵国把庄辛召回。庄辛说:"好吧。"庄辛至楚,襄王说:"寡人不听先生之言,事到如今,该怎么办呢?"

庄辛回答说:"臣听俗语说:'见兔而放犬,也不算晚;丢羊而修圈,也不算迟。'臣闻听从前商汤、周武靠百里土地而昌盛,夏桀、殷纣拥有天下而灭亡。如今楚国虽小,截长补短,还有几千里,岂仅只百里呢?

"王没看到那蜻蜓吗?六只脚,四个翅膀,飞翔在天地之间,俯啄蚊虻而食,仰接甘露而饮,自以为没有祸患,又与人无争。不知道五尺童子调糖浆粘在丝上,将在几丈高的空中来捕捉自己,而终被地下的蝼蚁所吃掉。

"蜻蜓是细小的,大至黄雀依旧是这样。黄雀俯啄米谷,仰栖茂树,鼓动翅膀,振奋羽翼,自以为没有祸患,又与人无争。不知道公子王孙,左手持弹弓,右手捏弹丸,在十儿丈的高空中来捕捉自己,拿它的头颈作射击的目标。白天还在茂树间游息,晚上就被加上酸咸佐料烹调成菜肴。顷刻之间,坠落在公子手中。

"黄雀是细小的,大至天鹅依旧是这样。天鹅游于江海之上,息于泽沼之中,俯啄鳝鲤,仰食菱荇,振奋它的羽翼,凌驾清风,飘摇高翔,自以为没有祸患,且与人无争。不知道射猎之人,正在修缮他的弓弩,制作他的羽箭,在几十丈的高空来捕捉自己。天鹅带着锐利箭头,曳着纤细箭绳,随着清风而坠落地上。所以白天还遨游于江河之上,晚上就被烹调在大锅里。

"天鹅还是细小的,大至蔡圣侯的事,依旧是这样。圣侯南游于高陂之池,北登于巫山之卜,在茹溪水饮马,吃湘江的鲜鱼,左抱少女,右拥嬖妾,与她们在高蔡乘车驰骋,而不把国家当回事。不知道子发正奉楚灵王的命令,用赤绳捆绑自己去见楚王。

蔡圣侯的事还是小的,君王您的事依旧是这样。左边有州侯,右边有夏侯,随从辇驾的有鄢陵君和寿灵君,吃的是俸禄的米,载的是贡库的金,跟他们乘车驰骋在云梦泽中,而不以国家为事。不知道穰侯魏冉正接受秦昭王的命令,兵临黾塞以南,而把自己赶到黾塞以北。"

楚襄王听完,脸色突变,浑身发抖。于是乃以执珪的爵位封庄辛为阳陵君,并赐给淮北的土地。

齐明说卓滑以伐秦[1]

齐明说卓滑以伐秦[2],滑不听也。齐明谓卓滑曰:"明之来也,为樗里疾卜交也[3]。明说楚大夫以伐秦,皆受明之说也,唯公弗受也。臣有辞以报樗里子矣。"卓滑因重之。

【注释】

〔1〕据《史记·樗里子列传》,秦武王元年以樗里疾为左丞相。其遣人入楚"卜交"应在此后,确切年代不可考。顾氏《编年》附于赧王六年,于《表》系之赧王七年,皆疑似之说。

〔2〕齐明:东周臣,后仕秦、楚、韩诸国。卓滑:楚人。卓,亦作"淖""昭""召"。

〔3〕樗里疾:秦惠王异母弟,武王时为相。卜交:选择友人。

【译文】

齐明劝说卓滑伐秦,卓滑不听。齐明对卓滑说:"明自秦来,是为樗里疾探听楚有谁可交的。明劝说楚大夫去伐秦,别人都听从我的劝说,唯独您没有听。臣有话回报樗里子了。"卓滑因而很看重齐明。

或谓黄齐[1]

或谓黄齐曰[2]:"人皆以谓公不善于富挚[3]。公不闻老莱子之教孔子事君乎[4]？示之其齿之坚也，六十而尽，相靡也[5]。今富挚能，而公重不相善也，是两尽也！谚曰：'见君之乘，下之；见杖，起之。'今也，王爱富挚，而公不善也，是不臣也！"

【注释】

〔1〕此章人、事俱不可考，盖为依托之作。

〔2〕黄齐：鲍注曰："楚人。"

〔3〕富挚：鲍注曰："楚人。"

〔4〕老莱子：古之贤者，孔子尝称道之。按，关于老莱子喻孔子之语，古籍常有记载，然言者与听者各不相袭。如《说苑·敬慎》云："常拟告老子曰：舌之存也，岂非以其柔耶？齿之亡也，岂非以其刚耶？"凡此皆依托之辞。

〔5〕靡：这里同"磨"。

【译文】

有人对黄齐说："人都说您对富挚不好。您没有听到过老莱子教导孔子事君的故事吗？让孔子看坚硬的牙齿，因上下相磨，六十岁全掉光了。现在富挚有才能，而您对他非常不好，是两强俱毙。谚语说：'见到君的马，就要下车；见到扶杖老人，就要起立。'如今，君王宠爱富挚，而您与他不睦，是没有尽到做臣子的责任啊！"

长沙之难[1]

长沙之难[2]，楚太子横为质于齐。楚王死，薛公归

431

太子横[3],因与韩、魏之兵,随而攻东国。太子惧。昭盖曰[4]:"不若令屈署以新东国为和于齐[5],以动秦。秦恐齐之败东国而令行于天下也,必将救我。"太子曰:"善。"遽令屈署以东国为和于齐。秦王闻之,惧,令辛戎告楚曰[6]:"毋与齐东国!吾与子出兵矣。"

【注释】

〔1〕此章与《楚策二·楚襄王为太子之时》事相类,然所涉人物迥异,盖传闻异辞。二者均为依托之作。参见彼章注〔1〕。

〔2〕长沙:当为"垂沙"。"长""垂"音近而讹。参见《楚策三·苏子谓楚王》注〔4〕。

〔3〕薛公:这里指孟尝君田文。

〔4〕昭盖:楚臣。

〔5〕屈署:楚臣。新东国:楚东部土地。鲍谓"新"字为衍文。

〔6〕辛戎:辛,鲍本作"芈"。秦宣太后同父异母弟。

【译文】

垂沙之战,秦破楚,楚太子熊横入齐做人质。楚怀王死,薛公田文遣太子横归楚,因与韩、魏之兵,随后攻楚的东国。太子恐惧。昭盖说:"不如派屈署用东国土地与齐媾和,来触动秦。秦恐怕齐占有东国,而号令行于天下,必将出兵救我。"太子说:"好。"急派屈署用东国土地与齐媾和。秦昭王听到消息很恐慌,派芈戎告知楚说:"不要给齐东国的土地,我将出兵来助你。"

有献不死之药于荆王者[1]

有献不死之药于荆王者[2],谒者操以入[3]。中射之士问曰[4]:"可食乎?"曰:"可。"因夺而食之。王怒,使人杀中射之士。中射之士使人说王曰:"臣问谒者,谒者曰可食,臣故食之。是臣无罪而罪在谒者也。且客献不死之药,臣食之而王杀臣,是死药也。王杀无罪之臣,而明人之欺王。"王乃不杀。

【注释】

〔1〕又见《韩非子·说林上》。吴补曰:"此《策》时无考。"当系依托之作。

〔2〕荆王:即楚王。楚因建国于荆山之地,故称。

〔3〕谒者:掌宾客、受事、传达之官。

〔4〕中射之士:宫中的侍卫官。

【译文】

有向楚王献长生不死之药的,通事人拿着它到宫里去。中射士问道:"可以吃吗?"说:"可以。"于是抢过来吃掉。楚王大怒,派人去杀死中射士。中射士请人对王说:"臣问通事人,通事人说可以吃,臣所以吃掉。是臣没有罪,而罪在通事人。再说客献不死的药,吃掉而王杀死臣,则是死药了。王杀死无辜之臣,说明献药的人是在欺王。"王于是不杀中射之士。

客说春申君[1]

客说春申君曰:"汤以亳[2],武王以鄗[3],皆不过百里以有天下。今孙子[4],天下贤人也,君籍之以百里势[5],臣窃以为不便于君。何如?"春申君曰:"善。"于是使人谢孙子。孙子去之赵,赵以为上卿。

客又说春申君曰:"昔伊尹去夏入殷[6],殷王而夏亡;管仲去鲁入齐[7],鲁弱而齐强。夫贤者之所在,其君未尝不尊,国未尝不荣也。今孙子,天下贤人也,君何辞之?"春申君又曰:"善。"于是使人请孙子于赵。

孙子为书谢曰:"疠人怜王[8],此不恭之语也。虽然,不可不审察也,此为劫弑死亡之主言也。夫人主年少而矜材,无法术以知奸,则大臣主断国,私以禁诛于己也。故弑贤长而立幼弱,废正适而立不义。《春秋》戒之曰[9]:'楚王子围聘于郑[10],未出竟,闻王病,反,问疾,遂以冠缨绞王,杀之,因自立也。齐崔杼之妻美[11],庄公通之。崔杼帅其君党而攻。庄公请与分国,崔杼不许;欲自刃于庙,崔杼不许。庄公走出,逾于外墙,射中其股,遂杀之,而立其弟景公。'近代所见:李兑用赵[12],饿主父于沙丘,百日而杀之;淖齿用齐[13],擢闵王之筋,县于其庙梁,宿夕而死。夫疠虽痈肿胞疾,上比前世,未至绞缨射股;下比近代,未至擢筋而饿死也。夫劫弑死亡之主也,心之忧劳,形之困苦,必甚于疠矣!由此观之,疠虽怜王可也!"因为赋曰:"宝珍隋珠[14],不知佩兮;袆布与丝[15],不知异兮。闾姝子奢[16],莫知媒兮;嫫母求之[17],又甚喜兮。以瞽为明,以聋为聪,以是为非,以吉为凶。呜呼上天!曷维其同!"《诗》曰[18]:"上天甚神[19],无自瘵也[20]!"

【注释】

〔1〕本章之赋见于《荀子·赋》,《疠人怜王》则见于《韩非子·奸劫弑臣》,辞各稍异,而全文则与《韩诗外传》几尽同。齐思和《战国策著作时代考》(载《中国史探研》),据此章引《诗》以作结之例,断其为录自《韩诗》,极是。缪氏《考辨》谓其为依托之作,亦是。

〔2〕亳(bó):商汤时最早的都城。在今山东曹县东南。

〔3〕鄗:同"镐(hào)",周武王的都城。在今陕西西安市西。

〔4〕孙子:即荀卿。荀,避汉宣帝刘询讳改为"孙"。战国末大儒。

〔5〕籍:同"藉",借也。又《韩诗外传》"势"上有"之"字。是。

〔6〕伊尹:商汤的相。初仕夏,后归汤。

〔7〕管仲:齐桓公宰相。事已见前注。

〔8〕疠人:麻风病人。

〔9〕《春秋》:鲁国史书,据传为孔子所作。

〔10〕王子围:即楚灵王。共王之子,康王之弟,名围,杀其侄郏敖而自立。公元前540—公元前529年在位。

〔11〕崔杼:春秋时齐庄公之臣。其妻齐姜与庄公私通,杼杀庄公而立庄公异母弟杵臼为景公。

〔12〕李兑:赵臣。惠文王时为相。其饿主父于沙丘事,详《秦策三·范雎至》注〔39〕。

〔13〕淖齿:原为楚将,后相齐湣王。事详《齐策六》。

〔14〕隋珠:据传,隋侯疗蛇伤,蛇愈衔明珠以报之,为世所珍宝。

〔15〕祎布与丝:《荀子》《韩诗外传》并作"褐布与锦"。是。褐布,粗布也。

〔16〕闾姝子奢:闾姝,《荀子》作"闾娵",韦昭云:"梁王魏莹之美女。"子奢,《外传》作"子都",古之美男。

〔17〕嫫母:古之丑妇。

〔18〕见《诗·小雅·菀柳》。

〔19〕上天甚神:《诗》作"上帝甚蹈",《外传》作"上帝甚慆"。"蹈""慆"古同声通用,悼也。

〔20〕瘵（zhài）：病、灾害。

【译文】

客人劝说楚相春申君道："成汤倚靠亳，武王依靠镐，都不过百里土地，而取得了天下。如今荀卿，是天下的贤人，您用百里（荀时为楚兰陵令）的势力来资助他，臣私下以为对您很不便。如何是好？"春申君说："是的。"于是使人辞谢荀卿。荀卿离楚至赵，赵用他做上卿。

客又劝春申君道："从前伊尹去夏桀而助成汤，殷汤成就王业而夏桀灭亡。管仲去鲁而助齐桓，鲁国微弱而齐国强盛。贤人在哪里，哪里的君主没有不尊荣的，国家没有不兴旺的。如今荀卿，是天下的贤人，您为何把他辞退呢？"春申君又说："是的。"于是派人到赵去邀请荀卿。

荀卿作书辞谢道："麻疯病人可怜君王，这是不恭敬的话。即使这样也不能不详察它的道理，因为这是对被劫杀而死亡的君主说的。君主年少而好显露己才，没有法术来察知奸情，则大臣专断国家私密之事，来使自己不受诛责。所以往往杀死贤长而扶立幼弱，废掉正出嫡子而扶立庶出不义之辈。《春秋》警告说：'楚国的王子围出使于郑，未出国境，听到王病的消息，返回问疾，遂用帽缨绞杀楚王因而自立。齐国崔杼的妻子很美，齐庄公与她私通。崔杼率领他的党羽追杀庄公。庄公央求与他平分齐国，崔杼不答应；想在宗庙里自杀，崔杼也不答应。庄公逃跑，跳过外墙，被射中大腿股，遂杀掉，而立他的弟弟景公。'近代看到的，赵国用李兑，在沙丘宫困饿主父（赵武灵王），一百天饿死；淖齿在齐国用事，抽齐闵王的筋，把他挂在庙梁上，一宿而死。麻疯虽是痈肿胎胞之病，然而上比前世，不至于帽缨勒和射腿股；下比近代，也不至于抽筋和饿死。那些被劫杀死亡的君主，内心的忧劳，外形的困苦，肯定比麻疯更甚。由此看来，麻疯

436

虽然怜悯君王，是可能的。"因作赋道："珍宝隋珠，不知佩戴啊！粗布丝锦，不知区分啊！闾娵、子都，不知媒聘啊！嫫母来求，又甚喜她啊？拿瞎子当眼明，拿聋子当耳聪，拿对的当不是，拿吉利当险凶。唉唉上天，怎么能相同！"《诗》云："上天甚神明，不要自寻病。"

天下合从[1]

天下合从，赵使魏加见楚春申君[2]，曰："君有将乎？"春申君口："有矣，仆欲将临武君[3]。"魏加曰："臣少之时好射，臣愿以射譬之，可乎？"春申君曰：'可。'加曰："异日者，更嬴与魏王处京台之下[4]，仰见飞鸟。更嬴谓魏王曰：'臣为王引弓虚发而下鸟。'魏王曰：'然则射可至此乎？'更嬴曰：'可。'有间，雁从东方来，更嬴以虚发而下之。魏王曰：'然则射可至此乎！'更嬴曰：'此孽也[5]。'王曰：'先生何以知之？'对曰：'其飞徐而鸣悲。飞徐者，故疮痛也；鸣悲者，久失群也。故疮未息而惊心未至也[6]。闻弦音，引而高飞，故疮陨也。'今临武君尝为秦孽，不可为拒秦之将也！"

【注释】

〔1〕据《史记·春申君列传》，楚考烈王"二十二年，诸侯患秦攻伐无已时，乃相与合从，西伐秦，而楚王为从长，春申君用事"。又《秦始皇本纪》云："六年，韩、魏、赵、卫、楚共击秦，取寿陵。秦兵出，五国兵罢。"考烈二十二年即始皇六年（前241）。此章系年，各家多依此。是。

〔2〕魏加：鲍谓为赵人，晋旧姓。
〔3〕临武君：未详。
〔4〕更羸：人名。羸，又作"蠃"，朱起凤引《列子·汤问》"甘蝇，古之善射者"、《吕览·听言》"蜂门始习于甘蝇"，谓更羸即甘蝇，声相近，实是一人。京台：高台。或谓《淮南·原道训》引作台名。
〔5〕孽：《吕览·遇合》篇注："孽，病也。"
〔6〕至：鲍本作"去"。是。

【译文】

天下诸侯合纵以抗秦，赵国使者魏加见楚相春申君问道："您有将军了吗？"说："有了，我想使临武君为将军。"魏加说："臣年少时喜好射箭，臣愿拿射来打个比方，可以吗？"春申君说："可以。"加说："有一天，更羸与魏王在高台下抬头看见一只飞鸟。更羸对魏王说：'臣给王拉弓虚射而使鸟坠落。'魏王说：'然而射可以达到这种地步吗？'更羸说：'可以。'顷刻，雁从东飞来，更羸虚射使它坠落。魏王说：'然而射可以达到这种地步吗？'更羸说：'这是一只病雁。'王问：'先生据何而知？'回答说：'它飞得很慢而且叫得很悲。飞得慢，是因为旧疮疼痛；叫得悲，是因为长久失群。旧疮未愈，而惊心未止。听到弓弦声，想高飞避箭，旧疮复发而坠落。'临武君曾被秦所重创，不能够再做抗秦的将领。"

汗明见春申君[1]

汗明见春申君[2]，候问三月而后得见[3]。谈卒，春申君大说之。汗明欲复谈，春申君曰："仆已知先生，先生大息矣！"汗明憱焉曰[4]："明愿有问君而恐固[5]，不审君之圣孰与尧也?"春申君曰:"先生过矣,臣何足以当尧!"汗明曰:"然则君料臣孰与舜?"春申君曰:"先生即舜也。"汗明曰:"不然,臣请为君终言之。君之贤实不如尧,臣之能不及舜。夫以贤舜事圣尧,三年而后乃相知也。今君一时而知臣,是君圣于尧,而臣贤于舜也。"春申君曰:"善。"召门吏为汗先生著客籍,五日一见。

汗明曰:"君亦闻骥乎?夫骥之齿至矣[6],服盐车而上太行。蹄申膝折,尾湛胕溃[7],漉汁洒地[8],白汗交流[9],中阪迁延,负辕不能上。伯乐遭之,下车攀而哭之,解纻衣以幂之[10]。骥于是俯而喷,仰而鸣,声达于天,若出金石声者。何也?彼见伯乐之知己也。今仆之不肖,阨于州部堀穴穷巷[11],沉洿鄙俗之日久矣[12],君独无意湔拔仆也[13],使得为君高鸣屈于梁乎[14]?"

【注释】

〔1〕此章在楚考烈王时,系年不可确考。

〔2〕汗明:未详。

〔3〕问:一作"间",于义为胜。

〔4〕憱(cù):同"蹙",不安貌。

〔5〕固:陋。

〔6〕齿至:谓马至可役使之龄。

〔7〕尾湛胕溃:尾巴被汗湿透,体肤汗出如溃。湛,浸湿;胕,同"肤"。

〔8〕漉汁:指马口沫。

〔9〕白汗:累极所淌的汗。

〔10〕绔衣:麻布衣。幂(mì):覆盖。

〔11〕陋:困。州部:犹言民间。古时户籍编制单位。《周礼》郑注:"州,二千五百家。"堀穴:堀,同"窟"。犹言窑洞。

〔12〕沉洿(wū):沉没污染。洿,同"污"。

〔13〕湔(jiān)拔:洗除。湔,洗;拔,除去。

〔14〕屈:委屈。梁:山梁。

【译文】

汗明求见春申君,等候了三个月而后才得见。谈完话,春申君非常高兴。汗明想还要谈话,春申君说:"我已经了解先生,先生好好休息一下吧。"汗明不安地说:"明愿意有问于您,但恐怕固陋不雅,不知道您与唐尧谁更圣明?"春申君说:"先生玩笑开得太过啦,我怎么能与尧相比。"汗明说:"然而您估计我与虞舜谁更贤能?"春申君说:"先生就是舜啊!"汗明说:"不对,臣请为您说到底。您的贤明的确不如尧,臣的能力也赶不上舜。就拿贤能的舜服事圣明的尧,三年以后才互相了解。如今您一个早晨就了解了臣,是您比尧还圣明而臣比舜还贤能了。"春申君说:"您说的是。"于是告诉门吏把汗先生写在宾客簿上,五日一接见。

汗明说:"您听说过骐骥的事吗?那骐骥的口齿已到可服乘的时候了,拉着盐车而上太行山。伸着蹄子,屈着膝盖,尾浸肤湿,口沫洒在地下,白汗流在身上,在山坡中间迁延不进,驾着车辕不能上升。伯乐遇见它,下车攀抚痛哭,解开苎麻衣来覆盖它。骐骥于是俯首喷鼻,仰头鸣啸,声音响彻半空,如从金石发出一样。这是为什么呢?它见到伯乐能够了解自己。如今鄙人无能,困顿于州县之中,窟室隘巷,沉没于鄙俗的日子很久了,您难道无意对我加以洗濯拂拭,而使得为您高声鸣啸自己的委屈于山梁之上吗?"

楚考烈王无子[1]

楚考烈王无子[2]，春申君患之，求妇人宜子者进之，甚众，卒无子。

赵人李园持其女弟，欲进之楚王，闻其不宜子，恐又无宠。李园求事春申君为舍人，已而谒归，故失期。还谒，春申君问状。对曰："齐王遣使求臣女弟，与其使者饮，故失期。"春申君曰："聘入乎？"对曰："未也。"春申君曰："可得见乎？"曰："可。"于是园乃进其女弟，即幸于春申君。知其有身，园乃与其女弟谋。园女弟承间说春申君曰："楚王之贵幸君，虽兄弟不如。今君相楚王二十余年，而王无子，即百岁后将更立兄弟[3]。即楚王更立，彼亦各贵其故所亲，君又安得长有宠乎？非徒然也[4]，君用事久，多失礼于王兄弟，兄弟诚立，祸且及身，奈何以保相印、江东之封乎[5]？今妾自知有身矣，而人莫知。妾之幸君未久，诚以君之重而进妾于楚王，王必幸妾。妾赖天而有男，则是君之子为王也，楚国封尽可得，孰与其临不测之罪乎？"春申君大然之，乃出园女弟谨舍[6]，而言之楚王。楚王召入，幸之。遂生子男，立为太子，以李园女弟立为王后。楚王贵李园，李园用事。

李园既入其女弟为王后，子为太子，恐春申君语泄而益骄,阴养死士,欲杀春申君以灭口,而国人颇有知之者。

春申君相楚二十五年,考烈王病。朱英谓春申君曰[7]:"世有无妄之福[8],又有无妄之祸。今君处无妄之世,以事无妄之主,安不有无妄之人乎?"春申君曰:"何谓无妄之福?"曰:"君相楚二十馀年矣,虽名为相国,实楚王也。五子皆相诸侯。今王疾甚,旦暮且崩,太子衰弱。疾而不起,而君相少主,因而代立当国,如伊尹、周公,王长而反政。不即[9],遂南面称孤,因而有楚国。此所谓无妄之福也。"春申君曰:"何谓无妄之祸?"曰:"李园不治国,王之舅也[10];不为兵将,而阴养死士之日久矣。楚王崩,李园必先入,据本议制断君命[11],秉权而杀君以灭口。此所谓无妄之祸也。"春申君曰:"何谓无妄之人?"曰:"君先仕臣为郎中[12],君王崩,李园先入,臣请为君刲其胸[13],杀之。此所谓无妄之人也。"春申君曰:"先生置之,勿复言已!李园,软弱人也,仆又善之,又何至此?"朱英恐,乃亡去。

后十七日,楚考烈王崩,李园果先入,置死士止于棘门之内[14]。春申君后入,止棘门。园死士夹刺春申君,斩其头,投之棘门外。于是使吏尽灭春申君之家。而李园女弟初幸春申君有身,而入之王所生子者,遂立为楚幽王也。

是岁,秦始皇立九年矣,嫪毐亦为乱于秦[15]。觉,夷三族,而吕不韦废。

【注释】

〔1〕此章又见《史记·春申君列传》。《越绝书》亦载其事而与《史记》稍异。诸家多据《史记》系此章于秦始皇九年(前238)。惟黄氏《编略》不信其说,引《越绝》以证其诬,并谓:"《烈女传》云:公子负刍之徒,闻之幽王非考烈王子,疑哀王,乃袭杀哀王及太后,尽灭李园之族。然则负刍谋篡,构衅造谤,楚事有不实者,当考。"按,黄氏所据之《越绝》本出汉人,实不可信。

〔2〕考烈王:楚顷襄王之子,名完。公元前262—公元前238年在位。

〔3〕即:则。百岁后:谓死后。

〔4〕徒然:这里作"不仅如此"解。

〔5〕江东之封:据《春申君传》,春申君先封于淮北十二县,后淮北设郡,请改封于江东,遂于吴墟(今苏州)筑为城邑。

〔6〕谨舍:戒备严密的馆舍。

〔7〕朱英:春申君家臣。《史记》谓为观津(今河北武邑东)人,《春秋后语》则谓为观(今山东观城)人。

〔8〕无妄:《史记》作"毋望",意是不可逆料。

〔9〕不即:否则。即,则。

〔10〕一本"王"前有"而"字。

〔11〕本议:指原来的计划、打算。制断君命:谓矫楚王诏命而独断专行。

〔12〕郎中:官名。内充侍卫,外从作战。

〔13〕剚(chōng):刺。

〔14〕棘门:戟门。宫门前设戟以为护卫,故称。棘,通"戟"。

〔15〕嫪毐(lào ǎi):秦宦官。因受太后宠幸而恣肆妄为。始皇九年,因叛乱失败,被车裂身亡。

【译文】

楚考烈王没有子嗣,春申君很忧虑,寻觅妇人能够生育儿子的进给楚烈王,已有不少,但终于无子。

赵国人李园携带妹妹,想要进献给楚王,听说他不能生育,恐怕久而无宠。李园请求服事春申君,做他的舍人。事后请假回赵,故意逾期而返。回来入见,春申君讯问情况。李园回答说:"齐王派使者索求臣妹,与使者饮酒逗留,所以逾期。"春申君问:"聘入齐了吗?"回答说:"还没有。"春申君问:"可以见一见吗?"说:"可以。"于是李园遂进献他的妹妹,就被春申君收纳宠幸。知道有了身孕,李园遂与妹妹商量进策。李园妹找机会对春申君说:"楚王贵重、宠信您,超过兄弟。如今您做楚相二十多年,而王又无子,如王死后将另立兄弟。纵使新王更立,他们也要各贵所亲,您又怎能长久得宠呢?不仅如此,您掌权已久,失礼得罪于王的兄弟之处很多。兄弟果立,大祸即将临头,有什么办法来保持相印和江东十二县的封邑呢?现在妾自知怀孕,而别人不知。妾受您宠幸时间不长,真能借重您把妾进献给楚王,王必宠幸贱妾。妾托上天赐福而生个男孩,那就是您的儿子做王,楚国境内都可得到。较比身临不测之罪,不是强得太多了吗?"春申君深以为然。遂把李园妹送出到安稳的住处,而向楚王说了此事。楚王召入,宠幸她。遂生下个男孩,立为太子,将李园妹立为皇后。楚王贵重李园,李园在楚国用事。

李园既纳他的妹妹做王后,王后子立为太子,恐怕春申君泄漏机密而愈来愈骄傲,遂暗养杀手,想要杀掉春申君来灭口,而国人略有知道这件事的。

春申君做楚相二十五年,考烈王患病。朱英对春申君说:"世有不测之福,又有不测之灾。如今您处在不测之世,来服事不测之君,哪能没有不测之人呢?"春申君:"什么叫不测之福?"说:"您做楚相二十多年了,虽然名叫相国,实际就是楚王。五个儿子都做诸侯的相。现在楚王病重,早晚驾崩,太子幼弱。如王病不起,而您辅佐少主,摄职当政,就像伊尹、周公,王年长而归政。否则,遂南面称孤,因而长有楚国。这就是所说的不测之福。"春申君说:"什么叫不测之灾?"说:"李园虽不秉政治国,却是王舅。不做将军,而暗养死士很久了。楚王驾崩,李园必抢先入内,假托楚王遗言,专断王命,执掌权柄,杀您来灭口。这就是所说的不测之灾。"春申君说:"什么叫不测之人?"说:"您先前任命我做郎中官,君干驾崩,李园如抢先入宫内,臣请替您刺他的胸,杀死他。这就是所说的不测之人。"春申君说:"先生罢了,不要再说下去了。李园是一个懦弱的人,我又善待他,又怎能做这种事呢?"朱英惊恐,遂逃去。

过了十七天,考烈王驾崩,李园果然抢先入宫,部署杀手,埋伏在宫门之内。春申君后入宫,停留在宫门。李园杀手夹刺春申君,割下他的头,丢到棘门之外。于是命令官吏杀掉春申君的全家。李园妹,开始受春申君宠幸怀孕,后入王宫所生的男孩,遂立为楚幽王。

这一年,秦始皇已经即位九年了,嫪毐也在秦国作乱,被发觉,诛灭三族,而丞相吕不韦被废黜。

虞卿谓春申君[1]

虞卿谓春申君曰[2]:"臣闻之《春秋》[3]:'丁安思危,危则虑安。'今楚王之春秋高矣,而君之封地,不可不早定也!为主君虑封者,莫如远楚。秦孝公封商君[4],孝公死而后不免杀之;秦惠王封冉子[5],惠王死而后王夺之。公孙鞅功臣也,冉子亲姻也,然而不免夺、死者,封近故也。太公望封于齐,邵公奭封于燕,为其远王室矣。今燕之罪大而赵怒深[6],故君不如北兵以德赵,践乱燕以定身封,此百代之一时也!"

君曰:"所道攻燕[7],非齐则魏。魏、齐新怨楚,楚君虽欲攻燕[8],将道何哉?"对曰:"请令魏王可。"君曰:"何如?"对曰:"臣请到魏,而使所以信之。"

乃谓魏王曰:"夫楚亦强大矣,天下无敌,乃且攻燕[9]。"魏王曰:"乡也子云'天下无敌',今也子云'乃且攻燕'者,何也?"对曰:"今为马多力则有矣[10],若曰胜千钧则不然者,何也?夫千钧非马之任也。今谓楚强大则有矣,若越赵、魏而斗兵于燕,则岂楚之任也我[11]?非楚之任而楚为之,是敝楚也。敝楚见强魏也[12],其于王孰便也?"

【注释】

〔1〕本章又见于帛书《战国纵横家书》第二十三。黄氏《编略》及于《表》系此于秦庄襄二年(前248)。马雍《帛书〈战国纵横家书〉各篇的年代和历史背景》谓:"据《赵世家》,自赵孝成王十五年至十八年(前251—前248)四年之间,赵连续攻燕不断。可见虞卿于前二四八年劝春申君助赵攻燕,是为赵国游说于楚的。"

〔2〕虞卿:赵孝王时为上卿。因食邑于虞,故号"虞卿"。著《虞氏春秋》十五卷。

〔3〕《帛书》无"春秋"二字,吴师道以为因下文而衍。当删。

〔4〕详《秦策一·卫鞅亡魏入秦》。

〔5〕冉子:鲍注:"穰侯也,宣太后弟。"指魏冉。《帛书》作"襄子",注云:"襄子,指穰侯。"按,《史记·穰侯列传》封魏冉于穰又益封陶,在秦昭王十六年,惠王时无封冉之事;且秦收陶为郡在冉死后,故"后王夺之"云云更无从谈起。

〔6〕燕之罪大：指燕王喜四年（前251）燕使栗腹攻赵之事。
〔7〕道：道路。这里作动词用，作"经由"解。
〔8〕王念孙谓"君"字因上下文而误衍。《帛书》无"楚君"二字。
〔9〕乃且：竟想要。
〔10〕为：鲍本作"谓"。是。
〔11〕我：鲍本作"哉"。是。
〔12〕"敝楚"句：一本作"强楚敝楚"。今从之。

【译文】

虞卿对春申君说："臣听说，在平安的时候要想到危险，危险的时候就要想到平安。现在楚王的年岁已经很高了，而您的封地不可以不早定下来。为您设想，封地离楚愈远愈好。秦孝公封商鞅，孝公死，后王不免把他杀掉；秦惠王封魏冉，惠王死，后王夺回他的封地。商鞅是功臣，魏冉是姻亲，然而不免于死亡与夺回封地，是因为封地太近的缘故。周初，太公吕望被封到齐，召公姬奭被封到燕，离王室都很远。现在燕国的罪孽很重，而赵国对它怨恨极深，所以您不如引兵北上来助赵，践灭乱燕来确定您的封地。这是百代不遇的时机啊！"

春申君说："攻燕所经过的道路，不是齐就是魏。魏、齐新与楚构怨，楚军虽要攻燕，将何所取道呢？"回答说："请让魏安厘王同意楚军过境。"春申君说："怎样才能做到？"回答说："臣请到魏，让它能够相信楚。"

虞卿于是对魏王说："楚国也够强大的了，天下无敌，居然要攻燕。"魏王说："先前你说'楚天下无敌'，如今你又说'居然要攻燕'，这是何意呢？"回答说："如果说马力量大就对了，如说可以胜任三万斤就不对了，这是为什么呢？因为三万斤，马是胜任不了的。如果说楚国强大是对了，如果越过赵、魏土地去与燕军相斗，这哪里是楚胜任得了的呢？不是楚所胜任得了的，而楚国去做，是作践楚。增强楚与削弱楚，哪个对大王更有利呢？"

447

卷十八　赵一

【题解】

赵国为三晋之一，是晋大夫赵衰的后代。与秦同祖，嬴姓。柏翳之后蜚廉，四世至造父，始封赵城（在今山西赵城县西南），子孙遂为赵氏。传十二世至赵夙，邑于耿（在今山西河津市南汾水南岸）。其后简子居晋阳（在今山西太原南晋源镇），献侯治中牟（在今河南鹤壁市西），至敬侯始都邯郸（即今河北邯郸市）。

春秋时期，赵衰及其后人赵盾、赵朔、赵武等，皆为晋国重臣。至春秋晚期，赵武之孙赵鞅（即简子）与魏氏、韩氏、智氏、范氏、中行氏瓜分了晋国，从此六卿专政，晋君徒具其名。公元前490年，简子击败范氏和中行氏；于公元前458年，襄子与智氏、赵氏、魏氏尽分范氏、中行氏的封邑。公元前455年，智氏联合韩、魏攻赵，围晋阳。公元前453年，襄子在赵氏最危急的时刻，与韩、魏联合，共灭智氏，三分其地，这就是所谓三家分晋。而后历桓子、献子至烈侯，于公元前403年周威烈王才正式承认赵氏为诸侯。嗣后，又迫赠献子为献侯。

赵国于公元前228年为秦所灭，历传九世：烈侯（前408—前387）、敬侯（前386—前375）、成侯（前374—前350）、肃侯（前349—前326）、武灵王（前325—前299）、惠文王（前298—前266）、孝成王（前265—前245）、悼襄王（前244—前236）、赵王迁（前235—前228）。赵人又立代王嘉，公元前222年亦为秦所灭。赵自列于诸侯迄于覆亡计175年或181年。

三家分晋时,赵得今山西中部、陕西东北角和河北西南部。赵武灵王进行军事改革,胡服骑射,攻灭中山,打败林胡、楼烦,建立云中、雁门、代郡,占有今河北西部、山西北部和河套地区。公元前262年长平大战为秦所大败,国势从此衰落。

《战国策》中,《赵策》的篇幅少于《秦策》多于《齐策》,其中名篇不少,如关于赵武灵王胡服骑射、鲁仲连义不帝秦、触龙说赵太后的记载,都是脍炙人口,历代传诵不衰的。

《赵策》姚本四卷:《赵一》十七章,《赵二》七章,《赵三》二十三章,《赵四》十九章,共六十六章。鲍本一卷,凡六十二章。今以两本对校,有所分合,各卷章数与姚本相合。

知伯从韩、魏兵以攻赵[1]

知伯从韩、魏兵以攻赵[2]，围晋阳而水之[3]，城下不沉者三板[4]。郄疵谓知伯曰[5]："韩、魏之君必反矣[6]！"知伯曰："何以知之？"郄疵曰："以其人事知之。夫从韩、魏之兵而攻赵，赵亡，难必及韩、魏矣。今约胜赵而三分其地，今城不没者三板，臼灶生蛙[7]，人马相食，城降有日，而韩、魏之君无喜志而有忧色，是非反如何也[8]？"

明日，知伯以告韩、魏之君，曰："郄疵言君之且反也[9]。"韩、魏之君曰："夫胜赵而三分其地，城今且将拔矣，夫三家虽愚[10]，不弃美利于前，背信盟之约，而为危难不可成之事，其势可见也。是疵为赵计矣，使君疑二主之心而解于攻赵也[11]。今君听谗臣之言[12]，而离二主之交[13]，为君惜之！"趋而出。郄疵谓知伯曰："君又何以疵言告韩、魏之君为[14]？"知伯曰："子安知之？"对曰："韩、魏之君视疵端而趋疾[15]。"

郄疵知其言之不听，请使于齐，知伯遣之。韩、魏之君果反矣。

【注释】

〔1〕据《史记》(《六国年表》《韩世家》《赵世家》《魏世家》)所载，事在周贞定王十六年(前453)。此文又见于《说苑·权谋篇》。

〔2〕知(zhì)伯:即智伯。晋卿,名瑶。其远祖为荀首,封于知,遂称荀瑶或知瑶。从:率领。韩、魏、赵:三氏皆为晋卿。周贞定王十一年,与知氏分范氏、中行氏的土地。贞定王十六年,他们灭掉知氏,遂三家分晋,各自立国,各为战国七雄之一。

〔3〕晋阳:古邑名。故址在今山西太原市南晋源镇。水:水攻,以水灌城。

〔4〕下:鲍本作"之"。吴师道补曰:"误衍,或是'之'字。"板:量词,广二尺曰板。

〔5〕郄(xì)疵:晋人,智伯谋臣。

〔6〕韩、魏之君:指韩康子虎、魏桓子驹。他们都是大夫,古时大夫也称君。译作"君长",以别于"君主"。

〔7〕臼:舂米的器具。灶:指灶坑。

〔8〕如:犹"而"。

〔9〕且:将。

〔10〕三家:鲍本"三"作"二"。二家,韩魏之君指自己。

〔11〕二主:鲍彪曰:"自称曰主,亦非当时语。"金正炜曰:"按鲍说非也。上句就郄疵言,故得称主。"解(xiè):松懈,放松。这个意义后来写作"懈"。

〔12〕谗:说别人的坏话。

〔13〕二主:金正炜曰:"二,当为三,谓智、韩、魏三氏之交亲。"

〔14〕为(wéi):句末语气词,表反问。

〔15〕端:审视,细看。

【译文】

知伯率领韩、魏两家的军队去进攻赵国,包围晋阳便引水灌城,全城没被淹没的地方只有六尺来宽。郄疵对知伯说:"韩、魏两家的君长一定会反叛您。"知伯说:"你根据什么知道会这样?"郄疵说:"根据人情事理知道会这样。您率领韩、魏两家的军队去进攻赵氏,赵氏灭亡了,灾难必然会落到韩、魏两家的头上。现在相约战胜赵氏便三分它的土地,现在全城没被淹没的地方只有六尺来宽,舂米臼和灶坑里生了蛤蟆,已经到了人马相食的地步,晋阳城眼看就要投降,可是韩、魏两家的君长毫无喜悦的心情却带着忧虑的脸色,这不是要反叛您又是什么呢?"

第二天,知伯把郄疵的话告诉了韩、魏两家的君长,说:"郄疵说你们将要反叛我。"韩、魏两家的君长说:"战胜赵氏就三分它的土地,现在晋阳城就要攻下来了,我们两家即使愚昧,也不会抛弃摆在眼前的美好利益,背弃信守同盟的誓约,去干危险艰难不可能成功的事情,这个势头是显而易见的。这是郄疵替赵氏打算,使您怀疑我们两人的诚心,从而放松对赵氏的进攻。现在您听信谗臣的坏话,离间我们三人的交情,真叫人替您惋惜啊。"说完就快步走了出去。郄疵对知伯说:"您又为什么把我的话告诉韩、魏两家的君长呢?"知伯说:"你怎么知道这件事?"郄疵回答说:"因为韩、魏两家的君长看到我打量一下就匆匆地躲开了。"

郄疵知道他的话知伯不会听信,就请求到齐国出使,知伯便派他去了。韩、魏两家的君长果然反叛知伯。

知伯帅赵、韩、魏而伐范、中行氏[1]

知伯帅赵、韩、魏而伐范、中行氏,灭之[2]。休数年,使人请地于韩[3]。韩康子欲勿与[4],段规谏曰[5]:"不可。夫知伯之为人也,好利而鸷复[6]。来请地不与,必加兵于韩矣。君其与之。与之,彼狃[7],又将请地于他国。他国不听,必乡之以兵[8]。然则韩可以免于患难而待事之变。"康子曰:"善。"使使者致万家之邑一于知伯。知伯说[9],又使人请地于魏。魏宣子欲勿与[10],赵葭谏曰[11]:"彼请地于韩,韩与之。请地于魏,魏弗与,则是魏内自强[12],而外怒知伯也。然则其错兵于魏必矣[13]!不如与之。"宣子曰:"诺。"因使人致万家之邑一于知伯。知伯说,又使人之赵,请蔡、皋狼之地[14]。赵襄子弗与[15]。知伯因阴结韩、魏[16],将以伐赵。

赵襄子召张孟谈而告之曰[17]:"夫知伯之为人,阳亲而阴疏,三使韩、魏而寡人弗与焉[18],其移兵寡人必矣。今吾安居而可?"张孟谈曰:"夫董阏安于[19],简主之才臣也[20],世治晋阳[21];而尹泽循之[22],其余政教犹存,君其定居晋阳。"君曰[23]:"诺。"乃使延陵王将车骑先之晋阳[24],君因从之。至,行城郭[25],案府库[26],视仓廪,召张孟谈曰:"吾城郭之完[27],府库足用,仓廪实矣,无矢奈何?"张孟谈曰:"臣闻董子之治晋阳也,公宫之垣[28],皆以狄蒿苫楚廧之[29],其高至丈余,君发而用之[30]。"于是发而试之,其坚则箘簬之劲不能过也[31]。君曰:"足矣。吾铜少,若何?"张孟谈曰:"臣闻董子之治晋阳也,公宫之室,皆以炼铜为柱质[32],请发而用之,则有余铜矣。"君曰:"善。"号令以定,备守以具。

三国之兵乘晋阳城[33],遂战,三月不能拔,因舒军而围之[34],决晋水而灌之[35]。围晋阳三年[36],城中巢居而处,悬釜而炊,财食将尽,士卒病羸。襄子谓张孟谈曰:"粮食匮,城力尽[37],士大夫病,吾不能守矣,欲以城下[38],何如?"张孟谈曰:"臣闻之,亡不能存,危不能安,则无为贵知士也。君释此计,勿复言也。臣请见韩、魏之君。"襄子曰:"诺。"

张孟谈于是阴见韩、魏之君曰:"臣闻唇亡则齿寒,今知伯帅二国之君伐赵,赵将亡矣,亡则二君为之次矣!"二君曰:"我知其然。夫知伯为人也,粗中而少亲[39]。我谋未遂而知[40],则其祸必至,为之奈何?"张孟谈曰:"谋出二君之口,入臣之耳,人莫之知也。"二君即与张孟谈阴约三军,与之期曰[41]。夜,遣入晋阳。张孟谈以报襄子,襄子再拜之。

张孟谈因朝知伯而出,遇知过辕门之外[42]。知过入见知伯曰:"二主殆将有变[43]。"君曰[44]:"何如?"对曰:"臣遇张孟谈于辕门之外,其志矜[45],其行高。"知伯曰:"不然。吾与二主约谨矣[46],破赵,三分其地,寡人所亲之[47],必不欺也。子释之,勿出于口!"知过出,见二主,入说知伯曰:"二主色动而意变,必背君,不如令杀之[48]。"知伯曰:"兵着晋阳三年矣[49],旦暮当拔之而飨其利[50],乃有他心? 不可,子慎勿复言!"知过曰:"不杀则遂亲之。"知伯曰:"亲之奈何?"知过曰:"魏宣子之谋臣曰赵葭,韩康子之谋臣曰段规[51],是皆能移其君之计。君其与二君约,破赵则封二子者各万家之县一。如是则二主之心可不变,而君得其所欲矣。"知伯曰:"破赵而三分其地,又封二子者各万家之县一,则吾所得者少,不可。"知过见君之不用也[52],言之不听,出,更其姓为辅氏,遂去不见。

455

张孟谈闻之，入见襄子曰："臣遇知过于辕门之外，其视有疑臣之心，入见知伯，出更其姓。今暮不击，必后之矣[53]。"襄子曰："诺。"使张孟谈见韩、魏之君，日夜期[54]杀守堤之吏，而决水灌知伯军。知伯军救水而乱，韩、魏翼而击之[55]，襄子将卒犯其前，大败知伯军而禽知伯[56]。

知伯身死、国亡、地分，为天下笑，此贪欲无厌也[57]。夫不听知过，亦所以亡也。知氏尽灭，唯辅氏存焉。

【注释】

〔1〕此文所叙赵襄子灭知伯事，在周贞定王十六年（前453）。此文又见于《韩非子·十过》。

〔2〕范、中行（háng）氏：范氏指范吉射，士会的后代。士会封于范，因以邑为氏。中行氏指中行文子荀寅，荀林父的后代。荀林父将中行，因以官为氏。按：据《左传》载，鲁哀公五年（前490），赵氏击败范氏和中行氏，非由知伯所帅。此"灭亡"似指周贞定王十年（前459）知伯与韩、赵、魏瓜分范氏、中行氏的土地。

〔3〕请：请求，索取。

〔4〕韩康子：韩氏之主，名虎。

〔5〕段规：韩康子谋臣，据说是郑共叔段的后人。

〔6〕骘复（zhì bì）：残忍凶狠。复，通"愎"，狠。

〔7〕狃（niǔ）：习以为常。

〔8〕乡（xiàng）：面向，面对。

〔9〕说（yuè）：高兴。这个意义后来写作"悦"。

〔10〕魏宣子：鲍本"宣"作"桓"，作"桓"是。《史记·魏世家》云："魏侈之孙曰魏桓子，与韩康子、赵襄子共伐灭知伯，分其地。"魏侈即魏襄子。

魏桓子名驹。下"宣"亦当作"桓"。

〔11〕赵葭(jiā):魏桓子谋臣。

〔12〕自强:自以为强。

〔13〕错兵:布置军队,调遣军队。错,后来写作"措"。

〔14〕蔡:鲍本作"蔺",是。因蔡非赵地,蔺乃赵地,在今山西离石。皋(gāo)狼:赵地,在今山西离石西北。

〔15〕赵襄子:赵简子之子,名毋恤。

〔16〕阴结:暗中勾结。

〔17〕张孟谈:赵襄子的谋臣。

〔18〕与(yù):结交。

〔19〕董阏安于:当作"董阏于"或"董安于","阏"与"安"古同声通用,此误合为一。董阏于为赵简子的家臣。

〔20〕简主:即赵简子。春秋战国时称大夫为主。

〔21〕世:一生。

〔22〕尹泽:赵简子的家臣。

〔23〕君:指赵襄子。

〔24〕延陵王:当依《韩非子》作"延陵生",赵襄子的大臣。

〔25〕行:巡视。

〔26〕案:通"按",巡查。

〔27〕之完:依《韩非子》当作"已完"。

〔28〕公宫:指赵简子的宫殿。垣:墙。

〔29〕狄蒿苫楚:狄,当从鲍本作"荻",多年生草本植物,芦苇之类。蒿,二年生草本植物,有青蒿、白蒿等多种。苫,黄丕烈云:"此'苫'字当作'苦'字,即《韩子》之'楛'字。"楛,一种树。楚,也叫"荆",一种矮小丛生的树。四者皆可做箭杆。廧(qiáng):同"墙"。

〔30〕发:发掘,取用。

〔31〕箘簬(jùn lù):美竹名,可作箭。劲:坚强有力。

〔32〕质:柱下的基础。一般以石为之,后来写作"礩"。

〔33〕乘:登。

457

〔34〕舒:展开,拉开。

〔35〕晋水:源出山西太原市西南悬瓮山,分三渠,东流入汾河,今称为晋渠。《水经注》说:知伯遏此水以灌晋阳,水分为二流,北渎即知氏故渠也,南渎经晋阳城南,又东南流与汾水合。

〔36〕三年:金正炜曰:"按高诱《吕览·义赏》篇注:'智伯率韩魏之君,围赵襄子于晋阳三月。'此文'年'当为'月'之误。"

〔37〕城:鲍本作"财"。《韩非子》亦作"财"。

〔38〕下:投降。

〔39〕粗中:性情粗暴。

〔40〕遂:成功。

〔41〕期曰:当依《韩非子》作"期日",约定日期。

〔42〕知(zhì)过:即知果,知伯的族人。辕门:古王者出行于外,用车子作为屏藩,出入之处,仰起两辆车子,使车辕相向以为门,谓之辕门。

〔43〕殆:大概,恐怕。变:指兵变。

〔44〕君:指知伯。

〔45〕矜(jīn):骄矜。

〔46〕约谨:约结,订立盟约。金正炜说:"按'谨'当读如'结',一声之转也。"

〔47〕亲之:亲自这样承诺。

〔48〕令:金正炜说:"'令'当作'今'。"

〔49〕着:附,等于说包围。

〔50〕飨(xiǎng):通"享",享受。

〔51〕按:以上魏、韩二君皆称谥,非当时语,此乃后人追述之词。"宣"当作"桓",参见前注。

〔52〕金正炜说:"按'用'当为'明'之讹。言知过见君之不明,言之不听,故去也。"

〔53〕后:晚,来不及。

〔54〕金正炜云:"'曰'当作'日',以夜为期,正应上文'今暮不击必后之矣'。"

〔55〕翼：两侧。

〔56〕禽：捉拿。后来写作"擒"。

〔57〕厌：满足。

【译文】

　　知伯率领赵、韩、魏三家军队去讨伐范氏和中行氏，灭了范氏和中行氏。消停几年后，派人向韩氏索取土地。韩康子想不给他，段规进谏说："不行。知伯的为人，贪图私利而且残忍凶狠，来要土地不给他，一定会派兵入侵我们啊。您还是给他。给了他，他习以为常了，还会向别国索取土地。别国不听从，他一定用兵进逼别国。这样韩国就可以免于患难，而等待事态的变化。"韩康子说："好。"派使者把一个万户人家的县邑送给知伯。知伯很高兴，又派人向魏国索取土地。魏宣子想不给他，赵葭进谏说："他向韩国索取土地，韩国给了他。向魏国索取土地，魏国不给他，这就是魏国对内自恃强大，对外激怒知伯。这样他调遣军队到魏国就必不可免了！不如给他一块土地。"魏宣子说："行。"于是派人把一个万户人家的县邑送给知伯。知伯很高兴，又派人到赵国去，索取蔺城和皋狼的土地，赵襄子不给他。知伯于是暗中勾结韩国和魏国，准备讨伐赵国。

　　赵襄子召见张孟谈告诉他说："知伯的为人，表面与你亲近背地与你疏远，多次派人到韩国和魏国去，却不与我结交，他调转兵力来进逼我已不可避免了。现在我驻扎在什么地方才好呢？"张孟谈说："那董阏于是赵简子的有才干之臣，毕生治理晋阳，而后尹泽又按照他的办法治理，他所留下的政教还存在，您还是定都晋阳吧。"赵襄子说："好。"就派延陵生率领车马先去晋阳，赵襄子便跟着他。到了晋阳，巡视城郭，查看府库，视察仓廪，召见张孟谈："我们的城郭已经完固，府库够使足用，仓廪十分充实，没有箭怎么办？"张孟谈说："臣下听说董子治理晋阳

459

的时候,赵简子寓所的墙垣,都是用荻蒿楛楚筑起来的,高达一丈多,您可掘出来用。"于是掘出来一试,其坚硬程度连强劲的竹竿都比不过。赵襄子说:"箭够用了,我们的铜少怎么办?"张孟谈说:"臣下听说董子治理晋阳的时候,赵简子寓所的房子,都是用冶炼的铜做屋柱的基础,请挖出来用,就有用不尽的铜了。"赵襄子说:"好。"抵抗知伯的号令从而确定,一切防守的设施从而齐备。

三国的士兵登上晋阳的城墙,战斗便展开了,三个月没能取胜,知伯于是拉开军队围困晋阳,掘开晋水灌注晋阳。围困晋阳三月,城里的人在树上结巢居住,吊着锅做饭,财物和粮食将要用尽,士卒病弱不堪。赵襄子对张孟谈说:"粮食不足,财力殆尽,士卒病弱,我守不住了,打算率领全城投降,怎么样?"张孟谈说:"臣下听说,国家将亡不能使它存在,国家濒危不能使它安定,那就不要推重有智谋之士。您要放弃这个打算,可不要再说下去。请让臣下去拜见韩国和魏国的君主。"赵襄子说:"好。"

张孟谈于是秘密地拜见韩国和魏国的君主说:"臣下听说嘴唇没有了牙齿就受寒,现在知伯率领两国的君主讨伐赵国,赵国就要灭亡了,赵国灭亡那么二位君主就要做它的第二了。"两位君主说:"我们知道会这样。可是知伯的为人,性情粗暴而且缺少仁心。我们的计谋如果未能实现被识破,那么灾祸必定落到我们的头上,对此该怎么办?"张孟谈说:"计谋出自两位君主之口,听到我的耳朵里,别人是没有谁知道的。"两位君主当即与张孟谈暗中联合三国的军队,跟他约定时间,入夜,派兵进入晋阳。张孟谈把这项协议报告赵襄子,赵襄子向他拜了两拜。

张孟谈随后拜见知伯出来时,在辕门外遇见知过。知过进去见知伯说:"韩、魏两国的君主恐怕要有叛变之举。"知伯说:

"你怎么知道?"回答说:"臣下在辕门外遇见张孟谈,他的态度骄矜,举动高傲。"知伯说:"不会这样。我与两国的君主订立了盟约,攻破赵国,就把赵国的土地分为三份,这是寡人亲自跟他们约定的,他们一定不会欺骗我。你要打消这个疑虑,不要再说出口。"知过出来,见了两国君主,又进去说服知伯道:"两国君主脸色异常而意态改变,一定会背叛您,不如下令杀了他们。"知伯说:"军队包围晋阳三年了,很快就会把它攻下来而分享它的利益,他们竟然还有别的心思?不行,你千万不要再说了。"知过说:"不杀就和他们亲善些。"知伯说:"怎么和他们亲善呢?"知过说:"魏宣子的谋臣叫赵葭,韩康子的谋臣叫段规,这两人都能改变自己君主的打算。您还是跟二国君主订约,攻破赵国就封这两个人各得一个万户人家的县邑,这样二国君主的心思就可以不变,而您就能得到所想要的一切了。"知伯说:"攻破赵国把它的土地分为三份,又封这两个人各得一个万户人家的县邑,那么我所得到的很少,不行。"知过见知伯不明智,说的话什么也不听,就出来了,更改他的姓氏为辅,于是离去再也不见知伯。

张孟谈听到这件事,进去见赵襄子说:"臣下在辕门外遇见知过,看样子他有怀疑臣下的心理,他进去见了知伯,出来就更改他的姓氏。今天晚上不出击,就错过机会了。"赵襄子说:"好。"派张孟谈拜见韩国和魏国的君主,约定以今夜为期,杀死守卫人堤的官吏,然后决堤放水灌注知伯的军营。知伯的军队为救水而乱了阵脚,韩、魏两国的军队从两翼夹击他们。赵襄子率领士卒在他们的前面迎击,大败知伯的军队并且活捉了知伯。

知伯终归一死,邦国被灭,土地被分,受天下人耻笑,这是因为他贪得无厌啊。不听知过的建议,也是他灭亡的一个原因。知氏家族统统被灭,只有辅氏一支存留下来。

张孟谈既固赵宗[1]

张孟谈既固赵宗[2],广封疆[3],发五百[4],乃称简之涂以告襄子曰[5]:"昔者,前国地君之御有之曰[6]:'五百之所以致天下者约[7]:两主势能制臣[8],无令臣能制主。故贵为列侯者[9],不令在相位[10];自将军以上,不为近大夫。'今臣之名显而身尊,权重而众服,臣愿捐功名去权势以离众[11]。"襄子恨然曰[12]:"何哉?吾闻辅主者名显,功大者身尊,任国者权重,信忠在己而众服焉。此先圣之所以集国家安社稷乎[13]!子何为然?"张孟谈对曰:"君之所言,成功之美也;臣之所谓,持国之道也。臣观成事,闻往古,天下之美同[14],臣主之权均之能美,未之有也。前事之不忘,后事之师。君若弗图,则臣力不足。"怆然有决色[15]。襄子去之,卧三日,使人谓之曰:"晋阳之政[16],臣下不使者何如[17]?"对曰:"死僇[18]。"张孟谈曰[19]:"左司马见使于国家[20],安社稷,不避其死,以成其忠,君其行之[21]。"君曰:"子从事[22]。"乃许之。张孟谈便厚以便名[23],纳地释事以去权尊,而耕于负亲之丘[24]。故曰"贤人之行,明主之政也"。

耕三年,韩、魏、齐、燕负亲以谋赵[25],襄子往见张孟谈而告之曰:"昔者知氏之地,赵氏分则多十城,而今诸侯复来孰谋我[26],为之奈何?"张孟谈曰:"君其负剑而御臣以之国[27],舍臣于庙,授吏大夫[28],臣试计之。"君曰:"诺。"张孟谈乃行,其妻之楚[29],长子之韩,次子之魏,少子之齐。四国疑而谋败。

【注释】

〔1〕此章所述与史实不合,无以系年,当为策士拟托之作。

〔2〕宗:宗庙。

〔3〕广:扩大。封疆:疆界。

〔4〕金正炜云:发,"或为'芟'。'五百'当为'知百',涉下文而误。'百'与'伯'通。"芟,铲除。

〔5〕金正炜云:"'简'谓'简子',襄子父也。'涂'当为'迹','迹'误为'涂'。凡前人所遗留者曰迹。"襄子:即赵襄子。

〔6〕金正炜云:"'前'当为'简','地'当作'主'。'国'字当在'君'字之下,误涌于上也。《释名·释言语》:'御,语也。''语''御'一声之转,字亦得通。'简主君国之御',谓简子君临赵国之遗训,此盖孟谈称述简子之言以告襄子。"

〔7〕百:鲍本作"霸"。吴师道云:"即'伯',古通。"郭希汾云:"言五伯之所以致天下者,其道至约也。"

〔8〕缪文远云:"'两'字当为'令'之误,'令'下与'无令'相对为文。"

〔9〕缪文远云:"此时三家尚未称侯,张孟谈何得举'贵为列侯者不得在相位'为言。列侯之称沿自彻侯,(《汉书·百官公卿表》云:'彻侯,避武帝讳曰通侯,或曰列侯。')而彻侯之制始自商鞅制秦爵二十等。三家灭智伯,下距秦孝公用商鞅变法(前356)凡九十有七年,张孟谈何得预知?"

〔10〕缪文远云:"战国时封君之在相位者多矣,穰侯相秦,成侯相齐,如此者甚众,何来'贵为列侯者不令在相位'之说?"

463

〔11〕捐:抛弃。离:通"丽",附着。

〔12〕金正炜云:"'恨'字疑'悢'之误。"《广雅·释诂》:"悢,怅也。"

〔13〕集:通"辑",安定。

〔14〕金正炜云:"'天'字疑当作'上'。'美'当为'义',涉下文而误。'义'即古'仪'字也。"仪,标准。

〔15〕怆(chuàng)然:悲伤的样子。决:辞别,同"诀"。

〔16〕晋阳之政:指赵氏的家政。晋阳,在今山西太原市西南,赵简子时把治所从绛移于此。

〔17〕使:听从,顺从。

〔18〕僇(lù):通"戮",杀。

〔19〕金正炜云:"此文'张孟谈'上当有'为'字,盖或为孟谈言于襄子也。"

〔20〕左司马:金正炜云:"即孟谈。"

〔21〕金正炜云:"此云'行之',犹后世所谓放归田里。"

〔22〕鲍彪注:"使谈自从其所欲之事,以其荐贤自代,故许其去。"

〔23〕缪文远云:"据上文,'便厚'疑'捐功名'之讹。便,安也。捐功名所以安其名也。"

〔24〕金正炜云:"《潜夫论·志氏姓篇》:'张孟谈相赵襄子以灭智伯,遂逃功赏,耕于育山。'此文当为亲耕于育(yuàn)丘,涉下文'负亲以谋赵'而淆误也。"

〔25〕燕:鲍本作"楚"。下文有"楚"而无"燕",鲍本是。负亲:负合纵缔约之亲,等于说"背约"。此所谓回国谋赵之事,于史无征。

〔26〕吴师道云:"'复来'恐舛误在上。当云'而今诸侯复来',句似顺。"黄丕烈云:"今本无'孰'字,乃误涉鲍也。"

〔27〕御臣:为臣下驾车。之:往。国:指晋阳。

〔28〕授吏大夫:言把任命官吏大夫的权力交给张孟谈。

〔29〕鲍彪注:"使妻之楚。"按:战国时恐无妇人出使之事。

【译文】

张孟谈业已巩固了赵氏的地位,便扩大其疆界,铲除了知伯,于是称颂赵简子的遗教禀告赵襄子说:"从前,赵简子君临赵国有这么几句话说:'五霸能够取得一方天下的原因,就在于使君主的权势能够控制臣子,不使臣子能够控制君主。所以地位高贵身为列侯的,不让他居于相位;获得将军以上职衔的,不让他做近大夫。'现在臣子的功名显赫而地位高贵,权势重大而众人慑服,臣下情愿捐弃功名、丢掉权势而归属于众人。"赵襄子怅怅地说:"为什么呢?我听说辅佐君主的人功名显赫,功劳巨大的人地位高贵,担当国务的人权势重大,自身信实忠诚众人就会慑服。这是先代圣主所赖以使国家安定,使社稷稳固的原因啊!你为什么要这样做?"张孟谈回答说:"君王所说的,是取得成功的美好经验;臣下所讲的,是保持国家权柄的道理。臣下考察既成的事实,了解往古的历史,上下的标准相同,臣子与君主的权势不相上下能有美好结果的,是不曾有的。不忘前事的经验,乃是处理后事的师表。君王倘若不加考虑,那么臣下也无能为力。"面容悲伤地带着诀别的表情。赵襄子让他离开了,他在家躺了三天,派人对赵襄子说:"晋阳的政事,臣下不从命怎么办?"回答说:"处死。"张孟谈说:"我左司马为国家效力,使社稷安定,不回避死亡的危险,以表现我的忠诚,君王把我放归田里吧。"赵襄子说:"那你就做你愿意做的事吧。"便答应了他。于是张孟谈捐弃了功名,保住了自己的名望,交纳了封地卸下了职事从而抛弃了权势高位,耕种在负山上。所以说"贤人的行为,是和明主的善政分不开的"。

张孟谈耕种了三年,韩、魏、齐、楚四国背约图谋进攻赵国,赵襄子去见张孟谈告诉他说:"从前知伯的土地,赵国多分了十个城邑,现在四国诸侯又来图谋进攻我,对此该怎么办?"张孟谈说:"君王就背着剑给臣下驾车回晋阳,让臣下住在宗庙里,授予任命官吏大夫的权力,臣下试着为您出谋划策。"赵襄子说:"好。"张孟谈便动身了,却让他的妻室到楚国去,长子到韩国去,次子到魏国去,少子到齐国去。四国产生疑心,密谋归于失败。

晋毕阳之孙豫让[1]

晋毕阳之孙豫让[2],始事范、中行氏而不说[3],去而就知伯,知伯宠之。及三晋分知氏[4],赵襄子最怨知伯[5],而将其头以为饮器[6]。豫让遁逃山中,曰:"嗟乎!士为知己者死,女为悦己者容。吾其报知氏之仇矣[7]。"乃变姓名,为刑人[8],入宫涂厕,欲以刺襄子。襄子如厕,心动,执问涂者,则豫让也。刃其扞[9],曰:"欲为知伯报仇!"左右欲杀之。襄子曰:"彼义士也,吾谨避之耳。且知伯已死,无后,而其臣至为报仇[10],此天下之贤人也。"卒释之。豫让又漆身为厉[11],灭须去眉,自刑以变其容,为乞人而往乞。其妻不识,曰:"状貌不似吾夫,其音何类吾夫之甚也[12]!"又吞炭为哑以变其音。其友谓之曰:"子之道甚难而无功,谓子有志则然矣,谓子智则否。以子之才而善事襄子,襄子必近幸子,子之得近而行所欲,此甚易而功必成。"豫让乃笑而应之曰:"是为先知报后知[13],为故君贼新君[14],大乱君臣之义者无此矣[15]。凡吾所谓为此者[16],以明君臣之义,非从易也。且夫委质而事人[17],而求弑之,是怀二心以事君也。吾所为难[18],亦将以愧天下后世人臣怀二心者。"

居顷之,襄子当出[19],豫让伏所当过桥下。襄子至桥而马惊。襄子曰:"此必豫让也。"使人问之,果豫让。于是赵襄子面数豫让曰[20]:"子不尝事范、中行氏乎？知伯灭范、中行氏,而子不为报仇,反委质事知伯。知伯亦已死,子独何为报仇之深也？"豫让曰:"臣事范、中行氏,范、中行氏以众人遇臣,臣故众人报之;知伯以国士遇臣[21],臣故国士报之。"襄子乃喟然叹泣曰:"嗟乎,豫子！豫子之为知伯[22],名既成矣,寡人舍子,亦以足矣[23]。子自为计,寡人不舍子。"使兵环之。豫让曰:"臣闻明主不掩人之义,忠臣不爱死以成名[24]。君前已宽舍臣,天下莫不称君之贤。今日之事,臣故伏诛[25],然愿请君之衣而击之,虽死不恨[26]。非所望也,敢布腹心[27]。"于是襄子义之,乃使使者持衣与豫让。豫让拔剑三跃,呼天击之,曰:"而可以报知伯矣[28]。"遂伏剑而死。死之日,赵国之士闻之,皆为涕泣。

【注释】

〔1〕此章事在周贞定王十六年(前453),又见于《史记·刺客列传》。《吕氏春秋》与《说苑》亦有所载,惟文字较略。

〔2〕毕阳:春秋时晋国义士,毕万的后代。豫让:春秋战国之际义士,曾为知伯家臣,三家灭知氏后,一再谋杀赵襄子,被捕自杀。

〔3〕范、中行氏:皆为春秋末期晋国"六卿"之一,详见前《知伯帅赵、韩、魏而伐范、中行氏》注。

〔4〕三晋:指韩、魏、赵三家大夫。

〔5〕司马贞《史记索隐》云："谓初则醉以酒,后又率韩、魏水灌晋阳,城不没者三板,故怨深也。"

〔6〕将:持,拿。《史记》作"漆"。饮器:饮酒的器皿。

〔7〕王念孙云："'之仇'二字,后人所加也。'吾其报知氏'者,承上'为知己者死'言之,谓报知氏之恩,非报知氏之仇也。"

〔8〕刑人:受刑服劳役的人。金正炜云："'刑'疑当为'圬'。"圬人,即泥瓦工。

〔9〕金正炜云："'扞'当为'枵'之讹,古文'枵'同'杅',因误为'扞'。盖施刃于涂器,欲以贼襄子。"枵(wū),泥瓦工用的抹子。

〔10〕至:《史记》作"欲"。

〔11〕漆身为厉:用漆涂在身上,好像生癞一样。厉,通"癞",恶疮。司马贞《史记索隐》云："凡漆有毒,近之多患疮肿,若癞病然,故豫让以漆涂身,令其若癞耳。"

〔12〕类:类似,像。

〔13〕知:指知己。报:报复。

〔14〕贼:杀害。

〔15〕无此:无如此,没有这样的。

〔16〕所谓:等于"所为(wèi)""所以"。

〔17〕委质:即"委贽"。古人初次相见,执贽以为礼,叫委贽。质,通"贽"。

〔18〕所:所以。

〔19〕当:将。下句"当"字同此。

〔20〕数(shǔ):责备。

〔21〕国士:鲍彪注:"名盖一国者。"

〔22〕鲍本及《史记》皆无"豫"字,当无"豫"字。

〔23〕以:鲍本及《史记》皆作"已","以"通"已"。

〔24〕爱:吝惜,舍不得。

〔25〕故:通"固"。《史记》作"固"。

〔26〕恨:遗憾。

〔27〕布:宣布,公开。腹心:内心的愿望。
〔28〕而:鲍彪注:"自呼也。"《史记》作"吾"。

【译文】

　　晋人毕阳的孙子豫让,起初事奉范氏和中行事并不如意,便离开范氏和中行氏投奔知伯,知伯宠爱他。到韩、魏、赵三家瓜分知氏的时候,赵襄子最恨知伯,就拿知伯的头骨做成饮酒器。豫让潜逃到山中,发誓说:"唉!大丈夫要为了解自己的人牺牲性命,女人家要为喜欢自己的人修饰容貌。我可得报答知伯的大恩啊!"于是改变姓名,伪装成受过刑服劳役的人,到赵襄子的宫里粉刷茅厕,想借以刺杀赵襄子。赵襄子到茅厕去,心一惊动,抓住粉刷茅厕的人盘问,原来是豫让。豫让把抹子磨得飞快,说:"我想为知伯报仇!"赵襄子的随从们要杀他。赵襄子说:"他是讲义气的人,我小心地躲避他就是了。再说知伯已经死了,没有后人,然而做他的臣子要来为他报仇,这是天下难得的贤人啊。"终于把豫让释放了。豫让又用漆涂身像长癞似的,拔掉胡须除掉眉毛,自毁肌肤改变自己的容貌,扮作乞丐去乞讨。他的妻子不认识他,说:"他的相貌不像我丈夫,他的声音怎么很像我丈夫呢?"他又吞火炭使嗓子沙哑改变自己的声音。他的朋友对他说:"你这个做法太难不会成功,说你有志气倒是对的,说你聪明可就错了。用你的才能好生侍奉赵襄子,赵襄子一定会亲近宠信你;你得到靠近赵襄子的机会再干你想干的事,这就非常容易大功必然告成。"豫让于是笑着回答说:"这是为原先的知己报复后来的知己,为从前的君主杀害新近的君主,严重破坏君臣大义的人也没有这样的。我所以做这种事,是为了表明君臣之间的大义,并不是怎么容易就怎么干。再说献上礼物侍奉人家,却又伺机刺杀人家,这是怀有二心侍奉君主。我所以做这种难做的事,不过是要使当今和后世怀有二心的臣子

469

羞愧。"

过了几天,赵襄子将要出巡,豫让就趴在他所要经过的桥下。赵襄子来到桥边马就毛了。赵襄子说:"这人一定是豫让。"派人去盘问,果然是豫让。于是赵襄子当面责备豫让说:"你不是曾经侍奉过范氏、中行氏吗?知伯灭了范氏、中行氏,而你不为他们报仇,反倒献上礼物侍奉知伯。现在知伯已经死了,你为什么偏偏这样深情地要为知伯报仇呢?"豫让说:"我侍奉范氏、中行氏的时候,范氏、中行氏把我当作众人对待,所以我像众人那样报答他们;知伯把我当作国士对待,所以我像国士那样报答他。"赵襄子喟然长叹流着眼泪说:"唉,豫子啊!你为知伯尽了臣节,已经成了名,我放过你一次,已经足够了。你要自作打算,我可不能再放你。"派兵把他包围起来。豫让说:"我听说英明的君主不埋没人家的大义,忠诚的臣子不吝惜生命以成就名节。您以前已经宽宏地放了我,天下没有谁不称颂您的贤德。今天的事,我本应伏法受诛,可是我想请您把衣服脱下来让我刺它一下,我就是死了也不觉得遗憾。这并不是我所敢于指望的,只是冒昧地披露一下心腹事。"于是赵襄子认为他很讲义气,就派人拿衣服给豫让。豫让拔剑跳了三次,喊着天刺下去说:"我可以报答知伯了。"于是自刎而死。他死那天,赵国的士人听说此事,都为他痛哭流涕。

魏文侯借道于赵攻中山[1]

魏文侯借道于赵攻中山[2],赵侯将不许[3]。赵利曰[4]:"过矣。魏攻中山而不能取,则魏必罢[5],罢则

470

赵重[6]；魏拔中山，必不能越赵而有中山矣。是用兵者魏也，而得地者赵也。君不如许之，许之大劝[7]，彼将知矣利之也[8]，必辍。君不如借之道而示之不得已。"

【注释】

〔1〕此章事在周威烈王十八年（前408），又见于《韩非子·说林上》。

〔2〕魏文侯：名斯，魏国的建立者。

〔3〕赵侯：指赵烈侯，名籍。

〔4〕赵利：赵国之臣。

〔5〕罢（pí）：通"疲"。

〔6〕《韩非子》作"罢则魏轻，魏轻则赵重"。

〔7〕大（tài）：同"太"。劝：尽力，极力。

〔8〕矣：鲍本作"赵"，《韩非子》作"君"。

【译文】

魏文侯向赵国借道进攻中山国。赵烈侯想不答应。赵利说："这就错了。魏国进攻中山国如果不能取胜，那么魏国必然疲敝，魏国疲敝赵国就威重；魏国攻陷中山国，它也一定不能越过赵国而占有中山国。这样动用兵力的是魏国，而获得土地的是赵国。君王不如答应他，答应它太尽力，他就会知道赵国是借以图利，必然停止进攻中山国。您不如把道借给他，又向他表示这是无可奈何的。"

秦、韩围梁，燕、赵救之[1]

秦、韩围梁[2]，燕、赵救之。谓山阳君曰[3]："秦战

471

而胜三国[4],秦必过周、韩而有梁;三国而胜秦,三国之力虽不足以攻秦,足以拔郑[5]。计者不如构三国攻秦[6]。"

【注释】

〔1〕此章事在周赧王三十二年(前283)。
〔2〕梁:大梁,魏国国都,在今河南开封市北。
〔3〕山阳君:韩厘王时封君,掌握韩国大权。
〔4〕而:如果。下文"三国而胜秦"字同此。三国:指魏、燕、赵。
〔5〕吴师道云:"韩哀侯二年已灭郑,此郑即谓韩。"
〔6〕计者:言为韩国考虑。构:联合。

【译文】

秦国、韩国围攻大梁,燕国、赵国派兵援救。有人对山阳君说:"如果秦国战胜魏、燕、赵三国,秦军一定越过周国、韩国的地界而占据大梁。如果三国战胜秦国,三国的力量即使不足以攻破秦国,也足以攻克韩国。替韩国考虑不如三国联合进攻秦国。"

腹击为室而钜[1]

腹击为室而钜[2],荆敢言之主[3]。谓腹子曰:"何故为室之钜也?"腹击曰:"臣,羁旅也[4],爵高而禄轻,宫室小而帑不众[5]。主虽信臣,百姓皆曰:'国有大事,击必不为用。'今击之钜宫,将以取信于百姓也。"主君曰[6]:"善。"

【注释】

〔1〕此章事在何年无从可考。

〔2〕腹击:鲍彪注:"他国人,仕赵。"钜:通"巨",大。

〔3〕荆敢:鲍彪注:"楚人,仕赵。"

〔4〕羁旅:作客他乡。

〔5〕帑(tǎng):钱币、钱财。

〔6〕主君:即上文"主"。古时国君、卿、大夫皆可称主君。

【译文】

腹击建造房屋规模巨大,荆敢把这件事禀报赵国的主君。主君对腹击说:"为什么把房屋造得这么大呀?"腹击说:"下臣是作客他乡的人,爵位高而俸禄低,房屋小而钱财少。主君虽然相信我,可是百姓都说:'国家如有大事,腹击一定不会被重用。'如今我大造房屋,是要用以取信于百姓。"主君说:"好。"

苏秦说李兑[1]

苏秦说李兑曰[2]:"洛阳乘轩车苏秦[3],家贫亲老,无罢车驽马、桑轮蓬箧[4],赢縢[5]负书担橐[6],触尘埃,蒙霜露,越漳河[7],足重茧[8],日百而舍[9],造外阙[10],愿见于前,口道天下之事。"李兑曰:"先生以鬼之言见我则可,若以人之事,兑尽知之矣。"苏秦对曰:"臣固以鬼之言见君,非以人之言也。"李兑见之。苏秦曰:"今日臣之来也暮,后郭门[11],藉席无所得[12],寄宿人田中,傍有大丛[13]。夜半,土梗与木梗斗曰[14]:

'汝不如我,我者乃土也。使我逢疾风淋雨[15],坏沮[16],乃复归土。今汝非木之根,则木之枝耳。汝逢疾风淋雨,漂入漳河,东流至海,泛滥无所止[17]。'臣窃以为土梗胜也[18]。今君杀主父而族之[19],君之立于天下,危于累卵。君听臣计则生,不听臣计则死。"李兑曰:"先生就舍,明日复来见兑也。"苏秦出。

李兑舍人谓李兑曰[20]:"臣窃观君与苏公谈也,其辩过君,其博过君。君能听苏公之计乎?"李兑曰:"不能。"舍人曰:"君即不能[21],愿君坚塞两耳,无听其谈也。"明日复见,终日谈而去。舍人出送苏君,苏秦谓舍人曰:"昨日我谈粗而君动[22],今日精而君不动,何也?"舍人曰:"先生之计大而规高[23],吾君不能用也。乃我请君塞两耳,无听谈者。虽然,先生明日复来,吾请资先生厚用[24]。"明日来,抵掌而谈[25]。李兑送苏秦明月之珠、和氏之璧、黑貂之裘、黄金百镒[26]。苏秦得以为用,西入于秦。

【注释】

〔1〕此章系杂凑拟托之作,所述与史不合。

〔2〕李兑:赵国大臣,封奉阳君。

〔3〕乘轩车:吴师道云:"一本'乘轩里'。既曰'乘轩车',而下又云'无罢车驽马',则此作'里'为是。"乘轩里,当是洛阳里名。

〔4〕罢(pí)车:敝车。罢,通"疲"。桑轮:桑木做的车轮。蓬箧(qiè):蓬草编的车箱。

〔5〕赢縢(léi téng):打着绑腿。赢,缠绕。縢,通"縢",绑腿布。比照《秦一·苏秦始将连横》,下脱"履蹻"二字。履,穿鞋。蹻(juē),草鞋。

〔6〕橐(tuó):口袋。

〔7〕漳河:指漳水。漳水有清浊二源,清漳源于山西昔阳县南,浊漳源于山西长子县。二水至今河南林县北界合流,流至河北东光县入古黄河。

〔8〕重茧:层层老趼。茧,通"趼"。

〔9〕鲍彪注:"日行百里而就舍。"朱起凤云:"'百'下当有'里'字,《策》文讹夺。"

〔10〕造:到,来到。

〔11〕后郭门:言郭门关闭以后才来到。

〔12〕藉席:草席,草垫。

〔13〕傍(páng):旁边。大丛:乡野林间的丛祠。

〔14〕土梗:土偶人。大抵"梗"为"偶"字之误。木梗:木偶人。斗:争辩。

〔15〕淋雨:久雨。淋,通"霖"。

〔16〕沮(jǔ):与"坏"同义。

〔17〕泛滥:飘浮游荡。

〔18〕胜:优越。

〔19〕主父:即赵武灵王。族:灭族。缪文远云:"《秦策三·范雎曰臣居山东》云:'李兑用赵,减食主父,百日而饿死.'此言'杀主父而族之',乃策士之妄谈也。赵惠文王岂非主父之族乎?"

〔20〕舍人:左右亲近的人,家臣。

〔21〕即:如果。

〔22〕粗:粗疏,简略。动:感动。

〔23〕规:规划。

〔24〕厚用:优厚的资财。

〔25〕抵:当作"抵(zhǐ)",击。此句言谈话很投机。

〔26〕明月之珠:即随侯珠,夜明珠。和氏璧:鲍彪注:"卞和所献楚王者。"吴师道云:"赵得楚和氏璧,秦昭王欲以十五城易之。李兑所送必非。"镒:重量单位,二十两为一镒,一说二十四两为一镒。

475

【译文】

　　苏秦游说李兑道:"洛阳乘轩里苏秦,家境贫寒双亲年老,连个驾着劣马的破车、桑木轮子草编车箱的小车都没有,打着绑腿穿着草鞋,背着书卷担着口袋,顶着飞扬的尘土,冒着寒霜和露水,越过了漳河,脚上磨出了厚厚的老趼,每天走一百里才投宿,来到您的宫门之外,希望拜见您,亲口谈谈天下大事。"李兑说:"先生拿鬼话来见我倒可以,若拿人事来游说,我完全知道了。"苏秦回答说:"臣下本来是拿鬼话来见您的,不是拿的人话。"李兑接见了他。苏秦说:"今天我来的时候天色已晚,是在外城城门关闭以后,连个草席都没找到,只好借宿在人家的田地里,旁边有一个丛祠。半夜的时候,土偶跟木偶斗嘴说:'你赶不上我,我就是土。假使我遇上暴风淫雨,被毁坏了,就又回到土里。而你不是树根,就是树枝罢了。你遇上暴风淫雨,就会被漂到漳河里,向东流入大海中,飘浮游荡没有归宿。'臣下认为土偶获得了胜利。如今您杀了主父灭了他的宗族,您立身于天下,比层层累起的蛋还危险。您听臣下的计谋就能生存,不听臣下的计谋就得死亡。"李兑说:"您到客舍住下吧,明天再来见我吧。"苏秦出去了。

　　李兑的家臣对李兑说:"臣下暗中观察您与苏秦的谈话,他的辩才超过您,他的博学超过您,您能听取苏秦的计谋吗?"李兑说:"不能。"家臣说:"您如果不能,希望您牢牢地堵住两只耳朵,不要听信他的话。"第二天苏秦又来拜见李兑,谈了一整天才离去。家臣出来送苏秦,苏秦对家臣说:"昨天我谈得粗略相国却动了心,今天我谈得详细相国却不动心,为什么呢?"舍人说:"您的计谋宏大而规划高远,我们的相国是不能采用的。此乃是我请他牢牢地堵住两只耳朵,不要听信您的话。虽然如此,您明天再来,我会请相国资助您大量的财物。"第二天苏秦来,李兑同他击掌畅谈。李兑赠送给苏秦明月珠、和氏璧、黑貂裘、二百两黄金。苏秦得到这些东西便作为资用，一路西行进入秦国。

赵收天下且以伐齐[1]

赵收天下[2]，且以伐齐。苏秦为齐上书说赵王曰[3]："臣闻古之贤君，德行非施于海内也，教顺慈爱非布于万民也[4]，祭祀时享非当于鬼神也[5]；甘露降，风雨时至，农夫登，年谷丰盈[6]，众人喜之，而贤主恶之[7]。今足下功力非数痛加于秦国[8]，而怨毒积恶非曾深凌于韩也[9]。臣窃外闻大臣及下吏之议，皆言主前专据以秦为爱赵而憎韩[10]。臣窃以事观之，秦岂得爱赵而憎韩哉[11]？欲亡韩吞两周之地，故以韩为饵[12]，先出声于天下[13]，欲邻国闻而观之也[14]。恐其事不成，故出兵以佯示赵、魏[15]；恐天下之惊觉，故微韩以贰之[16]；恐天下疑己，故出质以为信。声德于与国[17]，而实伐空韩[18]。臣窃观其图之也，议秦以谋计必出于是[19]。

"且夫说士之计皆曰：'韩亡三川[20]，魏灭晋国[21]，恃韩未穷而祸及于赵[22]。'且物固有势异而患同者，又有势同而患异者。昔者楚人久伐而中山亡[23]。今燕尽韩之河南[24]，距沙丘而至巨鹿之界三百里[25]，距于扞关[26]，至于榆中千五百里[27]。秦尽韩、魏之上党[28]，则地与国都邦属而壤挈者七百里[29]。秦以三军强弩坐羊唐之上[30]，即地去邯郸二十里[31]。且秦以三军攻王之上党而危其北，则句注之西非王之有也[32]。今鲁句注禁常山而守[33]，三百里通于燕之唐、曲吾[34]，此代马胡驹不东[35]，而昆山之玉不出也[36]。此三宝者，又非王之有也。今从于强秦国之伐齐[37]，臣恐其祸出于是矣。昔者，五国之王尝合横而谋伐赵[38]，参分赵国壤地[39]，著之盘盂[40]，属之雠柞[41]。五国之兵有日矣[42]，韩乃西师以禁秦国[43]，使秦发令素服而听[44]，反温、枳、高平于魏[45]，反三公、什清于赵[46]，此王之明知也。夫韩事赵宜正为上交[47]，今乃以抵罪取伐[48]，臣恐其后事王者之不敢自必也[49]。今王收[50]，天下必以王为得[51]；韩危社稷以事王[52]，天下必重王。然则韩义[53]，王以天下就之[54]，下至韩慕[55]，王以天下收之[56]，是一世之命制于王已[57]。臣愿大王深与左右群臣卒计而重谋，先事成虑而熟图之也！"

【注释】

〔1〕此章事在周赧王三十二年（前283），又见于帛书《战国纵横家书》第二十一章及《史记·赵世家》。

〔2〕收：合，联合。

〔3〕赵王：指赵惠文王。

〔4〕教顺：教训，教导训诫。顺，通"训"。

〔5〕时享：宗庙四时的祭祀。当（dàng）：适合，符合。

〔6〕以上两句，横田惟孝云："当作'年谷登，农夫丰盈'。"登，庄稼

成熟。

〔7〕恶(wù):等于说"羞愧"。鲍彪注:"心不安也。以其无以致之故。"

〔8〕帛书及《史记》无"痛"字,"国"作"也",考之上下文文通字顺,今从之。

〔9〕帛书作"怨毒积怒非深于齐",《史记》作"怨毒积怒非素深于齐也","恶"并作"怨","韩"并作"齐"。帛书注云:"《赵策》此篇中有十个'韩'字是'齐'字之误。"怨,通"蕴"。毒,憎恨。恶(wù),讨厌。

〔10〕土.当作"工"。专据:专横独断。韩:当作"齐"。

〔11〕韩:当作"齐"。

〔12〕韩:当作"齐"。

〔13〕出声:放出风声,制造舆论。

〔14〕观之:鲍彪注:"观其爱赵。"

〔15〕鲍彪注:"虚以伐韩示之。"帛书"佯示"作"割革",《史记》作"劫"。缪文远云:"《策》文误,当作'割劫'。'革'有'亟'音,故帛书借'革'作'劫'。"录以备考。

〔16〕微韩:吴师道云:"'微'下有缺文,《史记》作'征兵于韩以威之'。贰,犹'疑'。"

〔17〕声:声称,扬言。德:施恩。司马贞《史记索隐》:"与国,赵也。秦、赵今为与国,秦征兵于韩,帅之共赵伐齐,以威声和赵,是以德与国也。"

〔18〕空.帛书作"郑"。注云:"韩国从哀侯迁都郑,又称郑国。连称'郑韩',等于把楚国叫'荆楚'。"

〔19〕鲍彪注:"议,犹'意'。"吴师道云:"一本'议以为秦计谋'。"

〔20〕三川:指河、洛、伊三水之间地。

〔21〕灭:等于说"亡"。晋国:鲍彪注:"谓安邑。"邵晋涵云:"三家分晋,魏得晋之故都,故独称晋国。"

〔22〕恃韩未穷:帛书作"市朝未罢",《史记》作"市朝未变",言时间极短。市朝(zhāo),早市。今从帛书。

479

〔23〕"昔者"句:言楚国长年被攻伐,赵国乘机灭了中山。缪文远云:"据《史记》,周赧王十二年(前303年),齐、韩、魏伐楚。赵攻中山,中山君奔齐。周赧王十五年(前300年),秦伐楚,取襄城。周赧王十七年(前298年),秦伐楚,大破楚军,取十六城。周赧王十九年(前276年),魏伐楚。周赧王二十年(前295年),赵主父与齐、燕共灭中山。"

〔24〕尽:鲍彪注:"言得其地。"韩之河南:《史记》作"齐之北地",故此"韩"乃"齐"之误,"河南"或为"河北"之误。

〔25〕沙丘:在今河北巨鹿县东南。而至:帛书及《史记》无。巨鹿:在今河北平乡县西南。

〔26〕扞(hàn)关:楚地,在今湖北长阳县西。一说为赵扞敌之关,不是关名。《史记》作"挺关"。挺关,即遗遗之门,在今陕西榆林市北。

〔27〕榆中:古地区名,在今内蒙古自治区伊金霍洛旗一带。鲍彪注:"衍千字。"

〔28〕上党:郡名,在今山西东南部。

〔29〕国都:帛书作"王"。邦属(zhǔ):国境相接。壤挈(qiè):土地相连。"属""挈"义同。

〔30〕强弩:强有力的弩弓。弩弓,一种用机械力量发箭的弓。坐:据守。羊唐:帛书及《史记》并作"羊肠"。羊肠,赵国的险塞,山形盘曲状如羊肠,在今山西太原、晋阳之西北。

〔31〕即:则。

〔32〕句(gōu)注:山名,在今山西代县西。

〔33〕鲁:鲍本及《史记》均作"逾"。禁:控制。常山:即恒山,在今河北曲阳县西北与山西接壤处。

〔34〕唐:在今河北唐县东北。曲吾:帛书作"曲逆"。曲逆在今河北保定市西南。

〔35〕代:赵郡,在今山西东北部和河北蔚县一带。胡:指北方少数民族地区。驹:帛书作"狗",《史记》作"犬"。不东:不东入赵。

〔36〕崑山:崑岺山。不出:不出至赵。

〔37〕帛书作"今从强秦久伐齐",此句"国"字衍,"之"为"久"字

之误。

〔38〕五国:指秦、齐、魏、韩、燕。

〔39〕参:同"三"。

〔40〕言将五国盟约刻在盘盂上。著:附着,加……于上。

〔41〕属(zhǔ):撰写。雠柞:即帛书之"祝谱(籍)",指册籍。

〔42〕帛书"兵"下有"出"字。

〔43〕韩:当作齐。西师:向西出兵。

〔44〕发令:帛书作"废令",《史记》作"废帝"。今从帛书。废令,废去称帝之令。索服:身着白色凶服,表示服罪。

〔45〕温:在今河南温县西南。枳(zhǐ):帛书作"轵",在今河南济源市南。高平:即"向",在今河南济源市西南。

〔46〕三公、什清:均为地名,今地不详。

〔47〕韩:当作"齐"。鲍本无"正"字。事赵:指"西师以禁秦国","反三公、什清于赵"。

〔48〕抵罪:触罪。

〔49〕自必:自己坚信,自以为必然。

〔50〕鲍本"收"下补"齐"字,与帛书同。

〔51〕得:帛书及《史记》并作"义"。

〔52〕韩危:帛书及《史记》并作"齐抱"。抱社稷,表示完全服从。

〔53〕韩:当作"齐"。

〔54〕以:与。就:接近,亲近。

〔55〕帛书及《史记》并无"下至"二字。韩慕:帛书作"齐逆",《史记》作"秦暴"。金正炜云:"'韩慕',当作'齐暴'。"

〔56〕收:《史记》作"禁"。

〔57〕一世之命:整个天下的命运。已:通"矣"。

【译文】

赵王联合天下诸侯,即将进攻齐国。苏秦为齐国上书劝阻赵王说:"臣下听说古代的贤明君主,他的德行并没有施行于天下各地,他的教导训诫与仁爱之心并没有布施于千万人民,他所

481

主持的一切祭祀并没有完全适应鬼神的要求；天降甘露，风调雨顺，五谷丰登，农夫丰盈，众人为之高兴，而贤明的君主却为无以取得丰收而羞愧。现在您的武功并没有经常地施加给秦国，而以往蕴藏的仇怨和积累的憎恶并不比齐国深。臣下私下在外面听到大臣与下级官吏的议论，都说大王专横独断认为秦国爱护赵国而憎恨齐国。臣下私下就事实加以观察，秦国怎么能够爱护赵国而憎恨齐国呢？秦国是想灭亡韩国吞并东周、西周的土地，所以拿齐国作诱饵，事先在天下制造舆论，想使邻国听说而且观察它爱护赵国。害怕它的事情不能成功，所以向齐国出兵以假象给赵魏两国看；又害怕天下诸侯震惊觉悟，所以在韩国征兵来迷惑诸侯；又害怕天下诸侯怀疑自己，所以派出人质来取得诸侯的信任。声称对盟国施恩德，而实际上是进攻韩国。臣下私下观察秦国是谋取别国的土地，逆料秦国所采取的计谋必定出在这里。

"况且那些游说之士的计谋都说：'韩国丢掉三川一带，魏国丧失安邑，早市没有结束灾祸就会落到赵国头上。'再说事物本来就有情势不同而祸患相同的，又有情势相同而祸患不同的。从前楚国长年被攻伐赵国乘机灭了中山。如今燕国占有了齐国的黄河以北地区，距离沙丘、巨鹿的地界三百里，距离扞关到榆中的地界五百里。秦国完全占有韩国、魏国的上党，那么它的土地跟大王的国境相连的有七百里。秦国用它三军的强有力的弩弓据守在羊唐一带，那么该地距离邯郸只有二十里。再说秦国用它的三军进攻大王的上党地区使它的北部处在危险之中，那么句注山的西部地区，就不是大王所有了。如果秦国越过句注，控制常山而据守它，只有三百里便到达燕国的唐地和曲吾。这里代地的马、胡地的犬就不会东下，昆山的美玉就不会外流。这三种宝贝，也就不是大王所有了。如今跟在强大的秦国后头去讨伐齐国,我担心您的祸患就由此产生了。从前,五国的君主曾经连横策划讨伐赵国,三分赵国的土地,把盟约著录在盘盂之上,撰写在册籍之上。五国联军出征好久了,齐国才向西进军封锁秦国。使秦国废除称帝之令穿白戴孝俯首听命,把温、枳、高平等地还给魏国,把三公、什清等地还给赵国,这是大王清楚知道的。齐国侍奉赵国应该视为上等邦交,如今竟然拿它抵罪要讨伐它,我担心从此以后服事大王的就不会坚定不移了。如今大王联合齐国,天下诸侯一定认为大王仁义;齐国抱着土神谷神来侍奉大王,天下诸侯一定敬重大王。这样齐国仁义,大王就与天下诸侯亲近它;齐国凶暴,大王就带动天下诸侯制止它,这样整个天下的命运就被控制在大王的手中了。我希望大王跟左右群臣深入认真地研究谋划,事先考虑成熟再仔细地付诸实行。"

齐攻宋,奉阳君不欲[1]

齐攻宋,奉阳君不欲[2]。客谓奉阳君曰:"君之春秋高矣[3],而封地不定,不可不熟图也。秦之贪[4],韩、魏危,卫、楚正[5],中山之地薄,宋罪重,齐怒深,残伐乱宋[6],定身封,德强齐,此百代之一时也。"

【注释】

〔1〕此章事在周赧王二十九年(前286),与《赵策四·齐将攻宋而秦楚禁之》文字大体相同。

〔2〕奉阳君:即李兑。详见《西周策·秦攻魏将犀武军于伊阙》注。

〔3〕春秋:指年龄。

〔4〕《赵策四·齐将攻宋而秦楚禁之》作"秦人贪","之"乃"人"字之误。

〔5〕鲍本"卫"作"燕","正"作"僻"。今从鲍本。

〔6〕残：摧毁。

【译文】

齐国攻打宋国，奉阳君不想介入。有位客卿对奉阳君说："您的年纪很大了，可是封地还没有确定，不可不仔细考虑。秦国人贪婪，韩国和魏国岌岌可危，燕国和楚国相当偏远，中山国的土地瘠薄，宋国罪孽深重，齐国对它恨之入骨，摧毁攻打混乱的宋国，确定自己的封地，使强大的齐国感激您，这可是百代不遇的一个好时机。"

秦王谓公子他[1]

秦王谓公子他曰[2]："昔岁崤下之事[3]，韩为中军[4]，以与诸侯攻秦。韩与秦接境壤界[5]，其地不能千里[6]，展转不可约[7]。日者秦、楚战于蓝田[8]，韩出锐师以佐秦，秦战不利，因转与楚，不固信盟[9]，唯便是从。韩之在我，心腹之疾。吾将伐之，何如？"公子他曰："王出兵韩，韩必惧，惧则可以不战而深取割[10]。"王曰："善。"乃起兵，一军临荥阳[11]，一军临太行。

韩恐，使阳城君入谢于秦[12]，请效上党之地以为和。令韩阳告上党之守靳䵣曰[13]："秦起二军以临韩，韩不能有[14]。今王令韩兴兵以上党入和于秦[15]，使阳言之太守，太守其效之。"靳䵣曰："人有言：'挈瓶之知,不失守器[16]。'王则有令[17],而臣太守[18],虽王与子亦其猜焉[19]。臣请悉发守以应秦,若不能卒[20],则死之。"韩阳趋以报王,王曰:"吾始已诺于应侯矣[21]。今不与,是欺之也。"乃使冯亭代靳黈[22]。

冯亭守三十日,阴使人请赵王曰[23]:"韩不能守上党[24],且以与秦,其民皆不欲为秦[25],而愿为赵。今有城市之邑七十[26],愿拜内之于王[27],唯王才之[28]。"赵王喜,召平原君而告之曰[29]:"韩不能守上党,且以与秦,其吏民不欲为秦,而皆愿为赵。今冯亭令使者以与寡人,何如?"赵豹对曰:"臣闻圣人甚祸无故之利[30]。"王曰:"人怀吾义[31],何为无故乎?"对曰:"秦蚕食韩氏之地,中绝不令相通[32],故自以为坐受上党也。且夫韩之所以内赵者,欲嫁其祸也。秦被其劳而赵受其利[33],虽强大不能得之于小弱,而小弱顾能得之强大乎?今王取之,可谓有故乎?且秦以牛田,水通粮[34],其死士皆列之于上地[35],令严政行,不可与战。王自图之!"王大怒曰:"夫用百万之众,攻战逾年历岁,未得一城也[36]。今不用兵而得城七十[37],何故不为?"赵豹出。

王召赵胜、赵禹而告之[38],曰:"韩不能守上党,今其守以与寡人,有城市之邑七十。"二人对曰:"用兵逾年,未见一城,今坐而得城,此大利也。"乃使赵胜往受地。

赵胜至,曰:"敝邑之王使使者臣胜,太守有诏[39],使臣胜谓曰:'请以三万户之都封太守,千户封其令,诸吏皆益爵三级；民能相集者[40]，赐家六金[41]。'"冯亭垂涕而勉曰[42]："是吾处三不义也：为主守地而不能死，而以与人，不义一也；主内之秦，不顺主命，不义二也；卖主之地而食之[43]，不义三也。"辞封而入韩，谓韩王曰："赵闻韩不能守上党，今发兵已取之矣。"

韩告秦曰："赵起兵取上党。"秦王怒，令公孙起、王齮以兵遇赵于长平[44]。

【注释】

〔1〕此章事在周赧王五十二至五十三年（前263—前262），又见于《史记·赵世家》。

〔2〕秦王：指秦昭王。公子他：即公子池，秦惠文王之子，秦昭王之兄。

〔3〕"昔岁"句：指公元前296年齐、韩、魏联军攻入秦国函谷关一事。鲍彪注："函、殽地近，故云。"殽，山名，在今河南洛宁县北。

〔4〕韩为中军：言韩国方面担任三国联军的主将。古代行军作战分左、中、右三军，由主将所在的中军发号施令。

〔5〕接境壤界：边境接壤。

〔6〕不能：不足。能，及。

〔7〕展转：等于说"反复"。约：结约。

〔8〕日者：从前。蓝田：楚邑，在今湖北宜城市东南。

〔9〕固：坚守。

〔10〕深：等于说"多"。

〔11〕临：进攻。荥：鲍本作"荣"。荥阳，在今河南郑州市西。

〔12〕阳城君：韩桓惠王时的封君，韩国大臣。

〔13〕韩阳：韩国公子。麷：读音不详，用于人名。

〔14〕有：存在。

〔15〕韩兴兵：与下文不贯，横田惟孝云："疑当作'阳城君'。"

〔16〕"挈瓶"二句:只要有提瓶子打水这点小聪明,就不会丢掉所拿的器皿(瓶子)。知,同"智"。

〔17〕则:尽管。

〔18〕黄丕烈云:"今本'太'误'失'。"非是,"太"当作"失"。《左传·昭公七年》:"人有言曰:'虽有挈瓶之知,守不假器,礼也。夫子从君,而守臣丧邑,虽吾子亦有猜焉。'"其"守臣丧邑"足证此当作"而臣失守",否则与下文意不相属。

〔19〕"虽王"句:鲍彪注:"嫌其不能守。"猜,猜疑。

〔20〕"臣请"二句:金正炜云:"'守'与'卒'二字疑当互易。"

〔21〕诺:答应。应侯:即范雎,秦国相国。

〔22〕冯亭:韩国大臣。

〔23〕请:疑为"谓"字之误。赵王:指赵孝成王。

〔24〕郭希汾注:"时秦白起伐韩,拔野王,上党路绝,故不能守。"

〔25〕为:归于,属于。

〔26〕城市之邑:大邑。七十:《史记》作"十七"。王念孙云:"作'十七'是也。《秦策》曰:'上党十七县,皆秦之有也',是其证。"

〔27〕内(nà):同"纳",交纳,奉献。

〔28〕才:通"裁",裁夺。

〔29〕平原君:鲍彪云:"《史》作'平阳君',赵豹是也。若果平原,下文不应复云召赵胜。"赵豹,赵惠文王同母弟。

〔30〕鲍彪注:"无故得利,圣人以为祸。"

〔31〕怀:怀念。

〔32〕中绝:中间断绝。郭希汾注:"使上党至韩之道不通也。"

〔33〕被:遭受。

〔34〕"且秦"二句:吴师道注:"牛耕积谷,水漕通粮。秦从渭水漕运入河洛。"此言秦国耕作技术先进粮食多,水路运输发达给养足。

〔35〕死士:敢死之士。上地:上党之地。

〔36〕见:当作"得",《史记》作"得"。

〔37〕七十:当作"十七",见上注〔26〕。下文"七十"亦当作"十七"。

487

〔38〕赵胜:即平原君。赵禹:赵国大臣。

〔39〕太守:指冯亭。有诏:有所告,指告诉赵王"韩不能守上党,其民愿为赵"之事。

〔40〕集:通"辑",和睦。

〔41〕金:古代计算货币的单位,先秦以黄金二十两为一镒,一镒称一金。

〔42〕勉:通"免",推辞不受。

〔43〕食之:指享受俸禄。

〔44〕公孙起:即白起,秦国名将,因功封武安君。王齮(yǐ):秦国左庶长。遇:会战。长平:赵邑,在今山西高平市西北。

【译文】

秦王对公子他说:"去年殽山下那场战事,韩国担任三国联军的主将,与别国诸侯进攻秦国。韩国与秦国边界相接,它的土地方圆不足千里,反复交涉也不肯缔约。以往秦国和楚国在蓝田交战,韩国派出精锐部队来帮助秦国,因秦国战事失利,便掉头来帮助楚国,不坚守盟约,怎么有利就怎么干。韩国对我国来说,真是心腹之患。我打算讨伐它,怎么样?"公子他说:"大王出兵韩国,韩国一定害怕,害怕就可以不战多割取土地。"秦王说:"好。"于是出兵韩国,一支军队逼近荥阳,一支军队逼近太行。

韩国恐惧,派阳城君到秦国去赔罪,请求献出上党之地作为媾和条件。派韩阳通告上党太守靳黈说:"秦国发动两支军队逼近韩国,韩国无法图存。现在君王派阳城君进献上党之地与秦国媾和,让我把这个决定通告太守,太守可要进献上党之地。"靳黈说:"有句俗话说:'只要有提瓶子打水这点小聪明,就不会丢掉所拿的瓶子。'君王尽管有令,而臣下失守,即使君王和您对我也会猜疑的。请允许臣下动员全部士卒对付秦军,倘若守不住,那么我就为国效死。"韩阳跑回去禀告韩王,韩王说:

"我起初已经答应应侯了,如果不献出上党之地,这就是欺骗他。"于是派冯亭取代靳黇。

冯亭在上党守了三十天,秘密派人对赵王说:"韩国守不住上党,即将割让给秦国,上党的百姓都不想归附秦国,而希望归附赵国。如今还有大邑十七个,希望敬献给大王,请大王裁夺。"赵王很高兴,召见平阳君赵豹并告诉他说:"韩国守不住上党,即将割让给秦国,上党的官民不想归附秦国,而希望归附赵国。如今冯亭派来使者把上党献给我,怎么办呢?"赵豹回答说:"我听说圣人把无故得利看作大祸。"赵王说:"人家怀念我仁义,怎么说是无故呢?"赵豹回答说:"秦国蚕食韩国的土地,把韩国隔断不让与上党交通,所以它自认为这是坐收上党之地。再说韩国把上党献给赵国的目的,是要转嫁它的灾祸。秦国白费力气而赵国坐收其利,虽说强大的国家不可从小弱的国家那里取利,然而小弱的国家反而可以从强大的国家那里取利吗?现在大王收取上党之地,能说是有缘故吗?况且秦国用牛耕田,由水路输送粮食,它的敢死之士都部署在上党之地,军令严格政策通行,不可同它交战。大王自己考虑考虑吧!"赵王大发雷霆说:"使用上百万的兵力,攻战已经一年多了,没有取得一城。现在不用兵就可取得十七城,凭什么不干?"赵豹退了出去。

赵王召见赵胜、赵禹并告诉他们说:"韩国守不住上党,如今上党太守把上党献给我,一下子就可取得十七座城邑。"二人回答说:"我们用兵一年多了,未见取得一城,现在坐着就可取得十七城,这是大利呀。"于是就派赵胜前往接受上党之地。

赵胜到了上党说:"敝国的君王,派使者下臣赵胜,根据太守的报告,叫下臣赵胜对你宣布:"以三万户的城邑封赐太守,一千户的城邑封赐县令,所有官员加赠爵位三级,民众能够安定团结的,每家赏赐六斤黄金。"冯亭流着眼泪谢绝说:"这说明我犯了三不义的错误:为君主镇守疆土却不能效死,这是一不义;君主把疆土献给秦国,没有顺从君主之命,这是二不义;出卖君主的疆土,还要享受俸禄,这是三不义。"冯亭拒绝封邑回到韩国,对韩王说:"赵国听说我国守不住上党,已经发兵把上党占领了。"

韩国通报秦国说:"赵国发兵夺取了上党。"秦王大怒,派公孙起、王齮率兵在长平迎战赵军。

苏秦为赵王使于秦[1]

苏秦为赵王使于秦,反[2],三日不得见。谓赵王曰:"秦乃者过柱山[3],有两木焉,一盖呼侣[4],一盖哭。问其故,对曰:'吾已大矣,年已长矣,吾苦夫匠人且以绳墨案规矩刻镂我[5]。'一盖曰:'此非吾所苦也,是故吾事也[6]。吾所苦夫铁钻然[7],自入而出夫人者。'今臣使于秦,而三日不见,无有谓臣为铁钻者乎[8]?"

【注释】

〔1〕此章所述与事实不符,当为拟托之作。

〔2〕反:同"返"。

〔3〕乃者:从前。柱山:鲍彪注:"盖砥柱。"程恩泽云:"底柱山俗名三门山,今在河南陕州东四十里黄河中。此自秦反赵所经之路,然以砥柱为柱山,未之前闻也。"

〔4〕盖:大概,似乎。

〔5〕绳墨:木工用的墨线。案:按照。规:画圆的工具。矩(jǔ):画直

角或方形的工具。镂:雕刻。

〔6〕故:通"固",本来。事:本分。

〔7〕铁钴:铁楔。然:等于"焉"。

〔8〕鲍注:"无有,言得无有也。"谓:认为,以为。

【译文】

苏秦为赵王到秦国出使,回来以后,三天没有得到赵王的接见。他去对赵王说:"我从前经过柱山,那里有两棵树。一棵大概是呼唤伴侣,一棵大概是哭着。我问它们这是什么缘故,一棵回答说:'我已经长大了,年纪已经不小了,我忧虑那木匠将用墨斗画线,按圆规、矩尺雕刻我。'另一棵说:'这不是我所忧虑的事情,这本来就是我们的本分。我所忧虑的是那铁楔子,它的出入决定于人。'这次臣下到秦国出使回来,您竟三天不接见我,该不会有人认为臣下是铁楔子吧?"

甘茂为秦约魏以攻韩宜阳[1]

甘茂为秦约魏以攻韩宜阳[2],又北之赵,冷向谓强国曰[3]:"不如令赵拘甘茂,勿出,以与齐、韩、秦市[4]。齐王欲求救宜阳[5],必效县狐氏[6]。韩欲有宜阳,必以路、涉、端氏赂赵[7]。秦王欲得宜阳[8],不爱名宝[9]。且拘茂也,且以置公孙赫、樗里疾[10]。"

【注释】

〔1〕此章事在周赧王七年(前308)。

〔2〕甘茂:楚国人,仕秦,秦武王时为左丞相。宜阳:韩邑,在今河南

491

宜阳县西北洛河北岸。

〔３〕冷向:不知何国人,曾仕于秦。强国:赵国人。

〔４〕市:交易。

〔５〕齐王:指齐宣王。

〔６〕狐氏:齐国地名,今地不详。

〔７〕路:在今山西黎城县南。涉:在今河北涉县西北。端氏:在今山西沁水县东北。

〔８〕秦王:指秦武王。

〔９〕爱:吝惜。名宝:鲍彪注:"宝之名世者。齐、韩之赂,欲拘茂,败其约也;秦赂,则欲出之。"

〔10〕置:当作"德"。在此等于说"讨好"。公孙赫:秦国大臣。樗里疾:秦惠王异母弟,秦武王时任右丞相。

【译文】

甘茂为秦国与魏国订约去进攻韩国的宜阳,又北上前往赵国,冷向对强国说:"不如叫赵国拘留甘茂,不要让他出境,以便与齐、韩、秦三国进行交易。齐王想要援救宜阳,一定会献出狐氏的土地。韩国想要保有宜阳,一定会把路、涉、端氏等地奉送赵国。秦王想要取得宜阳,就不会吝惜名贵的宝物。再说拘留甘茂,将可借以讨好公孙赫和樗里疾。"

谓皮相国[1]

谓皮相国曰[2]:"以赵之弱而据之建信君、涉孟之仇[3],然者何也[4]?以从为有功也[5]。齐不从[6],建信君知从之无功。建信者安能以无功恶秦哉[7]?不能以无功恶秦,则且出兵助秦攻魏,以楚、赵分齐[8],则是强毕矣[9]。建信、春申从[10],则无功而恶秦,秦分齐齐亡魏[11],则有功而善秦。故两君者[12],奚择有功之无功为知哉[13]?"

【注释】

〔1〕此章事大抵在秦王政六年(前241)春申君率诸侯伐秦时。

〔2〕皮相国:齐国相国。

〔3〕据:依靠,任用。建信君:赵国贵幸之臣,孝成王时封君。涉孟:赵国大臣。仇:辈,某一类的人。

〔4〕然:如此。

〔5〕从(zòng):同"纵",合纵。下文"知从"、"春申从"的"从"字亦同"纵"。

〔6〕从:听从。

〔7〕者:姚宏云:"一作'君'。"作"君"是。恶:鲍彪注:"犹'害'也。"

〔8〕以:与。金正炜云:"'赵'字涉下文而衍。"

〔9〕金正炜云:"'是'疑'赵'之坏文。"毕:通"必"。

〔10〕春申:即春申君黄歇,楚人,顷襄王时任左徒,考烈王时任令尹。

〔11〕吴师道云:"当是'分齐亡魏',而衍'秦''齐'二字。"

〔12〕两君:吴师道云:"指皮相国,建信君。或指建信君,涉孟。"

〔13〕之:金正炜云:"犹'与'也。"知:同"智"。

【译文】

有人对皮相国说:"就凭赵国这样软弱还要任用建信君、涉孟之辈,这样做为什么呢?是认为合纵有功效。齐国不会参加合纵,建信君晓得合纵并没有功效。建信君哪里能够以毫无功效的合纵打击强秦呢?既然不能以毫无功效的合纵打击强秦,那就要协助秦国进攻魏国,跟楚国和赵国瓜分齐国的土地,那么赵国就一定会强大起来了。如果建信君与春申君施行合纵,必将毫无功效而与强秦结怨;如果瓜分齐国灭亡魏国,必将很有功效而与强秦修好。因此您和建信君,该怎样选择有功效与无功效的做法才算明智呢?"

或谓皮相国[1]

或谓皮相国曰:"魏杀吕辽而卫兵[2],亡其北阳而梁危[3],河间封不定而齐危[4],文信不得志[5],三晋倍之忧也[6]。今魏耻未灭[7],赵患又起[8],文信侯之忧大矣。齐不从[9],三晋之心疑矣。忧大者不计而构[10],心疑者事秦急。秦魏之构,不待割而成。秦从楚、魏攻齐,独吞赵,齐、赵必俱亡矣。"

【注释】

〔1〕此章事在何年无从可考。

〔2〕吕辽:鲍彪注:"魏臣,秦所重者。"下章作"吕遗",不知孰是。卫兵:卫国遭到兵祸。吴师道云:"卫,附魏者也。卫兵,卫被兵也。兵,秦兵也。"

〔3〕北阳:即濮阳,在今河南濮阳市西南。梁:即魏国。

〔4〕河间:赵邑,在今河北献县东南。齐:鲍本作"赵"。吴师道云:"战国封地,往往取之他国。是时秦以河间地封不韦,《秦策》称不韦欲攻赵而广河间,是也。时赵方与诸侯合从,欲收河间,故言封不定。"

〔5〕文信:即吕不韦,卫国濮阳人,秦庄襄王时为相,封文信侯。鲍彪注:"未得河间,故不得志。"

〔6〕"三晋"句:金正炜云:"言文信不得志,以三晋倍之为忧也。'倍'与'背'同。"

〔7〕耻:指上文"亡其北阳"。

赵王封孟尝君以武城[1]

赵王封孟尝君以武城[2]。孟尝君择舍人以为武城吏[3]，而遣之曰："鄙语岂不曰'借车者驰之，借衣者被之'哉[4]？"皆对曰："有之[5]。"孟尝君曰："文甚不取也。夫所借衣车者，非亲友，则兄弟也。夫驰亲友之车，被兄弟之衣，文以为不可。今赵王不知文不肖，而封之以武城，愿大夫之往也[6]，毋伐树木，毋发屋室[7]，訾然使赵王悟而知文也[8]。谨使可全而归之[9]。"

【注释】

[1]此事当在周赧王三十二年（前283）。

[2]

[3]

[4]

[5]

[6]

[7]

[8]委托楝云："赵勉措暴政収剃匮，敢又之'文信之'仗大矣。'"

[9]鲍彪注："不与山乐羽人，从省称。"

[10]来：说"则"。按：鮑本作"谨"，下同。

【译文】

有人对赵相国说："赵国亡了且立卫国便谨奉名誉仗及，来本了乙趾北而赵国赖于乙名，又信俘仗之则便利名，以乙是甚是地为名赖。初乙趟亡北得来威，赵国的就那又起，乙信俘仗的趾凯凯大了。赵国逃未保，三皇赵敦之了。仗俘俘大硏氷任沃未秉端趾，乙多如分秉，就能避处乙了。秦敶向国赡礼，赵国名甚亦民国，澒在赵国，又国和我国以力，差围匪秦宓阈、秦国所國敘孙，乙仗孙乙就被一起义天了。"

渭般王曰三豕分而羞的[1]

渭般王曰[2]："三豕分而羞的，三豬獨而羞躍，此天下之所明也[3]。羞之有籤而化豭[4]，有籤而化籟，有

【译文】

般王把武豬料斂羞示，羞示着提著他的几个人有并正在做的其事，而且答他们说："你既难羞不着說于我的羞躍，请人豢的豚就猎起来。"答人豬回答说："有这那看羞說，"我信不羞既次基的居。"人几所得的水豭样的民。"還蒸君說："我信不羞既次基的居。"人几所得的水豭样的豢的羞他羞躍都想得到的水，都蒸着想得到的羞躍。如分羞王如跟他们羞，才是蒸来明他的。蒸把正做料烟去，希望你们水几位，不蒸你就是不做器，还把正做料烟去，希望你们水几位，不蒸你烟柯木，才蒸非羞羞害，它看他羞王羞提出了懂羞，你们几位羞唯行事，羞就可以得武烟忍得武扭追他。"

[2] 般王：樿般羞武王，羞蒸君也，即田又，癸乙羞，武羞，即水武躍。
[3] 羞人：名不羞羞的人。
在今山东羞羞县西北。
[4] 騾烏：俗民。鮑鮑烏："爬才与水，图稃翃目稔也[4]，今之絲，蒸罪稔躍羞叶落也。"
[5] 天夫：此为武豬事的夫人。
[6] 羞：跟"羞"，器杯。
[7] 豭（zi）：羞正枓云："《豢子・非十二子》題'羞絝'，羞；'与羞同，'羖必起云'疏盏'也。"
[8] "可为"句：《天平御跋》卷二0一引此句作"伪可便各而伪之。"
豬又以之，指所料之地。

燕而伐赵[5],有救而伐燕;有燕而伐赵,有韩而伐燕;此天下之所明见也。然山东不能易其路[6],兵弱之效也。今山东之主,不知其之己也而甚相爱,愿陛下观察之也。今臣来之邯郸,秦止与赵战者之前日也,即擒秦而食之矣[10],敝邑且亡其王而归于秦[11],初不如秦起兵之也。愿王熟虑之也。

"今事有可急者,秦之欲伐韩、赵,饿之于周室(?),不顾十余年矣[12],憎秦甚之[13]。今南攻楚者,恶三晋之大合也[14]。今释赵之患,己先生者,讲趣与天下合矣[15]。今韩来告王曰而未必[16],愿与秦为上交[17],必与秦攻之围之国。此必为秦攻赵,秦方东地,必下韩之间。有错而重之[18],以谦待秦[19],必擒鲁矣[20]。而震三晋,愿王察之是世。今王荣秦之事世既谀,而秦犹狎齐已[21]。称王入秦,秦必为之一,不困而攻秦。韩南亡无秦,北无合从,韩必亡矣,则害必中于赵矣[22]。秦与韩为上交,秦祸案裁于赵矣[23]。则害亡而焉而饲,而赵之忧也[24]。秦与楚之用,赵之化仗王矣[25]。以吾令之,有韩、秦之患,赵必效慮于秦[26]。有韩,赵,秦与继之矣,则必谋齐矣[27]。用之雄所者也。臣之所以来,事有可忧为秦。

"赵王之人也,三是相来相忘[29],出兵师以服秦救赵,秦王闻之,必方所之矣,必又继而顺攻赵[30],是秦援北能救也,但无三是,秦是三出人,赵王人之。是秦援北能救也,秦王乎(?)[31],已是多制[32],是秦得无兵械也,有秋冬三世[33]。席王之弟开方如卫[34],!"
桓王因起兵而伐鲁,斋之败纣,齐以三年之为也,
单凡鲁王出世多亲桓[35]。

【注释】

[1]此春秋在闻趣王十六年(前299)。
[2]权王:称赵武灵王,名雍灭以为苏来即墓称。
[3]即下又,"呀"下似脱"见,号"。
[4]有:通"又",莱秉;而;州,下同。
[5]缘:我输图。下间。
[6]山东:指崤山以东的大国,明齐楚国与崤山以东六国
连横的脱子。
[7]零:统一,统合。
[8]缘:今从桐本作"秦","的"同"肯"。
[9]即:老龙,鬼龙;养:今有的说名,北棱老黄。
[10]霸(pí):通"疲",同:炼,底片。
[11]橇:疲困,衣敝致。日:旧脚,白厦。
[12]愁(kuì):溃乱;愠句,北句宗秦援取代化闻王耍。
[13]亡:通"无"。
[14]大:桐水作"相"。
[15]睡:径分,夺取。
[16]苟王:桐秦似生王。
[17]的:如前,茶王脂,有起静起,则"某"的桷则,王臣,对入陷手
的盟故桥,阻,啊,渐入,苦朗王目标。
[18]反:归还。
[19]桐水"有渣",上升"茶","今","住","米","有,通"又",故,疑为
衍文。
[20]供:引挖,啊骏是:"来我与敌政难。"
[21]在米镇:未没有从桂围得到少利益。

有人对张仪说:"三晋抓分秦国就强盛得少,三晋分离秦国就强盛得多,这是天下人都明白的。秦国与楚国来兼并齐国来进攻赵国;与齐国来兼并楚国来进攻韩国;与赵国来兼并齐国来进攻魏国;与魏国来兼并韩国来进攻楚国,这都是天下人都明白的。从崤山以东六国不能够会合连横的形势,都因为力气弱。您又以东山以东六国的缘故之故,大使即来劝张仪是呢!又想相互连为一体,及秦国来兼顺明,山以东六国得罪都!这又是不能使其出而互相争斗,秦则得得强大反使山东各国有所强!

【译文】

"现在有件非常紧急的事，就是秦国打算进攻韩国和魏国，希望大王仔细考虑考虑这件事。"

燕昭王说："我们燕国本来就是弱小的国家，又时常被人欺负。如今大王大发光临，愿与燕国人相亲，以保护自己的国家同燕国，他们将永远来朝见了。"

苏秦说："现在有件非常紧急的事，就是秦国打算进攻韩国和魏国，可是楚国要对燕昭王说：'假若大王您光临，愿与人相亲，一定跟秦国共同来援救齐国'，可是魏国现在还没有打算去攻打齐国。现在大王以为秦王说话值得信服，像依靠秦国、魏国已经被秦国坏灭了。苏秦说：魏王以为秦王说话值得信服。从表面上看秦国又诚恳地保护来到魏国，用魏国作为引诱秦国的幌子。秦国为什么一样，秦国方向来进攻魏国。韩国南方没有魏国又没有秦国，北方没有赵国的援助，不等秦国来攻，就会被自己的诸侯国吞并国了。能使秦国强大，又使秦国可以利用，魏国不能与魏国求和。秦国善于进取考虑，就会考虑到怎样攻秦国。使秦国强大了，加上魏国对赵国的威胁，赵国就要被打败，魏国对赵国的进攻将更加厉害了。如果赵国施行这种危险的政策，这就是巨大的祸害。"

"假若秦王派兵进攻秦国，这是有利的，如果秦王进攻人秦国，秦王是要北方进入秦国，秦国一定十分愤怒进攻秦国，这样秦国的矛盾就越来越深了以为齐国和韩国和魏国作战的情况下，秦王所说的事，一定是出于秦王的目的。但下了所以说现在有件非常紧急的事。"

三是根据项目需求分配兵力。尽力多放回籍兵勇,稳定地方。转王部署多多勒让北上抗敌,这样秦国防兵就能大量缩减回籍国,对三是有利的。希望大王、秦国太后及王公贵族国安心。

秦王召集会议商议兵力外转国和缩国区分的现况后,秦王允诺三是会议再作召回。

三是这些会议召开以后,秦然设有放回籍王众多数神向他家取王地。